L'entreprise et son environnement

Gagnon, Savard, Carrier, Decoste

L'entreprise et son environnement

gaëtan morin
éditeur

gaëtan morin éditeur
C.P. 180, BOUCHERVILLE, QUÉBEC, CANADA
J4B 5E6   TÉL. : (514) 449-2369   TÉLÉC. : (514) 449-1096

ISBN 2-89105-354-0

Dépôt légal 3e trimestre 1990
Bibliothèque nationale du Québec
Bibliothèque nationale du Canada

L'entreprise et son environnement
© gaëtan morin éditeur ltée, 1990
Tous droits réservés

2 3 4 5 6 7 8 9 0 1   G M E 9 0   0 9 8 7 6 5 4 3 2 1

Révision linguistique : Pascal Pelletier

Remerciements

Nous ne pouvons passer sous silence l'aide précieuse que nous avons reçue dans la préparation de ce manuel. Nous remercions : les secrétaires et la direction pédagogique du Cégep de Jonquière qui ont apporté leur soutien dans la dactylographie du manuscrit ; Jeanne Harvey (Cégep de Jonquière) et Céline Labarre (Cégep de Sainte-Foy), qui ont revu divers chapitres et apporté des suggestions très valables ; les réviseurs et réviseures de Gaëtan Morin Éditeur, et plus particulièrement Pascal Pelletier pour sa très grande patience, son habileté et sa générosité impressionnantes ; Christiane Desjardins, chargée de projet depuis le tout début ; Paul Bourget, du Collège de Rosemont, pour sa contribution à la banque de questions du guide pédagogique ; les différentes entreprises et les auteurs cités dans ce volume, dont nous avons pu nous inspirer ; nos épouses, et plus particulièrement Céline Lapointe, qui a passé des heures incalculables à lire et à dactylographier le manuscrit.

Table des matières

Section III.B
Les fonctions de seconde ligne

Section IV
La gestion de l'environnement

Introduction

Cet ouvrage a comme objectif de faire comprendre au lecteur le fonctionnement de l'entreprise moderne, et ce par une approche globale, à l'image d'aujourd'hui. En effet, parler entreprise en ces années 1990 demande une conception humaniste, scientifique, systémique, économique et sociale; il faut donc faire appel à plusieurs disciplines.

Expliquer l'évolution de l'entreprise est complexe. Cela exige d'examiner tous les éléments et de bien cerner les forces en présence. Aussi, dans notre approche, ferons-nous appel à la notion *systémique*.

On doit en effet considérer l'entreprise comme un *système* constitué de parties différentes mais interdépendantes et évoluant dans un environnement. L'environnement est le milieu ambiant de l'entreprise. S'il détermine pour une large part les actions de l'entreprise, celle-ci peut à certaines occasions agir sur lui. Ainsi, on dira que l'environnement est constitué par l'ensemble des différentes lignes de forces existantes, certaines étant *contrôlables* et d'autres *incontrôlables*.

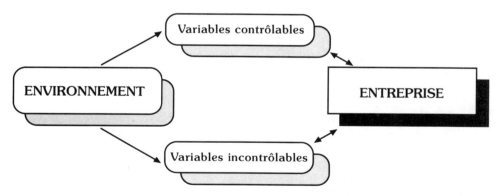

Les *variables contrôlables*, ou internes, peuvent être modifiées par l'humain et concernent l'organisation et sa structure. Les *variables incontrôlables* relèvent des domaines économique, social et politique, et ne peuvent être modifiées par l'action de l'entreprise. Ainsi, chaque entreprise, par sa nature propre, aura une action différente sur l'environnement, lequel pourra en réaction se modifier et s'adapter.

Ce volume est structuré de façon à présenter ce concept environnemental, comme l'illustre la table des matières et le schéma suivant. La section I est consacrée à l'environnement global de l'entreprise, la section II porte sur les variables incontrôlables, et la section III, sur les variables contrôlables; enfin, la section IV expose les divers moyens dont dispose l'administrateur pour bien gérer cet environnement.

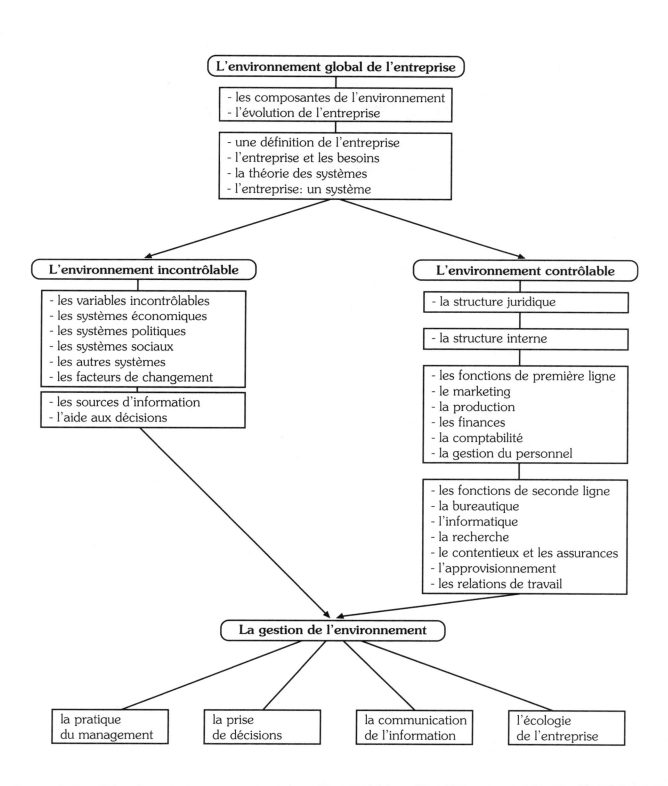

Section I
L'environnement
de l'entreprise

L'environnement de l'entreprise est composé d'une multitude de facteurs dont la complexité varie indéfiniment. Ces facteurs ont une importance plus ou moins grande selon la taille de l'entreprise, le type de produit, l'époque, etc.

Lors de la formation de l'entreprise, on doit tenir compte de tous ces facteurs constituant l'environnement global. Aussi, dans cette section, nous identifierons les diverses composantes de l'environnement de l'entreprise et considérerons l'évolution de cette dernière à travers ces facteurs environnementaux.

Cela permettra d'en arriver à définir l'entreprise de la façon la plus précise possible. Le lecteur sera initié à la théorie systémique qui, appliquée à l'entreprise, aide à cerner et à comprendre les diverses composantes de cette dernière.

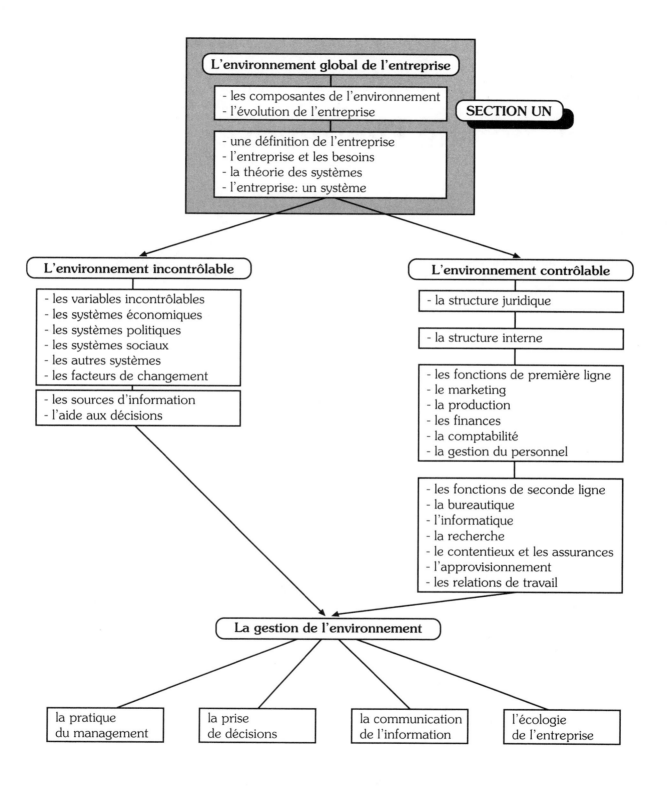

Chapitre 1
L'évolution de l'entreprise

OBJECTIFS

1. Démontrer l'importance de l'entreprise au Québec et au Canada.
2. Comprendre les fondements structurels de l'entreprise à travers l'histoire.
3. Présenter les étapes d'évolution significatives de l'entreprise québécoise.
4. Présenter les préoccupations de l'entreprise au Québec.

PLAN

INTRODUCTION

1.1 LES ÉTAPES DE L'ÉVOLUTION DE L'ENTREPRISE

1.2 ÉVOLUTION DE L'ENTREPRISE OCCIDENTALE

    1.2.1 L'entreprise artisanale : du Moyen Âge jusqu'à 1750

        A – L'organisation de l'entreprise : un propriétaire unique

        B – L'organisation du travail

        C – La technique de travail employée : individu + outils + matériaux = produit

        D – L'aboutissement de l'artisanat : les associations

    1.2.2 L'entreprise et le phénomène industriel

        A – La révolution industrielle

        B – Les répercussions de l'industrialisation sur la société

        C – Les répercussions de l'industrialisation sur l'entreprise et le travail

        D – L'entreprise industrielle

    1.2.3 L'entreprise et le néo-industriel

        A – D'autres révolutions : l'automatisation et la cybernétisation

        B – L'entreprise néo-industrielle

        C – Vers une évolution du néo-industrialisme

1.3 ÉVOLUTION DE L'ENTREPRISE QUÉBÉCOISE

    1.3.1 Historique – Les événements marquants de l'entreprise au Québec

    1.3.2 L'entreprise québécoise d'aujourd'hui

        A – Les points forts

        B – Les points faibles

    1.3.3 L'entreprise québécoise de demain : ses préoccupations

        A – Le développement et l'utilisation d'énergies nouvelles

        B – Le recyclage des rebuts

        C – La biotechnologie

        D – La santé

        E – L'agriculture

        F – La mariculture

        G – L'industrie aérospatiale

        H – L'électronique et l'informatique

        I – La protection de l'environnement

1.4 L'ENTREPRISE : UNE RÉALITÉ CONTEMPORAINE

RÉSUMÉ

INTRODUCTION

Le terme *entreprise* est employé pour désigner aussi bien un petit commerce, tel le dépanneur du coin qui emploie une ou deux personnes, qu'une grande compagnie qui fait affaires dans plusieurs pays et qui a des milliers de travailleurs. Il désigne une organisation qui appartient aussi bien à des individus qu'à l'État: il s'agira d'une entreprise *privée* ou *publique*. Il renvoie autant à des entreprises qui ont pour but de faire des profits qu'à celles qui n'en font pas: on parlera alors d'entreprises *à but lucratif* ou *à but non lucratif*. Ainsi, Pepsi-Cola sera une entreprise à but lucratif tandis que les Chevaliers de Colomb, une entreprise à but non lucratif. On désigne souvent l'entreprise par le terme *organisation* afin de rejoindre toute entité économique génératrice d'emplois et de flux monétaire.

Le Canada compte environ 1 200 000 entreprises dont 140 000 actives au Québec. Parmi celles-ci, 60 % sont regroupées dans la région de Montréal, qui, vers les années 1950, se classa dans les premières villes en Amérique du Nord pour les concentrations d'entreprises à caractère industriel. On estimait à 750 000 le nombre de personnes qui travaillaient dans ce secteur.

Bon gré mal gré, au Canada, environ 130 000 entreprises naissent pour 120 000 autres qui ferment leur porte ou qui font une demande d'abandon de charte.

Les tableaux 1.1 et 1.2 présentent quelques-unes des entreprises qui sont des exemples de la vitalité du commerce et de sa nécessité économique. Le tableau 1.1 montre la dimension complexe de certaines entreprises qui font travailler des milliers d'employés. On remarquera que l'entreprise gouvernementale est relativement bien située parmi les plus importantes. Le tableau 1.2 témoigne de l'importance des secteurs autres que le secteur industriel. On remarque que les *services professionnels* sont devenus d'importants employeurs.

L'entreprise évolue dans un environnement global composé de variables contrôlables et incontrôlables (figure 1.1):

la politique: le gouvernement, son idéologie, ses lois...
la société: ses us et coutumes, ses individus, ses groupes...
l'économie: ses règles de marché et ses cycles, ses systèmes...
l'histoire: son évolution, les précédents, les changements...
la philosophie de gestion: l'approche systémique, le diagnostic, la logique décisionnelle...
les besoins: physiologiques, psychologiques...
la géographie: la situation, les conditions climatiques...

L'entreprise gère ses ressources en fonction de cet environnement dont elle est elle-même issue. Il va de soi qu'elle évolue non seulement selon des changements historiques, comme la mode et la micro-informatique, mais aussi en tant que système en perpétuel changement, par l'embauche de nouveaux employés, de nouvelles décisions, etc. En fait, les variables de l'environnement s'influencent réciproquement, par un phénomène d'*osmose*.

1.1 LES ÉTAPES DE L'ÉVOLUTION DE L'ENTREPRISE

Comme tout individu, l'organisation, ou l'entreprise, suit un cycle de vie que l'on peut faire correspondre à trois étapes d'évolution: l'étape de *lancement*, la *croissance* et enfin la *maturité*. Ces étapes sont directement liées à l'âge, à l'histoire, à la nature, à la taille, au chiffre d'affaires de l'entreprise et au cycle de vie de ses produits.

Des entreprises comme l'industrie du prêt-à-manger («fast food») parcourent ces étapes en quelques années, tandis que d'autres y mettront des siècles. Il en a été ainsi du chemin de fer et des mines. Remarquons que le taux d'insuccès des entreprises est assez élevé; ainsi, au Québec, on dit que seul le tiers des entreprises survit à sa première année d'activité. De plus, signalons que la progression des différentes étapes ne se réalise pas toujours d'une manière uniforme; souvent,

TABLEAU 1.1: Les 12 plus importantes entreprises dans le secteur industriel et commercial selon le nombre d'employés, au Québec, en 1989

Rang empl. Québec		Nombre d'employés au Québec		Nbre d'empl. Canada	NOM DE L'ENTREPRISE *fin d'exercice* places d'affaires	Rang/revenus totaux 88	Revenus totaux		Actifs totaux		PRINCIPAUX ACTIONNAIRES
88	87	88	87	88			88 (000 $)	87 (000 $)	88 (000 $)	87 (000 $)	
1	1	29 437	29 554	56 374	BCE *31-12-88* Partout dans le monde	2	15 253 000	14 649 000	28 000 000	26 000 000	319 202 actionnaires
2	2	19 252	18 933	19 252	HYDRO-QUÉBEC *31-12-88* Toutes les régions du Québec	11	5 223 000	5 095 000	31 762 000	31 659 000	Gouvernement du Québec (100 %)
3	4	16 000	16 000	73 000	CANADIEN PACIFIQUE *31-12-88* 47 pays	3	12 016 300	12 208 600	17 650 800	18 000 700	Actionnaires multiples
4	3	15 900	17 000	30 000	STEINBERG *31-07-88* Canada, Arizona	17	4 584 685	4 491 355	1 524 633	1 469 353	Famille Steinberg (87 %)
5	5	14 680	14 104	62 000	SOCIÉTÉ CANADIENNE DES POSTES *31-03-88* Québec: 1765 bureaux, Canada: 5700	24	3 139 000	2 971 000	2 573 995	2 628 000	Gouvernement du Canada
6	6	11 000	11 181	20 000	PROVIGO *28-01-89* Canada, États-Unis	8	7 378 500	6 418 000	1 602 500	1 555 000	Unigesco (26 %), Empire (25 %), Caisse de dépôt (12 %)
7	8	10 200	9 600	15 000	ALCAN ALUMINIUM *31-12-88* (Taux de change: 1 $US = 1,20 $CA)	5	10 351 000	8 970 000	10 338 000	10 010 000	Actionnaires multiples
8	7	9 150	9 937	25 317	POWER CORPORATION *31-12-88* (Gesca + Consolidated-Bathurst)	28	2 574 083	2 445 430	1 613 321	1 534 638	Paul Desmarais (61 % des droits de vote)
9	8	9 000	9 600	44 000	CHEMINS DE FER NATIONAUX DU CANADA *31-12-88* Canada, États-Unis, Europe, Asie	15	4 700 000	4 784 100	non déclarés	7 593 600	Gouvernement du Canada (100 %)
10	24	8 950	4 000	10 381	QUÉBECOR *30-09-88* Canada, États-Unis	45	1 285 980	682 632	1 441 026	1 363 515	Pierre Péladeau (54 % catégorie A, 53 % des droits de vote)
11	13	8 864	8 012	8 878	BOMBARDIER *31-01-89* 6 villes au Québec	43	1 396 200	1 389 100	871 400	753 200	Entreprises J. Armand Bombardier (65,9 %)
12	11	8 500	8 500	22 640	AIR CANADA *31-12-88* Partout dans le monde	21	3 426 000	3 131 100	3 437 000	3 084 800	Actionnaires multiples

Source: le journal **Les Affaires**, cahier spécial, **Les 500 plus importantes entreprises au Québec en 1989**, 17 juin 1989.

TABLEAU 1.2 : Les plus importantes entreprises de secteurs autres que le secteur industriel selon le nombre d'employés, au Québec, en 1989

Secteur	Nom de l'entreprise	Nombre d'employés
Banques et coopératives financières	Mouvement des caisses Desjardins	37 753
Sociétés de fiducie	Trusco Général Canada	1 846
Compagnies d'assurances générales	Commassur	1 050
Compagnies d'assurances de personnes	L'Industrielle-Alliance	1 969
Courtiers en immeubles	Immeubles Re-Max	1 489
Courtiers en valeurs mobilières	Lévesque Beaubien Gœffrion	1 103
Sociétés de conseillers	IST – Société de services informatiques	551
Cabinets de comptables	Raymond, Chabot, Martin, Paré et Ass.	1 436
Firmes d'ingénieurs	Lavalin inc.	2 385

Source : le Journal **Les Affaires**, *cahier spécial* **Les 500 plus importantes entreprises au Québec en 1989**, 17 juin 1989.

FIGURE 1.1 : L'entreprise et son environnement global

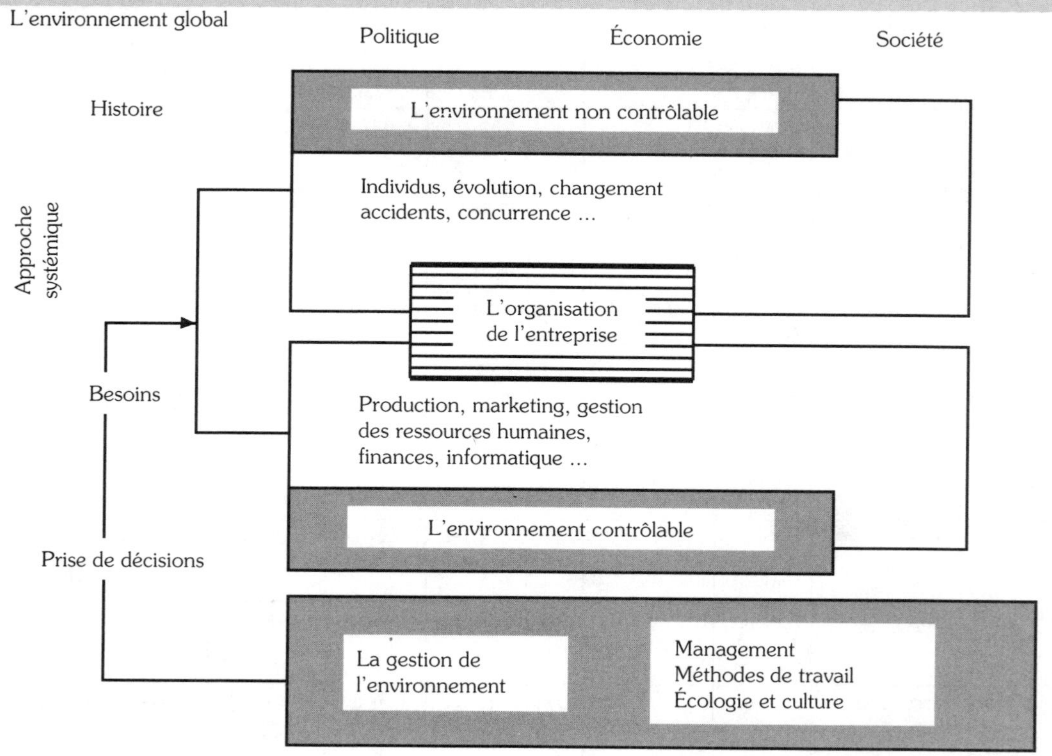

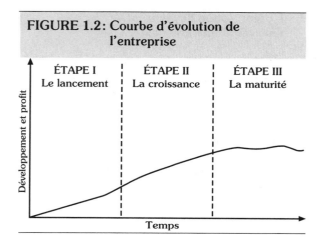

FIGURE 1.2: Courbe d'évolution de l'entreprise

l'entreprise reste bloquée à une étape pendant plusieurs années.

Selon cette perspective évolutive, de nombreux problèmes sont interreliés, la deuxième étape étant le résultat de la première et devenant la cause de la troisième. Il est essentiel pour le gestionnaire d'être capable de situer chacune des étapes et, de là, de prendre les moyens propres à influencer le cheminement de l'entreprise plutôt que de seulement subir des effets. Afin de faciliter la compréhension, la figure 1.2 et le tableau 1.3 permettent de visualiser chacune des étapes avec ses problèmes, ainsi que certaines solutions pouvant faciliter l'évolution de l'entreprise.

TABLEAU 1.3: L'entreprise et sa croissance

É T A P E S		I – Le lancement (organisation débutante)	II – La croissance (demande soutenue et augmentation du nombre d'employés)	III – La maturité (compétition intense et réussite)
P R O B L È M E S		– Absence de formation administrative – Peu d'expérience dans la gestion – Peu de financement pour capitaliser – Manque d'informations financières	– Faiblesse dans la consolidation – Absence de structure fonctionnelle, formelle – Peu de délégation d'autorité (homme-orchestre)	– Perte du goût du risque – Yeux tournés vers le passé – Saturation du marché – Bureaucratisation des services administratifs (anonymat)
É L É M E N T S	D E S O L U T I O N S	– Prédilection pour la délégation – Embauchage de cadres – Planification financière – Développement d'un système d'information comptable	– Précision des objectifs – Encadrement du travail (description des tâches, structuration en services) – Embauchage d'un cadre intermédiaire – Délégation d'autorité – Style de gestion adapté à la situation et aux besoins	– Conception de nouveaux produits – Travail de groupe – Plan de valorisation du personnel – Circulation de l'information

Munis de ces éléments, jetons un coup d'œil sur les grands moments historiques de l'entreprise. Cela renforcera la compréhension et répondra aux diverses interrogations concernant l'entreprise d'aujourd'hui.

1.2 ÉVOLUTION DE L'ENTREPRISE OCCIDENTALE

L'entreprise a évolué au cours des siècles. Son histoire part du Moyen Âge avec le début de l'*entreprise artisanale*, passe par la *révolution industrielle*, qui donne naissance à l'entreprise industrielle, et aboutit à l'ère de l'informatique et de la robotisation de l'entreprise *néo-industrielle*. Si des poussées technologiques ont permis d'en arriver à la production de masse, l'entreprise a évolué aussi à cause de l'évolution des idées sur le plan organisationnel et social; l'histoire de l'entreprise est centrée sur l'homme et sur la technique.

1.2.1 L'entreprise artisanale : du Moyen Âge jusqu'à 1750

C'est au cours du Moyen Âge que l'entreprise commence à se structurer et que naît l'entreprise artisanale. Celle-ci repose essentiellement sur l'*autosuffisance*; l'important est la survie journalière. La recherche de la maximalisation du profit n'existe pas.

On identifie cette entreprise à l'artisan ou *maître*. C'est le chef ou gérant statutaire d'entreprises immatriculées au répertoire des métiers (équivalant aujourd'hui au Code canadien des emplois). Ce titre justifie une certaine qualification personnelle pour l'exécution d'un travail. De plus, le droit à ce titre exige le paiement des droits de travail au roi, aux seigneurs ainsi qu'à la corporation de son métier (comme on le fait dans la construction par la carte de travail).

A – L'organisation de l'entreprise : un propriétaire unique

L'entreprise artisanale étant très petite, elle ne demande que peu d'espace: un bâtiment suffit. La thèse de l'artisan, c'est-à-dire «être le seul» propriétaire ou posséder une entreprise familiale, est la cause de son peu d'expansion. Lorsque les capitaux manquent, il est difficile, voire impossible d'aller en chercher à l'extérieur; le propriétaire doit rester dans la famille. Ce principe, qui fait l'originalité de l'entreprise, est souvent la source même de sa dégradation, limitant son développement, entraînant parfois sa disparition.

B – L'organisation du travail

L'entreprise est organisée selon une hiérarchie de trois degrés issue du *système féodal*: le *maître*, le *compagnon* et l'*apprenti*.

L'apprenti est un jeune homme élevé par le maître comme son propre enfant. Il doit faire un stage, qui peut parfois couvrir une période de dix ans, au cours duquel il apprend son métier. Ensuite, il devient un ouvrier qualifié à qui on donne le nom de compagnon. Ayant obtenu ce statut, il pourra dès lors posséder ses propres outils et choisir l'entreprise qui lui plaît (tableau 1.4). Ce n'est qu'après la réussite d'une œuvre exceptionnelle qu'on lui donne le titre de maître et qu'il peut devenir propriétaire d'une entreprise. Voici certaines caractéristiques concernant l'apprenti, le compagnon et le maître-artisan.

L'apprenti et le compagnon (exécutants)

- Comme ils travaillent en équipe, une affinité très étroite s'établit entre eux.
- On doit obligatoirement passer d'apprenti à compagnon et de compagnon à maître.
- La préoccupation principale se situe davantage sur le plan de la survie que sur celui des conditions de travail.

TABLEAU 1.4: Règles générales du système hiérarchique de l'entreprise artisanale

Apprenti

Entrée dans le métier:	– Aucune limite d'âge
	– Aucune instruction obligatoire
	– Attachement à un maître par contrat
	– Soumission totale au maître
Sortie du métier:	– À la fin du contrat
	– À la mort du maître
	– Lors de la vente du commerce
Fin de l'apprentissage:	– Examen devant un jury
	– Paiement qui diminue le temps d'apprentissage (5 à 10 ans, habituellement)
	– Expulsion du métier

Compagnon

— Stage obligatoire dans le but d'accumuler des connaissances et des valeurs économiques
— Durée normale de trois ans
— Sortie sur une preuve de la valeur de son apprentissage (création d'un chef-d'œuvre)
— Le compagnon peut choisir le maître-artisan qui lui plaît

– Toute réussite professionnelle n'est obtenue que par une expérience de travail et par une habileté manuelle supérieure.
– L'entreprise n'ayant aucune norme de production, le compagnon et l'apprenti ont un rôle capital à jouer. En effet, s'ils ne veulent plus travailler aussi rapidement, toute la production en souffre.

Le maître-artisan (directeur et exécutant)

– L'entreprise artisanale est une propriété individuelle exploitée à même les fonds personnels du maître.
– Chaque entreprise est une unité indépendante et distincte des autres. La politique d'exploitation et de financement est celle de l'autosuffisance.
– Le maître-artisan est le maître absolu, il touche à tout, c'est l'*homme-orchestre*. Il est à la fois administrateur, comptable, vendeur, producteur, etc.
– Pour renforcer leur situation, les maîtres-artisans de même métier se regroupent. Cela leur permet d'être beaucoup plus forts face aux de-mandes des compagnons, eux aussi regroupés en association.

C – La technique de travail employée: individu + outils + matériaux = produit

Dans l'entreprise artisanale, toute production est l'initiative du maître. Au tout début, l'artisan produit selon sa volonté et les commandes qu'il reçoit; il se taille une réputation par l'habileté manuelle qu'il démontre dans la réalisation de ses œuvres. On remarque que toutes les opérations, depuis la conception de l'œuvre jusqu'à sa vente et incluant les opérations financières, sont réalisées par le même individu. On a l'équation: individu + outils + matériaux = produit; par exemple, sculpture = individu + (marteau + ciseau) + pierre. Plus tard, cette méthode développe ce qu'on appelle l'homme-orchestre, l'homme à tout faire, qui se révéla bientôt inefficace, car il manquera de temps pour tout faire.

Peu à peu, l'entreprise grossit et devient un ensemble d'unités. On commence alors à s'occuper de l'achat, de la vente, du personnel, de la comptabilité, etc. C'est vraiment le début de l'entreprise dite *organisation artisanale*.

D – L'aboutissement de l'artisanat : les associations

Le développement rapide de ce type d'entreprise provoque la création des associations d'artisans. Les premières apparaissent sous forme de *corporations*, c'est-à-dire de regroupements d'individus de même profession en corps particuliers, reconnus par l'autorité politique et aux règlements et aux privilèges propres.

Avec les corporations, le maître-artisan vise deux objectifs qui lui permettront de compenser le manque d'organisation : premièrement, établir une réglementation concernant les relations de travail, les prix, la technique, la main-d'œuvre et la qualité de production de chaque métier, chaque corporation détenant le monopole d'un métier ; deuxièmement, se protéger et protéger le client contre les abus des charlatans. Remarquons que seuls les maîtres-artisans ont le droit de faire partie d'une corporation. Au cours des ans, les lois régissant les corporations atteignent une telle rigidité qu'elles deviennent une gêne pour la liberté du commerce et de l'industrie.

Les maîtres-artisans, qui détiennent le pouvoir et la richesse, bénéficient de privilèges et, de là, écartent les compagnons de la maîtrise par des lois et des exigences très rigoureuses. Les compagnons, pour leur résister, se regroupent en grandes associations, telles que le *compagnonnage*, dans lesquelles ils sont soumis à certaines obligations. Ces associations de travailleurs d'un même métier ont comme objectif de trouver du travail aux membres qui sont sans emploi et aussi de veiller à la conservation et à la transmission des différentes techniques de métiers.

On ne peut parler d'associations d'artisans sans mentionner les *confréries*. Celles-ci sont dis-

tinctes des corporations, non par leurs membres, mais bien par les buts visés. Elles sont essentiellement à caractère religieux : des artisans de même métier se regroupent afin de prêter assistance à chacun des membres. Il y a solidarité entre personnes de même métier. Les confréries ont des rites et des devoirs propres à chacune. Les églises sont le lieu de réunion. D'une façon générale, l'Église est méfiante et l'État se montre hostile envers elles, car on craint pour l'ordre public. Aussi, au cours de l'histoire, il est arrivé à quelques reprises que l'Église expulse des confréries, et que leurs manifestations entraînent des disputes avec l'autorité.

Avec la révolution de 1789 (en France), qui tente d'éliminer toute trace de féodalité ou de monarchie, les corporations cèdent le pas à la libre entreprise. De plus, la célèbre loi de Le Chapelier interdira en 1791 toute association ouvrière. Les associations de compagnonnage deviennent secrètes pour échapper à cette fameuse loi.

On pourrait s'étendre davantage sur l'entreprise artisanale, mais les grandes lignes en sont tirées. Cette forme d'entreprise, découlant d'une structure féodale, n'est pas totalement disparue. On l'appelle entreprise à propriétaire unique (EPU) ou entreprise familiale, et on la retrouve souvent, avec ses forces et ses faiblesses, dans ce monde du XXᵉ siècle. Le tableau 1.5 résume ce qu'était l'entreprise artisanale.

1.2.2 L'entreprise et le phénomène industriel

A – La révolution industrielle

À la fin du XVIIIᵉ siècle, c'est la *révolution industrielle*. Cet événement donne naissance à l'entreprise industrielle par l'intermédiaire de quatre facteurs primordiaux.

Premièrement, la révolution industrielle provoque la disparition de la monarchie et élimine toutes les lois entravant le bourgeois dans le libre

---

TABLEAU 1.5: L'entreprise artisanale type

Organisation

Travail: – selon une hiérarchie rigide APPRENTI – COMPAGNON – MAÎTRE.

Entreprise: – politique d'autosuffisance.
– propriétaire unique, direction familiale.
– unité petite et indépendante.

Technique: – l'outil est le prolongement de l'homme, d'où: individu + outils + matériaux = produit.
– la production appartient au maître-artisan, il n'y a aucune norme de production (peu d'organisation).
– toutes les opérations sont effectuées par le même homme.

Caractéristiques

— Existence d'associations de maîtres-artisans (corporations et confréries).
— Peu de potentiel administratif.
— Valeur professionnelle reliée à l'expérience et à l'habileté manuelle.
— Existence du compagnonnage.
— Pas de mobilité du travailleur à l'intérieur des métiers (un seul métier par travailleur).
— Peu d'organisation, car tout dépend du maître.

---

exercice de son commerce; le bourgeois n'a plus à subir les interventions de l'État dans ses activités commerciales. C'est le premier pas vers une nouvelle forme d'organisation sociale et économique: le *libéralisme*. On préconise:

– l'initiative et la liberté individuelles (tout individu peut devenir propriétaire),
– la stimulation du commerce par le profit,
– la régulation par la libre concurrence.

Deuxièmement, le capital augmente rapidement entre les mains du bourgeois qui habite maintenant les centres urbains, mettant ainsi à profit la nouvelle conception qu'est le libéralisme.

Troisièmement, c'est l'avènement des sciences modernes, qui délaissent les préoccupations métaphysiques pour s'intéresser aux faits positifs, ce qui favorise de nouvelles inventions technologiques. Celles-ci, par exemple le métier à tisser, auront des répercussions sur le fonctionnement de l'entreprise.

Quatrièmement, la population s'accroît rapidement grâce aux découvertes de la médecine. En effet, le taux de mortalité chez les enfants et

chez les vieillards diminue et les mariages en bas âge sont plus nombreux.

B – Les répercussions de l'industrialisation sur la société

L'*urbanisation* est une conséquence directe de l'industrialisation. En effet, l'instauration des grandes industries aux abords des centres urbains amène une expansion rapide de ceux-ci; ils deviennent vite de grandes villes. Prenons l'exemple de Manchester en Angleterre: en 1790, on y trouve 1 industrie et 50 000 habitants; en 1801, 50 industries et 95 000 habitants et en 1845, 100 industries et 368 000 habitants. Ce développement gigantesque est dû au regroupement des principales industries, telles celles du cuir, du caoutchouc, du textile, de la métallurgie et de l'automobile, à l'intérieur de la ville.

En fait, le dépeuplement rural s'intensifie en Angleterre, berceau de cette révolution de 1870. Des surplus favorisent la production de produits textiles. Cette industrie de transformation, dévelop-

---

TABLEAU 1.6 : L'évolution du travail

1. L'entreprise artisanale aux opérations effectuées par un seul homme.
2. L'entreprise industrielle où les tâches sont subdivisées.
3. Des travaux parcellaires exécutés successivement (ex.: chaîne de montage).
4. Des opérations isolées, faites par des machines commandées par l'ouvrier.

---

pant la mécanisation et la spécialisation, incite l'agriculture à s'étendre sur de grands domaines, ce qui a pour effet d'éliminer le petit et le moyen agriculteur. Ces derniers quittent leur terre et se dirigent vers les centres urbains pour y investir leur avoir et y travailler.

Pour répondre aux besoins grandissants de mécanisation de l'industrie agricole et textile, l'industrie métallurgique, de plus en plus florissante, doit améliorer son pouvoir énergétique. Elle passe donc de l'énergie produite par le bois à celle produite par le charbon. Cette nouvelle source d'énergie entraîne l'établissement de mines de charbon, de nouveaux moyens de transport (train) et de production (presse mécanique), etc.

C – Les répercussions de l'industrialisation sur l'entreprise et le travail

L'industrialisation a amené plusieurs changements à l'entreprise: retenons *la naissance de l'usine* et l'avènement de la machine, qui en ont amélioré la productivité et augmenté les profits. Aussi, parce qu'elle se développe à un rythme rapide, l'entreprise doit s'intéresser au domaine de la recherche et aux différents problèmes causés par la concentration de la main-d'œuvre dans l'organisation.

C'est maintenant la machine qui fournit l'énergie, car elle est beaucoup plus productive que l'humain ou l'animal. Elle oblige l'individu à se spé- cialiser dans des fonctions ou dans des domaines donnés.

Le travailleur peut être payé à la pièce et rémunéré soit en jetons – il s'agit d'une monnaie convertible seulement auprès de l'employeur ou de ses fournisseurs – ou autrement. Avec ce système de travail, l'entreprise instaure différents moyens de contrôle, tel le surveillant, pour l'exécution du travail. Les travailleurs, pour protéger leurs droits, se regroupent et forment les premiers syndicats en 1825; cependant, ces regroupements ne furent efficaces qu'à partir de 1876. Ils revendiquent le maintien de leur métier, de meilleurs salaires et conditions de travail. Avec l'industrialisation, l'individu sans emploi est appelé chômeur. Pour pallier le chômage, les gouvernements établissent des mesures sociales telles que nous les connaissons aujourd'hui, par exemple l'assurance-chômage.

La *planification* est l'un des plus grands changements à survenir dans le domaine du travail. Grâce à l'industrialisation, on a maintenant la possibilité de prévoir le travail sur les plans économique et technique. Au point de vue économique, l'entreprise industrielle peut répondre à la demande grâce à une expansion gigantesque de la productivité amenée par la machine. Et, sur le plan technique, elle planifie les opérations en établissant des normes de production.

D – L'entreprise industrielle

L'organisation de l'entreprise

L'entreprise industrielle est très différente de l'entreprise artisanale, surtout par ses politiques de production et de rentabilité qui la font participer au jeu de l'offre et de la demande.

La naissance de l'usine exigeant le regroupement de capitaux, une nouvelle conception de la propriété, soit la coopérative, la compagnie ou la société, est nécessaire.

TABLEAU 1.7: L'entreprise industrielle type

Travail	Entreprise	Technique
– Spécialisation en cinq types d'employés (exécutants): – manœuvre, – homme de métier, – ouvrier spécialisé – technicien, – ingénieur. – Grande division et organisation du travail; création de la tâche d'administrateur. – Naissance du syndicalisme (1825). – Valeur économique reposant sur la rentabilité et sur l'efficacité.	– De grande dimension: type usine. – Existence de plusieurs propriétaires. – Très grande préoccupation de la planification et de la rentabilité. – Gérance confiée à des administrateurs recrutés par les propriétaires (actionnaires). – Grande connaissance technique des administrateurs en poste. – Production pour répondre à la demande.	– Nouveau pouvoir de la machine: ouvrier éloigné de la production. – Production (selon des normes établies) immense et en série (planification). – Contrôle de la production (qualité de la série). – Développement de l'urbanisation: concentration de la main-d'œuvre. – Apparition du chômage et de la pollution.

L'organisation du travail

Le passage de l'entreprise artisanale à l'industrie mécanisée n'a pu se faire sans une réorganisation impliquant la planification et la répartition des tâches.

La *spécialisation du travail industriel* a produit cinq types d'employés: le *manœuvre*, l'*homme de métier*, l'*ouvrier spécialisé*, le *technicien* et l'*ingénieur*. Chacun de ces types a une fonction bien définie et fait partie d'une organisation qui planifie ses opérations de production et qui veille à leur exécution grâce à une direction efficace du travail en fonction de la rentabilité et de l'efficacité.

Parce qu'on n'hésite pas à retenir les services d'hommes compétents afin d'obtenir le maximum d'efficacité et de rentabilité de l'entreprise, l'administrateur de profession, c'est-à-dire celui qui a les connaissances requises dans le domaine des techniques de direction, apparaît. Ce rôle prendra de plus en plus d'ampleur au fil des ans.

La technique de travail

La technique de base est la spécialisation du travail par la machine, qui conduira par la suite à la *production en série*. L'individu n'a plus à effectuer le travail manuellement, la machine le fait pour lui; elle fabrique toute la production. L'individu devient l'instrument de la machine. Il doit se spécialiser et adopter une méthode de travail spécifique à son rôle.

Le résultat de cette complexité croissante se traduit par une division précise des différents postes de travail dans le processus de production. Le tableau 1.7 présente les principales caractéristiques de l'entreprise industrielle type.

1.2.3 L'entreprise et le néo-industriel

A – D'autres révolutions: l'automatisation et la cybernétisation

L'entreprise industrielle n'a pas cessé d'évoluer. Elle a continué d'avancer à pas de géant, surtout dans le domaine de la recherche, en mettant au point une technologie de plus en plus spécialisée et complexe, qui a débouché sur l'ère de l'*automatisation* et de la *cybernétisation*.

Le désir de remplacer la force humaine par des moteurs beaucoup plus sûrs, qui imitent le geste humain, a fait progresser la science. L'automatisation et la cybernétisation, en venant se superposer à la mécanisation – où une machine correspond à une ou plusieurs actions –, épargnent à l'individu, outre le travail musculaire, les efforts d'attention nécessaires pour commander la machine au cours du travail. C'est la première étape vers la cybernétique. Ensuite, l'électronique consacre définitivement la prépondérance de l'automatisation. Le tableau 1.8 donne certains avantages et désavantages de la cybernétique.

Une autre étape se caractérise par l'implantation profonde de la grande entreprise, qui engendrera la société néo-industrielle. En fait, la grande entreprise moderne est internationale : son prestige, son organisation et le secret de sa vitalité résident dans cette nouvelle forme d'expansion économique.

B – L'entreprise néo-industrielle

L'organisation de l'entreprise

Le néo-industrialisme implique la détention du pouvoir économique par un nombre restreint d'industries, c'est-à-dire par des entreprises mères qui ont plusieurs filiales. Les entreprises sont alors d'envergure à la fois nationale et internationale. Afin d'éviter le problème de la centralisation, les maisons mères obligent leurs filiales à l'autosuffisance. Celles-ci étant indépendantes, elles sont en mesure de s'adapter aux attitudes politiques et sociales de chaque nation.

L'organisation du travail

L'entreprise néo-industrielle comprend deux niveaux : la direction et la production. L'ouvrier spécialisé et le manœuvre disparaissent de l'entreprise et sont remplacés par le travailleur de métier polyvalent, qui a pour tâches de réparer et d'entretenir la machinerie. Le technicien accomplit un rôle de surveillant à l'intérieur de la chaîne de production

---

TABLEAU 1.8 : Avantages et désavantages de la cybernétique

Moyens :
– Automatisation et cybernétisation.

Avantages :
– Diminue les problèmes de personnel.
– Permet de consacrer plus de temps aux problèmes sociaux et de pollution.
– Permet le travail intellectuel, d'où une meilleure planification.
– Utilise le pouvoir des mass media.
– Offre la préretraite.

Désavantages :
– Cause du chômage par la disparition des cols blancs et bleus et des travailleurs manuels et par la stabilisation de l'emploi dans le secteur des services (chômage technologique).
– Entraîne l'immixtion du gouvernement dans le domaine privé.
– Occasionne des problèmes dans l'organisation de la production.
– Accélère l'obsolescence (désuétude avant terme).

---

pensée par l'ingénieur. Cette organisation du travail demande une planification et une recherche accrues, d'où la structure «travailleur de métier – technicien – ingénieur».

La technique de travail

La technique de travail, reliée à l'automatisation, se caractérise par la machine autocontrôlée, c'est-à-dire possédant un servomoteur. L'enregistrement électronique permet d'assembler les données de l'expérience de travail et, par la suite, d'agir en conséquence. Le résultat de cette automatisation du travail est la spécialisation : elle exige une machine pour chaque tâche. Cela a comme conséquence, pour le travailleur, la mobilité au travail. Par ailleurs, afin d'améliorer son efficacité, de maintenir sa position concurrentielle ou de devancer ses concurrents, l'entreprise doit effectuer continuellement des recherches pour une production optimale par la machine. On parle alors de *recherche opérationnelle*.

Les caractéristiques

L'une des nouvelles valeurs marquantes qui prend naissance avec l'ère néo-industrielle est certainement la participation de l'employé au nom d'une meilleure qualité de vie au travail.

Une des conséquences importantes de l'entreprise néo-industrielle est le développement du pouvoir des mass media. En effet, l'entreprise néo-industrielle use de cette nouvelle force, notamment par la publicité, qui procure souvent un avantage psychologique sur les concurrents.

Une autre conséquence est le phénomène des loisirs. Comme l'entreprise cybernétique demande moins d'efforts physiques, moins de labeur et aussi moins d'heures de travail, le travailleur a plus de temps à consacrer à ses loisirs. Aussi verra-t-on les entreprises commencer à s'engager dans ce domaine, par exemple en créant un club social. Les caractéristiques principales de l'entreprise néo-industrielle apparaissent au tableau 1.9.

C – Vers une évolution du néo-industrialisme

L'évolution de nos entreprises ne s'est pas toujours faite sans bruit, et les diverses révolutions industrielles ont eu des conséquences directes et indirectes sur la société – conséquences pas toujours positives.

La première révolution industrielle, celle de l'industrie du textile en Angleterre, a permis à l'individu de substituer différentes sources d'énergie à ses muscles. Cependant, elle a amené en même temps le bruit, la fumée... bref, la pollution et ses effets néfastes pour l'homme.

La production des biens en série a permis à l'être humain d'améliorer son existence ; elle représente ce que nous appelons la deuxième révolution industrielle. Par contre, elle a créé le problème des rebuts.

Une troisième révolution, celle de l'utilisation des procédés chimiques en industrie, a ensuite facilité la production des denrées alimentaires, mais a aussi causé un déséquilibre écologique, par la pollution de nos eaux.

TABLEAU 1.9 : L'entreprise néo-industrielle type

Travail	Entreprise	Technique
– Subdivision du travail en quatre degrés, car le travailleur est plus mobile et moins spécialisé : – ingénieur, – technicien, – travailleur de métier, – travailleur polyvalent.	– Le pouvoir économique comme base.	– La machine (ordinateur) est employée comme outil de gestion, car la production est fondée sur les prévisions.
– Priorité du problème de la motivation.	– De type international (siège social avec filiales).	– L'informatique et la cybernétique sont de mise.
– Importance de la participation patron-ouvrier et de l'adaptation au changement.	– Développement du pouvoir des mass media.	– La recherche et la planification sont obligatoires pour que l'entreprise reste concurrentielle et à l'avant-garde ; diversification de la production.
– Rôle d'animateur pour l'administrateur.	– Avènement de la civilisation des loisirs et engagement de l'entreprise dans ce domaine.	

Aussi faut-il attendre une nouvelle révolution qui créera un nouveau type d'industries, aussi considérables que les entreprises actuelles, dirigées et exploitées avec les mêmes ressources administratives, scientifiques, techniques et économiques, mais dont une des préoccupations principales sera la protection de l'environnement. Elles auront donc recours à des techniques de recyclage.

Cette révolution industrielle est déjà en branle en Europe et aux États-Unis et s'étendra au monde entier dans quelques années, si ce n'est déjà fait.

1.3 ÉVOLUTION DE L'ENTREPRISE QUÉBÉCOISE

L'entreprise québécoise est elle aussi en mouvement; il devient important de bien la situer et par la suite d'estimer ce qu'elle sera demain.

1.3.1 Historique – Les événements marquants de l'entreprise au Québec

Pour tracer un portrait des caractéristiques de l'entreprise contemporaine au Québec, il faut en connaître l'évolution dans son ensemble. Des faits marquants ont donné forme à l'entreprise d'aujourd'hui.

1700   On organise depuis quelque temps l'*Intendance de la Nouvelle-France* d'après le concept du colonialisme européen. On vise l'autosuffisance en alimentation tout en faisant le commerce des fourrures avec l'Europe.

L'*implantation des métairies*, sortes de fermes collectives sous la responsabilité d'un noble, et l'établissement d'un réseau de comptoirs d'échange, la Compagnie de la baie d'Hudson, favorisent la structuration de l'agriculture et du commerce.

1800   *Montréal devient une métropole* reconnue mondialement pour le commerce extérieur. L'établissement d'une bourgeoisie canadienne française et anglaise provient de l'implantation d'entreprises traditionnelles.

Depuis l'avènement de la Dominion Textiles, les industries du *textile*, du *cuir* et de la *chaussure* commencent déjà à avoir une renommée d'excellence auprès de l'empire britannique.

1850   L'*influence de l'Angleterre* et un certain blocus de Napoléon permettent à des entreprises de développer la production de bateaux à voiles avec la création d'immenses chantiers maritimes. La mise sur pied d'un *réseau d'armateurs* et de *manufacturiers de bateaux* prouve au monde que le Québec est le plus important producteur de navires. Les chantiers de la Davie Shipbuilding de Lauzon sont nés de ce temps mémorable.

1890   La *structuration des chemins de fer transcanadiens* avec leurs ramifications régionales établissent les bases d'une sidérurgie à l'américaine. Algoma Steel de l'Ontario et Dofasco de Montréal sont à cette époque des aciéries réputées.

1918   L'après Première Guerre mondiale provoque un *engouement des investisseurs britanniques pour les moulins de pâtes et papiers*. La main-d'œuvre et la matière première sont bon marché et de qualité. La région du Saguenay–Lac-Saint-Jean devient une terre de prédilection pour ce genre d'investissement. La compagnie Price ltée dominera par la qualité de son produit.

1950   *Le secteur minier devient le champ de prédilection des investisseurs américains*, qui prennent la relève des Anglais. Un véritable réseau de mines se crée un peu partout au Québec, surtout dans les régions de Chibougamau, de la Côte-Nord et de l'Abitibi. La compagnie Iron Ore, à Sept-Îles, sera un modèle dans l'exploitation du minerai de fer.

1960   *La loi portant sur la nationalisation de l'hydro-électricité* freine les investissements étrangers. Le Québec décide d'exploiter lui-même sa houille blanche. Les compagnies, habituées à un laisser-aller dans ce secteur, négocient pour garder leurs propres réseaux hydro-électriques. La compagnie Alcan renégocie ses ententes avec le gouvernement et décide d'utiliser au maximum sa capacité énergétique.

Manicouagan devient un immense laboratoire pour l'expertise de firmes de conseillers en gestion et d'entreprises de construction telles Lavalin, Janin construction, Beaver Construction, la cimenterie Miron, toutes situées dans la région de Montréal.

1965   *Le syndicalisme commence à faire parler de lui* en tant que mouvement organisé. Les syndicats modifieront graduellement leurs conceptions et revendiqueront les mêmes droits que les ouvriers américains travaillant pour les mêmes entreprises. La CSN (Confédération des syndicats nationaux) commence à faire une percée dans la fonction publique, laissant perplexes les organisations patronales.

1970   *L'augmentation du niveau de vie* au Québec amène une concurrence commerciale plus vive entre les supermarchés et les magasins indépendants. La construction de centres commerciaux permet l'implantation d'entreprises à succursales multiples. Le centre commercial Rockland, dans la ville de Montréal, sera un des premiers à voir le jour au Québec.

1976   *La hausse du taux d'intérêt et celle du prix du pétrole* provoquent une poussée sans précédent de la prospérité économique, poussée qui finira en 1979 par le début d'une crise économique provoquant un repli de l'entreprise québécoise dans tous les domaines.

Les entreprises cherchent à fusionner ou à acquérir d'autres entreprises aux liquidités élevées. Le secteur des transports routiers se distingue particulièrement dans ce domaine.

1980   Les gouvernements fédéral et provinciaux, avec des déficits impensables à l'époque, essaient de maintenir le rythme en investissant dans la création d'emplois. Il faut souligner une certaine originalité dans leur apport aux entreprises comme la Corporation de développement du Canada (CDC) et la Société québécoise d'exploitation minière (SOQUEM), avec lesquelles ils ont pris l'initiative d'investir lorsque le risque d'opération était élevé.

1982   La crise persistant, *le domaine de l'or devient très spéculatif* et les activités boursières augmentent. L'industrie minière vit une nouvelle épopée au Québec. D'anciennes mines sont réouvertes. Noranda reprendra son rôle de chef de file.

1984   *Les entreprises ont dû rationaliser leurs dépenses et leurs investissements.* Elles ont remis en question leur rôle social. Aussi voit-on plusieurs entreprises s'engager dans de nouvelles orientations en travaillant à l'amélioration de leur technologie. De nouvelles entreprises se créent afin de répondre à ce besoin, plus particulièrement en informatique et dans le domaine du laser. Ogivar et Comtern accentueront leur percée.

1985   Les *déficits accumulés du gouvernement* obligent celui-ci à se retirer graduellement afin de donner une place plus grande aux entreprises désireuses d'investir. Le mouvement de *fusions et d'acquisitions* entre les grandes entreprises continue à un rythme effréné.

1988 La *Loi sur le libre-échange* entre le Canada et les États-Unis amorce une situation sans précédent. Les entreprises québécoises sont propulsées dans un contexte international de concurrence.

1989 Les grandes entreprises du Québec doivent se défendre contre des acquisiteurs intéressés par leur seul profit, et protéger ainsi les intérêts de leurs actionnaires.

1990 Les *associations d'entreprises* comprennent leur importance politique comme groupes de pression pour que les gouvernements soient plus respectueux des règles du jeu de la concurrence.

Ces événements et d'autres sans doute ont provoqué de grandes modifications dans la taille des entreprises au cours du dernier quart de siècle. Retenons que le Québec, avec sa structure industrielle, laisse une large place aux petites et moyennes entreprises (PME). L'avenir serait-il là?

1.3.2 L'entreprise québécoise d'aujourd'hui

Selon le Groupe québécois de prospective[1], l'entreprise d'aujourd'hui connaît au Québec une situation qui comporte des points forts et des points faibles quant à son développement économique. Les recherches de ce groupe permettent de dresser un portrait des variables d'influence de l'environnement avec lesquelles l'entreprise du Québec est en interaction quant à l'atteinte de ses objectifs et à la satisfaction du consommateur québécois.

A – Les points forts

– *Les ressources naturelles*

Ce secteur reste assez dynamique. Les usines de pâtes et papiers se modernisent, de nouvelles usines ouvrent et on améliore les flottes de pêche.

– *L'énergie*

Les centrales de la baie James permettent aux entreprises d'avoir de l'électricité à bon marché, ce qui améliore leur position sur le marché international. On dit souvent que l'électricité du Québec coûte quatre fois moins cher qu'à New York.

– *Le domaine de la santé*

Le régime universel de l'assurance-maladie sécurise la population et lui permet de se consacrer mieux à son travail en la mettant à l'abri de problèmes coûteux.

– *Le progrès de l'esprit d'entreprise*

L'avènement de certains régimes fiscaux tels le Régime d'épargne-retraite autogéré et le Régime d'épargne-action ont incité les gens à courir le risque de l'entreprise. On a vu la croissance fabuleuse de moyennes entreprises nouvellement inscrites à la Bourse. Certaines régions de Montréal, comme Longueuil, bénéficient même d'un suremploi remarquable.

– *La situation stratégique du Québec*

Le Québec, grâce au fleuve Saint-Laurent, est géographiquement la porte d'entrée de l'Amérique du Nord. Certaines entreprises veulent profiter de la situation. On parle alors de projets précis tel le Centre de services financiers international.

B – Les points faibles

– *Une industrie manufacturière non renouvelée*

Beaucoup d'entrepreneurs n'ont pas pu ni su réinvestir dans la modernisation de leurs usines,

---

1. Le Groupe québécois de prospective, *Le Futur du Québec au conditionnel*, Chicoutimi, Gaëtan Morin, 1982, p. 217 à 230.

particulièrement dans les domaines du textile et de la chaussure où la fermeture successive d'usines a causé la perte de milliers d'emplois. On doit cependant savoir que l'importation à outrance est le point de départ de ces fermetures.

— *Le vieillissement de la population*

L'accroissement de la longévité associé à une faible natalité nous donne une perspective peu intéressante du marché interne.

— *La question nationale*

Tout investisseur étranger reste sur le qui-vive face à la séparation politique éventuelle du Québec de la confédération canadienne. Ce scénario oblige les entreprises à être prudentes dans leurs investissements à long terme.

— *Un syndicalisme assez organisé*

Le militantisme des syndicats dans la fonction publique a freiné dans une certaine mesure l'entreprise privée à cause de la concurrence salariale et d'idées socialistes particulièrement avancées. L'entrepreneur éprouve de la difficulté à négocier seul avec des organisations syndicales structurées et permanentes.

— *Un régime fiscal désuet*

L'absence d'incitation fiscale au risque, à la productivité et à la vie familiale ainsi que le manque de sérieux dans la juste redistribution des impôts soulèvent de la méfiance. Plusieurs entrepreneurs pensent que le modèle de gestion du gouvernement pourrait facilement les conduire à la faillite.

— *Une fabrication modeste d'équipement de production*

L'entreprise québécoise a perdu plusieurs compétences dans le domaine de la fabrication d'équipement de production par rapport à l'Ontario, de sorte qu'elle s'oriente vers la pro-

duction de biens de consommation. Ainsi, il est curieux de voir une entreprise forestière acheter de l'équipement fabriqué en Allemagne, alors que le Québec est un des plus gros producteurs forestiers du monde.

Composer avec ces variables, avec ces forces en présence, voilà le défi de l'entreprise d'ici et d'aujourd'hui. Bien identifier ces variables, prendre les moyens efficaces pour contrer les forces négatives et s'allier les forces positives, et voilà l'entreprise lancée sur le chemin du succès.

1.3.3 L'entreprise québécoise de demain : ses préoccupations

Que nous réserve demain ? Bien malin qui pourrait le dire ; nous pouvons cependant dégager certains éléments qui auront une influence directe sur la vie de l'entreprise. Connaître ces éléments, c'est s'assurer d'une meilleure efficacité, c'est être à la mesure des besoins des consommateurs québécois. En se référant toujours au Groupe québécois de prospective, on peut dégager les préoccupations suivantes, qui sont autant de signes d'activités économiques favorables à l'implantation d'entreprises.

A – Le développement et l'utilisation d'énergies nouvelles

Cette préoccupation concerne actuellement les économies d'énergie d'où l'implantation de systèmes de récupération de chaleur, de chauffage biénergétique et l'exploitation solaire et éolienne. Il ne faut pas oublier que le Québec achète pour six milliards de dollars de pétrole par année.

B – Le recyclage des rebuts

Ce domaine fut longtemps négligé dans toutes les régions, sauf à Montréal. On s'est rendu compte que l'enfouissement sanitaire combiné à la rareté des ressources naturelles obligent les entreprises publiques et privées à consacrer du temps et de l'argent à la réutilisation des rebuts. La leçon de l'industrie japonaise qui achète des rebuts de métaux pour les transformer en pièces d'automobiles commence à porter des fruits.

C – La biotechnologie

Ce secteur est dans une phase de balbutiement, mais il amènera de nouveaux procédés de production et d'exploitation des ressources. Ainsi, on a découvert des bactéries qui peuvent raffiner le cuivre dans une certaine mesure.

D – La santé

L'assurance-maladie favorise l'éclosion d'entreprises spécialisées en neurologie, en pharmacie, etc. Nous avons le cas de Promatek de ville Saint-Laurent, qui fabrique et vend l'électrosim. Cette machine produit un courant électrique indolore qui provoque de fortes contractions musculaires favorisant la réadaptation.

E – L'agriculture

La mécanisation et l'informatisation des fermes donnent une figure nouvelle à l'agriculteur, qui devient un homme d'affaires. Les objectifs d'auto-suffisance et d'intervention dans la satisfaction des besoins alimentaires du tiers-monde vont permettre de créer un champ d'activités nouvelles pour ce secteur.

F – La mariculture

La sous-exploitation de ce secteur s'explique par une absence d'intérêt de la population. L'entreprise commence à comprendre la productivité de la pisciculture ainsi que les immenses possibilités de développement à proximité des côtes de la Gaspésie et de la Côte-Nord. Les fermes sous-marines seront bientôt une réalité.

G – L'industrie aérospatiale

La proximité des États-Unis et la perspective du libre-échange aideront l'entreprise dans ce secteur. L'expertise canadienne de la fabrication des satellites et du bras hydraulique de la navette spatiale ne fait que consolider l'avancement des entreprises de cette industrie.

L'exploitation de l'apesanteur, comme condition de fabrication de certains produits, amène une dimension nouvelle dans les procédés de production aérospatiale. Mentionnons le développement du laser par la compagnie Lumonic d'Ottawa.

H – L'électronique et l'informatique

Plusieurs compagnies commencent à percer sur le marché canadien. Ainsi, Comterm, Datagram et Lanpar s'efforcent d'exploiter certains créneaux d'un marché hautement compétitif.

L'informatique apporte une nouvelle dimension au travail en donnant au dirigeant de l'entreprise une plus grande autonomie décisionnelle.

I – La protection de l'environnement

La qualité de la vie est en danger. Ne reproche-t-on pas aux compagnies de faire du profit sur le dos de la nature ? Toute entreprise un peu opportuniste voit dans la protection de l'environnement un marché extraordinaire d'au moins soixante milliards de dollars au Canada seulement.

L'expertise doit s'intensifier sur les systèmes anti-pollution, la récupération des déchets domestiques et toxiques, le reboisement systématique, le traitement des eaux usées et la conception de nouvelles méthodes de production diminuant toute forme de pollution.

D'après ces indices, certains estiment que les entreprises de demain seront axées sur les services. L'ère néo-industrielle, orientée vers la robotique et l'informatique, est arrivée, et l'entreprise québécoise n'y échappe pas.

De plus, nous avons des préoccupations qui dépassent largement nos frontières. L'entreprise nouvelle considérera, après avoir atteint une maturité de gestion, la dimension internationale de ses expertises. N'oublions pas que le Canada est un pays dont au moins 60 % de la production est exportée.

L'ère de la prochaine décennie se caractérisera par l'internationalisation des échanges et par l'influence de la gestion à l'orientale préconisée par le triangle Corée – Japon – Thaïlande.

Les entreprises du Québec seront soumises à une concurrence plus organisée de la part de ces pays dont la main-d'œuvre à bon marché et la haute technologie dans les biens à demande internationale, notamment en matière d'automobile et d'ordinateur, seront des armes redoutables.

1.4 L'ENTREPRISE : UNE RÉALITÉ CONTEMPORAINE

L'État québécois, avec la reprise économique de 1984, a, dans une certaine mesure, décidé de se retirer comme moteur économique afin de laisser la vraie place à l'entreprise et au jeu de la concurrence. Jamais, dans l'histoire du Québec, les circonstances n'ont été aussi propices à l'entreprise pour se faire valoir comme une entité non seulement économique, mais aussi sociale et culturelle.

L'entreprise est devenue l'expression soit d'un individu soit d'un groupe d'individus au même titre qu'une œuvre d'art exécutée par un artiste

reconnu, c'est-à-dire que le travailleur participe de près ou de loin à toutes les étapes de la production. Cette expression réside dans la volonté de l'entreprise de bien se situer sur le plan de la concurrence, d'exploiter les créneaux de marché où elle excellera, comme l'ont fait Vidéotron, Lavallin et Bombardier, et d'améliorer constamment ses ressources.

L'ère de la petite et moyenne entreprise est revenue en puissance ; c'est un phénomène social. Les individus créent leur propre entreprise pour se créer de l'emploi et réaliser leurs plus grands rêves de réussite personnelle.

D'ailleurs, les grandes entreprises ont compris que l'établissement d'entreprises-satellites autonomes (comptant entre 100 et 500 employés) est de beaucoup préférable à un complexe centralisé de milliers d'employés. La vogue de fusions et d'acquisitions parmi les grandes entreprises favorise les économies et une plus grande adaptation à la concurrence internationale. Elle oblige les gouvernements à réagir en établissant un milieu fiscal et social plus favorable à la réalisation d'entreprises, et ce surtout en régions.

De nouvelles entités de soutien à l'avancement de l'entreprise se développent un peu partout dans la province : les programmes de création d'emplois, les centres de création d'entreprises, les sociétés en commandite, les regroupements d'entreprises spécialisées en technologie, etc. Ces organismes donnent un soutien à l'organisation quant à la naissance et au suivi de l'entreprise ; ils font l'objet de démarches synergiques des activités entrepreneuriales en facilitant la capitalisation, le partenariat, l'actionnariat, le «joint-venture». Ces organismes sont en soi de nouvelles entreprises ou, dans une expression plus populaire, des entreprises de troisième type.

L'ordinateur et le réseau de communication ont permis la multiplication d'entreprises individuelles «chez soi», qui mettent en évidence l'apport de la femme entrepreneure. Cet apport crée, dans le milieu des affaires, de nouvelles formes d'entreprises plus aptes à répondre aux besoins sociaux de la population: l'artisanat (notamment en boutiques d'artisans regroupés), les garderies, la haute couture, les agences de placement, les promotions d'activités culturelles (comme les salons et les défilés de mode), le travail à domicile (comme le secrétariat personnalisé), les organismes sans but lucratif, des firmes professionnelles spécialisées (par exemple en gynécologie et en acupuncture), etc.

RÉSUMÉ

L'entreprise évolue dans un environnement global à l'intérieur duquel elle doit gérer ses ressources en fonction de variables incontrôlables et contrôlables.

L'évolution de l'entreprise est le produit de l'histoire: elle procède d'abord de l'artisan en haut de la hiérarchie, puis on instaure la division du travail et enfin les usines et la cybernétique.

L'entreprise est un phénomène de nature socio-économique au Québec et au Canada. Ses ressources humaines, matérielles et financières doivent s'adapter aux conditions géographiques et climatiques.

L'entreprise contemporaine se caractérise de plus en plus par l'apport de nouvelles formes entrepreneuriales et par l'engagement de la femme entrepreneure dans l'économie de marché.

La relation gouvernement-entreprise-marché national et international ne fera qu'amplifier l'importance de l'entreprise en proposant à celle-ci une situation dynamique de constants défis.

Chapitre 2
L'entreprise: définition et système

OBJECTIFS

1. Présenter l'environnement comme point de départ de l'entreprise et comme milieu de vie à la fois contrôlable et incontrôlable.
2. Montrer que les besoins sont à l'origine de la réponse donnée au consommateur par l'entreprise.
3. Cerner les caractéristiques des besoins.
4. Définir l'entreprise en tenant compte des composantes environnementales.
5. Voir l'approche systémique comme moyen d'analyse de l'entreprise.
6. Faire l'application des composantes d'un système à l'entreprise.
7. Connaître les différents sous-systèmes de l'entreprise.
8. Apprendre à construire un plan d'implantation de projet d'entreprise.

PLAN

INTRODUCTION

Comme nous le montre la figure 2.1, c'est de l'environnement que naît le marché. Celui-ci fournit des consommateurs dont les besoins doivent être satisfaits.

Le marché est un ensemble d'individus de différentes catégories, *consommateurs potentiels* que l'entreprise doit identifier clairement afin de déterminer leurs besoins, leur pouvoir d'achat et de décision. Le marché se divise en deux: le *marché des biens de consommation* (alimentation, vêtement, etc.) et le *marché des biens industriels* (l'acier, l'aluminium, etc.).

Les consommateurs se comportent comme tels si, évidemment, ils ont des *besoins* à satisfaire. Ces besoins sont de différentes sortes, comme nous le verrons plus loin.

Face à la demande des consommateurs, l'entreprise doit donner une *réponse* qui consistera en l'offre de produits *tangibles* comme du pain, des légumes, des vêtements, etc., ou de produits *intangibles* que l'on appelle *services*, comme l'éducation, les soins hospitaliers, etc.

FIGURE 2.2: Besoins et comportement qui visent la satisfaction

Besoins → Mobile → Comportement

Satisfaction

2.1 LA DYNAMIQUE DES BESOINS

Le consommateur est au premier plan de toute étude de l'entreprise. Issu de l'environnement et modifié par lui, le consommateur est la condition première du marché par ses besoins à satisfaire. Ces besoins sont biologiques, comme manger ou boire, ou psychologiques, comme les besoins de prestige, d'amour, etc. Ces besoins sont le *mobile* de son comportement de consommateur (figure 2.2). En cherchant à satisfaire ses besoins, il veut retrouver un certain équilibre. L'entreprise, dont la fin est de satisfaire le consommateur, prend conscience de ces besoins non satisfaits et crée le ou les produits correspondants que le consommateur percevra comme autant d'éléments de satisfaction (figure 2.2).

FIGURE 2.1: De l'environnement à la satisfaction des besoins

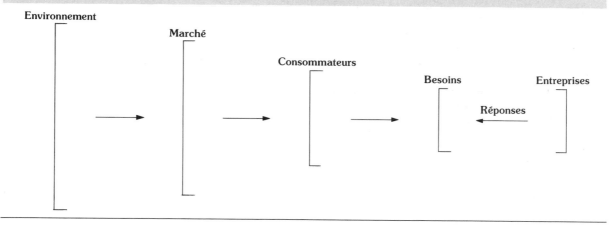

TABLEAU 2.1: Besoins et biens	
Besoins	**Biens**
Manger	Nourriture
Boire	Boisson
Déplacement	Moyen de transport
Sécurité	Assurances
Estime	Parfum
Appartenance	Jeans

Aussi, l'action fondamentale de l'entreprise consiste-t-elle en l'identification précise et exacte des besoins et des ressources essentielles aux activités propres à satisfaire le consommateur (tableau 2.1).

2.1.1 L'identification des besoins

Les besoins sont à la base de toute activité économique: achats, ventes, échanges, emprunts, investissements, etc.; ils créent le mouvement, la dynamique économique. Parce que les besoins changent et que tous ne ressentent pas les mêmes besoins au même moment, il faut produire des biens divers selon les moments. L'existence des entreprises semble donc assurée.

Divers moyens permettent de définir les besoins, par exemple les enquêtes, les tests ou les *études de marché*. L'entreprise doit se rappeler qu'un produit, comme un besoin, comporte des caractères intangibles.

Les études de marché permettent d'analyser les habitudes d'achat et les besoins des consommateurs; il faut répondre aux questions suivantes:

— Qui sont les consommateurs?
— Quand achètent-ils (heures, saisons)?
— Où achètent-ils?
— Qu'achètent-ils?
— Comment achètent-ils?

Une fois les résultats obtenus, l'entreprise dispose des données de base de son marché.

2.1.2 L'entreprise: une expression du besoin

L'étude des caractéristiques des besoins permet de bien saisir pourquoi l'entreprise est dynamique. Le tableau 2.2 illustre ce phénomène en montrant diverses formes que prennent les entreprises pour répondre aux besoins changeants dans la structure environnementale. Elle met en relief deux profils bien distincts, soit la *société traditionnelle* avec l'entreprise de type familial, qui répond aux seuls besoins immédiats par sa politique d'autosuffisance, et la *société moderne* avec ses grosses entreprises de type industriel à propriétaires multiples, et orientée vers les produits de consommation. Il s'agit des deux types extrêmes d'organisation. Ils peuvent se rejoindre: à l'intérieur de notre société moderne, il existe encore des artisans qui ont une politique d'autosuffisance.

2.1.3 Les caractéristiques des besoins

Les besoins sont:

A — essentiels ou superflus,
B — variables en intensité,
C — limités par des contraintes,
D — illimités en nombre,
E — divergents ou complémentaires,
F — répandus par imitation,
G — fixés par habitude,
H — satisfaits différemment.

Le tableau 2.3 nous présente, pour chacun de ces besoins, un exemple représenté par un type d'entreprise.

A — Essentiels ou superflus

Certains besoins sont essentiels: ce sont surtout les besoins primaires comme manger, boire, dormir et se loger. D'autres tiennent plus de l'agrément, de l'accessoire ou du superflu: les besoins

TABLEAU 2.2: Changement et évolution — Quelques éléments de la variable société		
Les éléments	La société traditionnelle	La société moderne
Organisation:	Elle repose sur la famille (le père au centre). La valeur fondamentale est la *tradition*; on respecte les coutumes.	La base en est l'*individualisme*. On y retrouve cependant des regroupements par classes sociales et par associations. Les valeurs sont la *production* et la *consommation*.
Population (structuration):	La population est dite *homogène*, elle vit en petites collectivités isolées (petits villages). Les distances à parcourir sont longues et les moyens de transport lents.	La population est dite *hétérogène* à cause des diverses langues, races et religions que l'on retrouve dans les grands centres urbains. Les distances n'existent plus: les moyens de transport sont rapides.
Économie:	L'économie est fondée sur le secteur *primaire*, soit l'extraction des matières premières. La population vit surtout de l'agriculture et de la pêche, les autres secteurs économiques ne sont guère présents.	L'économie est de secteur *secondaire* et *tertiaire*, soit la transformation et les services.
Techniques de travail:	Tout est routine, avec peu ou pas de spécialisation (structure artisanale).	Elle comporte beaucoup d'innovations. Le travail est source de *spécialisation* et de tâches distinctes.

secondaires comme lire, apprendre, voyager et se divertir.

L'entrepreneur avisé sait à quel type de besoins répond son produit et il planifie son programme de promotion en conséquence.

B – Variables en intensité

Tous les gens ne ressentent pas les mêmes besoins avec la même intensité, et ne veulent pas les satisfaire tous avec le même degré d'empressement. Cela oblige l'entreprise à offrir aux clients des biens semblables, mais de qualités et de prix divers. Il en est ainsi de l'automobile.

C – Limités par des contraintes

Bien des besoins sont limités dans leur possibilité d'être assouvis. Par exemple, une foule de

gens voudraient faire de lointains et longs voyages, mais ils n'ont pas la santé ou les ressources suffisantes. C'est le rôle de l'entreprise d'essayer de rendre ces biens les plus accessibles possibles.

D – Illimités en nombre

On peut ressentir plusieurs besoins en même temps. Il y a les besoins fondamentaux qui demeurent, et d'autres qui, comme le vêtement, sont reliés à des modes et disparaissent une fois comblés. Les besoins changent selon les changements sociaux, les habitudes culturelles et les virages technologiques.

E – Divergents ou complémentaires

On parle de besoins divergents quand, en fait, les façons de les combler – les entreprises – sont

---

TABLEAU 2.3: L'entreprise: une réponse

Besoins	Type d'entreprise (réponse)
Essentiels	Magasin d'alimentation (Métro)
Superflus	Bijouterie (Birk's)
Variables en intensité	Entreprise de l'automobile (Ford)
Limités par des contraintes	Agence de voyages (La Baie)
Illimités en nombre	Boutique de vêtements (Dalmy's)
Divergents	Compagnie de transport (Air Canada, Autobus Voyageur)
Complémentaires	Restaurant (McDonald) — boire et manger
	Mercerie — cravate et habit
Répandus par imitation	Salon de coiffure
Fixés par habitude	Centre commercial, restaurant
Satisfaits différemment	Compagnie de transport ou automobile

---

divergentes et ne peuvent s'associer; on doit choisir un type de réponses au détriment des autres. Il en est ainsi du besoin de voyager. Si vous demeurez à Montréal et devez vous rendre à Québec, l'autobus, à cause de sa rapidité, et le train, pour son confort, vous intéressent, mais vous devez choisir. Souvent, on doit aussi renoncer à un besoin pour en satisfaire un autre. Combien de gens renoncent à un voyage pour pouvoir changer d'automobile, ou inversement.

Les besoins complémentaires peuvent se combiner tels le manger et le boire. L'entrepreneur peut offrir une gamme de biens qui tient compte de ces associations. Ainsi, un marchand de souliers dispose habituellement de sacs à main assortis, un marchand d'automobiles va offrir les services d'entretien, de garantie prolongée, de réparation, etc.

F – Répandus par imitation

Un poste de radio fait sa publicité sous le thème: «Tout le monde le fait, fais-le donc!», qui sous-entend: «Écoutez le poste». Les besoins se répandent par imitation comme le montre bien le phénomène des modes.

Le fait que le besoin devienne collectif justifie la mise en place d'une entreprise, car il y a entreprise lorsqu'il y a échange de biens avec plusieurs clients. L'entrepreneur qui sait discerner les besoins naissants chez un petit groupe de gens et qui sait exploiter ces besoins sans cesse grandissants aura toujours une longueur d'avance sur ses concurrents.

G – Fixés par habitude

Le besoin d'un bien se crée souvent par des achats successifs ou par la consommation répétée de ce bien. Combien de gens ont pris l'habitude de faire leur marché le jeudi soir, de prendre un café à chaque pause café au travail, de regarder telle émission télévisée, d'acheter tel produit.

H – Satisfaits différemment

Si les entreprises sont si nombreuses, c'est aussi parce que les gens satisfont différemment les besoins. On ne mange pas tous les mêmes aliments, on voyage vers diverses destinations, on se divertit de façons variées, on a des goûts différents et changeants. Les produits et services doivent donc être eux aussi différents.

La satisfaction des besoins est la raison d'être des entreprises; l'entrepreneur est le moteur. Pour assurer sa prospérité, il doit savoir exploiter, entre autres, la dynamique que sous-tendent les besoins.

2.2 DÉFINITION DE L'ENTREPRISE

L'entreprise est une unité de production destinée à un marché, ayant une certaine autonomie et visant un rendement de ces trois éléments: l'employé, le propriétaire et le capital.

Reprenons les termes de cette définition:

Une unité de production. Toute entreprise doit être productive pour son pays. Le gouvernement la perçoit comme une activité économique générant des investissements et des emplois. On tient compte par le fait même de la vélocité des effets de l'investissement: ainsi, un dollar de ce dernier peut en faire «rouler» cinq dans l'économie pendant l'année courante.

À cette notion de productivité s'ajoute une caractéristique physique de l'entreprise: le lieu de la production d'un bien ou d'un service. Ce lieu peut être une usine, par exemple.

Destinée à un marché. L'entreprise, par nature, essaie de répondre à un besoin du milieu où elle est implantée. Elle comblera ce besoin en produisant soit selon les demandes, comme pour le logement, soit selon sa propre offre: ses biens de consommation. C'est pourquoi l'entreprise d'aujourd'hui doit faire des études de marché afin de connaître plus précisément ces besoins.

Ayant une certaine autonomie. Plusieurs possibilités s'offrent à celui qui veut diriger une entreprise, quant à son statut légal ou juridique. De façon générale, on identifie l'entreprise par une *raison sociale* (ex.: Tabagie André inc.).

Selon le pays, la province et la municipalité, l'entreprise doit répondre à des exigences: payer des taxes, des impôts, etc. Par exemple au Québec, si on veut se lancer en affaires, on doit obtenir un statut de constitution de l'Inspecteur général des institutions financières, un numéro d'employeur des gouvernements fédéral et provincial, vérifier la réglementation municipale en ce qui a trait au zonage et à la construction; plus tard, il faudra déclarer ses ventes au ministère du Revenu, etc.

Visant un rendement de ces trois éléments. Quelle que soit la structure économique en place, la survie et la continuité de l'entreprise dépendent de son rendement. Chez nous, l'entreprise peut fonctionner selon deux notions de rendement: à *but non lucratif* ou à *but lucratif.* Les organismes sans but lucratif sont principalement gouvernementaux, scolaires, religieux, charitables et sociaux. Leur but est de développer des services et de répondre à divers besoins sociaux et ce, sans recherche de profit. L'entreprise à but lucratif est un organisme qui tente de réaliser un profit, par exemple par la vente d'un produit comme le vêtement.

Cette notion de profit ou de rendement, pour l'entreprise à but lucratif, concerne les éléments suivants: l'employé, le propriétaire et le capital.

L'employé représente une ressource lorsque l'on considère sa fonction, sa polyvalence et son dynamisme au travail. On évalue l'employé selon l'ampleur de son travail aux intérêts de l'entreprise, et celle-ci lui permet d'espérer une carrière intéressante.

Aussi, l'entreprise devra rémunérer l'employé en considération du travail réalisé. Ce salaire étant pris à même ses revenus, elle doit avoir un rendement tel qu'elle puisse assumer cette dépense.

Le propriétaire décide de l'orientation de l'entreprise, qui est d'ailleurs souvent à son image. On envisage l'entreprise selon ce que le propriétaire veut bien faire d'elle, que ce soit sur les plans de sa solidité, de son taux de liquidités, de l'honnêteté de ses transactions financières, de son respect des lois, de sa technologie de pointe et de son histoire (par exemple, sa renommée nationale).

Le propriétaire de l'entreprise a droit à un rendement; il investit dans l'espoir de retirer un revenu appréciable ou du moins qui lui permette de survivre, d'être autosuffisant.

Le capital se traduit, selon l'activité de l'entreprise, par les immeubles, les matières premières ou les équipements, ainsi que par les fonds financiers dont elle dispose. La notoriété de l'entreprise dépend du capital.

Tout ce qui constitue le capital doit être réajusté et renouvelé; la survie de l'entreprise en dépend. Le rendement normal de l'entreprise et la somme de capital doivent permettre cet objectif minimum de survie, grâce au paiement des ressources fonctionnelles.

2.3 LA THÉORIE DES SYSTÈMES

Les activités humaines et les groupes d'activités ont une structure fonctionnelle. On peut les décrire d'une façon identique, bien que le contenu des différents éléments varient selon chaque cas à l'étude. Cette façon d'expliquer l'univers tient de la théorie des systèmes.

L'approche systémique repose sur la capacité de l'individu à concevoir en modèle ou en système une organisation donnée. La théorie explique comment un système peut être décomposé en sous-systèmes, et comment il interagit avec d'autres systèmes. Appliquer cette théorie à l'entreprise permet de mieux en comprendre les structures et le fonctionnement. C'est ce qu'ont fait plusieurs théoriciens contemporains qui s'intéressent à l'administration et à la gestion.

2.3.1 La définition d'un système

Quand on mentionne le terme «système», on en saisit généralement le principe: *l'organisation*, avant même d'en comprendre la signification profonde.

Presque tout dans la vie, même quotidienne, est relié à un système, et la première chose que l'on remarque en examinant notre environnement, c'est son organisation. En effet, le parcours des astres en orbite autour du soleil se fait en fonction des forces de la gravitation. Chez l'être humain, il existe des équilibres biologiques qui ne résultent pas du hasard, mais bien de l'organisation systématique des relations entre les composantes. On se sert donc du mot «système» pour désigner quelque chose de rationnel, d'organisé dans un ordre précis.

En fait, même si l'on parvient à identifier assez facilement les systèmes (politiques, économiques, système nerveux, système de chauffage, etc.), ce terme reste ambigu à cause de son abstraction et de ses implications, et ce malgré son emploi courant.

En tenant compte de différentes formulations, nous pouvons nous arrêter à la définition suivante: *un système est un ensemble de composantes agencées de façon ordonnée et structurée et tendant vers un résultat précis* (figure 2.3).

Premièrement, le système comprend nécessairement plusieurs éléments ou composantes. Prises individuellement, ces composantes ne forment pas un système en elles-mêmes. Par exemple, la machine à écrire fait partie du système de traitement manuel de l'information, mais n'est pas à elle seule un système. On parle de système quand tous les éléments sont intégrés dans un ensemble qui peut atteindre un but.

Deuxièmement, les composantes doivent avoir une action structurée pour arriver au but déterminé. Le terme «système» sous-entend donc l'ordre, la structure, l'organisation.

Troisièmement, tout système doit tendre vers un but, vers un résultat. Ainsi, la culture des fruits et légumes n'est pas une fin en soi, mais sert à l'alimentation des gens. L'étudiant fréquente l'école non pour passer son temps, mais bien pour se donner une formation qui lui servira dans la vie.

FIGURE 2.3: Composantes d'un système

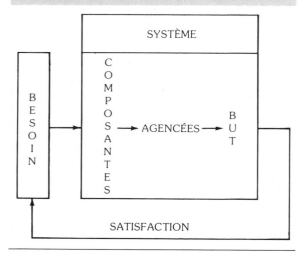

Sans but, l'action n'a plus de sens, aussi le système respecte-t-il cette règle, tel celui de la gestion par objectif.

2.4 LES BESOINS ET LE SYSTÈME ENTREPRISE

Pour satisfaire les besoins des consommateurs, l'entreprise doit accomplir de multiples activités: transformer de la matière, fabriquer des produits, les vendre, etc. Cela ne se réalise pas sans plan, sans système.

L'entreprise doit donc procéder à une démarche dite systémique pour atteindre le but recherché, soit la satisfaction du consommateur (figure 2.3).

2.4.1 Les éléments du système entreprise

La figure 2.4 nous montre un exemple d'entreprise vue comme un système. Examinons chaque élément du système entreprise.

A – Les ressources

Une entreprise a besoin de plusieurs ressources: personnel, argent, équipement, matières premières, etc. Certaines de ces ressources peuvent être immatérielles comme des brevets, de la technologie ou du savoir-faire alors que d'autres sont matérielles ou humaines.

C'est ainsi qu'une entreprise voulant produire, par exemple, une boisson doit se procurer divers produits et matières premières nécessaires à sa fabrication, embaucher le personnel administratif et de production, acheter de l'équipement (laveuse, distributrice, capsulateur, camion de livraison, machine à écrire, etc.). Enfin, l'entreprise fera les démarches nécessaires pour l'obtention de financement et d'informations pertinentes. Toutes les ressources humaines, matérielles et immatérielles sont identifiées comme des *intrants* ou encore des *données d'entrée*.

B – Les activités d'exploitation

Les activités de l'entreprise, comme toute composante d'un système, sont organisées: les horaires de travail, les plans de production, les échéanciers, les heures d'ouverture, etc. On dirige l'ensemble de ces activités afin de s'assurer que les buts visés seront atteints.

Ainsi, l'administrateur doit accomplir des tâches de planification, de direction, d'organisation, de contrôle et de coordination.

C – Les résultats

Comme tout système tend vers un but, on doit mesurer l'atteinte du but par les résultats des activités. Les entreprises, tout en ayant pour objectif général de satisfaire les besoins des gens, se fixent des sous-objectifs bien précis et mesurables comme:

FIGURE 2.4 : Exemple d'application à une entreprise (restaurant)

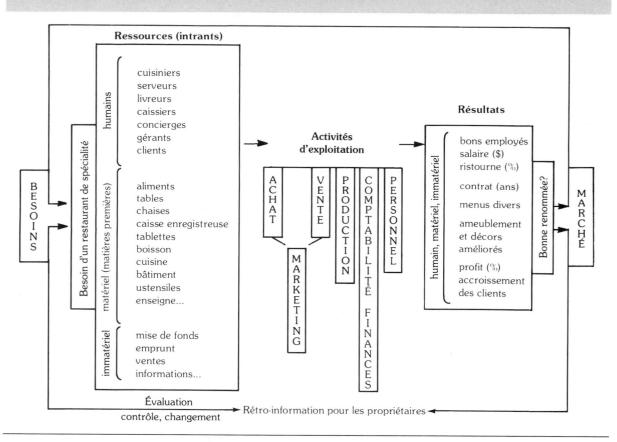

- une augmentation des ventes de pain de 10 % pour 199X ;
- un rendement de 7 % sur les ventes en 199X : si les ventes atteignent 1 000 000 $, le bénéfice sera de 70 000 $ (7 % × 1 000 000 $) ;
- la conquête d'un nouveau territoire de vente d'ici la fin d'octobre 199X ;
- le lancement d'un nouveau produit pour la prochaine année.

Le système est dit en équilibre quand les résultats obtenus correspondent aux résultats attendus. En effet, une entreprise est efficace quand ses services ou produits conçus en fonction du besoin du consommateur sont acceptés de lui. C'est ainsi que les principaux résultats d'une entreprise se résumeront, par exemple, par une boisson acceptable par X % des consommateurs. Très souvent, nous retrouverons comme résultats un ensemble de matières premières qui auront été transformées par un passage dans le système. Parfois, ce sera tout simplement une ressource peu modifiée en apparence, comme une ressource humaine qui, après son passage dans le système, devient un employé satisfait de son travail, plus expérimenté, etc. Ce n'est pas le cas de la matière première, comme la levure, la farine, l'eau, les fourneaux, etc., qui deviendra un résultat dit transformé, soit du pain ou un gâteau.

D – La rétro-information

Un système utilise ses ressources à travers diverses activités afin d'obtenir des résultats et il s'ajuste grâce à la rétro-information. La rétro-information est l'information que les consommateurs communiquent au système; si ceux-ci sont insatisfaits des résultats, on pourra réviser et corriger soit les buts, soit l'utilisation de certaines ressources, soit les activités. La rétro-information permet à une entreprise de s'ajuster aux besoins changeants du marché.

Si une entreprise qui fabrique du pain subit un retour de son produit dans une proportion de 25 % qui n'est pas acceptable, elle a là un indice d'insatisfaction. D'après cette rétro-information, elle doit procéder à l'analyse de la raison du retour et au rajustement des ressources et des activités inadéquates.

2.4.2 L'intégration des systèmes

La satisfaction de besoins n'est pas l'œuvre d'une seule entreprise. Ainsi, une boisson qu'achète un consommateur a dû passer par diverses étapes: une entreprise s'est occupée de la fabrication du produit, ensuite elle en a fait la distribution à des entreprises de services qui se spécialisent dans la vente de produits alimentaires, ce qui a permis au consommateur de se la procurer. C'est là un exemple d'interrelation entre divers systèmes.

Un système ne saurait avoir sa raison d'être isolé des autres. En effet, aucun système ne peut se suffire à lui-même, car ses intrants sont inévitablement le résultat d'autres systèmes ou de l'environnement. Tout système s'intègre dans l'ensemble dont il a besoin afin de recevoir toute l'information nécessaire à son fonctionnement. Ses *extrants*, ou cette information, sont à la fois des intrants pour d'autres systèmes et une source de rétro-information pour lui-même. La figure 2.5 nous montre un exemple d'interdépendance des systèmes.

Lorsqu'il s'agit d'entreprises, on parle d'*intégration* ou de *concentration horizontale* ou *verticale*. Plus une entreprise est indépendante des autres entreprises dans ses activités d'approvisionnement et de distribution, plus elle est concentrée.

A – L'intégration verticale

Quand une entreprise tend à mettre sur pied des activités qui lui permettent de devenir son propre fournisseur de matières premières ou de vendre directement au consommateur, elle pratique une intégration verticale (figure 2.6).

Ainsi, une entreprise qui partirait de l'extraction de la matière première comme le blé, qui le transformerait ensuite (dans une meunerie, une boulangerie ou une pâtisserie), et qui tiendrait une pizzeria aurait procédé à une intégration verticale totale et ce, grâce à divers systèmes de soutien et de transformation et à diverses opérations.

B – L'intégration horizontale

L'intégration horizontale consiste à faire un usage plus grand de la matière première ou encore à satisfaire un plus grand nombre de besoins à l'intérieur d'un même domaine de production (figure 2.7). Une entreprise qui ne fabrique que de la tôle d'aluminium fera de l'intégration horizontale si elle décide de fabriquer des boîtes de conserve, des ustensiles ou des chaudrons d'aluminium.

Ainsi, Steinberg veut augmenter son degré d'intégration horizontale quand il essaie d'obtenir le permis de distribution des vins, mais il diminue son degré d'intégration verticale en abandonnant la fabrication du pain.

**FIGURE 2.5: Exemple d'interdépendance des systèmes (intégration des systèmes)
d'après les besoins**

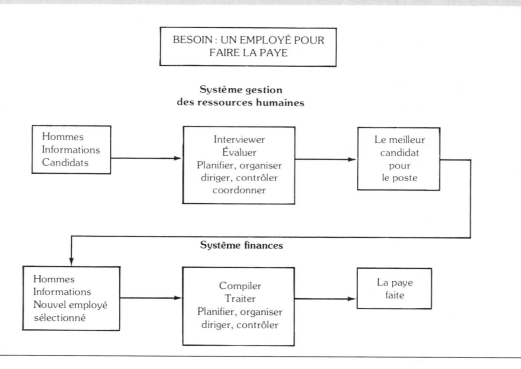

2.4.3 Les différents systèmes composant l'entreprise

L'entreprise, un système en soit, voilà ce que nous venons de voir. Mais ce système est constitué de parties distinctes qui, elles aussi, peuvent être vues comme des systèmes. Ces sous-systèmes de l'entreprise s'intègrent les uns aux autres.

Nous pouvons regrouper ces différents sous-systèmes en une chaîne.

A – Le sous-système marketing

On y étudie les besoins des consommateurs, en quantité et en qualité, pour en informer le sys-tème de production. Ce système assure aussi la distribution des produits finis selon les lieux voulus et selon une date correspondante aux besoins du marché de consommation.

B – Le sous-système production

Ce sous-système a pour but de produire les qualités et quantités voulues selon la date plani-fiée. Les produits peuvent être soit tangibles (biens) ou intangibles (services).

FIGURE 2.6: Exemple d'intégration verticale

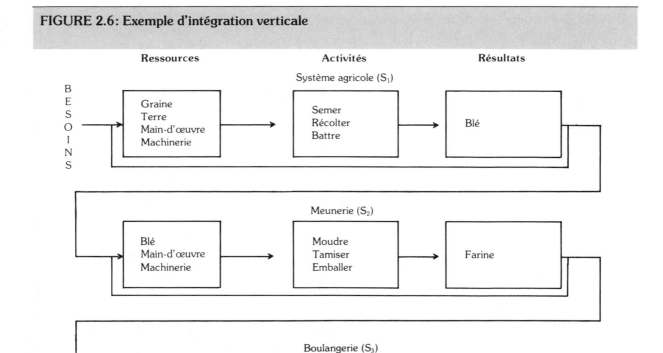

C – Le sous-système finances et comptabilité

Il s'agit de trouver les ressources de financement du système entreprise; on doit utiliser ces fonds de façon à faire progresser l'entreprise.

D – Le sous-système gestion des ressources humaines

On y travaille à gérer le personnel de toute l'entreprise. Ce système implique, entre autres, des activités de sélection, d'embauche, de rémunération, de surveillance, de motivation et de formation.

Tous ces sous-systèmes sont en soi des systèmes qui ne sauraient être isolés les uns des autres. Comme tous les systèmes s'intègrent les uns

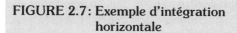

FIGURE 2.7: Exemple d'intégration horizontale

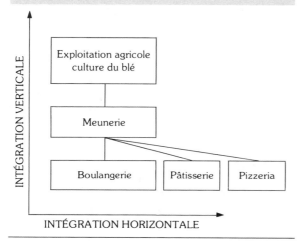

limites d'un système, on pourrait énumérer toutes ses composantes possibles. Cela nous permettrait d'apporter rapidement des corrections à chaque composante lorsque le besoin s'en fait sentir. Voilà qui est faisable théoriquement, mais, en pratique, rien ne permet d'isoler le système de son environnement, de chacune de ses composantes. C'est en quelque sorte une limite à l'établissement de limites.

De plus, dans le quotidien, un système est fonction des facteurs *temps et argent*. Plus on dispose de ressources et de temps pour l'étude d'un problème, *plus les frontières du système sont éloignées*. Ainsi, l'étude des frontières demeure indispensable, car elle force à préciser les éléments du tout, ainsi que ses interrelations; pour cela, il faut du temps et de l'argent et la capacité de trouver du temps au cœur d'horaires de gestion toujours chargés.

aux autres, il en est de même pour ces différentes composantes du système global qu'est l'entreprise. Chaque sous-système, comme celui de la comptabilité par exemple, a recours à diverses activités afin d'atteindre les divers buts fixés; il en est de même pour les diverses fonctions systémiques de l'entreprise.

2.4.4 Les limites d'un système entreprise

Lorsque nous parlons de besoins, d'implantation, de système, l'environnement ne peut être éliminé comme source d'influence. Cependant, seuls certains facteurs interviennent; aussi, l'administration doit être en mesure de reconnaître les éléments susceptibles d'influencer le comportement du système entreprise. D'où la nécessité d'établir *les limites du système*.

Comme on le sait, tout système est composé d'un certain nombre d'éléments, de sous-systèmes formant un tout. Aussi, pour définir les

2.5 IMPLANTATION D'UN SYSTÈME ENTREPRISE (Comment se lancer en affaires)

Maintenant que l'on sait en quoi consiste l'entreprise en tant que système, il serait important de connaître les moyens d'en créer un.

Les dirigeants d'entreprises représentent l'une des plus précieuses sources économiques au pays. Leur nombre augmente sans cesse. Beaucoup d'entre eux ont fondé une entreprise. Comment s'y prendre pour implanter un tel système?

Afin de partir du bon pied, il faut analyser objectivement la situation, le projet d'entreprise, ainsi que les chances de réussite sur le marché. Il faut avoir l'esprit en éveil. Aussi, pour faciliter la démarche d'implantation, on doit appliquer six étapes.

En pratique, il est très rare qu'on les applique toutes; c'est peut-être la raison qui explique l'échec de certaines entreprises. Ces six étapes doivent être rigoureusement suivies si l'on désire obtenir la structure idéale pour l'entreprise. Ces étapes sont établies selon un ordre chronologique continu:

a) l'étude des systèmes d'entreprises déjà en exploitation,
b) la conception théorique du nouveau système,
c) la proposition de structure du nouveau système,
d) l'implantation, l'installation-pilote et les rajustements,
e) l'installation graduelle et complète du système,
f) la révision périodique du système.

2.5.1 Étude des systèmes d'entreprises déjà en exploitation

Cette première étape consiste à étudier les systèmes existants. Dans quelle mesure les entreprises semblables à celle que l'on veut créer fonctionnent-elles? Pour le savoir, il faut faire appel aux consommateurs qui font affaires avec elles.

Les composantes doivent être examinées de près. Les intrants, les extrants, les divisions de l'organisation, les contrôles et la rétro-information sont autant d'éléments qu'il faut analyser pour pouvoir en arriver à découvrir les forces, les faiblesses et leurs causes des systèmes déjà en place. Si elle est conduite consciencieusement, cette étude fait normalement ressortir de nombreuses causes de difficultés et indique à quels endroits les activités du système à créer pourront s'écarter du modèle.

Ainsi, le futur entrepreneur doit visiter les entreprises concurrentielles ou celles susceptibles de le devenir. Il fait l'analyse du prix de vente, de l'étalage, du service, de l'emplacement des établissements, discute de la gestion d'une entreprise auprès de concurrents, etc.

2.5.2 Conception théorique du nouveau système

L'information obtenue lors de la première phase permet d'entreprendre la seconde étape: déterminer les éléments de notre structure.

Le futur entrepreneur met sur papier ses propres idées en précisant les forces et les faiblesses qu'il a décelées dans les autres entreprises. Il doit aussi lire tout document valable concernant ce genre d'entreprises en vue d'en tirer de l'information pertinente.

De plus, il faut identifier le lieu éventuel de l'entreprise, ébaucher un plan d'aménagement des locaux et du stationnement et considérer la décision d'acheter ou de louer les locaux et l'équipement.

À cette étape, on conçoit la forme légale que prendra l'entreprise afin de satisfaire aux lois gouvernementales régissant le pays, la province et la municipalité en matière de statut légal, de taxation et de fiscalité. Il faut aussi connaître les autres lois du monde des affaires. Enfin, on recherchera des sources de financement, le crédit disponible et on étudiera les besoins et les possibilités en ressources humaines.

2.5.3 Proposition de structure du nouveau système

Maintenant, on doit regrouper toutes les données et suggérer un modèle établi de structure ou en proposer une nouvelle. Il faut cependant demeurer réaliste quant aux écarts possibles car il est impensable, en pratique, d'obtenir un modèle parfait.

Cette étape s'avère particulièrement importante compte tenu de la formulation qui en découlera. C'est ici qu'on énoncera le coût du matériel et du marketing, les travaux, les stocks, les salaires à payer, les emprunts et les impôts. On devra décrire et analyser le budget d'opération, les revenus et les dépenses, la fiscalité et la rentabilité. C'est là que se prépare très souvent une surprise, agréable ou désagréable (voir annexe).

C'est à cette étape que l'on prépare un *plan d'exploitation* qui permettra à l'entrepreneur de défendre le concept général de son projet, de justifier ses besoins financiers, de planifier ses revenus, ses dépenses et les buts à atteindre.

Afin d'obtenir un bon plan d'exploitation, le futur entrepreneur consulte des experts : notaire, avocat, comptable, anciens propriétaires d'entreprises, gérants de banques, agents gouvernementaux, pour discuter de la validité de son projet.

Le plan d'exploitation doit contenir les informations suivantes :

- les activités et les buts de l'entreprise,
- les produits ou services,
- un plan de localisation,
- un plan d'aménagement intérieur ou extérieur,
- les équipements nécessaires,
- un bilan d'ouverture,
- un état des résultats *pro forma*,
- les besoins en personnel,
- l'expérience et les capacités du promoteur.

2.5.4 Implantation, installation-pilote et rajustement

Une fois que le système proposé est adopté, il faut l'implanter.

On doit d'abord appliquer le modèle partiellement afin de déterminer s'il fonctionne comme prévu. Cette étape est le test véritable qui détermine de façon définitive si le modèle convient, s'il a besoin d'être amélioré ou s'il doit être rejeté ; il faut donc s'y attarder minutieusement, car c'est d'elle que dépend tout le travail. À mesure que les écarts entre les résultats obtenus et les résultats théoriques ou entre le modèle suggéré et le modèle établi se rétrécissent, on peut penser à appliquer complètement le modèle.

En supposant que l'entreprise est implantée, l'entrepreneur observe les premières réactions de la clientèle tout en vérifiant le fonctionnement de l'organisation. Le personnel fait l'objet d'une surveillance objective et constante afin que la clientèle soit satisfaite lors de l'achat des produits. Pour cela,

il est bon de connaître la description de tâche, l'entrevue de sélection, les communications efficaces, la délégation de pouvoir, la motivation du personnel, etc.

2.5.5 Installation graduelle

L'application du nouveau système se fait progressivement. On évite ainsi bien des difficultés qui pourraient surgir si on tentait de l'implanter totalement.

Après quelque temps d'activité, le propriétaire peut établir certaines politiques de gestion comme les délais de livraison, les escomptes sur achat, sa marge de crédit bancaire, etc.

Il faut faire fonctionner l'entreprise de façon uniforme, réfléchir à son image globale, tenir compte de l'ajustement nécessaire, gérer d'une façon efficace. La coordination, c'est-à-dire faire les choses au bon moment, s'avère ici une qualité essentielle.

2.5.6 Révision périodique

L'établissement d'un système exige une révision périodique afin de s'assurer que la nouvelle structure répond bien aux besoins et aux exigences que l'on veut satisfaire. Cette étude est d'autant plus nécessaire que les changements s'effectuent à un rythme accéléré ou que l'on a décidé d'introduire de nouvelles données. La révision peut alors permettre de constater jusqu'à quel point le système fonctionne comme il se doit. Tout écart entre le modèle et le système en opération doit être analysé et corrigé.

RÉSUMÉ

L'environnement incontrôlable est le lieu où l'on retrouve le marché potentiel de l'entreprise. L'entreprise a pour but de satisfaire différents besoins exprimés par des gens ou groupes de gens que l'on appelle consommateurs. Connaître clairement leurs besoins est essentiel pour toute entreprise. Celle-ci se doit aussi d'être dynamique parce que les valeurs découlant des besoins changent et évoluent selon des particularités comme la technologie, les habitudes culturelles et les modifications de la vie sociale. De plus, on remarque que les besoins ont des caractéristiques qui tiennent compte de l'environnement et de son évolution.

On peut définir l'entreprise comme une unité de production destinée à un marché, ayant une certaine autonomie et visant un rendement. La théorie des systèmes permet de mieux comprendre, d'analyser et d'expliquer la notion d'entreprise. Selon cette théorie, on dira que l'entreprise est organisée en un système qui considère à la fois les ressources, les activités fonctionnelles et les résultats espérés. La rétro-information du marché permet de s'ajuster.

Cependant, l'entreprise est en relation avec d'autres organisations de sorte qu'elle doit tenir compte des résultats de celles-ci dans les ressources qu'elle produit. On identifie différents systèmes à l'intérieur de l'entreprise, qui répondent à cette notion d'intégration: le marketing, la comptabilité et les finances, la gestion des ressources humaines, la production, etc.

On constate que tout système a des limites et l'entreprise n'y échappe pas. Le temps et l'argent en sont des causes comme l'environnement incontrôlable. De plus, le développement d'une entreprise suppose une stratégie relativement fiable dont le risque doit être ramené au minimum. Suivre une procédure comme le plan d'exploitation aidera à minimiser les effets de l'environnement incontrôlable.

Section II
L'environnement incontrôlable

La section suivante est consacrée à l'environnement dit incontrôlable de l'entreprise. Les forces non contrôlables comme l'économie, la politique, la culture, la socio-démographie, la technologie, etc., encadrent et influencent l'entreprise. On cernera les moyens pouvant permettre d'en tirer des informations et de faciliter le travail de l'administrateur.

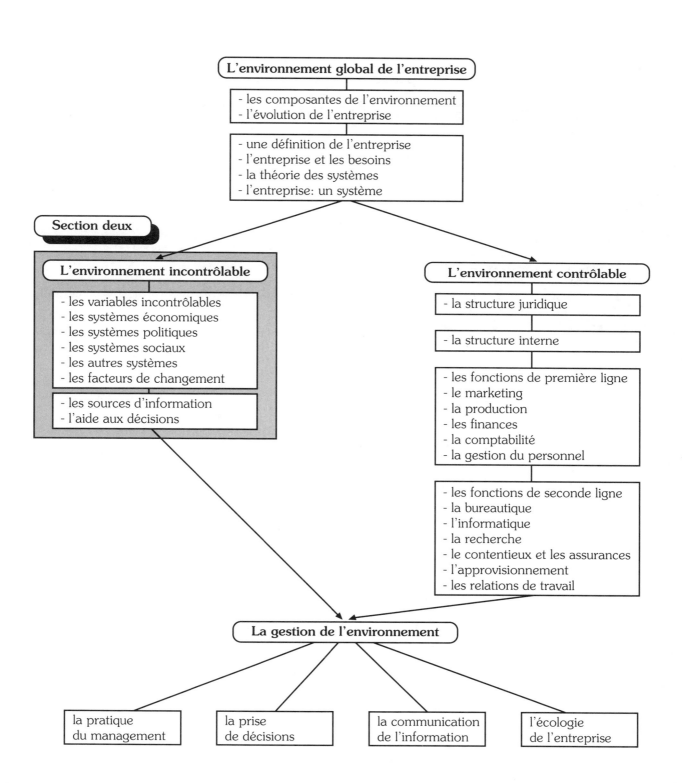

Chapitre 3
L'encadrement de l'entreprise

OBJECTIFS

1. Distinguer les variables contrôlables des variables incontrôlables.
2. Présenter les variables incontrôlables comme variables d'encadrement de l'entreprise.
3. Présenter les facteurs environnementaux tout en situant l'entreprise selon ceux-ci.
4. Qualifier l'entreprise selon les systèmes économiques les plus courants.
5. Présenter la notion de changement social et économique et ses conséquences sur les ressources de l'entreprise.
6. Comprendre les différentes relations d'affaires avec les agents socio-économiques.

PLAN

INTRODUCTION

Comme nous l'avons vu au chapitre précédent, l'entreprise a comme point de départ les besoins des consommateurs. Avec les nouvelles conditions de vie, l'organisation est appelée à s'adapter non seulement aux exigences du marché et de la technique, mais aussi aux aspirations changeantes des hommes et aux nécessités du bien commun. Aussi, l'examen des principaux signes de changement dans la société devrait aider à comprendre les besoins de contrôle et de révision des dirigeants, de l'organisation et du système économique.

Le but de l'entreprise est d'accomplir une réalisation dite socio-économique. Les pharmacies Jean Coutu n'assurent leur service que grâce aux profits qu'ils réalisent. Le travail des administrateurs qui ont défini les objectifs de ventes, les moyens de publicité, le nombre d'employés nécessaires, les politiques de direction et de contrôle – voilà autant d'exemples qui démontrent que toutes les activités sont tournées vers cette seule réalisation socio-économique. Son succès dépend cependant de la satisfaction du consommateur.

Aussi faut-il connaître les différents systèmes économiques dans lesquels l'entreprise peut évoluer ainsi que l'encadrement à la fois politique, social, culturel et environnemental. Cette connaissance aide l'entreprise à être créatrice de richesses tout en étant propagatrice d'une meilleure qualité de vie. Dans ce chapitre, nous nous arrêterons d'abord aux différentes variables d'influence incontrôlables. Ce premier point permettra au lecteur d'être capable de relier le système entreprise avec ces divers systèmes à la fois économiques, sociaux, culturels, physiques et autres. Ensuite, nous identifierons plus précisément la variable système économique. Enfin, nous cernerons les variables les plus susceptibles d'apporter des changements à l'entreprise.

TABLEAU 3.1 : L'entreprise et son encadrement		
Intrants de l'environnement	**Agent transformateur (L'entreprise)**	**Extrants de l'environnement**
Environnement social — valeurs éthiques, morales, sociales — groupes de pression — changements	gestionnaires	effets sociaux
	employés	effets économiques
	structure organisationnelle	effets sur le système de valeurs éthiques, sociales et morales
Environnement physique — ressources — technologie	objectifs, plans, politiques et orientations	
	responsabilité et imputabilité	effets politiques
Environnement politique — aspects légaux — gouvernements fédéral, provinciaux et municipaux	prise de décision	effets légaux
	motivation	qualité de vie au travail
	ressources	efficacité
Environnement économique — offre et demande — prix de vente — coûts à l'achat — importations	opérations	effets commerciaux
	idées	autres
	autres	
Autres		

Source : DAVIS, K., FREDERICK, W.C. et BLOMSTROM, R.L. **Business and Society,** New York, McGraw-Hill, 1980, p. 15.
(Trad. de P.-G. Bergeron)

FIGURE 3.1 : Exemple des variables existant à l'intérieur et à l'extérieur d'une entreprise minière

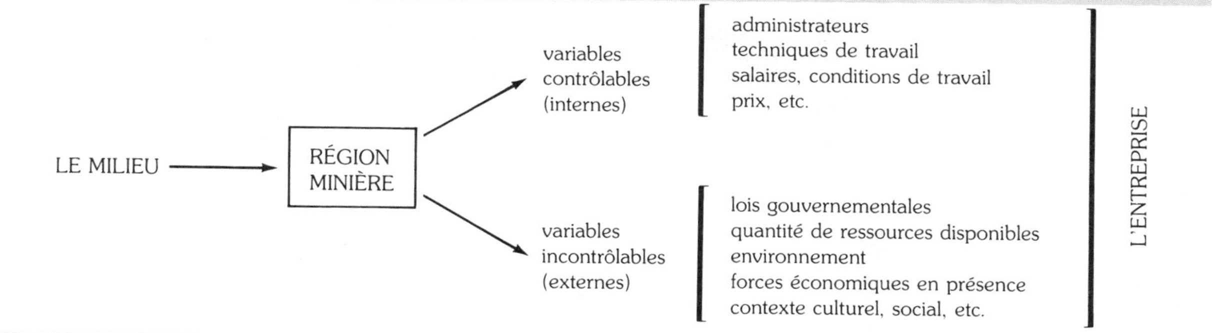

3.1 ENCADREMENT ET VARIABLES D'INFLUENCE

Le tableau 3.1 présente les divers facteurs avec lesquels l'entreprise doit composer pour atteindre les buts fixés.

La viabilité du système entreprise dépend du maintien harmonieux d'une relation externe avec le monde des consommateurs et d'une relation interne entre les membres de l'entreprise. Cette relation ne peut s'établir sans que l'on connaisse l'environnement où évolue l'entreprise et que l'on en tienne compte.

Cet encadrement est constitué de variables incontrôlables, c'est-à-dire externes à l'entreprise (figure 3.1) et difficilement modifiables par l'humain. Les variables contrôlables, comme on le sait, sont internes à l'entreprise. On dira que les variables incontrôlables peuvent être :

- *économiques* : indice du coût de la vie, cycles économiques ;
- *sociales* : racisme, religion, dénatalité ;
- *politiques* : développement régional, décentralisation ;
- *technologiques* : informatique, robotisation ;
- *matérielles* : matière première, autres fournitures ;
- *financières* : concurrence, taux d'intérêt ;

- *humaines* : recrutement du personnel, syndicat.

En pratique, chaque entreprise, à cause de sa nature propre, réagira différemment à ces variables ; c'est ce qu'on appelle le jeu des influences. Aussi, la complexité de cette multitude de facteurs varie-t-elle indéfiniment. La figure 3.2 nous expose cette pluralité de la société où interagissent toutes ces variables.

3.2 LES FACTEURS ENVIRONNEMENTAUX

La figure 3.3 nous permet de visualiser ce à quoi l'entreprise est liée dans son évolution. Selon les circonstances et les conditions, ces facteurs proviennent soit de l'intérieur, soit de l'extérieur de l'entreprise.

3.2.1 L'harmonisation de l'entreprise

En dépit d'opinions courantes, l'entreprise n'est pas une fin en soi. Elle doit voir beaucoup plus loin que l'aspect profit ou production *et* être un instrument ou une source de progrès pour la société. Si l'entreprise recherche, comme objectif fondamental, le profit, elle doit maintenir un *équilibre* entre la poursuite des buts matériels et la mise

FIGURE 3.2: La société pluraliste

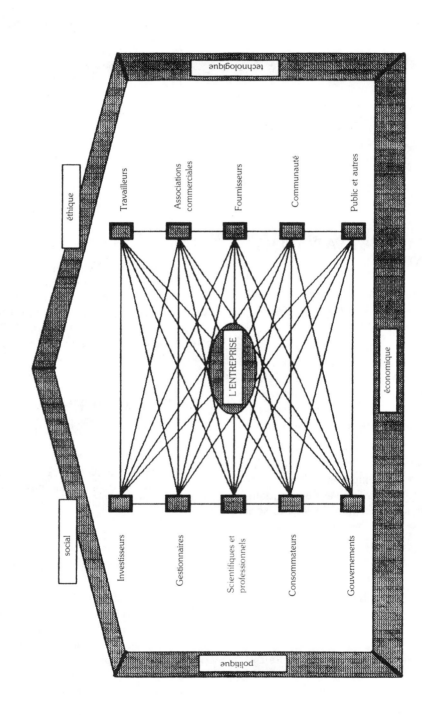

FIGURE 3.3 : Azimut de l'environnement

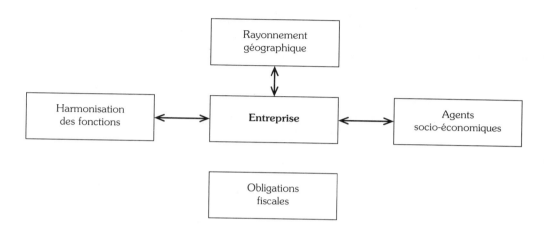

— À l'interne, l'harmonisation des fonctions est essentielle au bon fonctionnement de l'entreprise, mais aussi au bien-être des individus qui y travaillent.

Cette harmonisation s'étend également à l'environnement externe. En effet, la santé de l'entreprise ne peut être disjointe de celle de l'environnement tout comme, réciproquement, la santé de l'environnement passe par le respect que l'entreprise lui porte.

— L'entreprise est intrinsèquement liée à l'économie de son milieu. Elle dépend de la clientèle, du marché, mais aussi elle joue un rôle de moteur. Elle rayonne par sa production, sa publicité, sa technologie, les emplois qu'elle crée, les impôts qu'elle paie... Selon sa taille et son envergure, son influence sera régionale, provinciale, nationale ou internationale.

— Plusieurs facteurs socio-économiques interviennent dans le fonctionnement de l'entreprise, facteurs qui relèvent des marchés, des lois, de l'économie, de la nature. Citons les ressources disponibles, l'évolution des besoins des consommateurs, les conditions environnementales ou les grands événements naturels tels que les éruptions volcaniques, les sécheresses..., les lois et les politiques gouvernementales, la santé économique, etc.

TABLEAU 3.2: Harmonisation de l'entreprise en vue de l'objectif fondamental

Fonctions (Services)	Rôles	Objectifs secondaires	Objectif fondamental
Marketing	Étudier les besoins du consommateur et le marché et promouvoir le produit	Satisfaire le consommateur	
Production	Fabriquer un ou plusieurs produits ou services	Être efficace pour avoir un produit compétitif	
Finances	Enregistrer et traiter les transactions et conseiller	Rentabiliser les services et les actifs	
Personnel	Gérer les ressources humaines	Obtenir un bon rendement des employés tout en leur assurant de bonnes conditions de travail	Optimalisation du rendement de l'avoir Profit
Législation	Conseiller sur le plan juridique	Légaliser les opérations tout en épargnant temps et argent	
Recherche	Innover	Qualifier l'organisation sur le plan de l'expertise et du produit	
Informatique	Traiter l'information	Accélérer la communication et avoir des informations à jour	
Gestion	Gérer l'ensemble	Atteindre les objectifs de l'entreprise	

en place de moyens qui permettent aux employés de tout rang d'être heureux dans l'exécution de leurs tâches. Le tableau 3.2 nous présente la relation entre cet objectif fondamental de toute entreprise qu'est la rentabilisation et les moyens organisationnels qui permettent de l'atteindre.

La figure 3.4 illustre les diverses préoccupations de l'entreprise; ce sont les facteurs environnementaux. Les fonctions ont leurs propres préoccupations, mais elles doivent s'harmoniser avec l'environnement. Par exemple, l'entreprise aura à considérer certaines contraintes face à la conservation de l'environnement physique.

3.2.2 Le rayonnement de l'entreprise

Sur le plan des facteurs externes à l'entreprise, nous retrouvons le milieu où elle se situe, les agents publics et les contraintes fiscales. Ces facteurs rappellent quotidiennement à l'entreprise la pro-

blématique de la responsabilité sociale face à l'environnement global.

L'économie concerne l'ensemble des activités relatives à la production et à la consommation des richesses (biens et services). La production est assumée par l'entreprise privée ou publique. L'entreprise est donc le *moteur* de l'économie, ce qui lui assure un *rayonnement* sur son milieu. Ce rayonnement est d'ordre géographique, selon l'emplacement de l'entreprise.

A – Les milieux régional, provincial et national

Normalement, une petite entreprise limite son influence au milieu immédiat. Par exemple, un dépanneur suffit à la demande des gens d'un quartier résidentiel. On constate que certaines entreprises sont implantées depuis plusieurs années dans leur région sans pourtant s'attaquer à une autre région.

FIGURE 3.4: Les facteurs environnementaux

MILIEU

Ressources humaines
             naturelles
             financières
             technologiques
Marché et ses besoins
Compétiteurs
Conjoncture économique

AGENTS

Gouvernement et ses politiques
Relations d'affaires (client,
fournisseur, agent financier,
comptable, conseiller, etc.)
Syndicat et travailleurs

L'ENTREPRISE
un concept
pluraliste

CONTRAINTES

Obligations fiscales
Lois
Convention collective
Phénomènes naturels
Responsabilité sociale

Sur les plans provincial et national, les moyennes et grandes entreprises sont rapidement identifiées par leur technologie commerciale ou de production. Citons par exemple la Fédération des caisses populaires et le Canadien national. Ce genre d'entreprises fera de la publicité dans un grand quotidien ou dans un réseau national de télévision.

B – Le milieu international

Le Canada est un pays dont le marché est limité par la faible densité démographique de sa population. C'est pourquoi plusieurs entreprises cherchent à exporter leur surplus et ce, surtout en ce qui concerne les ressources naturelles.

TABLEAU 3.3: Exemples d'entreprises internationales canadiennes

Domaine	Entreprise
Aluminerie	Alcan
Produits alimentaires	McCain
Chaussures	Bata
Télécommunications	Bell Canada
Transport	Bombardier

Le tableau 3.3 nous donne quelques noms d'entreprises dynamiques sur le plan international. Une des qualités de ces entreprises réside dans le fait qu'elles assument un leadership économique reconnu dans leur milieu et dans leur secteur d'activités respectifs.

TABLEAU 3.4: Les 30 plus grandes entreprises à direction québécoise (1985)

Rang selon l'actif	Nom de la compagnie	Siège social	(en millions de dollars) Actif	(en millions de dollars) Chiffre d'affaires	Rang selon chiffre d'affaires	Nombre d'employés
1	Hydro-Québec	Montréal	27 200	4 170	2	18 560
2	Mouvement Desjardins	Lévis	22 800	3 600	3	23 500
3	Banque nationale du Canada	Montréal	21 500	114 200	—	11 197
4	Confédération des caisses d'économie Desjardins	Lévis	20 600	1 750	9	20 487
5	Caisse de dépôt et de placement	Montréal	20 100	1 960	8	173
6	Great West Life (Corp. financière Power)	Winnipeg	9 200	2 800	5	5 380
7	Banque d'épargne	Montréal	6 000	613	22	2 000
8	Seagram	Waterloo	5 600	2 800	5	13 000
9	Groupe La Laurentienne (Corporation)	Québec	4 200	862	17	19
10	L'Impériale (Groupe La Laurentienne)	Toronto	3 250	652	21	—
11	Crédit foncier	Montréal	3 000	330	35	650
12	Trust Général	Montréal	2 830	324,6	37	1 081
13	Montréal Trust	Montréal	2 500	339	34	2 200
14	Corporation financière Power	Montréal	1 900	212	49	6 500
15	Caisse centrale Desjardins	Montréal	1 800	190	55	80
16	Consolidated-Bathurst	Montréal	1 800	1 600	10	14 395
17	Domtar (Dofor, SGF)	Montréal	1 500	2 000	7	15 408
18	L'Industrielle (vie)	Québec/Sillery	1 390	398	31	1 672
19	Groupe Investors (Corp. financière Power)	Winnipeg	1 300	120	77	1 200
20	SGF (Société générale de financement)	Montréal	1 200	780	18	22 200
20	Fiducie du Québec (Mouvement Desjardins)	Montréal	1 200	126,3	76	550
22	Aluminerie de Bécancour inc.	Montréal	1 100	—	—	100
22	Ivaco inc.	Montréal	1 100	1 200	12	8 800
24	Steinberg inc.	Montréal	1 000	3 500	4	31 000
24	Power Corporation	Montréal	1 000	128	74	30
26	Gaz métropolitain	Montréal	934	731	19	1 450
27	RoyNat	Montréal	910	118	79	150
28	Groupe Coopérants	Montréal	880	207	50	1 003
29	Assurance-vie Desjardins	Lévis	790	300	38	700
30	Provigo	Montréal	760	4 400	1	11 150

Source: ROBERGE, F. «Les 250 plus grandes entreprises à contrôle québécois», *Finance*, 7(2), 14 oct. 1985, p. 31 à 42.

Le tableau 3.4 donne la liste des 30 plus grandes entreprises à contrôle québécois. Plus de 80 % d'entre elles ont déjà une expertise internationale dans leur domaine. Sur le plan des actifs, le secteur tertiaire est assez bien représenté par les institutions financières; en fait, la vigueur de ces entreprises suscite l'admiration du monde des affaires internationales.

C – Les limites au rayonnement

La propagation de l'entreprise dépend de plusieurs facteurs reliés à la fois à l'évolution des besoins du marché, aux lois et à l'économie.

– *La disponibilité des ressources.* Par exemple, la durée de vie d'une entreprise minière est conditionnelle à celle de ses gisements. La décou-

FIGURE 3.5 : La conjoncture économique

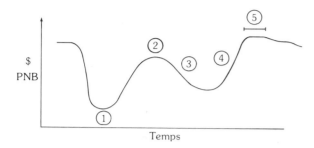

Temps

① Période de dépression

② Période de prospérité

③ Période de récession

④ Période d'inflation

⑤ Période stagnation

vernements ont la possibilité de réglementer jusqu'à un certain point les activités de l'entreprise. La loi canadienne sur le contenu de la publicité destinée aux enfants est un exemple de ce pouvoir.

– *La conjoncture économique.* Voilà un facteur auquel il est difficile de réagir. En effet, l'entreprise doit fonctionner dans diverses situations : inflation, déflation, récession, stagnation, dépression ou – quelquefois – prospérité (figure 3.5). L'entreprise doit apprendre à vivre avec la conjoncture économique, présente ou éventuelle. Selon le marché, elle changera complètement son orientation ou fermera ses portes.

– *Les autres contraintes.* D'autres facteurs peuvent intervenir dans les activités d'une entreprise, comme les coutumes, les habitudes de vie, la langue parlée, les différentes ethnies, etc. Par exemple la compagnie GM, lors de la commercialisation de sa Chevrolet Nova à Porto Rico, connu un échec total parce que, en espagnol, «nova» signifie «qui ne fonctionne pas».

3.3 L'ENTREPRISE ET LES AGENTS

L'entreprise ne peut vivre en vase clos. Elle est située dans un milieu avec lequel elle doit établir des relations d'affaires. Elle doit composer avec des agents, qu'ils soient partenaires ou non.

3.3.1 Les relations d'affaires

Par définition, ce sont les personnes ou groupes avec qui l'entreprise est en relation à cause de ses activités.

– *Le client.* C'est le consommateur, celui qui est satisfait ou non. Souvent, il suggère à l'entreprise les améliorations à apporter à ses produits ou services.

– *Le fournisseur.* L'entreprise recherche chez son fournisseur la fiabilité de ses produits et services

verte d'un nouveau filon substantiel hante l'esprit des administrateurs.

– *Les besoins du marché.* Par la force des choses, l'entreprise doit reconsidérer à tout moment les désirs du consommateur, comme l'a si bien pressenti la compagnie Chrysler par la mise en marché d'un véhicule économique.

– *Les phénomènes naturels.* Certaines catastrophes peuvent perturber les activités de l'entreprise. C'est le cas d'un feu qui détruirait les immobilisations.

– *Les politiques et les lois gouvernementales.* Il est certain que le gouvernement et ses politiques tels la politique monétaire, le taux d'escompte, les quotas d'importation, les programmes d'aide, influencent l'entrepreneur jusqu'à le faire investir hors de ses régions d'origine. En fait, les gouet des conseils susceptibles de l'aider. L'obtention d'un délai de crédit, de publicité collective et de ristourne seront trois avantages de commercialisation pour l'entreprise.

– *L'agent financier.* Il s'agit des banques, caisses populaires, fiducies, trusts, maisons de courtage et de finance. Ces institutions font souvent appel au Bureau de crédit pour connaître la solvabilité d'une entreprise. L'entreprise y recherche une marge de crédit plus souple, un accord de garantie plus juste et la qualité des gestionnaires.

– *Le comptable-vérificateur.* Ce professionnel fournit des conseils de gestion tout en préparant les bilans financiers. La vérification de la comptabilité est l'examen critique des registres comptables et des preuves, afin de déterminer s'ils reflètent bien la situation financière de l'entreprise conformément aux principes comptables reconnus.

– *Le conseiller juridique.* On l'identifie à l'avocat ou au notaire. Il peut renseigner les gestionnaires, par exemple sur la légalité des soumissions et des contrats ou sur le contenu d'une convention collective.

– *Les conseillers spécialisés.* Ce sont tous les experts-conseils en administration. Par exemple, la firme «Les Conseillers en gestion et informatique» de Montréal est reconnue par ses analyses des effets de la bureautique sur l'organisation. L'augmentation de la productivité est une préoccupation majeure pour ce genre de firmes.

3.3.2 Le gouvernement et ses programmes d'aide

L'aide gouvernementale prend généralement la forme de soutien à la gestion, à l'innovation et au financement. Elle concerne généralement:

– *L'embauchage.* Dans les localités importantes, les gouvernements mettent des centres de recru-

tement de main-d'œuvre (centres d'emploi) à la disposition des entreprises.

– *La conservation de l'énergie.* Hydro-Québec fournit une équipe d'experts qui analysent les dépenses énergétiques de l'entreprise tout en faisant des recommandations pour les réduire.

– *Le commerce extérieur.* Le Canada est un des pays les plus dynamiques sur le plan de l'exportation. Il envoie dans plusieurs pays des délégations commerciales qui ont pour tâche d'aider l'entreprise canadienne dans son commerce extérieur. Le gros de nos exportations – 70 % et plus – allant aux États-Unis, notre pays dispose de 14 bureaux sur le territoire américain (tableau 3.5). Les délégations sont vitales pour le commerce extérieur.

– *La recherche, l'innovation, la gestion et le financement.* De plus en plus, les gouvernements ont développé des expertises, des subventions ou du soutien administratif, afin que l'entreprise mène à terme certains projets qui font partie de plans de développement technologique.

TABLEAU 3.5: Délégations commerciales aux États-Unis

Villes où sont implantées ces délégations

Washington (D.C.)
Atlanta (Géorgie)
Boston (Massachusetts)
Buffalo (New York)
Chicago (Illinois)
Cleveland (Ohio)
Dallas (Texas)
Los Angeles (Californie)
Détroit (Michigan)
Minneapolis (Minnesota)
New York (New York)
Philadelphie (Pennsylvanie)
San Francisco (Californie)
Seattle (Washington)

Nous ne pouvons passer sous silence l'aide interventionniste des gouvernements. Le tableau 3.6 nous montre que le Québec a une ossature de

TABLEAU 3.6: Entreprises dans lesquelles le gouvernement québécois détient un placement	
	Placement inscrit au 31 mars 1985 (en milliards)
Hydro-Québec (1984-12-31)	4 374 109 $
Loto-Québec	170 $
Madelipêche inc. (1984-12-31)	13 053 $
Office du crédit agricole du Québec	160 500 $
Raffinerie de sucre du Québec	36 000 $
Sidbec (1984-12-31)	632 835 $
Société de cartographie du Québec	3 000 $
Société de développement de la Baie James (SDBJ) (1984-12-31)	60 000 $
Société de développement des coopératives (SDC)	19 878 $
Société de développement des industries de la culture et des communications (SODICC)	15 500 $
Société de développement industriel du Québec (SDI)	35 329 $
Société de récupération, d'exploitation et de développement forestier (REXFOR)	79 430 $
Société des alcools du Québec	30 000 $
Société des traversiers du Québec	1 500 $
Société d'habitation du Québec (1984-12-31)	130 188 $
Société générale de financement du Québec (SGF) (1984-12-31)	289 434 $
Société immobilière du Québec	602 652 $
Société nationale de l'amiante	96 594 $
Société québécoise des transports (1984-12-31)	42 233 $
Société québécoise d'exploitation minière (SOQUEM)	110 600 $
Société québécoise d'initiatives agro-alimentaires (SOQUIA)	52 100 $
Société québécoise d'initiatives pétrolières (SOQUIP)	203 900 $
	7 009 005 $

Source: Vérificateur général du Québec.

7 milliards de dollars en sociétés spécialisées pouvant, plus ou moins directement, accorder une aide très intéressante à l'entreprise. Il ne se passe pas une semaine sans que les journaux annoncent une forme quelconque d'aide accordée par le truchement d'un des programmes de soutien de ces sociétés. La Société générale de financement (SGF) semble jouer un rôle de vérificateur des investissements dans le secteur privé.

Ce tableau ne présente pas l'intervention des sociétés d'État fédérales. Cette aide peut se faire de la façon suivante:

— *L'aide à la formation du personnel.* En subventionnant un certain pourcentage de salaire(s) la première année, en donnant des crédits d'impôt à l'emploi ou en remboursant les dépenses de formation.

— *Le soutien à l'implantation en régions à faible croissance économique.* Ainsi, une usine qui s'installera dans une «zone désignée» recevra de plus fortes subventions du ministère de l'Expansion économique régionale.

— *Les prêts.* La Banque fédérale de développement (tout comme d'ailleurs la Société de développement industriel du Québec) accorde des prêts à faibles taux d'intérêt aux entreprises dans le besoin. La Société pour l'expansion des exportations (SEE) prête à des pays étrangers pour qu'ils puissent acheter au Canada.

3.4 OBLIGATIONS FISCALES DE L'ENTREPRISE

L'État subventionne les entreprises, surtout lorsqu'elles investissent et créent des emplois, et celles-ci paient leur part d'impôts et de taxes. C'est un échange qui s'établit à divers niveaux de gouvernements.

3.4.1 Le niveau municipal

Voici les sommes que les entreprises versent aux municipalités:

– Le coût du permis d'exploitation.

– Les taxes foncières ou taxes de valeurs locatives en fonction de la valeur inscrite de la propriété en terrains et immeubles. Par exemple, dans le cas où le taux de taxation est 2 dollars pour 100 dollars d'évaluation et l'évaluation de l'entreprise, de 50 000 dollars, cette dernière devra payer 1 000 dollars de taxe foncière, soit 50 000 ÷ 100 × 2. Chaque municipalité fixe son propre taux de taxation.

– Les taxes de services pour l'eau, l'égout et l'enlèvement des ordures.

– Les taxes spéciales telles que les droits de mutation, d'occupation, d'infrastructure, etc.

3.4.2 Les niveaux provincial et national

Les entreprises paient aussi des taxes aux gouvernements provincial et fédéral.

– La taxe de vente : payable par l'entreprise le 15 de chaque mois.

– La taxe de fabrication : le manufacturier verse au gouvernement un pourcentage du prix qu'il obtient pour un produit.

– La taxe d'importation : ce sont des frais de douanes que l'importateur paie pour faire entrer des marchandises étrangères au pays.

– L'impôt sur le revenu : appliqué à l'individu et à l'entreprise, c'est un pourcentage prélevé des salaires ou des bénéfices nets de l'entreprise.

– Les autres taxes : les taxes annuelles sur le capital et les taxes spéciales selon les catégories d'entreprises.

3.4.3 Les autres contributions

En plus du salaire, l'employeur du Québec verse des contributions qui sont directement reliées à l'embauchage et au travail de ses employés. Il a des primes à payer :

A – Au niveau provincial

– à la Commission de la santé et de la sécurité du travail,
– à la Commission des normes du travail,
– à la Régie de l'assurance-maladie,
– à la Régie des rentes ;

B – Au niveau fédéral

– à la Commission de l'assurance-chômage.

L'employeur est responsable du paiement, au palier de gouvernement concerné, des montants qu'il doit prélever sur le salaire de l'employé pour la Régie des rentes, la Commission de l'assurance-chômage et pour les impôts déduits à la source. Tous ces paiements servent, d'une part, à la protection universelle du citoyen canadien et, d'autre part, à la redistribution des richesses en considération des plus démunis.

3.5 SYSTÈMES ÉCONOMIQUES

On retrouve des entreprises dans tous les pays. L'existence de cette institution dépend des besoins des hommes, et pas du système économique auquel elle appartient. On peut affirmer que les principes de gestion des entreprises peuvent s'adapter et être appliqués autant dans un système économique que dans un autre. Cependant l'État, par des lois, réglemente l'activité économique du pays ; il établit les règles du jeu économique auxquelles les entreprises doivent se conformer.

Les entreprises, indépendamment de leur taille, s'intègrent dans un système économique ayant une dynamique qui lui est propre. Aussi, il devient important pour celui qui exploite une entreprise de connaître cette dynamique. Au Canada, le système économique est dit *capitaliste*, alors que l'Union Soviétique est *communiste*, la Suède, *socialiste* et que des pays comme la Chine et la Pologne ont des systèmes économiques *mixtes*.

Deux critères fondamentaux permettent de distinguer les systèmes économiques: les modes d'appropriation des moyens de production et les modes de régulation de l'économie. En d'autres mots, on pose les deux questions suivantes:

1. À qui appartiennent les entreprises?
2. Est-ce que l'État centralise ou décentralise les plans de développement économique?

Dans cet ouvrage, nous nous arrêterons surtout au système capitaliste, étant donné notre environnement nord-américain. Pour les autres systèmes, nous n'effleurerons que l'aspect économique.

3.5.1 Le système capitaliste – définition

Le système capitaliste est fondé sur deux principes:

a) l'être humain est rationnel et capable de comprendre l'ordre naturel de l'univers,
b) le rôle du gouvernement dans l'économie doit être limité.

Selon Adam Smith[1], cela implique:

a) le droit à la propriété privée;
b) la stimulation économique par le profit;
c) le marché libre, c'est-à-dire la concurrence;
d) une intervention minimale des gouvernements dans le système économique.

Ainsi s'explique la croissance gigantesque d'entreprises comme Pepsi-Cola et Coca-Cola. Ces entreprises, stimulées par un profit toujours plus grand, par une concurrence constante et acharnée et peu contraintes par les gouvernements, illustrent très bien la situation du capitalisme dans un pays comme le Canada.

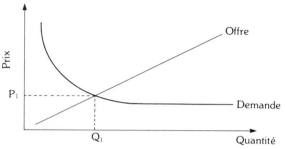

FIGURE 3.6: L'offre et la demande

P_1 = Prix d'achat et de vente
Q_1 = Quantité offerte et vendue

Le point de rencontre de P_1 et Q_1 va fixer le prix du (des) produit(s) et la quantité qui sera échangée.

Reprenons ces différentes caractéristiques du système capitaliste.

1 – La propriété privée des moyens de production signifie que les entreprises appartiennent à des individus. Certes certains secteurs, comme les services publics, sont propriétés collectives d'État, mais il s'agit d'exceptions.

2 – Le système capitaliste est une économie de libre entreprise: quiconque veut lancer une affaire le peut. De plus, les entreprises sont en compétition; cela démontre la dynamique du système où le succès ou l'échec est déterminé par la capacité à vaincre la concurrence. L'entrepreneur-propriétaire prend des risques, mais il peut retirer des profits s'il parvient à satisfaire les besoins d'une clientèle. C'est la loi de l'offre et de la demande qui fait que plus le prix est élevé, plus la demande sera faible et l'offre forte, et inversement (figure 3.6).

3 – Très souvent, le marché n'est pas parfaitement libre, car le nombre d'acheteurs ou de vendeurs n'est pas suffisant. Alors, l'État intervient pour

1. TREMBLAY, R. *L'Économie – analyse macro-économique*, 3ᵉ éd., Montréal, HRW, 1975.

fixer des prix minimaux ou maximaux. Par exemple:

— l'État contrôle les hausses de tarifs de Bell Canada ou de Québec Téléphone;
— le prix maximal du lait est fixé par la Régie des produits laitiers;
— le prix maximal des chambres d'hôtels est fixé par le ministère du Loisir, de la Chasse et de la Pêche.

4 – Les consommateurs sont libres d'acheter les produits ou services de qui ils veulent et de travailler pour qui ils veulent. Le système capitaliste est théoriquement décentralisé et la régulation de l'économie s'opère par les lois du marché plutôt que par un État centralisateur.

«La recherche du profit par la minimisation des coûts de production a grandement favorisé le progrès technique et explique le caractère extrêmement progressif de la technique dans les pays capitalistes. Les États-Unis constituent le meilleur exemple d'un pays où domine la propriété privée. En dépit d'un secteur public plus important (sociétés de la couronne, sociétés appartenant aux gouvernements provinciaux), le Canada se range également dans le groupe des pays où la propriété privée domine.»[2]

3.5.2 Les types de concurrence en système capitaliste

On retrouve quatre types de concurrence: la concurrence parfaite, la concurrence monopolistique, l'oligopole et le monopole, qui est en fait un régime de non-concurrence.

A – La concurrence parfaite

Elle repose sur le fait que chaque entreprise est trop faible par rapport au marché pour dicter les prix, qui sont alors fixés par la loi de l'offre et de la demande. C'est ainsi que l'on peut vendre du Coke, mais pas plus que pour le nombre de consommateurs ni plus qu'on peut en produire.

B – La concurrence monopolistique

Cette concurrence suppose la possibilité pour l'entreprise d'influer sur les prix, à cause d'un nombre restreint d'entreprises et d'une diversité de produits. Ainsi, la vente au détail est un exemple de concurrence monopolistique; il peut y avoir une variation de prix selon les marques. Ainsi, le nombre restreint d'entreprises fabriquant les couches jetables facilite cette forme de concurrence.

C – L'oligopole

Elle est marquée par le fait que le nombre restreint d'entreprises permet aux vendeurs d'influer grandement sur les prix. L'automobile est un bon exemple d'une situation d'oligopole. Le prix du produit en concurrence est presque identique d'une entreprise à l'autre pour la simple raison qu'une guerre des prix amènerait une baisse des profits. Le marché du pétrole est un exemple encore plus frappant quand on voit que la baisse ou la hausse de prix est immédiatement suivie par les concurrents.

D – Le monopole

Il exprime une situation sans concurrence. Il en est ainsi des entreprises distribuant l'électricité, le gaz, la poste, le téléphone. L'entreprise monopoliste dispose d'un gigantesque pouvoir sur les prix. Souvent, le gouvernement intervient et soumet, comme pour l'électricité et pour le téléphone, les prix à une réglementation.

Le tableau 3.7 résume bien les principales caractéristiques des types de concurrence.

2. DROUIN, C. *Économique – initiation à la vie économique*, Montréal, Guérin, 1977, p. 82-83. (Coll. SARP.)

TABLEAU 3.7: Les différents types de concurrence

Types de concurrence / Éléments distinctifs	Quantité d'entreprises dans l'activité	Produits touchés	Celui qui fixe le prix
Concurrence parfaite ex.: pharmacie	nombreuses	semblables	marché
Concurrence monopolistique ex.: couches jetables	nombreuses	différents	marché et entreprise
Oligopole ex.: pétrole	peu nombreuses	semblables ou différents	entreprise
Monopole ex.: téléphone	unique	unique, mais très disponible	état

Nulle entreprise ne peut échapper à la concurrence. Celle-ci permet au système capitaliste de produire des biens de consommation dans une perspective d'amélioration du niveau de vie. Les entreprises sont aujourd'hui soumises à des règles touchant la concurrence excessive, les pratiques discriminatoires en matière de prix, les transactions frauduleuses, la publicité mensongère.

3.5.3 Le système socialiste

Selon ce système, les biens de production sont la propriété de la collectivité. L'État possède généralement l'industrie, les entreprises de construction, les moyens de transport, les banques et la majeure partie de l'agriculture et du commerce de gros et de détail. On estime que la grande industrie est trop importante pour être laissée au secteur privé de qui relève la petite et moyenne entreprise comme les boutiques, les restaurants.

Dans ce type de système, l'État encourage:

a) la nationalisation des industries;
b) le travail dans les domaines gouvernementaux où les besoins sont pressants;
c) la mise en place d'un plan national de production et d'emploi.

3.5.4 Le système communiste

D'après Karl Marx, un philosophe du XIXᵉ siècle, le peuple doit s'approprier tous les systèmes de production, et l'État doit en assurer la direction. Pour le communisme, la libre entreprise, le bénéfice et les lois de l'offre et de la demande ne doivent pas être le moteur de l'économie. Les décisions concernant la production sont centralisées.

«L'économie de l'Union soviétique est aujourd'hui le type le plus caractéristique de l'économie centralisée. L'État est le seul centre de décision: il indique aux entreprises «quoi produire» et «comment produire», fixe la période de réalisation des objectifs et détermine la structure et la masse des salaires. Les mécanismes de coordination de l'économie planifiée sont réalisés par un plan d'État, substitut du marché. Ce n'est pas le consommateur qui oriente la production: même si celui-ci reçoit un revenu en argent qui lui permet de choisir parmi ce qui est à vendre, d'acheter ou de refuser d'acheter, l'entreprise produit pour le plan et non pour la demande. L'État fixe à chaque entreprise un volume de production à obtenir et alloue les moyens nécessaires à son obtention.»[3]

Retenons les aspects suivants:

---

3. DROUIN, C. *Économique – initiation à la vie économique*, Montréal, Guérin, 1977, p. 83-85. (Coll. SARP.)

a) c'est l'État qui planifie la production;
b) c'est l'État qui est propriétaire des entreprises;
c) il n'y a pas de notion de profit;
d) l'État considère qu'il faut sacrifier une grande partie de la liberté de choix des consommateurs à l'efficacité de la production.

3.5.5 Le système d'économie mixte

Entre les systèmes à propriété privée plutôt décentralisés et ceux à propriété publique davantage centralisés, on rencontre des pays où le système d'économie est mixte.

Dans ces pays, une large place est faite à l'entreprise privée à l'intérieur de plans d'aménagement de l'économie conçus par l'État. Souvent, l'État se réserve certains domaines clefs comme les banques, les services publics: gaz, électricité, téléphone, transport, radio, télévision, etc., par lesquels il peut intervenir.

Si le secteur public se développe au Canada, et surtout en France, au Royaume-Uni et en Suède, c'est particulièrement dans des pays en voie de développement qu'on rencontre les systèmes d'économie mixte.

En fait, l'évolution contemporaine semble aller dans ce sens. En Chine, on a commencé à autoriser l'entreprise privée. Les Polonais ont essayé, en 1980 et en 1981, de réclamer de l'État plus de pouvoir par l'intermédiaire de leur syndicat «Solidarité». Par ailleurs, dans les pays dits capitalistes, l'État réglemente davantage, devient propriétaire d'entreprises de services publics et s'associe souvent à des intérêts privés dans d'autres entreprises. La crise économique des années 1981 et 1982 et la nécessité de créer des emplois favorisent les interventions de l'État, qui consent à créer des déficits nationaux importants en vue de relancer l'économie.

3.6 LES FACTEURS DE CHANGEMENT

L'homme d'aujourd'hui s'interroge et manifeste une certaine inquiétude devant l'importance des changements. Il suffit de penser à leur rapidité, aux coûts qu'ils impliquent et à leurs répercussions sur la société. Plusieurs questions se posent sur ce que sera l'avenir. Peut-on prévoir le monde et l'entreprise de l'an 2000?

En fait, le monde actuel est en évolution constante tant du point de vue idéologique que pratique (figure 3.7 et tableau 3.8). Aussi, pour aborder une telle question, on doit connaître les facteurs qui ont une influence certaine sur les entreprises, soit les ressources humaines, naturelles, financières, technologiques et administratives.

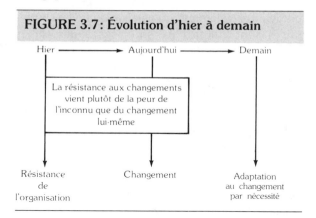

FIGURE 3.7: Évolution d'hier à demain

Hier ⟶ Aujourd'hui ⟶ Demain

La résistance aux changements vient plutôt de la peur de l'inconnu que du changement lui-même

Résistance de l'organisation | Changement | Adaptation au changement par nécessité

3.6.1 Les ressources humaines

Au début de l'ère chrétienne, l'espérance de vie était de 30 ans; en l'an 1000, elle se situait aux environs de 45 ans et en 1980, soit en 10 siècles, elle est passée à 72 ans. Actuellement, la population de la terre s'accroît de façon alarmante. D'ici l'an 2000, si rien ne vient mettre un frein à la multiplication des humains, la population du globe aura doublé.

Les ressources humaines grandissent donc énormément. La répartition du capital humain, en tenant compte des différents secteurs de l'économie et de ce qui peut les influencer (l'instruction, la technique, l'automatisation, etc.), subira une très grande transformation. Depuis 1940, la population de travailleurs dans le secteur primaire est passée de 35 % à 15 %. On prévoit qu'avec les progrès de la mécanisation et de l'instruction dans les pays industrialisés, nous retrouverons en 1990 seulement 7 % de la population dans le secteur primaire, environ 12 % dans le secteur secondaire et 80 % dans le tertiaire.

La population doit prendre conscience de ce changement et développer une mentalité qui lui permettra de mieux s'y faire. Il est à prévoir que ceux qui pourront travailler, dans l'économie future, se retrouveront en minorité. «Dans moins de trente ans, quelque cinq cents millions de personnes vont entrer dans l'ère post-industrielle, avec un revenu d'environ 18 000 dollars par individu, avec une semaine de travail de quatre jours de sept heures, trente-neuf semaines de travail par année et treize semaines de vacances annuelles. »[4]

Nous nous dirigeons vers une société dite des loisirs. La technique sera tellement avancée que seule une minorité de la population travaillera dans les domaines de la transformation et de l'exploitation des ressources, et produira suffisamment pour les besoins de tous. Le reste de la population travaillera dans le secteur tertiaire (services) et aura une grande part de temps de loisirs.

3.6.2 Les ressources naturelles

En l'espace de 100 ans, l'homme a su exploiter la nature; il l'a dominée, grâce à la technologie, en la transformant et en la reformant sans cesse. Allons-nous épuiser les ressources naturelles? Dans notre société de consommation, la population

4. DESPRÉS, R. «L'administrateur de l'an 2000», **Commerce**, n° 74, nov. 76, p. 36 à 42.

croît à un rythme effarant; les besoins deviennent de plus en plus diversifiés et la société doit avoir une productivité de plus en plus grande pour les satisfaire. Aussi sommes-nous obligés de planifier et de contrôler l'utilisation des différentes ressources naturelles.

Les entrepreneurs publics et privés font présentement face à des situations qu'ils ont créées par leurs propres décisions. Ils ont été les auteurs de situations qu'ils ne maîtrisent plus. Ainsi, les priorités accordées à la technologie agricole sont en train d'épuiser les sols. Même à l'ère de l'ordinateur, l'organisation a parfois de la difficulté à mesurer les conséquences d'une décision; des circonstances exigeant une certaine rapidité d'exécution entraînent parfois des démarches impulsives ou irrationnelles.

L'entrepreneur doit maintenant développer sa conscience sociale et faire face à un rationnement des ressources naturelles et à différents problèmes connexes. Par ailleurs, il faut espérer que la recherche et l'innovation permettront la découverte de nouvelles ressources.

3.6.3 Les ressources de capitaux

En même temps que la population croît et que la technologie évolue, les coûts montent en flèche. S'il en coûte aujourd'hui 40 000 dollars pour créer un nouvel emploi, en l'an 2000, il faudra investir probablement aux environs de 80 000 dollars. Avec l'évolution rapide de l'automatisation des industries, avec une mécanisation de la plupart des travaux et la venue des ordinateurs, il est évident que les coûts d'investissement sont de plus en plus élevés.

L'approche financière de l'investissement répété montre que les organisations sont beaucoup plus assises dans la décision de capitaliser. Par exemple, construire une usine de production de textiles coûtera 3 fois plus en l'an 2000 qu'en 1980 et ce, pour la même capacité de production.

TABLEAU 3.8: Évolution des systèmes

| COMPOSANTES | PÉRIODES | | | APPRÉCIATION |
	HIER Jusqu'à 1965	AUJOURD'HUI De 1965 à 1985	DEMAIN De 1985 à ...	
1 – Organisation	Bureaucratique.	Transition.	Change avec les besoins.	Elle devra s'ajuster constamment aux besoins techniques et sociaux du système. ex. : Nouvelle configuration de l'organigramme.
2 – Style de gestion	Autocratique.	On se cherche.	Axé vers la conciliation des besoins des parties. ex. : Cogestion.	L'administrateur doit être capable de concilier les besoins humains avec les exigences de l'entreprise.
3 – Nombre d'employés	Élevé.	Il diminue.	Minimal.	La mécanisation et l'automatisation amèneront une diminution d'employés. ex. : «Pool» de travail.
4 – Attitude face à la sécurité et aux conditions de travail	Bas intérêt.	Transition, définition de la sécurité et de ses facteurs.	Intérêt maximal pour la qualité de vie.	Dans la société nouvelle, la protection de la santé de l'individu occupera une place de plus en plus importante. Des lois strictes obligeront les entreprises à investir dans ce domaine.
5 – Rôle des individus	Pas tellement besoin d'être clair.	Il se clarifie.	Il est remis en question et doit être défini clairement.	La complexité des rôles des cadres hiérarchiques et de conseil exigera une définition claire des responsabilités de chacun et de leurs interrelations, si on veut minimiser la perte des énergies, etc.
6 – Communication	Faible, avec l'autorité hiérarchique directionnelle.	En essai, avec l'intervention des communicateurs. ex. : Relations publiques.	Elle est essentielle; la gestion est basée sur la consultation.	Le cadre et l'exécutant exigeront une participation plus grande aux décisions. La transmission d'information et la consultation lors de prises de décisions devront évoluer pour atteindre l'état de continuité.
7 – Interdépendance	Faible.	Importance reconnue.	Minimale.	L'organisation sera telle qu'un minimum d'interdépendance entre les groupes sera nécessaire pour résoudre les problèmes au jour le jour. Mais cette interdépendance sera élevée dans les domaines de développement, de planification, de support technique, etc. ex. : Plan triennal de formation.
8 – Standards de rendement	Contrôle peu efficace.	Transition, productivité limitée.	Contrôle de la productivité et innovation.	L'acceptation du contrôle par l'exécutant suppose un climat favorable et une bonne formation des personnes engagées.
9 – Rythme de changement	Bas.	Cyclique.	Continu et radical dans plusieurs domaines.	Le rythme de changement s'est accentué au cours des dernières années pour se stabiliser à un niveau d'intensité moindre mais continu.

TABLEAU 3.8: Évolution des systèmes (suite)

COMPOSANTES	PÉRIODES			APPRÉCIATION
	HIER Jusqu'à 1965	AUJOURD'HUI De 1965 à 1985	DEMAIN De 1985 à ...	
10 – *Résistance aux changements*	Peu visible.	Elle est grande avec la stabilité monétaire.	Brisée par la force des agents économiques et sociaux.	Les changements jusqu'ici mis en place avaient comme objectifs premiers la satisfaction des besoins de l'organisation, sans que l'on se préoccupe de leurs effets sur le système social. Tout cela, en plus du manque d'information, du bas niveau de consultation, de l'incertitude et de la crainte de l'inconnu, est cause de résistance et d'insatisfaction.
11 – *Mécanisation et automatisation*	Faibles.	S'intensifient.	Élevées. ex.: Robotique.	Une partie de nos équipes devra pouvoir évoluer plus rapidement pour répondre aux besoins nouveaux créés par les changements technologiques et les priorités sociales.
12 – *Forme des métiers*	Conventionnelle.	Nécessité de changement reconnue.	Plusieurs disparaîtront.	Certains métiers existants aujourd'hui devront lentement disparaître pour s'intégrer comme habiletés additionnelles aux métiers de demain. ex.: Traitement de textes.
13 – *Comportement des cadres-supports (de conseil)*	Insatisfaisant.	Pressions pour réajustement.	Ces rôles augmentent en importance.	Plus la technologie avance et se complique, plus les cadres-supports prennent de l'importance. L'organisation doit pouvoir reconnaître un tel fait.
14 – *Complexité dans les métiers*	Faible.	Elle est plus grande.	Très grande pour certains.	La complexité de certains métiers et le perfectionnement des outils techniques nous amèneront à créer des métiers très spécialisés.
15 – *Nombre de cadres-supports (de conseil)*	Élevé.	Transition.	Centralisé pour répondre aux besoins.	L'analyse du rôle des cadres-supports, sa rationalisation pour rencontrer les besoins ainsi que la centralisation amèneront un réajustement du rôle et du nombre dans le personnel de ces groupes. ex.: «Pool» de travail.
16 – *Importance du rôle des cadres hiérarchiques*	Grande et complexe.	Transition.	Rôle administratif.	Le rôle administratif deviendra la préoccupation première du cadre opérationnel.
17 – *Nombre de cadres hiérarchiques*	Élevé.	Il diminue.	Minimal.	La délégation du contrôle du travail vers l'exécutant ainsi que la possibilité du cadre-support de jouer son rôle diminueront les besoins en nombre de cadres opérationnels.

À cause de cela, plusieurs entreprises orientent leur stratégie d'investissement vers la fusion–acquisition au lieu de moderniser leur système de production ou d'en développer de nouveaux.

Certes, l'intervention de l'État dans ce domaine de l'économie aurait pour effet de mieux répartir les capitaux. Les investissements pourraient être dirigés vers les domaines de l'économie qui seront les plus productifs et répondre ainsi pour le mieux aux besoins des individus et des régimes.

3.6.4 Les ressources technologiques

S'il a fallu 3000 ans pour passer du chariot à la diligence, puis à l'automobile, il n'a fallu que 60 ans depuis le premier envol des frères Wright à l'ère des avions supersoniques. Que dire maintenant de l'introduction de l'électronique dans nos vies? En 1961, on comptait environ 150 ordinateurs au Canada; en 1971, il y en avait environ 35 000 en service et, en 1980, plus de 100 000. Le changement technologique est certes celui qui affecte le plus notre manière de vivre.

Dans cette course effrénée vers le progrès technologique, nous avons maintes fois négligé de préparer les gens aux changements et au progrès en leur en présentant les bienfaits. Nous n'avons pas non plus prévu les conséquences néfastes, tel l'effet des écrans cathodiques sur la santé des utilisateurs. Il faudra désormais développer une conscience sociale vis-à-vis les prochains succès de la technologie, et analyser à quel rythme et à quelles modalités l'être humain peut accepter et assimiler le changement.

3.6.5 L'administrateur

L'administrateur d'aujourd'hui a été un as dans bien des domaines: ventes, finances, marketing, génie, etc., ce qui l'a conduit, au cours des dernières décennies, aux plus hautes sphères de l'administration. Il est né d'une ère industrielle que deux guerres mondiales ont marquée en stimulant la recherche et la productivité et en ouvrant toutes grandes les portes à l'automatisation.

L'administrateur actuel vient d'un monde où la science a souvent brimé l'art, où les notions de profit, d'efficacité, de productivité l'ont emporté, dans bien des cas, sur les relations humaines proprement dites. «Il a évolué le plus souvent d'après les contraintes que lui imposait l'ère technologique au service de laquelle il devait finalement consacrer la majeure partie de son temps. Mais, en homme intelligent, la notion qu'il retient en 1980 et pour les prochaines années de l'expérience technique, c'est qu'on devra se préoccuper de plus en plus de l'être humain.»[5] Cette nouvelle ère sera celle de la participation et de la cogestion.

5. DESPRÉS, R. «L'administrateur de l'an 2000», **Commerce**, n° 74, nov. 76, p. 36 à 42.

RÉSUMÉ

Les variables d'encadrement de l'entreprise sont de sources diverses. Elles peuvent provenir soit de l'extérieur, soit de l'intérieur de l'entreprise, soit d'idées véhiculées par le milieu.

Les fonctions administratives de l'entreprise ont des objectifs différents, mais elles doivent s'harmoniser dans la poursuite d'une relation positive avec l'environnement.

L'entreprise a un certain rayonnement géographique qui est limité par certains facteurs tels les cycles économiques, les besoins du marché, la disponibilité des ressources, etc.

L'entreprise canadienne doit prendre en considération les intervenants, qu'ils soient partenaires ou interférences. Le gouvernement influence l'entreprise par des réglementations et des programmes d'aide. Les obligations fiscales font de l'entreprise une partenaire de développement.

Certains facteurs, plus que d'autres, interviennent plus particulièrement dans l'évolution de l'entreprise. La technologie, le capital d'investissement et les ressources humaines déterminent l'orientation que l'entreprise veut prendre.

Si ces facteurs sont source de limites au développement, il faut composer avec eux de la meilleure façon possible pour s'épanouir dans son environnement.

Chapitre 4

La classification des entreprises et les sources d'informations

OBJECTIFS

1. Nommer les différents critères de classification des entreprises et en expliquer l'utilité.
2. Connaître les différentes sources d'informations que le gestionnaire peut utiliser.

PLAN

INTRODUCTION

L'entreprise, un système ouvert: elle est influencée par son environnement qu'en retour elle influence.

Pour comprendre cet environnement, le gestionnaire doit, entre autres, connaître les caractéristiques de son entreprise et celles des compétiteurs ou des entreprises avec qui il fait affaire. C'est pourquoi nous devons être capable de classifier les entreprises d'après certains critères utiles.

Une telle démarche suppose l'accès à des informations diverses et leur utilisation judicieuse. Aussi la connaissance des sources d'informations disponibles est-elle essentielle.

4.1 LA CLASSIFICATION DES ENTREPRISES

Les entreprises peuvent être semblables, jamais identiques. Leurs possibilités, leurs contraintes et les occasions qui s'offrent à chacune sont différentes; tout cela dépend, pour chaque entreprise, de certains critères. Voici les principaux:

— *la propriété*: privée ou publique;
— *la taille*: la grandeur de l'entreprise;
— *les objectifs*: le secteur d'activités de l'entreprise et ce qu'elle accomplit au juste;
— *la structure juridique*.

4.1.1 Classification selon la propriété

Il existe trois sortes de propriété d'entreprise:

— *privée*: l'entreprise est la propriété d'individus ou de groupes d'individus;
— *publique*: un gouvernement possède directement ou indirectement l'entreprise;
— *mixte*: la propriété est partagée; on y retrouve des intérêts privés et d'autres, publics.

La gestion d'une entreprise variera grandement selon son type de propriété. Au Canada, bien qu'elles fonctionnent dans un système capitaliste, plusieurs entreprises sont la possession directe ou indirecte d'un niveau de gouvernement.

Jusqu'à ces dernières années, Air Canada était une entreprise possédée entièrement par le gouvernement fédéral. Hydro-Québec est une entreprise dont tout l'actif est détenu par le gouvernement du Québec. La Caisse de dépôt et de placement, société qui gère les fonds de pension publics et qui relève donc du gouvernement québécois, a des intérêts importants dans Gaz Métropolitain. Par contre, Sears est une entreprise totalement privée, tout comme les Boutiques San Francisco et Gaëtan Morin Éditeur. Ce ne sont là que quelques exemples.

4.1.2 Classification selon la taille

Une façon courante de différencier les entreprises consiste à en faire ressortir certains éléments quantitatifs. On parlera de la *part de marché*, de l'*actif*, du *nombre d'employés*, du *chiffre d'affaires*, etc. Le plus souvent, on fera référence à ces trois derniers.

Lorsqu'on doit classifier les entreprises selon leur taille, il faut tenir compte de leur milieu. Les entreprises québécoises occupent une situation particulière à cause de leurs cadres géographique, social et politique québécois – un contexte fort différent de celui des États-Unis, par exemple.

Ainsi, il est impensable de comparer des entreprises comme Bombardier et General Motors. Bien que la première soit l'un des plus beaux exemples de réussite québécoise dans le monde des affaires, elle ne se compare absolument pas à General Motors sur le plan des données quantitatives que nous venons de mentionner. Ces entreprises n'ont pas le même milieu. Aussi, les concepts de petite, moyenne ou grande entreprise seront différents d'un environnement à l'autre.

TABLEAU 4.1: Deux modèles de classification des entreprises selon le nombre d'employés		
Entreprise	Nombre d'employés	
	Ministère de l'Expansion industrielle régionale	Dunn & Bradstreet
petite	1 à 49	1 à 74
moyenne	50 à 499	75 à 199
grande	500 et plus	200 et plus

A – Chiffre d'affaires

Il s'agit du chiffre total des ventes pendant un exercice budgétaire (qui dure souvent une année). On doit distinguer le chiffre d'affaires des profits ou des bénéfices: dans le premier cas, on ne soustrait aucune dépense (salaires, autres frais d'exploitation, etc.).

Le ministère de l'Expansion industrielle régionale (MEIR) a défini l'importance des entreprises d'après leur chiffre d'affaires.

Entreprise	*Importance de l'actif* (en dollars)
petite	jusqu'à 2 millions
moyenne	entre 2 millions et 20 millions
grande	plus de 20 millions

B – Nombre d'employés

Il s'agit d'une autre donnée importante, mais dont les modalités varient d'un environnement à l'autre. Ainsi, le tableau 4.1 nous montre comment deux organismes définissent l'importance des entreprises d'après leur nombre d'employés.

C – Actif

L'actif total d'une entreprise est la valeur de tout ce qu'elle possède. Cette donnée nous fournit aussi une bonne indication de son importance.

En fait, ces critères de classification ne sont ni absolus ni parfaits: nous ne classifions que pour faciliter la compréhension des particularités de gestion. Alors peu importe que nous parlions, à 50 employés, d'une petite entreprise pour le MEIR et d'une moyenne pour Dunn & Bradstreet: l'argumentation demeure la même.

Il faut aussi tenir compte du secteur d'activités des entreprises. Imaginez un restaurant qui emploierait 200 personnes et aurait un chiffre d'affaires de 10 000 000 de dollars. Pourrait-on parler d'un restaurant moyen? Pas vraiment.

4.1.3 Classification selon le secteur d'activités et les objectifs

Cette classification est basée sur les différents secteurs d'activités économiques: le *primaire*, le *secondaire* et le *tertiaire*. Chaque secteur représente des activités bien particulières:

– *Le secteur primaire*: il s'agit de la production des matières premières. On y retrouve l'agriculture, les industries forestières, les mines, les extractions de pétrole et les pêcheries.

– *Le secteur secondaire*: il regroupe les industries manufacturières ou de transformation. Ce sont les entreprises qui transforment les matières premières en produits raffinés ou qui fabriquent des produits finis d'après les matières premières.

– *Le secteur tertiaire*: il rassemble les entreprises de service, par exemple de transport ou de nettoyage à sec, et les entreprises commerciales de vente de produits en gros ou au détail.

Statistique Canada, cet organisme responsable de l'acquisition et de la gestion d'informations sur l'économie et sur la population canadienne, propose les secteurs suivants:

a) Agriculture
b) Forêts
c) Pêche et piégeage
d) Mines, carrières et puits de pétrole
e) Industries manufacturières
f) Industries de la construction
g) Transports, communications et services connexes
h) Commerce
i) Finance, assurance et immeuble
j) Services sociaux, commerciaux, industriels et personnels

L'entreprise poursuivra des objectifs particuliers à son secteur d'activités; les possibilités et les difficultés varieront d'un secteur à l'autre.

À cause de leurs particularités respectives, les secteurs peuvent s'opposer et, parfois, des entreprises complémentaires mais de secteurs différents entrent en conflit. Ainsi, lorsque les gouvernements décident d'augmenter le prix payé aux producteurs pour leurs œufs, on constate deux réactions: les producteurs (secteur primaire) sont bien contents; par contre, les manufacturiers de produits alimentaires finis acheteurs d'œufs (secteur secondaire) sont mécontents de payer plus cher leur matière première.

4.1.4 Classification selon la forme juridique

Une entreprise existe dans une des quatre formes juridiques suivantes:

– l'entreprise à propriétaire unique,
– la société en nom collectif,
– la société de capitaux,

– la coopérative.

Les pouvoirs, les contraintes, les relations internes et externes, bref la définition de l'existence même d'une entreprise varie en fonction de sa forme juridique. Ainsi, les possibilités d'emprunts d'une petite entreprise à propriétaire unique seront différentes de celles d'une société renommée. Le chapitre suivant est consacré aux structures juridiques.

La classification de l'entreprise est donc importante. Le gestionnaire doit en tenir compte quotidiennement: la fiscalité varie selon le secteur d'activité ou le chiffre d'affaires, les programmes d'aide gouvernementaux présentent des exigences fort précises quant au type d'entreprises auxquelles ils s'adressent, les décisions à prendre ne sont pas les mêmes, etc. De plus, vue de l'extérieur, une entreprise sera perçue selon sa classification; à titre d'exemple, le gérant de banque ne perçoit pas le commerce de détail de la même façon que l'entreprise manufacturière.

Ce n'est donc pas un exercice strictement théorique que de classifier les entreprises; c'est plutôt hautement pratique.

4.2 LES SOURCES D'INFORMATIONS

Pour qu'une entreprise se développe harmonieusement au sein de son environnement, le gestionnaire doit non seulement disposer d'informations *internes* à son entreprise, il doit aussi détenir toute une série d'informations *externes* (tableau 4.2).

En effet, s'il ne dispose pas d'informations précises et à jour, il risque de prendre de mauvaises décisions qui, sans nécessairement compromettre la viabilité de son entreprise, risquent à tout le moins d'en diminuer la productivité.

Nous étudierons donc les moyens d'acquérir l'information, puis ceux de la gérer.

TABLEAU 4.2 : Exemples d'informations utiles pour les fonctions de première ligne

Marketing
- nombre et genre de concurrents
- véhicules publicitaires disponibles et leurs coûts
- liste de clients existants et potentiels
- liste de distributeurs existants et potentiels
- etc.

Production
- sources d'approvisionnement possibles en matières premières
- liste de sous-traitants existants ou potentiels
- liste d'équipements de production disponibles
- services de transport disponibles et leurs tarifs
- etc.

Comptabilité et finances
- institutions financières environnantes
- sources de fonds possibles
- données comparatives d'entreprises du même secteur
- informations sur la fiscalité
- etc.

Ressources humaines
- marché de l'emploi
- lois sur le travail
- études comparatives de rémunération
- programmes de formation externes
- etc.

- *Le service du marketing* dispose de listes utiles : clients anciens, actuels et potentiels ; produits distribués ou qui pourraient l'être ; fournisseurs existants ou éventuels, etc.

- *Le service du personnel* possède toute une série d'informations sur les employés, les rémunérations, les sources de recrutement, les programmes d'aide à l'emploi, etc.

- *La comptabilité* enregistre toutes les données quantifiables de l'entreprise : stocks, ventes, coûts, dépenses.

- *Le contentieux* enregistre toutes les transactions importantes et tient des dossiers sur tout litige possible.

- *La production* conserve des fiches de temps, de productivité, de coûts, de contrôle de la qualité.

Toutes ces informations peuvent être utiles au gestionnaire. Une décision à prendre aujourd'hui ressemble peut-être à une décision prise dans le passé. Notre situation financière s'améliore-t-elle ? comparons-la avec celle de l'an dernier et des années antérieures. Notre personnel nous fournit-il une meilleure productivité qu'avant ? nos dossiers nous le diront.

4.2.1 L'acquisition de l'information

Les informations se divisent en deux grandes catégories :

- *internes* : existant déjà à l'intérieur de l'entreprise ;
- *externes* : qu'on doit aller chercher à l'extérieur.

A – Informations internes

Les gestionnaires oublient souvent la mine d'informations dont ils disposent à l'intérieur même de leur entreprise.

B – Informations externes

Malheureusement, les entreprises ne fournissent jamais toutes les informations dont les gestionnaires pourraient avoir besoin. Il faut alors recourir aux sources externes d'informations. Il en existe deux catégories.

- *Les informations primaires* sont celles qui seront recueillies pour la première fois par la personne qui en a besoin.

- *Les informations secondaires* sont les données déjà publiées par un organisme.

Lorsqu'on doit recueillir l'information primaire, pour créer notre propre banque d'informations, on dispose de trois grandes techniques.

— *L'observation.* On observe les individus, les produits, les entreprises qui nous intéressent. Il peut alors s'agir d'un travail aussi simple que de compter le nombre de produits concurrents existant sur le marché, de vérifier les prix de nos concurrents et de lire la documentation technique fournie par un autre manufacturier. En fait, l'observation nous permet d'acquérir une information simple, souvent quantitative, qui peut s'avérer d'une grande utilité.

— *Le sondage.* Lorsque les données obtenues par observation ne suffisent pas à nos besoins, il faut aller plus loin. Ainsi, un gestionnaire qui sait combien de candidats un Centre de main-d'œuvre peut lui fournir, mais qui voudrait aussi en savoir un peu plus long sur les qualifications de ces candidats, pourrait interviewer un agent de ce centre. On utilise fréquemment cette technique en marketing lorsqu'on désire connaître l'opinion des consommateurs sur un nouveau produit.

— *La simulation.* Que ce soit dans le cadre d'une recherche en marketing sur un nouveau produit ou d'une recherche du service de la production sur un nouveau procédé, il est parfois intéressant d'employer du temps et d'investir l'argent nécessaire pour monter une simulation informatique et un prototype de notre projet afin d'en connaître les forces et les faiblesses réelles.

Mentionnons aussi qu'on peut faire appel à une firme spécialisée en recherche d'informations ou même à une firme de consultation générale. Moyennant rémunération, ces firmes fournissent toutes les informations nécessaires.

Mais on ne recourt aux informations primaires qu'en cas d'extrême nécessité : elles coûtent généralement très cher et il faut qu'on puisse en justifier le besoin absolu. Très souvent, il existe déjà des informations déjà colligées par une entreprise privée spécialisée dans le domaine ou par un organisme gouvernemental quelconque, qui sauront satisfaire nos besoins à un coût bien inférieur. Ces sources d'informations secondaires sont nombreuses.

— *Le gouvernement du Canada.* En plus des différents ministères qui fournissent évidemment une série d'informations sur leurs intérêts particuliers, le gouvernement fédéral offre aussi les services de Statistique Canada, un organisme voué exclusivement à l'acquisition, à la gestion, au traitement et à la diffusion d'informations sur la population, sur l'industrie et sur le commerce au Canada et aussi à l'étranger, si des intérêts canadiens sont en jeu. En plus de publier des centaines de documents régulièrement, cet organisme offre des services de consultation dans plusieurs grandes villes canadiennes.

— *Les gouvernements provinciaux.* Les différents gouvernements provinciaux rassemblent et diffusent de l'information sur les domaines qui relèvent de leur compétence. Au Québec, bien que l'Éditeur officiel du Québec soit responsable de la diffusion de toute l'information, plusieurs ministères, tels l'Expansion industrielle régionale ou l'Industrie et le Commerce, fournissent aussi beaucoup d'informations directement.

— *Les gouvernements municipaux.* Tant pour savoir où ils en sont que pour faire valoir les avantages de leur ville, la majorité des gouvernements municipaux détiennent une somme d'informations fort intéressante sur leur territoire et s'empressent généralement de la mettre à la disposition de toute entreprise intéressée.

— *Les chambres de commerce.* Ces regroupements de gens d'affaires constituent souvent des mines d'or quant aux informations qu'on peut y trouver sur le monde des affaires d'une région.

— *Les autres firmes et organismes.* Qu'ils soient entièrement privés ou qu'ils soient financés par un gouvernement tout en restant maîtres de leur gestion, ces firmes et organismes pullulent et disposent d'informations considérables. Des firmes telles Dunn & Bradstreet, MacLean Hunter

Research Bureau, A.C. Nielsen et des organismes paragouvernementaux comme le Canadian Standards Association (CSA) existent dans le but, unique ou non, de fournir de l'information. Soulignons toutefois que, au moins dans le cas des entreprises privées, l'information n'est pas gratuite.

4.2.2 La gestion de l'information

L'information coûte cher à obtenir, mais elle coûte aussi très cher à gérer.

Une des responsabilités du gestionnaire est de savoir quand s'arrêter dans sa recherche d'informations. Il doit constamment évaluer la *valeur marginale de l'information*: combien en coûte-t-il pour obtenir une information supplémentaire et quelle est l'utilité de cette dernière? Trop d'informations peuvent nuire autant que trop peu.

Avec les progrès de l'informatique, un nombre grandissant d'entreprises ont été rapidement dotées de systèmes d'information de gestion (SIG). L'ordinateur permet en effet de gérer l'information rapidement, efficacement et à un coût minime.

Il existe de plus en plus de logiciels spécialisés, d'ordinateurs portatifs puissants, de terminaux reliés à un réseau: il devient donc de plus en plus facile d'acquérir, de traiter et de gérer l'information.

Cependant, dans le choix d'un SIG, on doit avant tout tenir compte des besoins et des capacités de l'entreprise. Un système trop complexe fera peur aux utilisateurs et ils ne s'en serviront pas; un autre, trop simple, ne fournira pas exactement les données nécessaires et restera aussi inutilisé.

L'entreprise a-t-elle les moyens de permettre un investissement dans un SIG? Si oui, quels sont ces moyens? Quels sont au juste les besoins en information? Faudra-t-il engager ou former du personnel? À quel coût? Voilà des questions auxquelles il faut répondre pour que le système choisi soit rentable.

L'information n'est qu'une ressource de plus au service de l'entreprise, mais c'est une ressource qui recouvre toutes les autres. Son utilisation efficace est à la base de l'efficacité de l'entreprise.

RÉSUMÉ

On classifie les entreprises selon différents critères: type de propriété, taille, objectifs et secteur d'activité et forme juridique, de façon à mieux connaître l'environnement de l'entreprise et à la gérer plus efficacement.

À la base de toute saine gestion, il existe un besoin d'information. Tout gestionnaire se doit de posséder des informations pertinentes et à jour pour pouvoir prendre les meilleures décisions possibles. Pour cela, il dispose de sources internes et externes d'informations.

Avec l'avènement de l'informatique, les gestionnaires ont été en mesure de se doter de systèmes d'information de gestion qui permettent de gérer avec efficacité des masses d'informations toujours plus grandes.

Section III
L'environnement contrôlable

L'environnement contrôlable de l'entreprise consiste en les éléments que l'on peut influencer. Dans cette section, on abordera l'aspect juridique de l'entreprise, la structure interne de celle-ci, les fonctions de première ligne et les fonctions de seconde ligne. L'évolution de l'entreprise dépend des décisions que les gestionnaires prendront relativement à ces structures et à ces fonctions.

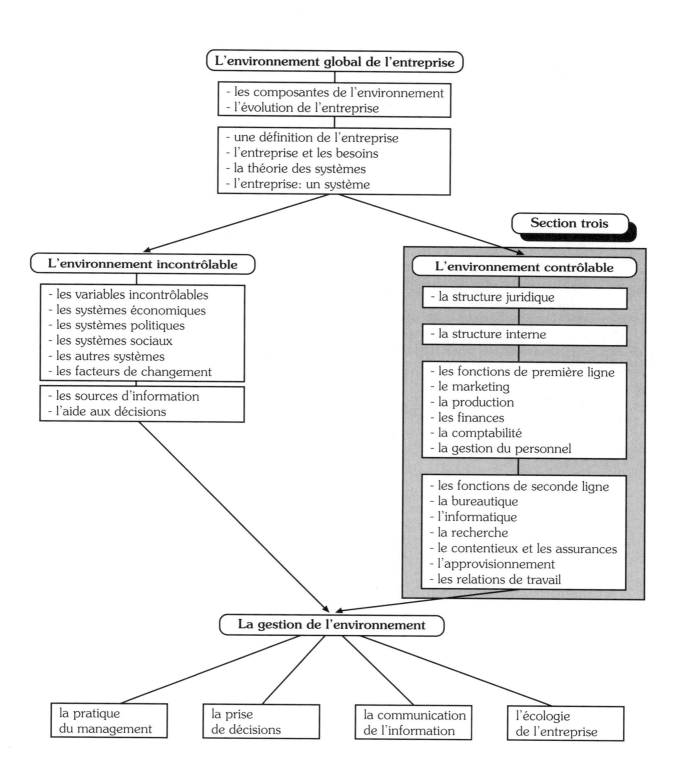

L'environnement global de l'entreprise

- les composantes de l'environnement
- l'évolution de l'entreprise

- une définition de l'entreprise
- l'entreprise et les besoins
- la théorie des systèmes
- l'entreprise: un système

Section trois

L'environnement incontrôlable

- les variables incontrôlables
- les systèmes économiques
- les systèmes politiques
- les systèmes sociaux
- les autres systèmes
- les facteurs de changement

- les sources d'information
- l'aide aux décisions

L'environnement contrôlable

- la structure juridique

- la structure interne

- les fonctions de première ligne
- le marketing
- la production
- les finances
- la comptabilité
- la gestion du personnel

- les fonctions de seconde ligne
- la bureautique
- l'informatique
- la recherche
- le contentieux et les assurances
- l'approvisionnement
- les relations de travail

La gestion de l'environnement

la pratique du management

la prise de décisions

la communication de l'information

l'écologie de l'entreprise

Chapitre 5
Les structures juridiques
de l'entreprise

OBJECTIFS

1. Identifier la structure juridique comme étant une variable contrôlable de l'organisation.
2. Différencier les formes juridiques de l'entreprise.
3. Cerner les caractéristiques importantes de chaque forme juridique.
5. Comprendre les conséquences d'application d'une forme juridique par rapport à une autre forme.
6. Se sensibiliser aux différents formulaires de création de formes juridiques.
7. Distinguer les différentes affiliations d'entreprise et leurs caractéristiques.
8. Comprendre les droits et les devoirs d'une personne qui contribue financièrement à une entreprise selon sa forme juridique.
9. S'initier aux règlements généraux d'une compagnie.

PLAN

INTRODUCTION

On peut classer les entreprises d'après leurs structures juridiques. Cette classification a comme point de départ les différentes possibilités de constituer juridiquement une entreprise. Selon le statut envisagé, les formalités seront simples ou complexes. On peut regrouper les formes juridiques de l'entreprise en quatre types principaux:

a) L'entreprise individuelle, ou entreprise à propriétaire unique (EPU);

b) La société en nom collectif;

c) La société en commandite;

d) La société à responsabilité limitée: compagnie, coopérative ou société d'État.

On abordera les structures juridiques de l'entreprise à travers cette classification. L'intérêt de celle-ci est qu'elle permet de distinguer, d'un type d'entreprises à l'autre, la responsabilité des investisseurs par rapport à leurs engagements financiers et à leurs prises de décisions, ainsi que le degré d'autonomie juridique de l'entreprise à l'égard des investisseurs, des gouvernements et de ses créanciers.

Les formes juridiques de l'entreprise ont évolué selon l'histoire et selon les besoins d'expansion des entreprises. La forme la plus simple est celle de l'entreprise à propriétaire unique exploitée sous le nom du propriétaire. Elle est le fondement même du système capitaliste puisqu'elle n'exige pas de procédure particulière. Les autres formes sont plus complexes, surtout parce qu'elles traduisent l'aboutissement d'un lien à la fois social et financier de deux ou de plusieurs investisseurs désireux de s'unir en faveur d'une entreprise.

On notera qu'au Québec l'entreprise est assujettie à l'un des deux gouvernements: fédéral ou provincial.

5.1 L'ENTREPRISE À PROPRIÉTAIRE UNIQUE (EPU)

Dominant largement en nombre notre système économique, elle est la plus connue et la plus ancienne forme d'entreprise.

Les articles 406, 408 et 410 du Code civil donnent les fondements de ce genre d'entreprise. Par l'article 406, le Code civil donne droit de propriété à toute personne. Ce droit consiste dans l'action de jouir et de disposer d'une chose possédée de la manière la plus absolue pourvu qu'on n'en fasse pas un usage prohibé par les lois.

L'article 408 donne droit d'*accession*, soit le droit sur le produit, revenu ou dividende, d'une chose mobilière ou immobilière possédée. Enfin, l'article 410 indique que les produits de la chose possédée n'appartiennent qu'au propriétaire, qui a la charge de rembourser les frais s'y rattachant. Ainsi, le propriétaire demeure seul responsable des activités de son entreprise. On parlera de *responsabilité illimitée*: le propriétaire est le seul responsable des pertes de l'entreprise, et l'ensemble de ses biens personnels peut servir de garantie; il est seul responsable des dommages résultant des activités de l'entreprise, qu'ils soient causés par lui ou par ses subordonnés.

5.1.1 Les formalités

Le propriétaire de ce genre d'entreprise peut fonctionner en son nom propre. Aussi, aucune formalité juridique n'est exigée. Cependant, si la personne, sans être associée, se sert d'un nom ou d'une désignation autre que son nom, il faudra inscrire le mot «enregistré» (art. 1834 c.c.). Une déclaration dans les 15 jours de la date d'ouverture au bureau du protonotaire de la Cour supérieure est alors exigée (tableau 5.1). Le coût de cette déclaration est d'au moins 20 dollars.

Le tableau 5.1 représente la déclaration de raison sociale faite dans le cas où un propriétaire

TABLEAU 5.1 : Déclaration de raison sociale (propriétaire unique)

CANADA
PROVINCE DE QUÉBEC
District

DANS LA COUR SUPÉRIEURE

BUREAU DU PROTONOTAIRE
RAISONS SOCIALES

DÉCLARATION DE RAISON SOCIALE

Je soussigné _____ (nom)
domicilié au _____ (adresse complète)
déclare ce qui suit :

Je fais ou j'entends faire des affaires dans le domaine de : _____ (détails sur le commerce)
à _____ (adresse complète du commerce)
depuis le _____ (date)
sous le nom et la raison sociale de :

BUANDERIE MODÈLE ENR.

Je n'ai aucun associé dans cette entreprise et exploite seul-e ce commerce.

ÉTAT CIVIL ET RÉGIME MATRIMONIAL

Je suis marié à _____ (nom du conjoint)
sous le régime de _____
en vertu d'un contrat de mariage passé devant
M^e _____ , notaire en date du _____

En foi de quoi, j'ai signé à _____ (lieu) , le _____ (date) .

Signature _____ Tél. : _____

unique veut faire commerce sous un nom différent du sien. On la fait en quatre exemplaires, dont deux resteront aux déclarants. Elle doit contenir:

a) le nom, le prénom et le lieu de résidence du propriétaire;
b) le nom sous lequel le propriétaire entend gérer ses affaires et l'adresse du commerce;
c) le type de commerce;
d) la certification qu'il est seul propriétaire;
e) l'état civil et, s'il y a lieu, le régime matrimonial du propriétaire;
f) la signature du propriétaire.

5.1.2 Les caractéristiques

A – Naissance et forme juridique

- Cette entreprise n'a qu'un propriétaire à part entière des biens de l'entreprise.
- L'entreprise n'est soumise à aucune législation particulière: l'entreprise et le propriétaire ne font qu'une seule et même personne.
- Aucune formalité n'est exigée. On ne demande que l'enregistrement de la raison sociale si le nom diffère de celui du propriétaire. Dans le cas d'une personne mariée, une déclaration de son régime matrimonial doit être fournie au protonotaire. Le permis municipal est utile. On n'a pas besoin d'avocat, donc le coût des formalités est très bas.

B – Financement et fiscalité

- Les ressources viennent de l'avoir du propriétaire, de sa capacité d'emprunt. Les sources de financement sont donc très limitées et l'expansion difficile.
- C'est le propriétaire qui paie l'impôt sur les bénéfices de l'entreprise. L'échelle d'imposition est celle des revenus d'un particulier.

C – Gestion

- Cette forme d'entreprise permet une très grande flexibilité administrative puisque tout problème et toute solution ne font appel qu'à une seule personne.
- Le propriétaire peut employer son épouse et lui payer un salaire déductible des revenus de l'entreprise.
- Le propriétaire gère l'entreprise seul ou avec sa famille.

D – Durée

Elle est reliée à l'existence du propriétaire; l'entreprise disparaît à sa mort ou par l'obligation de la vendre.

E – Responsabilité

Elle est illimitée, car le propriétaire garantit toutes les dettes de l'entreprise par les actifs de celle-ci et par ses biens personnels: sa maison, son automobile, son terrain, etc.

5.1.3 Les exigences concernant le permis d'exploitation

En plus d'une déclaration de raison sociale, une demande de permis et de licence d'exploitation doit être faite au bureau de la municipalité où l'on va établir l'entreprise (tableau 5.2). Divers permis, découlant de certaines lois, sont nécessaires; par exemple, les permis de vendeur itinérant, de vendeur d'automobiles, de transport, de boissons alcooliques, de carburant, de salubrité, etc. Le permis et la licence d'exploitation doivent être demandés au bureau de la municipalité où l'on va exercer le commerce. Leur obtention est reliée à un numéro et au paiement de certains frais: 25 dollars et plus, selon le statut des localités. La demande de

TABLEAU 5.2: Permis d'exploitation d'une entreprise

VILLE DE LATERRIÈRE
6166, rue Notre-Dame, C.P. 69
Laterrière, (Qc) G0V 1K0
Tél.: 678-2216 ou 678-9638

LICENCE DE COMMERCE

RECU DE _____ 19 ____

Adresse _____

la somme de _____ /00 Dollars $

re: _____

lui permettant d'exercer ce commerce ou négoce dans les limites de la susdite Ville.

Du _____ jour d _____ 19 ____ au _____ jour d _____ 19 ____

No.: _____

Normand Girard, secrétaire-trésorier

ce permis donne à l'entreprise le moyen de connaître le degré d'exigence d'une municipalité.

Il est à remarquer que ce permis doit être demandé non seulement pour une entreprise à propriétaire unique, mais aussi pour toute autre forme d'entreprise. Cela évitera bien des tracasseries administratives concernant le droit d'exploitation, les restrictions urbaines, la taxe d'affaires et toute autre redevance.

5.2 LA SOCIÉTÉ

La société a comme base le regroupement de quelques individus qui, en vertu d'une entente, mettent en commun leurs ressources et leurs connaissances, en partageant les risques, les responsabilités et les bénéfices de leur entreprise.

Plusieurs formules existent pour assurer cette union de deux ou de plusieurs individus, mais nous nous intéresserons particulièrement à la société en nom collectif et en commandite. Signalons que le Code civil prévoit aussi la *société anonyme*. Il s'agit d'une société qui n'est pas désignée par le nom des associés. Cette société peut être limitée à un seul objet. Les obligations des associés sont les mêmes que celles de la société en nom collectif.

5.2.1 La société en nom collectif

A – Les formalités

La formation d'une société en nom collectif exige un contrat. L'article 1832 du Code civil dit que la société est réputée avoir commencé ses activités au moment de la formulation du contrat. Certaines conditions qui permettent de valider le contrat sont indispensables. En plus du contrat, la déclaration de société au bureau du protonotaire selon une formule prévue à cet effet est obligatoire (tableau 5.3). Cette déclaration est du même type

que celle prévue pour l'entreprise à propriétaire unique (tableau 5.1).

Le contrat de société peut être verbal, mais il devrait préférablement être écrit. Il doit contenir les éléments suivants:

- le nom et l'objet de la société;
- la description des sociétaires: nom, prénom, profession, résidence, état civil et régime matrimonial de chacun;
- la méthode de répartition des profits et pertes;
- les pouvoirs et devoirs des sociétaires;
- les mesures de liquidation de la société;
- les dispositions relatives à la mort d'un sociétaire ou à sa dissidence: les assurances à ce sujet;
- la signature des sociétaires.

Ce contrat doit être enregistré au greffe de la Cour supérieure dans les 15 jours de la formation de la société. Le mot «enregistré» ou l'abréviation «enr.» doit absolument figurer dans le nom de la société.

Le tableau 5.4 présente un contrat de société avec les principales clauses. Ce contrat doit être déposé au bureau du protonotaire dans les 15 jours suivant le début de l'exploitation de l'entreprise. Une déclaration devant la Cour supérieure du district est obligatoire.

De plus, un permis et une licence d'exploitation (tableau 5.2) doivent normalement être demandés à la municipalité où l'entreprise fera affaire. On devra afficher ce permis pour que tous les intéressés puissent le voir.

B – Les caractéristiques

Financement et fiscalité

La contribution active des sociétaires dépend de leurs compétences. Ainsi, un sociétaire peut connaître le domaine des ventes alors qu'un de ses associés est compétent en finances et qu'un autre, en production. Le principe de la société suppose

TABLEAU 5.3: Déclaration de raison sociale pour plusieurs associés

CANADA
PROVINCE DE QUÉBEC
District

DANS LA COUR SUPÉRIEURE

BUREAU DU PROTONOTAIRE
RAISONS SOCIALES

DÉCLARATION DE RAISON SOCIALE

Nous soussignés _____ (nom de chacun) _____
domiciliés aux _____ (adresse complète de chacun) _____
déclarons ce qui suit :

Nous faisons ou nous entendons faire des affaires dans le domaine de : _____
_____ (détails sur le commerce) _____ à _____ (adresse complète du commerce) _____
depuis le _____ (date) _____
sous le nom et la raison sociale de :

BUANDERIE MODÈLE ENR.

Nous exploitons ensemble ce commerce et aucune autre personne n'est associée avec nous.

ÉTAT CIVIL ET RÉGIME MATRIMONIAL DE CHACUN

Monsieur ou Madame _____ (nom) _____ est marié-e à _____ (nom du conjoint) _____
sous le régime de _____
en vertu d'un contrat de mariage passé devant
M^e _____ , notaire en date du _____ .

En foi de quoi, nous avons signé à _____ (lieu) _____ , le _____ (date) _____ .

Signatures _____ Tél. : _____

TABLEAU 5.4 : Exemple d'un contrat de société

CONTRAT DE SOCIÉTÉ

Date :

Ont comparu :

(noms et adresses de chaque associé)

Article 1 : But de la société
Lesquels consentent à s'associer dans le but de :

Article 2 : Dénomination sociale
Les associés entendent exploiter leur entreprise sous la dénomination sociale :

BUANDERIE MODÈLE ENR.

Article 3 : Adresse de l'entreprise
(adresse complète)

Article 4 : Mises de fonds
A : 10 000 $ comptant
B : 5000 $ comptant et 5000 $ dans un an
C : apporte ses connaissances et son expérience dans la production.

Article 5 : Partage des profits
(selon le désir des associés et on peut exclure un ou des associés des pertes)

Article 6 : Administration
(diviser les tâches entre les associés en définissant exactement le rôle de chaque associé)

Article 7 : Vote
Toute décision doit être prise par le vote de la majorité simple des associés.
(ou on peut adopter une autre formule)

Article 8 : Retraits
(c'est le salaire : combien chaque associé recevra par semaine et comment doit être calculée l'augmentation de salaire)

Article 9 : Avantages sociaux
(des vacances, des journées de maladie, etc.)

Article 10 : Permanence
La mort d'un associé ne dissout pas la société.

Article 11 : Achat — vente
Chaque associé offre irrévocablement de vendre ses parts aux autres associés aux prix et aux conditions prévus ci-après, advenant son décès ou son retrait de la société. Tous les associés acceptent cette offre et deviendront propriétaires de ces parts à compter de la date du décès ou du retrait.

Article 12 Évaluation des parts
Pour les fins de l'article 11, les parts seront évaluées en se basant sur le dernier bilan de la société, plus les ajustements nécessaires pour tenir compte de l'achalandage et de la valeur marchande de l'actif.
(mentionner aussi les conditions de paiement)

Article 13 : Assurance
(prévoir une assurance sur la vie des associés au bénéfice des associés survivants)

Article 14 : Retrait d'un associé
Un associé peut se retirer en n'importe quel moment après avoir envoyé un avis de 3 mois aux autres associés et pourvu que son départ ne cause aucun dommage à la société.

Article 15 : Nouvel associé
(conditions pour l'acceptation d'un nouvel associé comme : doit être accepté à l'unanimité et doit apporter une mise de fonds égale à la valeur de la mise de fonds de chaque associé selon le dernier bilan de la société)

Article 16 : Clause de non-concurrence
Chacun des associés s'engage pour la durée de la société à ne pas entrer en concurrence directement ou indirectement avec la société, pendant qu'il est associé ou pendant une période de 5 ans à compter de la date de son retrait dans tout le territoire desservi par la société.

Article 17 : Pénalité
Le défaut pour un associé de se conformer aux dispositions du présent contrat le rendra passible d'une pénalité de 25 000 $ (ou autre), qu'il s'engage à payer à chaque associé sans préjudice aux autres recours que les associés pourront exercer.

Article 18 : Signature des chèques
(qui a le droit de signer les chèques)

Article 19 : Etc.
(Tous les autres articles pour satisfaire les besoins des associés)

Et nous avons signé

_____	_____
(Signature du témoin)	(Signature de A)
_____	_____
(Signature du témoin)	(Signature de B)
_____	_____
(Signature du témoin)	(Signature de C)

le consentement des associés à tout ce qu'elle comporte. La participation aux bénéfices des sociétaires est établie à l'intérieur du contrat. Cependant, ce contrat ne peut exclure l'un des sociétaires de la participation (art. 1831). En fait, l'essence même de la société consiste en la participation de chacun aux bénéfices. Aussi, en ce qui concerne les pertes, un contrat qui exclut l'un des sociétaires de la société n'a aucune valeur face aux tiers, soit les créanciers. Il n'est valable qu'entre sociétaires. Le revenu de l'associé est traité selon l'impôt des particuliers. Le revenu de la société est ajouté au revenu personnel de chaque sociétaire. La portion du revenu de chacun est normalement déterminée dans le contrat.

Gestion et responsabilité

L'administration de la société confère au sociétaire un droit égal à celui de chacun des associés. Cependant, on peut convenir que l'un sera responsable de l'administration en tant que directeur ou gérant. On peut indemniser les sociétaires pour les dépenses encourues pour la société.

À l'égard des tiers (art. 1865), on établit que *tous les sociétaires sont conjointement et solidairement responsables des obligations de la société.* Ainsi, comme pour le propriétaire de l'entreprise individuelle, la responsabilité des associés sera illimitée face aux dettes contractées par la société.

Durée

La société peut être dissoute à la demande de l'un des sociétaires. Cependant, cette dissolution ne doit pas porter préjudice aux autres sociétaires. Le décès de l'un des sociétaires amènera automatiquement la dissolution de la société. Le contrat peut changer la disposition de dissolution selon un article prévu à cet effet. Cet article peut s'appliquer dans le cas d'une dissolution causée par:

a) l'expiration du terme convenu pour la durée de la société;
b) l'extinction ou la perte des biens de la société;
c) la faillite;
d) le décès d'un associé;
e) le désir d'un associé de ne plus faire partie de la société.

5.2.2 La société en commandite

La société en commandite diffère de la société en nom collectif par son organisation et par la responsabilité personnelle de ses membres. Ici, on retrouve deux genres d'associés: les *sociétaires gérants* et les *commanditaires*. Ces derniers fournissent les capitaux de la société et leur responsabilité est limitée; elle varie selon l'investissement de chacun.

Les commanditaires ont droit de participer aux bénéfices, mais l'administration de la société est laissée aux sociétaires gérants qui sont seuls autorisés à gérer. La responsabilité des sociétaires gérants sera dite illimitée.

A – Les formalités

Comme pour la société en nom collectif, l'existence de la société en commandite est reliée à un contrat devant notaire et à sa déclaration au protonotaire du district (tableau 5.5). Ce contrat lie les sociétaires et les commanditaires. Il comprend:

- la raison sociale suivie obligatoirement du terme «enregistrée» ou «enr.»;
- l'adresse du siège social;
- le nom, l'adresse et le régime matrimonial des sociétaires;
- le nom, l'adresse et le régime matrimonial des commanditaires ainsi que les montants investis par chacun;
- la date du début et de la fin du contrat;
- la méthode de répartition des profits et des pertes;

> **TABLEAU 5.5 : Déclaration de société en commandite entre deux sociétaires et deux commanditaires**
>
> «Nous, soussignés, certifions par le présent contrat que nous exploitons une société sous le nom et la raison sociale de _____ comme (genre d'affaires), laquelle société est formée de A., résidant habituellement à _____, et de B., résidant habituellement à _____, comme associés en noms collectifs; et de C., résidant habituellement à _____, et de D., résidant habituellement à _____, comme associés en commandite.
>
> C. apporte _____ et D., _____ au fonds social de la société, laquelle société commence le _____ jour de _____ de l'an mille neuf cent _____ et finira le _____ jour de _____ de l'an mille neuf cent _____. »
>
> Daté à _____ le _____ de l'année mille neuf cent _____.
>
> (signatures) A. :
>   B. :
>   C. :
>   D. :
>
> Signé en ma présence :
>
> N.B. : Comme un contrat de société en nom collectif, ce contrat contient différentes clauses relatives aux profits et aux pertes, à la mort, à la dissolution, *etc.*

— les pouvoirs et les devoirs des sociétaires et des commanditaires;
— la procédure de dissolution de la société.

B – Les caractéristiques

Les sociétaires gérants :

— sont des associés au même titre que les commanditaires;
— ont une responsabilité illimitée;
— sont seuls autorisés à gérer les affaires de la société.

Les commanditaires :

— ont une responsabilité limitée;
— ont droit à une partie des bénéfices;

— lors de la dissolution, ne peuvent reprendre leur investissement initial que sur l'excédent de l'actif sur le passif;
— en cas de faillite, seront remboursés après les créanciers, s'il reste de l'argent;
— ont droit de regard sur les créances : ils peuvent consulter les livres comptables et les procès-verbaux;
— n'ont pas le droit de gestion.

5.3 LA SOCIÉTÉ À RESPONSABILITÉ LIMITÉE

Quand on parle de *corporation*, de *société par actions*, de *société à responsabilité limitée* ou de *compagnie*, on fait appel à la notion de responsabilité limitée des actionnaires et à la valeur des actions qu'ils possèdent. Possédant une entité légale distincte de ses membres, la compagnie constitue une *personne morale* qui peut acquérir en son nom des biens propres, contracter des dettes, faire des transactions qui, cependant, peuvent être limitées lors de sa formation.

La naissance[1] de la compagnie demande un ou plusieurs actionnaires. L'article 363 du Code civil limite la responsabilité du ou des membres de la corporation au nombre de leurs actions et, de là, n'autorise pas qu'on les poursuive en justice, sauf en cas de présomption de fraude, d'endossement personnel, d'abus de pouvoir ou de conflit d'intérêt. L'actionnaire est le propriétaire des actions d'une compagnie, ce qui le différencie du propriétaire d'entreprise.

Il existe des *compagnies publiques, privées* et des *sociétés de la couronne*. La compagnie publique est celle qui ne limite pas le nombre d'actionnaires ni le transfert des actions et qui offre ses actions au public, à la bourse de Montréal par exemple. Une compagnie publique doit obligatoirement être enregistrée à la Commission des valeurs mobilières du Québec.

La compagnie privée, par exemple Eaton, n'offre pas ses actions au grand public, car le nombre d'actionnaires est limité à cinquante. Dans la majorité des cas, l'actionnaire qui veut vendre ses actions doit préalablement obtenir l'autorisation du conseil d'administration ou de l'assemblée des actionnaires, cela afin d'assurer un contrôle sur le transfert des actions par les actionnaires.

Les sociétés de la couronne sont constituées en compagnie par une loi spéciale du parlement fédéral ou provincial[2]. Cette démarche est applicable pour les compagnies d'assurances, de chemins de fer, les banques et dans les domaines de compétence publique.

Il est à noter que l'on peut faire une demande d'incorporation tant au niveau provincial qu'au niveau fédéral (tableau 5.7).

5.3.1 La compagnie

Autrefois, on formait une compagnie en vertu de la partie 1 de la Loi sur les compagnies du Québec, et on recevait une charte du Québec, soit les lettres patentes[3]. On exigeait alors:

a) une demande de réservation de nom;
b) une requête dans laquelle trois requérants demandaient l'émission de lettres patentes;
c) un mémoire de convention par lequel les requérants convenaient de constituer une compagnie avec un capital en actions autorisé;
d) une déclaration sous serment des requérants qui attestait la validité de la requête et du mémoire de convention.

Afin de fonctionner légalement, la compagnie devait posséder un sceau avec lequel on estampillait tous les documents officiels.

De plus, la loi obligeait la compagnie à posséder certains registres à son siège social:

a) le registre des actions et des transferts;
b) les livres comptables des ventes, des dépenses et des transactions de la compagnie;
c) le registre des procès-verbaux de toutes les assemblées ou des réunions des actionnaires ou du bureau de direction;
d) le registre contenant nom et adresse du bureau de direction de la compagnie ainsi que les noms et adresses des administrateurs;
e) le registre de tous les rapports émanant de la compagnie.

---

1. Il est à noter que toute compagnie doit enregistrer une déclaration de raison sociale au bureau du protonotaire du district de son siège social (tableau 5.6).
2. Ministère des Consommateurs, Coopératives et Institutions financières du gouvernement du Québec, et, au fédéral, le ministère de l'Industrie et du Commerce.

---

3. **Lettres patentes:** document officiel émanant des autorités gouvernementales et accordant l'existence légale à une compagnie.

TABLEAU 5.6: Déclaration de raison sociale pour une compagnie

CANADA
PROVINCE DE QUÉBEC
District

DANS LA COUR SUPÉRIEURE

BUREAU DU PROTONOTAIRE
RAISONS SOCIALES

DÉCLARATION DE COMPAGNIE

La compagnie _____(nom)_____ a été constituée
en corporation dans ____(province ou pays)____ , par
le dépôt de ses statuts de constitution.

Sa principale place d'affaires au Québec est à
_____(adresse complète)_____ .

En foi de quoi, cette déclaration est faite et signée par moi ____(nom du président,____
____adresse, profession ou occupation)____ , le président de ladite compagnie.

Et j'ai signé, à _____(lieu)_____ , le ____(date)____

Signature _____

P.-S. — Joindre une copie des statuts de constitution

TABLEAU 5.7: Correspondance des documents exigés au niveau provincial et au niveau fédéral

DEMANDE EN INCORPORATION	OBTENTION
Loi provinciale	
Partie 1: Requête en incorporation	Lettres patentes (charte)
Partie 1A: Statuts de constitution (Loi sur les compagnies du Québec)	Certificat de constitution
Loi fédérale	
Statuts de constitution (Loi sur les sociétés commerciales canadiennes)	Certificat de constitution

La loi concernant les renseignements sur les compagnies oblige toutes les compagnies qui font affaire au Québec à présenter un rapport initial sur leurs activités et sur leurs fondements, ce qui coûte environ 30 dollars. De plus, un rapport doit être fait avant le 30 septembre de chaque année.

A – Les formalités

Les législateurs ont assoupli ces exigences rigoureuses. On demande les statuts de constitution par la partie 1A de la Loi sur les compagnies. La requête d'incorporation[4] doit contenir les statuts de constitution (tableau 5.8), l'adresse du siège social (tableau 5.9) et la liste des administrateurs (tableau 5.10).

Cependant, au préalable, la loi exige la réservation d'une dénomination sociale (tableau 5.11) et le respect des critères suivants:

a) La compagnie doit avoir un nom qui respecte des règles, dont celle d'être français;

b) Le ou les fondateurs doivent avoir au moins 18 ans;

c) Le ou les fondateurs peuvent ne pas être nécessairement actionnaires;

d) Le nom de la compagnie doit comporter les termes «incorporée» ou «limitée»;

e) Le siège social doit être situé dans un district judiciaire du Québec;

f) La compagnie peut faire affaire sous une dénomination autre que la sienne;

g) La compagnie peut avoir un numéro (ex.: Québec 11353 inc.);

h) On doit tenir au siège social tous les registres obligatoires.

Le dépôt des statuts, conformément aux exigences de la loi, permet l'obtention d'un certificat de constitution qui correspond aux anciennes lettres patentes. Les coûts de la demande sont reliés à la complexité de l'incorporation et au nombre de démarches envisagées. Ils peuvent varier de 300 dollars à 5 000 dollars.

À la fin de ce volume, une annexe présente les règlements généraux (formule courte) de la compagnie.

---

4. **Incorporation:** anglicisme d'origine américaine que le dictionnaire Bélisle définit comme suit: «Action de constituer légalement en corporation, de donner l'existence légale à une compagnie à fonds social, à une association de personnes.» L'incorporation est donc une attestation de l'existence légale d'une compagnie, lui conférant des pouvoirs de poser certains actes et de jouir de la capacité légale de contracter.

TABLEAU 5.8: Statuts de constitution

Gouvernement du Québec
**L'Inspecteur général
des institutions financières**

Formulaire 1
STATUTS DE CONSTITUTION
Loi sur les compagnies
Partie 1A

1 Dénomination sociale ou numéro matricule	

2 District judiciaire du Québec où la compagnie établit son siège social	3 Nombre précis ou nombres minimal et maximal des administrateurs	4 Date d'entrée en vigueur si postérieure à celle du dépôt

5   Description du capital-actions

6   Restrictions sur le transfert des actions, le cas échéant

7   Limites imposées à son activité, le cas échéant

8   Autres dispositions

9   Fondateurs

Nom et prénom	Adresse incluant le code postal (s'il s'agit d'une corporation, indiquer le siège social et la loi constitutive)	Profession	Signature de chaque fondateur (s'il s'agit d'une corporation, signature de la personne autorisée)

Si l'espace est insuffisant, joindre une annexe

Réservé à l'administration

C-211 (83-04)

TABLEAU 5.9: Avis de réservation d'adresse

Gouvernement du Québec
**L'Inspecteur général
des institutions financières**

Formulaire 2
**AVIS RELATIF À L'ADRESSE OU AU
CHANGEMENT D'ADRESSE DU SIÈGE SOCIAL**
Loi sur les compagnies
Partie 1A

---

1   Dénomination sociale ou numéro matricule

---

2   Avis est donné par les présentes que l'adresse du siège social de la compagnie, dans les limites du district judiciaire indiqué dans les statuts, est la suivante:

    Numéro civique   Nom de la rue

    Localité

    Province ou pays   Code postal

La compagnie

                                        Fonction du
par: _____ signataire _____
          (signature)

Réservé à l'administration

C-212 (83-04)

TABLEAU 5.10: Avis de composition du conseil d'administration

Gouvernement du Québec
**L'Inspecteur général
des institutions financières**

Formulaire 4
**AVIS RELATIF À LA COMPOSITION
DU CONSEIL D'ADMINISTRATION**
Loi sur les compagnies
Partie 1A

1   Dénomination sociale ou numéro matricule

2 Les administrateurs de la compagnie sont:		
Nom et prénom	Adresse résidentielle complète (incluant le code postal)	Profession

Si l'espace est insuffisant, joindre une annexe en deux (2) exemplaires.

La compagnie

par: _____   Fonction du
              (signature)   signataire _____

_____

Réservé à l'administration

C-214 (83-04)

TABLEAU 5.11: Réservation de dénomination sociale

Gouvernement du Québec
L'Inspecteur général des institutions financières

Direction des compagnies
800, Place d'Youville
Québec (Québec) G1R 4Y5

N.B.: *Joindre un chèque visé ou un mandat poste de 15$ à l'ordre du ministre des Finances.*

Formulaire 3

DEMANDE DE RÉSERVATION DE DÉNOMINATION SOCIALE

Réservé à l'administration

Date de réception	Encaissement

N° de dossier	N° de la demande
	A- 059644

1 Nom, adresse et code postal du demandeur

2 Lieu de l'activité

3 S'il s'agit d'une modification de la dénomination sociale d'une compagnie québécoise existante, inscrire la dénomination sociale actuelle

4 Dénominations sociales proposées

1er choix _____

_____

2e choix _____

_____

5 Origine de la dénomination sociale

1er choix _____

2e choix _____

6 Signature du demandeur et N° de téléphone

7 Décision   RÉSERVÉ À L'ADMINISTRATION

☐ 1er choix   ☐ 2e choix   Est réservé *aux conditions énoncées au verso* pour une période de 90 jours débutant le   A M J   Voir commentaires ci-dessous ☒

☐ 1er choix   ☐ 2e choix   N'est pas réservé   Voir commentaires ci-dessous ☒

8 Commentaires   RÉSERVÉ À L'ADMINISTRATION

☐ 1er choix   ☐ 2e choix   Doit comprendre un générique en langue française (✷✷art. 18)

☐ 1er choix   ☐ 2e choix   Doit comprendre une partie spécifique (✷ art. 6)

☐ 1er choix   ☐ 2e choix   Doit comprendre une partie générique descriptive (✷ art. 6)

☐ 1er choix   ☐ 2e choix   Contient une expression interdite (✷ art. 14)

☐ 1er choix   ☐ 2e choix   Ne doit pas induire en erreur (✷ art. 13 à 15)

☐ 1er choix   ☐ 2e choix   Est sujette à l'obtention du consentement d'une personne dont le nom figure dans la dénomination sociale (✷ art. 20)

☐ 1er choix   ☐ 2e choix   Doit comprendre le millésime de l'année en cours (✷ art. 11)

☐ 1er choix   ☐ 2e choix   Doit comprendre l'expression « inc. » ou « Ltée » en abrégée ou le mot « corporation » (✷ art. 4)

☐ 1er choix   ☐ 2e choix   Ne doit pas prêter à confusion avec la raison sociale de l'entreprise mentionnée ci-dessous. Vous devez fournir son consentement à l'utilisation du nom demandé et un engagement à changer sa raison sociale ou à se dissoudre. L'engagement n'est pas requis si on demande le nom pour une compagnie qui contrôle ou est contrôlée par l'entreprise visée ci-dessous ou si une même personne contrôle cette dernière et celle pour qui on demande le nom. Ce fait devra toutefois être allégué dans le consentement (✷ art. 8 à 12)

1er choix _____

_____

2e choix _____

_____

✷ Règlement concernant les raisons sociales des compagnies régies par la Partie 1 A de la Loi sur les compagnies
✷✷ Règlement relatif à la langue du commerce et des affaires

Direction des compagnies

C-213 (83-04)

NE PAS DÉTACHER LE CARBON

B – Les caractéristiques

Financement et fiscalité

La structure financière de la compagnie a comme base le capital en actions[5] (tableau 5.12). Si une compagnie offre ses actions au public, on dira que c'est une compagnie publique. Pour sa part, la compagnie privée n'offre ses actions qu'à un nombre limité de personnes, qui ne peut dépasser 50 actionnaires, et est soumise à certaines restrictions concernant le transfert des actions (tableau 5.13).

Si d'autres sources de financement s'avèrent nécessaires, on peut recourir aux emprunts, aux obligations, aux hypothèques ainsi qu'au capital actions privilégié. Chaque action représente un titre de propriété donnant certains droits.

Deux sortes d'actions existent: l'action *ordinaire* et l'action *privilégiée*. L'action ordinaire donne droit au partage des profits, d'assister aux assemblées, d'être éligible au poste d'administrateur, de voter, etc. L'action privilégiée comporte, au préalable, les mêmes droits que les actions ordinaires sauf sur certains points (tableau 5.14). En principe, le droit de vote sera retiré en compensation d'une garantie de revenu. Ce droit préférentiel peut être cumulatif, c'est-à-dire que si une année la compagnie est incapable de distribuer le dividende prévu, celui-ci s'accumule et sera distribué plus tard, mais avant que l'actionnaire ordinaire reçoive son dividende.

En ce qui concerne la fiscalité, les compagnies ne sont pas régies par le régime des particuliers. L'impôt est prélevé sur les bénéfices réalisés une fois les frais acquittés et avant le versement des dividendes.

Gestion et responsabilité

La compagnie est dirigée par un conseil d'administration. Les membres de ce conseil sont élus par les actionnaires à l'assemblée générale annuelle. Le vote est en fait la principale façon pour l'actionnaire de participer à l'administration. Notons que le titre d'actionnaire permet d'être éligible à un poste d'administrateur. Le conseil d'administration est constitué d'au moins trois membres, mais il est toujours possible d'en modifier le nombre. Ce conseil constitue l'autorité suprême de la compagnie après l'assemblée des actionnaires qui en élit les membres.

Le rôle du conseil est surtout d'énoncer les grandes politiques en matière de transactions, de capital actions, de dividendes, de règlementation et de budgets. Ainsi, c'est le conseil d'administration qui nommera les cadres de l'entreprise. De même, si le conseil d'administration est composé d'au moins 7 membres, l'article 89 donne droit d'avoir un comité exécutif ou comité de direction de 3 membres, lequel administrera effectivement la compagnie.

En ce qui a trait à la responsabilité des actionnaires, celle-ci sera limitée: elle sera proportionnelle à la valeur des actions possédées. Aucun recours personnel ne sera permis sauf dans les cas de fraude, de vol ou de litige.

Durée

La compagnie étant une personne morale, elle a une durée indéterminée. Le décès d'un

---

5. **Capital demandé:** nombre d'actions qu'une compagnie demande d'émettre pour assurer son fonctionnement.

Capital autorisé: montant ou nombre d'actions qu'une compagnie est autorisée, par le gouvernement, à émettre.

Capital émis: capital actions par lequel une compagnie a émis un certificat de propriété.

Capital souscrit: partie du capital actions émise mais non encore payée.

Capital versé ou déclaré: valeur monétaire reçue ou à recevoir de la compagnie en contrepartie d'actions.

Capital sans valeur au pair: chaque action n'a pas une valeur déterminée.

Capital avec valeur au pair: une valeur est fixée d'avance pour chaque action.

TABLEAU 5.12: Certificat d'action (spécimen)

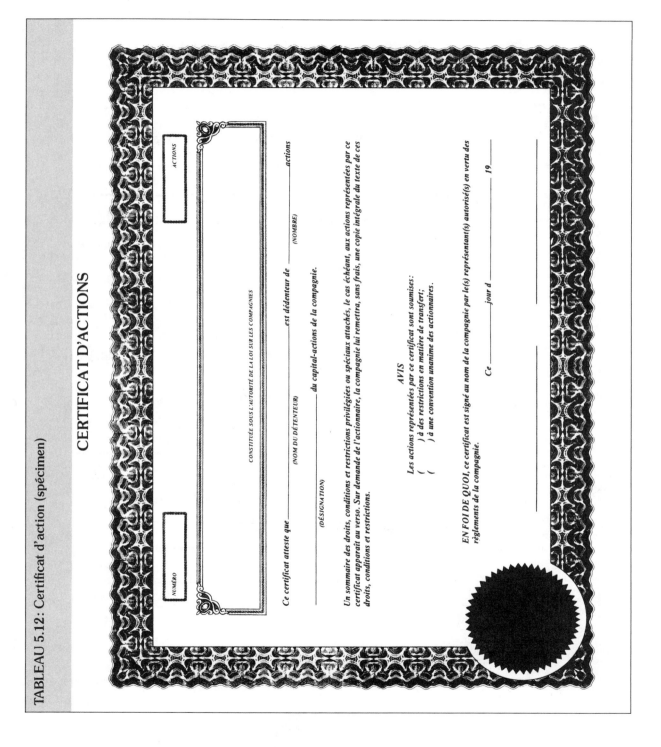

CERTIFICAT D'ACTIONS

CONSTITUÉE SOUS L'AUTORITÉ DE LA LOI SUR LES COMPAGNIES

NUMÉRO

ACTIONS

Ce certificat atteste que _____ *est détenteur de* _____ *actions*

(NOM DU DÉTENTEUR) *(NOMBRE)*

_____ *du capital-actions de la compagnie.*

(DÉSIGNATION)

Un sommaire des droits, conditions et restrictions privilégiées ou spéciaux attachés, le cas échéant, aux actions représentées par ce certificat apparaît au verso. Sur demande de l'actionnaire, la compagnie lui remettra, sans frais, une copie intégrale du texte de ces droits, conditions et restrictions.

AVIS

Les actions représentées par ce certificat sont soumises :

( ) *à des restrictions en matière de transfert;*

( ) *à une convention unanime des actionnaires.*

EN FOI DE QUOI, ce certificat est signé au nom de la compagnie par le(s) représentant(s) autorisé(s) en vertu des règlements de la compagnie.

Ce _____ *jour d* _____ 19 _____

_____

TABLEAU 5.13 : Certificat d'action (talon)

TRANSFERT ET PROCURATION

Par les présentes, _____
(CÉDANT)

vend, cède et transporte contre valeur à _____
(CESSIONNAIRE)

_____ résidant au _____

_____   _____
(NOMBRE)

des actions représentées par ce certificat et nomme irrévocablement _____

_____ , procureur pour procéder à l'inscription de ce transfert

dans les livres de la compagnie, ce dernier étant autorisé à se faire remplacer.

Ce _____ jour d _____ 19_____

_____   _____
(TÉMOIN)   (CÉDANT)

(REMARQUE : Seule la personne dont le nom apparaît au recto de ce certificat ou son représentant autorisé peut valablement transférer les actions qui y sont représentées).

VERSEMENTS SUR LES ACTIONS

Montant payé sur les actions   **Solde dû**

$ _____ $ _____

$ _____ $ _____

$ _____ $ _____

SOMMAIRE DES DROITS

Les actions représentées par ce certificat sont assorties des droits, conditions et privilèges suivants:

1- _____

2- _____

3- _____

4- _____

5- _____

6- _____

TABLEAU 5.14 : Exemple de clause reliée à une action privilégiée

Les actions privilégiées Classe «A» auront un droit de préférence sur les actions ordinaires, et elles seront sujettes aux restrictions et préférences suivantes :

a) À compter du 1er janvier 1982, les actions privilégiées Classe «A» comporteront le droit à un dividende fixe, préférentiel et cumulatif de dix pour cent (10 %) par année, payable lorsque le bureau de direction l'autorise.

b) Les actions privilégiées Classe «A», en cas de liquidation ou de distribution du capital de la compagnie, volontaire ou non, seront, quant au capital et quant à tout dividende déclaré mais non payé, remboursables à ...... %.

c) Les actions privilégiées Classe «A» ne participeront pas autrement aux profits ou aux surplus d'actif de la compagnie.

d) Les actions privilégiées Classe «A» ne conféreront pas à leurs détenteurs les droits d'être convoqués aux assemblées d'actionnaires, d'y assister, d'y voter, ni d'être élus directeurs.

e) Les détenteurs d'actions privilégiées Classe «A» auront le droit, à leur choix, en tout temps avant le 31 décembre 1985, d'échanger en partie ou en totalité les actions privilégiées qu'ils détiennent par des actions communes, sur la base d'une action commune par une action privilégiée. Le privilège de conversion peut être exercé au moyen d'un avis écrit, signé par le détenteur enregistré ou par son procureur, donné au secrétaire de la compagnie, accompagné du ou des certificats Classe «A» concernés. Sur réception de l'avis, lequel devra mentionner le nombre des actions privilégiées Classe «A» que le détenteur désire échanger pour des actions communes, le secrétaire de la compagnie émettra sans délai un ou des certificats représentant ces actions communes, et, selon le cas, un nouveau certificat représentant un solde des actions privilégiées Classe «A» qui ne doivent pas être échangées.

f) La compagnie aura le droit, si elle le désire, en tout temps après la date du 1er janvier 1983, sur simple résolution du bureau de direction seulement, de rappeler pour rachat la totalité ou une partie des actions privilégiées Classe «A» émises, au prix de rachat ci-après défini, après un avis de 30 jours adressé par la poste aux détenteurs enregistrés desdites actions privilégiées Classe «A» que la compagnie désire racheter et de telle manière que prescrira ladite résolution ; lesdits détenteurs, toutefois, auront la faculté de renoncer à leur droit audit avis.

Si un avis est donné pour le rachat de la totalité ou d'une partie des actions privilégiées Classe «A» et qu'un montant suffisant pour payer lesdites actions privilégiées Classe «A» ainsi rachetées est déposé au compte de banque de la compagnie ou à tout autre endroit que devra mentionner l'avis, à la date fixée pour le rachat de telles actions, les détenteurs desdites actions ne pourront, après cette date, exercer aucun privilège comme détenteurs de leurs actions ainsi rappelées pour rachat et n'auront aucun autre droit, sauf celui de recevoir le paiement sur rachat de leurs actions, tel que prévu ci-dessus, à même les espèces déposées à cette fin. Aucune desdites actions privilégiées Classe «A» ainsi rachetées par la compagnie ne pourra être émise à nouveau.

Le prix de rachat de chacune des actions privilégiées Classe «A» sera de cent dollars (100 $) par action, avec en plus les dividendes qui auraient pu s'accumuler jusqu'à la date du rachat et une prime de dix dollars (10 $) par action ; le tout sera payable aux date et lieu déterminés par la résolution du bureau de direction.

g) La compagnie pourra en tout temps, sur simple résolution du bureau de direction, racheter sans tenir compte des fractions d'actions la totalité ou une partie des actions privilégiées Classe «A» en circulation par achat sur le marché, ou de gré à gré, au plus bas prix auquel, dans l'opinion des directeurs de la compagnie, ces actions pourront être obtenues ; mais ce prix d'achat ne pourra en aucun cas dépasser le prix d'achat fixé au paragraphe «f».

actionnaire ou le transfert d'actions n'ont aucune influence sur sa durée. Seules les lettres patentes peuvent en déterminer parfois la longévité. La faillite, suivie de l'abandon des lettres patentes, en amènera la dissolution (le sceau doit être détruit). En principe, la dissolution de la compagnie sera soit volontaire ou forcée. Une requête au ministère, une résolution des administrateurs, l'omission de déposer le rapport annuel, un abus de pouvoir par suite de fraude sont autant de causes pouvant entraîner la dissolution de la compagnie.

5.3.2 La coopérative

À première vue, la coopérative, présente dans 80 pays du monde, ne semble guère différente d'un autre type d'entreprise: un magasin coopératif de produits alimentaires ressemble à n'importe quel autre marché d'aliments. Ce qui différencie la coopérative, c'est son objectif.

La coopérative est une organisation créée et maintenue par ses membres afin de leur procurer, dans les conditions les plus avantageuses possibles, certains biens ou services dont ils ont besoin. Elle prend la forme d'un établissement qui se distingue de l'entreprise à but lucratif parce qu'il est possédé et dirigé par ses membres usagers (figure 5.1).

La fin première de l'institution coopérative est d'augmenter la situation économique de ses membres. De plus, la coopérative doit permettre l'éducation de ses membres en éveillant les esprits et les volontés à l'action coopérative. La forme privilégiée d'éducation à la coopérative réside dans la participation même des membres à la vie coopérative et dans leur solidarité. Les assemblées générales sont des moyens d'éducation, les seuls d'ailleurs qui soient accessibles à certains membres.

Il y a différentes sortes de coopératives: les coopératives de crédit comme les caisses populaires qui font partie du mouvement Desjardins, les coopératives de consommation, les coopératives de production comme les coopératives agricoles, les coopératives de mise en marché comme une coopérative de pomiculteurs où chaque membre apporte sa production à la coopérative qui voit à l'écouler sur le marché.

Les coopératives doivent se moderniser et être à l'avant-garde de la technologie pour faire face à la compétition des grandes entreprises, surtout dans un contexte de libre-échange avec les États-Unis. Plusieurs coopératives sont une force au Québec: pensons au mouvement Desjardins (caisses populaires) qui regroupe des actifs d'environ 22,6 milliards de dollars et plus de 2 500 000 membres.

L'année 1989 fut fertile pour le mouvement coopératif avec le regroupement de plusieurs coopératives financières. Sous le nom des Coo-

---

FIGURE 5.1 : Le but d'une coopérative

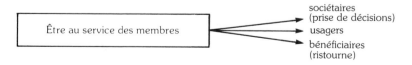

1. Un membre dans une coopérative peut être à la fois sociétaire, usager et bénéficiaire, grâce à sa part sociale.
2. L'usager qi ne possède pas de part sociale reste un simple client.
3. Le sociétaire bénéficiaire reçoit des ristournes en fonction de l'usage et de son capital investi.

pérants, cette nouvelle entreprise représente une grande force avec des actifs de trois milliards de dollars.

A – Les formalités

Les associations coopératives du Québec sont régies par la Loi sur les coopératives (1982, ch. 26). Cette loi définit le cadre coopératif de fonctionnement, mais laisse aux membres, réunis en assemblée générale, la tâche d'établir un règlement adapté aux besoins particuliers de leur coopérative. Ainsi, ce document précise l'ensemble du règlement que les membres de la coopérative peuvent adopter, modifier, remodifier, mais toujours à l'intérieur du cadre de la loi.

Pour former une coopérative au Québec, il faut une déclaration d'association signée par au moins 12 personnes, en double exemplaire et devant témoin. Le nom de la coopérative doit obligatoirement contenir «coopératif», «coopération» ou «coop». Notons qu'une coopérative peut continuer sous la forme d'une compagnie et inversement.

Le tableau 5.15 représente une déclaration d'association coopérative. Cette déclaration contient les principaux points qui doivent être fournis lors de la formation d'une coopérative. Le formulaire est signé sur deux copies. Les démarches pour obtenir les lettres patentes d'une coopérative sont sensiblement les mêmes que pour la compagnie. De plus, les règlements de la coopérative sont aussi semblables à ceux de la compagnie, sauf en ce qui concerne les caractéristiques fondamentales de celle-ci.

Le tableau 5.16 permet de bien cerner le processus concernant les démarches de création d'une coopérative.

B – Les caractéristiques

Financement

Comme toute entreprise, la coopérative doit disposer de moyens financiers. Les apports financiers prennent trois formes :

a) la souscription en parts sociales,
b) les emprunts à des créanciers,
c) le réinvestissement des bénéfices (réserve générale).

La part sociale est simplement la contribution de chaque coopérateur, qui lui accorde le droit de participer à la gestion de la coopérative. En ce qui concerne les emprunts, ceux-ci sont habituellement remboursables à court terme. Les réserves de la coopérative ne sont en réalité que des excédents non répartis. Aussi constituent-elles une excellente forme de financement. Le nantissement commercial est un moyen de financement maintenant permis à la coopérative.

Gestion et responsabilité

Les affaires de la coopérative sont administrées par des personnes élues ou nommées selon la procédure adoptée par les membres devant lesquels elles sont responsables. En principe, cette procédure fait que tout membre peut être élu ou nommé. L'assemblée générale de la coopérative est l'organisme souverain. Elle a comme autorité :

a) *D'élire et de révoquer les membres du conseil d'administration*, qui ne sont pas rémunérés. Le pouvoir du conseil s'étend à tous les actes nécessaires à la réalisation du but de la coopérative. Le conseil peut se subdiviser en comités (art. 66) comme les comités de promotion ou d'éducation. Un comité exécutif facultatif ne pourra cependant prendre forme que s'il y a au moins huit administrateurs (art. 63, 64, 65). Le conseil d'administration est composé d'au moins 5 membres et d'au plus 15 membres. Le conseil exécutif est composé de cinq membres ou plus. La souveraineté reconnue de l'assemblée générale en matière d'élection des membres du conseil d'administration et l'égalité dans le droit de vote expriment bien la démocratie de la coopérative. Chaque membre ne dispose, à l'assemblée générale, que d'un vote, quel que soit le montant de sa contribution

TABLEAU 5.15 : Déclaration d'association (coopérative)

Gouvernement du Québec
Ministère des Consommateurs,
Coopératives et Institutions financières
Direction des associations coopératives

DÉCLARATION D'ASSOCIATION
LOI SUR LES ASSOCIATIONS COOPÉRATIVES
(Formule 1 – article 6)

Les soussignés déclarent qu'ils désirent former une association coopérative

_____
(insérer ici, le cas échéant, les mots - DE PÊCHEURS - - DE CONSOMMATION - - D'HABITATION - ou - FINS SOCIALES -)

à responsabilité limitée, sous le nom de

_____

avec siège social à _____

dans le district électoral de _____

et qu'ils s'engagent, pour en devenir membres, à souscrire le nombre de parts sociales respectivement indiqué en regard de leurs noms et à signer, si la loi ou le règlement de l'association les y oblige, un contrat de membre.

L'association est formée pour les fins suivantes:

(Suite page suivante)

APPROBATION

SCEAU

E-4

Sous-ministre des Consommateurs,
Coopératives et Institutions financières

(verso)

M _____
(nom)   (prénoms)   (occupation)

_____
(résidence)   (téléphone)

est désigné comme secrétaire provisoire de l'association pour remettre au ministre des Consommateurs, Coopératives et Institutions financières, la présente déclaration et convoquer l'assemblée d'organisation par _____

_____
(indiquer le mode de convocation)

dans les soixante jours de la publication de l'avis d'approbation dans la Gazette officielle du Québec.

Daté à _____ ce _____ 19 _____

(En lettres moulées ou de préférence à la machine à écrire.)	SIGNATURE	Nombre de parts sociales de $...
NOM		
PRÉNOMS		
RÉSIDENCE	FONDATEUR	
OCCUPATION	TÉMOIN............	
NOM		
PRÉNOMS		
RÉSIDENCE	FONDATEUR	
OCCUPATION	TÉMOIN............	
NOM		
PRÉNOMS		
RÉSIDENCE	FONDATEUR	
OCCUPATION	TÉMOIN............	
NOM		
PRÉNOMS		
RÉSIDENCE	FONDATEUR	
OCCUPATION	TÉMOIN............	

2

TABLEAU 5.16: Les étapes de formation d'une coopérative

1. On conçoit théoriquement le projet et on forme une équipe de promotion: 12 personnes formeront le comité provisoire.

2. On fait une étude de faisabilité: vérification des buts, de la pertinence du projet; on se penche sur divers sujets comme l'aspect économique: le coût de l'investissement, la concurrence, le marché, etc., l'aspect coopératif et les caractéristiques du milieu: la population, son revenu moyen, etc.

3. Une étude de viabilité fournit les données pour établir un budget de fonctionnement réaliste concernant le siège social de la coop, le marché et le coût de production, la structure de financement et les opérations.

4. On produit une déclaration d'association, en double exemplaire et devant témoins, signée par 12 membres fondateurs, ou 5 dans certains cas. Cette déclaration contient:

   — le nom de l'association projetée;
   — le lieu du siège social;
   — le but de la coop;
   — le montant de la part sociale;
   — le nom, l'occupation, le lieu de résidence des signataires et le nombre de parts souscrites par chacun d'eux;
   — le nom, l'occupation et le lieu de résidence de la personne désignée comme secrétaire provisoire, qui remet la déclaration au ministre et convoque l'assemblée d'organisation[1];
   — le mode de convocation de l'assemblée d'organisation.

5. On forme un comité qui verra au recrutement et à l'éducation des membres.

6. On prépare un projet de régie interne qui précise au moins:

   — le territoire de recrutement,
   — le mode de paiement des parts sociales,
   — les parts privilégiées,
   — le mode de convocation aux assemblées,
   — la procédure d'élection,
   — la composition et les pouvoirs du conseil d'administration des membres.

7. Le secrétaire provisoire convoque l'assemblée officielle de fondation et d'organisation; cette assemblée, tenue dans les 60 jours de l'obtention des lettres patentes, aura comme ordre du jour (article 16):

   — l'élection du président et du secrétaire de l'assemblée,
   — l'acceptation de nouveaux membres,
   — la lecture de la déclaration d'association publiée dans la gazette,
   — l'étude et l'adoption du règlement de régie interne,
   — l'élection du conseil d'administration,
   — la nomination d'un vérificateur,
   — l'affiliation à une fédération, si cela est nécessaire.

8. La coopérative est mise en exploitation.

1. Sur réception de la déclaration et après avis du Conseil de la coopération du Québec, un avis est publié par la gazette officielle. Dès lors, la coop existe au sens du Code civil. Cependant, la coop ne peut *contracter* que suite à l'assemblée d'organisation.

TABLEAU 5.17 : Terminologie comparée – coopérative et compagnie

Coopérative	Compagnie
Sociétaire ou coopérateur (membre)	Actionnaire
Part sociale	Action
Trop-perçu	Profit
Ristourne	Dividende
1 individu = 1 vote	1 action = 1 vote
Déclaration d'association	Requête en incorporation
Usager	Client

---

en parts sociales ; un membre peut avoir plusieurs parts sociales.

b) *D'examiner, d'approuver ou de rejeter le rapport et le bilan annuel qui lui sont fournis.*

c) *De disposer des excédents d'exercice* après un versement de 10 % aux réserves, si cela est requis. Les économies ou le surplus éventuels résultant des opérations d'une coopérative appartiennent à ses membres et doivent être répartis de façon à éviter que l'un d'entre eux y gagne aux dépens des autres. Selon la décision des membres, cette répartition peut se faire en allouant une somme au développement des affaires de la coopérative, une autre somme aux services collectifs ou en procédant à une répartition entre les membres, proportionnellement à leurs transactions avec la coopérative.

d) *De décider de l'admission et de l'exclusion des membres de la coopérative.* L'affiliation à une coopérative devrait être volontaire et à la portée de toutes les personnes qui peuvent utiliser ses services et assumer les responsabilités de membres. Aucune restriction ni aucune discrimination sociale, raciale, politique ou religieuse ne devrait exister.

L'assemblée générale annuelle a lieu dans les quatre mois suivant la fin des opérations d'une année donnée. En ce qui concerne la responsabilité des coopérateurs, elle est dite limitée aux parts sociales qu'ils ont versées ou qu'ils se sont engagés à verser (art. 363).

Durée

La vie de la coopérative prend normalement fin avec l'abandon de la charte, qui sera fait en assemblée générale. Cet abandon survient parfois à la suite de problèmes financiers, sociaux, etc. Le décès d'un coopérateur n'a aucune influence sur la durée de la coopérative. Le surplus de la coopérative ne peut être distribué aux membres. Il sera alloué à une autre association.

5.4 LES AFFILIATIONS D'ENTREPRISES

En plus des formes juridiques que nous venons de voir, il existe des formes de regroupements d'entreprises qui adoptent telle ou telle caractéristique ou formalité d'une ou de plusieurs structures juridiques.

Parmi ces regroupements, on retrouve surtout les structures suivantes : la franchise, la concession, la sous-traitance, l'entreprise en participation (*joint-venture*), le succursalisme et la société de portefeuille (*holding*).

Ces organisations jouent les stratégies de fusion, d'acquisition, de fusion-acquisition, d'expansion de part de marché, etc. Tout dépend de la conception de la gestion des individus en place.

5.4.1 La société de portefeuille (*holding*)

Surnommée «la multiplication des avoirs», la société de portefeuille est une compagnie d'investisseurs dont l'objectif est d'acquérir suffisamment d'actions d'autres compagnies afin d'obtenir un pouvoir décisionnel. Une telle société peut donc influencer les activités des compagnies dont elle est actionnaire, notamment en favorisant les échanges entre elles et en leur assurant des contrats d'approvisionnement stables pour un meilleur rendement. Les sociétés de portefeuille les plus connues au Canada sont Power Corporation et Argus Corporation.

5.4.2 La franchise

Surnommée «l'effet tentaculaire de la distribution», cette formule permet à un individu ayant satisfait aux critères de sélection du franchiseur, d'exploiter une marque ou une formule de vente clé en main moyennant des redevances et le respect de règles imposées par le franchiseur. Cette formule gagnante permet à l'entrepreneur franchisé de pouvoir profiter d'une aide technique et d'une expertise qui a fait ses preuves.

Le contrat entre le franchiseur et le franchisé est extrêmement important. Il établit les droits et les devoirs des deux parties ainsi que les modalités de gestion intérimaire par le franchiseur en cas de fraudes, de mauvaises situations financières ou d'autres problèmes.

L'intérêt de la franchise réside dans l'uniformité de la formule commerciale d'une région à l'autre et d'un pays à l'autre, de telle sorte que le consommateur s'attend à recevoir le même service ou produit peu importe la franchise avec laquelle il fait affaire.

On retrouve les franchises les plus connues dans le domaine de la restauration rapide: McDonald's, Harvey's et Burger King; en restauration «multi-repas», Mike's Submarines commence à prendre une part importante du marché.

5.4.3 La concession

Surnommée «la captivité objective», la concession est une forme de franchise beaucoup moins articulée mais aux exigences indiscutables. Elle se définit comme étant l'autorisation exclusive de vendre certains services ou produits sur un territoire donné. C'est une formule de distribution entre un détaillant et un manufacturier. Le concessionnaire ne peut vendre des produits concurrents. De plus, la concession exige dans bien des cas l'implantation d'un service après-vente assez important. Les concessionnaires d'automobiles sont typiques de ce genre d'entreprises.

5.4.4 La sous-traitance

Surnommée «sous mon aile économique», la sous-traitance se traduit théoriquement par des accords contractuels entre un manufacturier et une entreprise. Celle-ci effectue certaines activités pour le manufacturier, qui jugerait peu rentable de les faire lui-même.

Ainsi, même si une entreprise possède ses propres soudeurs, elle fera effectuer des travaux de soudure par une entreprise spécialisée parce que cela est plus rentable. Il en résulte des contrats à moyen et à long terme pour des catégories de travaux tels la maintenance, l'entretien préventif, etc. Certaines grandes entreprises ont adopté une formule originale de sous-traitance dans le maintien des stocks. Elles transfèrent une certaine quantité de stock à un sous-traitant en lui garantissant un minimum d'achats de ce même stock au cours de l'année. Cela a pour effet de diminuer l'inventaire et de capitaliser dans des actifs plus rentables. Un autre exemple nous est donné par la compagnie

Chrysler, qui s'approvisionne en moteurs japonais pour certains modèles de voitures nord-américaines.

5.4.5 L'entreprise en participation (*joint-venture*)

Surnommée «le mariage nécessaire», l'entreprise en participation se définit comme étant une union d'au moins deux entreprises dont l'expertise est complémentaire, similaire ou totalement différente, dans le but de réaliser des contrats importants qu'elles ne pourraient pas accomplir sans cette association.

L'entreprise en participation commence à se développer parce qu'elle permet à chaque entreprise de garder son autonomie juridique tout en étant responsable de façon limitée dans l'exécution de certains contrats.

5.4.6 Le succursalisme

Surnommé la «ruche qui s'agite», le succursalisme consiste en l'expansion géographique d'une entreprise mère. La succursale a comme objectif de promouvoir la vente de produits que l'entreprise mère possède. Même si elle est une entité définie dans le lieu où elle est située, la succursale n'a pas d'identité juridique propre: elle se confond avec l'entreprise mère.

Il se peut qu'à des fins de rentabilité l'entreprise devienne autonome de l'entreprise mère. Mais des liens contractuels demeurent malgré tout; la fin de l'année financière donnera lieu à la production d'un *bilan consolidé* pour toutes les entreprises affiliées, c'est-à-dire que les avoirs et les dettes de chaque entreprise seront éliminés par la mise en commun des comptes. Les chaînes de magasins Steinberg et Sears illustrent cette forme d'affiliation.

RÉSUMÉ

L'entreprise peut prendre plusieurs formes juridiques: l'entreprise à propriétaire unique, la société en commandite, la société en nom collectif, la compagnie et la coopérative.

La forme la plus simple est celle de l'entreprise à propriétaire unique. La forme la plus complexe est celle de la coopérative étant donné l'exigence du nombre de fondateurs.

Ces formes se distinguent quant à la responsabilité financière et juridique des investisseurs (tableaux 5.18 et 5.19).

L'internationalisation des échanges et l'évolution des entreprises ont favorisé de nouvelles structures: la franchise, le succursalisme, l'entreprise en participation, la concession, la sous-traitance et la société de portefeuille.

TABLEAU 5.18: Différences entre les entreprises – avantages et désavantages

Type d'entreprise Selon l'aspect	Propriétaire unique	Société	Compagnie	Coopérative
Naissance et constitution	Rapides et peu compliquées	Rapides et peu compliquées	Souvent lentes et compliquées	Souvent très lentes et compliquées
Frais juridiques	Peu élevés	Moyennement élevés	Très élevés	Élevés
Possibilité d'avoir des capitaux rapidement pour investir	Difficile	Difficile mais moins par rapport à l'EPU	Facile, car on peut faire appel à d'autres actionnaires	Parfois difficile
Gestion (administration)	Complexe, car elle dépend d'un seul individu Difficulté d'avoir du personnel qualifié Liberté d'action absolue	Parfois complexe, car elle repose sur 2 ou 3 personnes, mais on peut recourir à des compétences complémentaires Mésentente possible	Très complexe, mais on peut faire appel à des spécialistes, à des cadres compétents Obligation de rédiger des rapports	Complexe, difficultés fréquentes de recrutement, de trouver des compétences Le membre a droit de vote
Capital	Limité au propriétaire	Limité aux sociétaires	Limité aux actions	Part sociale limitée
Risque (responsabilité)	Très haut et illimité en ce qui concerne la mise de fonds Propriétaire entièrement responsable	Très haut et illimité pour les sociétaires mais non pour les commanditaires (limité) Responsabilité conjointe et solidaire	Limité à la mise de fonds des actionnaires	Limité aux parts sociales
Durée	Limitée, car elle est reliée à un seul individu Facile à dissoudre Pas de continuité Croissance limitée	Limitée, car elle va être dissoute sur demande ou après un décès Manque de permanence	Illimitée sauf en cas de faillite ou de demande d'abandon des lettres patentes	Illimitée sauf en cas de faillite ou de demande d'abandon des lettres patentes

TABLEAU 5.19 : Loi sur les compagnies

Au Québec		Loi sur les sociétés commerciales canadiennes
PARTIE 1	**PARTIE 1A**	
1. Formation		
Par lettres patentes suivant la requête (à la discrétion du ministre)	Par certificat suivant les statuts	Par certificat suivant les statuts
Trois requérants	Un ou plusieurs fondateurs	Un ou plusieurs fondateurs
Mémoire de convention	Liste des administrateurs et avis de l'adresse du siège social	Liste des administrateurs et avis de l'adresse du siège social
2. Nom		
En français seulement	En français seulement	Plusieurs versions mais, au Québec, seulement en français
Réservation	Réservation Numéro de matricule possible	Pas de réservation Numéro de matricule possible
Noms d'emprunt acceptés	Noms d'emprunt acceptés	Noms d'emprunt acceptés
3. But		
Limité aux objets fixés dans les lettres patentes	Illimité	Illimité
4. Adresse		
Située au Québec	Située au Québec	Située au Canada
5. Capital actions		
Limité quant au nombre d'actions	Illimité quant au nombre, sauf en cas de stipulation contraire	Illimité quant au nombre, sauf en cas de stipulation contraire
Action avec ou sans valeur nominale	Action avec ou sans valeur nominale	Action sans valeur nominale seulement
Émission d'actions obligatoire selon le mémoire de convention	Émission d'actions obligatoire à la 1re assemblée	Pas d'émission d'actions obligatoire
Bénéfice non réparti (BNR), surplus possible	BNR, surplus possible	Pas de BNR
6. Sceau		
Requis selon le cas	Non requis selon la loi	Non requis selon la loi
7. Coûts		
Lettres patentes à partir de 200 $ et variant selon le capital demandé	Certificat de constitution: environ 200 $	Certificat de constitution: environ 200 $
Modifications: 200 $ et plus	Modifications: environ 65 $	Modifications: environ 50 $

TABLEAU 5.19 : Loi sur les compagnies (suite)		
Au Québec		**Loi sur les sociétés commerciales canadiennes**
PARTIE 1	PARTIE 1A	
8. Fusion		
Possible avec une compagnie constituée selon les parties 1 et 1A de la loi du Québec	Possible avec une compagnie constituée selon les parties 1 et 1A de la loi du Québec	Possible avec une compagnie constituée selon la même loi
9. Administrateur		
Minimum de 3 ; le nombre est fixe	Minimum de 1 ; nombre fixe ou variable	Minimum de 1 ; nombre fixe ou variable
Action requise	Action non requise, sauf en cas de stipulation contraire	Action non requise, sauf en cas de stipulation contraire
Destitution possible selon les lettres patentes	Destitution possible	Destitution possible
10. Actionnaires		
Élection des administrateurs, mais pas de contrôle sur l'administration	Élection et destitution des administrateurs, mais pas de contrôle sur l'administration	Élection et destitution avec contrôle possible de l'administration selon la convention
Acceptation ou refus des règlements et modifications de structure	Acceptation ou refus des règlements et modifications de structure	Acceptation, refus ou modifications des règlements et de la structure
Selon la règle de la majorité	Selon la règle de la majorité	Selon la règle de la majorité

Chapitre 6
La structure interne de l'entreprise

OBJECTIFS

1. Connaître les organisations et les structures d'entreprise ainsi que leurs effets.
2. Étudier la démarche de structuration d'une entreprise.
3. Énumérer et définir les éléments conventionnels d'un organigramme.
4. Examiner les types de départementalisation et leur application dans la structuration d'une entreprise.
5. Présenter les types de structures organisationnelles et leurs caractéristiques.
6. Distinguer les modèles que peuvent prendre les entreprises selon leur importance, le nombre de leurs employés, leur produit, le marché, etc.
7. Voir comment la structure d'une entreprise peut être influencée selon que l'autorité est centralisatrice ou décentralisatrice.

PLAN

INTRODUCTION

Dans les chapitres précédents, nous nous sommes interrogés sur la notion de système. Nous avons vu qu'un système, une organisation, est influencé par les différentes variables de son environnement.

Parmi ces variables, il y a les ressources de l'entreprise: les ressources humaines, matérielles et les capitaux organisés et gérés de manière à produire des résultats: produits ou services (figure 6.1).

moyenne ou grande; choisir s'il doit centraliser ou décentraliser son autorité. Ce sont là les sujets que l'on traitera dans ce chapitre.

6.1 ORGANISATIONS ET STRUCTURES: GÉNÉRALITÉS

La réalisation des objectifs sera assurée par l'utilisation des ressources selon des critères d'économie, de rendement et d'efficacité. Mais avant tout, il faut que l'administrateur structure l'organi-

FIGURE 6.1: Processus d'interaction et de complémentarité

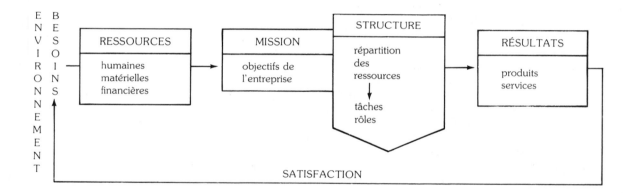

La première responsabilité du gestionnaire est de s'assurer que les ressources de l'organisation sont bien utilisées. La satisfaction du consommateur et la réussite socio-économique de l'entreprise grâce à un produit ou un service efficaces sont les conditions essentielles à la bonne marche de l'organisation. C'est ce qui oriente l'administration dans le choix des moyens à prendre pour parvenir au succès. Parmi ces moyens, l'administrateur doit choisir, entre autres, quel type de structure organisationnelle il va choisir pour gérer son entreprise; quelle dimension son organisation aura: petite,

sation, c'est-à-dire qu'il définisse le cadre de travail, les rôles, les tâches qui permettront un travail efficace (figure 6.1).

Cette structure se développe à mesure que le système devient complexe. Afin qu'il fonctionne toujours efficacement, la structure prend différents aspects, mais le plus grand problème est l'adaptabilité de celle-ci à cause de la rapidité des changements dans la technique, dans la pensée sociale, etc. Un point d'équilibre est à peine atteint qu'il est déjà remis en question, comme le montre le problème de la réorganisation.

Certains auteurs définissent la structure d'une organisation comme la voie normale de la communication. C'est elle qui permet à l'information de circuler vers le haut et vers le bas, déterminant qui fait quoi, qui doit prendre des initiatives, etc., de façon à ce que toutes les activités concourent à la réalisation de l'objectif global. Elle représente l'ensemble des interrelations existant à l'intérieur de l'entreprise.

6.1.1 L'organisation formelle

L'organisation formelle est caractérisée par la planification : les rôles, les tâches et les relations entre les éléments de l'organisation sont précisés par des règlements, des procédures et des descriptions de tâches déterminés. Cette organisation sera en pratique représentée sous la forme d'un organigramme ; elle est rigide, arrêtée.

L'organisation formelle donne peu ou pas d'information sur :

- la formation des groupes qui émergent spontanément à l'intérieur de l'entreprise ; des gens qui s'associent par intérêt, par affinité ou par besoin ;
- l'importance relative des postes les uns par rapport aux autres de la façon dont ceux qui les occupent le perçoivent ;
- le style de direction des responsables : autoritaire, démocratique, etc. ;
- le degré de décentralisation qui amène plus ou moins de latitude dans la prise de décision ;
- les relations existant entre les responsables dans la hiérarchie et les conseillers.

6.1.2 L'organisation informelle

Aucune organisation ne peut fonctionner uniquement d'après les relations formelles précisées par les règlements, procédures, descriptions de tâches, etc. Ce serait oublier qu'une organisation est composée d'êtres humains qui ont naturelle-ment tendance à modifier certains aspects de leur environnement en fonction de leurs besoins. C'est le principe de l'organisation informelle, qui tient compte de l'interaction des rapports humains ; elle tient compte des situations particulières et est aussi changeante et dynamique.

Les premiers écrits en administration traitent peu de l'organisation informelle ou la voient souvent comme un élément nuisible, mais cette attitude est révolue. En effet, il est maintenant reconnu que c'est l'intégration de ces deux formes d'organisation, formelle et informelle, qui représente la réalité d'une organisation.

Cela nous amène à distinguer deux types de structure : la *structure administrative* et la *structure spontanée* qui généreront chacune un type de comportement. D'une part, l'administration requiert *une chaîne de commandement* et *des canaux de communication* définis, d'où un comportement orienté en fonction du travail à accomplir. D'autre part, on rencontre un comportement spontané qui n'est pas lié à la structure de l'administration.

6.1.3 La structure administrative

On détermine, dans la structure administrative, la répartition des tâches, l'attribution des pouvoirs et des responsabilités, la communication et la coordination des activités au sein de l'organisation. Cette structure correspond à l'aspect logique et rationnel de l'administration. On ne doit pas croire cependant que cette structure est ou devrait demeurer rigide. Au contraire, elle doit être conçue de manière à créer un environnement favorable à la réalisation des objectifs de l'entreprise et à la satisfaction des individus.

Deux principes sont à la base de la structure de l'administration : l'unité d'objectif et l'efficacité.

L'*unité d'objectif*. Il faut entendre par là que l'administration considérée comme un tout se fixe un objectif et que chaque individu, chaque service, chaque moyen d'action, bref, chaque élément de la structure contribue à la réalisation de cet objectif.

L'*efficacité*. On peut définir l'efficacité comme le fait d'atteindre les objectifs avec le minimum de «conséquences néfastes», ce dernier terme étant pris globalement et signifiant non seulement des coûts trop élevés, mais également tout effet négatif pouvant se produire sur l'organisation et sur ses ressources humaines.

6.1.4 La structure spontanée

Alors que la structure administrative est rationnelle et généralement planifiée avant la considération d'aspects humains, la structure spontanée de l'organisation est un phénomène qui surgit de lui-même.

Définissons la structure spontanée de l'organisation comme le réseau de relations sociales non définies ou préétablies par la structure de l'organisation. Ces relations naissent d'affinités personnelles, d'intérêts sociaux communs, de valeurs et d'attitudes propres à un certain nombre d'individus.

6.1.5 Les étapes de structuration

La structuration d'une entreprise n'est pas facile à réaliser. L'entreprise n'est pas fixe comme un immeuble, elle est dynamique. Il faut agencer ressources humaines, tâches et activités dans une démarche logique et cohérente au moyen de règles de fonctionnement, afin d'atteindre les objectifs de l'organisation. Voilà le défi d'une structure (figure 6.2). Cet agencement peut se réaliser selon les étapes suivantes:

a) Précision des objectifs auprès de tous les individus concernés;
b) Identification des activités nécessaires à la réalisation des objectifs;
c) Regroupement des activités en unités et dans un ordre pratique;

d) Assignation à chaque service des responsabilités et de l'autorité nécessaires à son bon fonctionnement;
e) Description des tâches de chaque poste à l'intérieur de chaque service.

6.1.6 L'organigramme: définition, avantages et inconvénients

L'organigramme a pour but de permettre à chaque membre de se situer dans l'organisation. Un bon organigramme devrait comprendre:

a) Les fonctions exercées, les subdivisions en services et en postes de travail;
b) L'importance des différentes unités de travail;
c) L'autorité attribuée à chaque poste;
d) Le schéma hiérarchique et les liens de subordination des différents collaborateurs;
e) La place de chacun des collaborateurs et leurs responsabilités;
f) La permanence du commandement;
g) Les perspectives d'avancement.

Pour qu'elles soient connues et comprises de tous les membres de l'organisation, les tâches, les fonctions et leurs relations ainsi que les niveaux hiérarchiques de la structure sont représentés graphiquement par l'organigramme. Cet organigramme est construit rationnellement et il donne le schéma logique de la structure de l'entreprise. Précisant la place et le rôle de chacun, l'organigramme permet à chaque individu de savoir ce qu'il a à faire, à qui il doit s'adresser, comment il doit transmettre les informations et les ordres. Il fixe les canaux de communication que l'information doit emprunter au sein de l'organisation (figure 6.3).

L'organigramme varie d'une entreprise à l'autre, et cela montre combien les modes de fonctionnement d'une entreprise peuvent être différents selon le type de structure choisi. Il a l'avantage de rendre cela parfaitement clair et compréhensible à tous les membres de l'organisation, dans le but d'atteindre les objectifs de l'entreprise par les efforts de chaque groupe.

Cet avantage mis à part, l'organigramme comporte de sérieux inconvénients. Il a en effet tendance à rendre rigide la structure de l'organisation qui devient très vite désuète. C'est particulièrement vrai pour les prochaines années, car l'évolution, les changements environnementaux, technologiques et humains sont de plus en plus rapides. Il est donc absolument indispensable que la structure de l'organisation conserve une très grande souplesse et soit adaptable en permanence. Or, un organigramme trop précis peut paralyser.

D'autre part un organigramme, même construit très rationnellement en vue de la plus grande efficacité théorique, peut être relativement inefficace si la structure formelle qu'il illustre est trop éloignée de la structure informelle de l'entreprise. Cette dernière structure, qui est en fait la structure réelle, présente souvent de nombreux avantages qui restent généralement ignorés, à tort, des responsables de la structure de l'organisation. Évidemment, fonctionner d'après un organigramme assez souple pour s'adapter aux changements est assez peu sécurisant pour certains cadres qui ont avantage à conserver des structures de relations rigides. L'idéal serait donc que l'organigramme soit dynamique et devienne non pas la photographie mais le

FIGURE 6.2: La structuration: démarche d'organisation

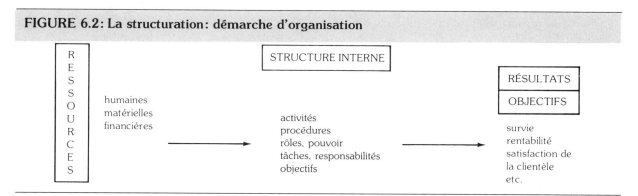

FIGURE 6.3: L'organigramme: un schéma de l'entreprise

Reflet du genre de départementalisation et de l'agencement des ressources humaines au sein d'un organisme, il indique les relations d'autorité, les principales activités et les niveaux hiérarchiques.

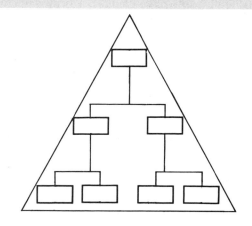

film inachevé, qui pourra évoluer, de la structure spontanée de l'entreprise.

6.2 PRINCIPES D'ORGANISATION

L'expérience acquise depuis près d'un siècle a permis de dégager des règles à suivre, des principes et des éléments importants à respecter lors de la structuration d'une organisation. Ainsi, nous retrouvons :

— *L'unité de l'autorité*. Un individu recevra des directives d'un seul supérieur.

— *L'unité de la responsabilité*. Une activité relèvera de la responsabilité d'un seul individu ou groupe d'individus.

— *La répartition logique des subordonnés*. Le nombre de personnes sous l'autorité d'un supérieur dépendra de la diversité des activités à coordonner.

— *Le degré judicieux de centralisation*. Les décisions devront être prises dans les délais les plus courts, et il faudra tenir compte des capacités de chaque subordonné et de la taille de l'organisation.

— *L'enchaînement hiérarchique*. L'arrangement hiérarchique formera une chaîne entre le plus haut et le plus bas palier de l'organisation.

— *L'équilibre entre l'autorité et les responsabilités*. Le responsable d'une tâche aura plein pouvoir pour réaliser son travail et répondra de ses performances.

— *La clarté des communications*. La définition précise de chaque poste facilitera la transmission des informations nécessaires à la coordination de l'ensemble.

— *La définition d'objectifs*. L'entreprise ainsi que chaque unité ont une mission précise.

6.2.1 La hiérarchisation des objectifs

Tout organisme et chacune de ses parties doivent être l'expression d'objectifs bien définis. Les objectifs guident les efforts généraux de l'organisme et les efforts particuliers de ses parties. Au niveau supérieur, les objectifs sont d'ordre général ; aux niveaux inférieurs, ils sont particuliers.

En matière d'efficacité, de revenu, de marché, les objectifs sont subdivisés en objectifs de services, de groupes d'employés et d'employés. Chaque personne doit comprendre en quoi sa tâche, son objectif et ses activités contribuent à l'atteinte des objectifs de l'organisation. Cette hiérarchisation des objectifs (figure 6.4) s'étend des objectifs de l'ensemble de l'organisation aux objectifs particuliers de chacun des employés.

Retenons dans la détermination des objectifs particuliers ou globaux que seules les activités réellement essentielles doivent être considérées. Une activité particulière ne doit être entreprise que si elle contribue, d'une façon définitive et positive, à une plus grande satisfaction du client, au mieux-être de l'employé ou à tout autre objectif de l'organisation.

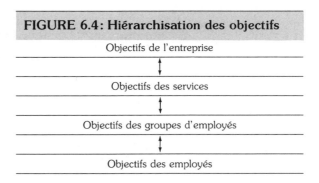

FIGURE 6.4 : Hiérarchisation des objectifs

Objectifs de l'entreprise

↕

Objectifs des services

↕

Objectifs des groupes d'employés

↕

Objectifs des employés

6.2.2 La répartition des tâches : pas d'empiétement

Chaque membre d'une organisation doit être chargé d'une *fonction unique*. Les objectifs doivent déterminer les fonctions et les tâches à accomplir. Les fonctions à leur tour déterminent les ressources humaines et matérielles requises. Retenons, et ceci est essentiel, que l'effort total qu'un groupe doit fournir pour réaliser un objectif doit être réparti de telle sorte que les activités exercées par chaque membre du groupe n'empiètent pas sur celles des autres membres.

6.2.3 Le principe de l'autorité

L'autorité peut se définir comme le degré de liberté qui est accordé au supérieur de prendre des décisions, de passer à l'action, de diriger. En conséquence, l'autorité doit être définie et bien connue de tous. Le principe de l'autorité a comme corollaire le principe de l'unité de commandement. Chaque personne doit répondre de son travail à quelqu'un et seulement à cette personne.

6.2.4 Le principe de la délégation de l'autorité et de la responsabilité

Pour que les personnes puissent accomplir leur travail sans avoir à obtenir une approbation expresse pour chacun de leurs actes, l'autorité d'agir doit être déléguée. La responsabilité et l'autorité doivent se correspondre. On ne saurait rendre quelqu'un responsable d'une action ou d'un objectif, s'il ne lui est pas déléguée en même temps l'autorité nécessaire à la réalisation de cet objectif.

6.2.5 Le principe de la responsabilité

Même si le subalterne est tenu de remplir les fonctions qui lui sont assignées, le supérieur n'est pas relevé de sa responsabilité pour le travail qu'il a confié à quelqu'un. Le principe de la responsabilité est le suivant: la responsabilité du supérieur, pour les actes du subalterne, reste *totale*. En conséquence, il peut y avoir délégation d'autorité de

la part du supérieur, mais jamais délégation de responsabilité.

6.2.6 Le nombre de subordonnés: principes de croissance

Le nombre de subalternes qu'un supérieur peut diriger efficacement dépend du degré de coordination requis, de l'habileté du supérieur et des subalternes.

Henri Fayol, dans **Administration industrielle et générale**, estime que le nombre raisonnable de subordonnés relevant directement d'un supérieur ne doit pas dépasser six. Octave Gélinier, dans **Fonctions et tâches de la direction générale**, mentionne le travail du Français V.-A. Graicunas qui, analysant les relations dans une organisation, démontre qu'elles croissent en progression géométrique quand le nombre de subordonnés augmente. Il révèle que les relations sont de trois types:

a) *directes et individuelles*: entre le supérieur et chacun de ses subordonnés;
b) *directes et de groupes*: entre le supérieur et les différents groupes que forment ses subordonnés;
c) *croisées*: entre un subordonné et un autre subordonné.

Graicunas a établi la formule mathématique suivante pour calculer le nombre de toutes les relations possibles:

$$R = n \left(\frac{2^n}{2} + n - 1 \right)$$

R représente le nombre total de relations possibles et n le nombre de subordonnés relevant directement d'un même supérieur. Par exemple, si $n = 3$, $R = 18$:

$$3 \left(\frac{2^3}{2} + 3 - 1 \right) = 3 (4 + 3 - 1) = 18$$

Une telle formule permet d'obtenir les résultats exposés au tableau 6.1.

Cette formule montre que lorsqu'un supérieur s'adjoint, par exemple, un cinquième subordonné, il augmente la capacité de travail de son service de 25 %, mais le nombre de relations possibles s'accroît de 127 % (passant de 44 à 100). Cette formule ne tient malheureusement pas compte de la fréquence et de l'importance des relations (Graicunas était conscient de cette lacune), mais elle nous donne une idée de la complexité des relations organisationnelles.

TABLEAU 6.1: Nombre de relations possibles par nombre de subordonnés (formule Graicunas)	
Nombre de subordonnés	Nombre de relations possibles
1	1
2	6
3	18
4	44
5	100
6	222
7	490
8	1080
9	2376
10	5210

6.3 LA STRUCTURATION PAR DÉPARTEMENTALISATION

La diversification et la croissance des organisations actuelles obligent à une départementalisation, c'est-à-dire à une division en services qui peuvent être à leur tour divisés. Cette départementalisation a pour but:

a) de spécialiser les activités,
b) de simplifier la tâche des dirigeants,
c) de maintenir la maîtrise des activités.

La nécessité de départementaliser est fonction du nombre de subordonnés, car un seul individu ne peut diriger un trop grand nombre de subordonnés. Bien entendu, le nombre de subordonnés doit dépendre du type de travail, de la compétence du chef et de ses subordonnés, de la forme et de la qualité de la gestion de l'organisation.

6.3.1 La fonction et le service

Les expressions fonction et service, qui recouvrent deux aspects distincts de la réalité d'une organisation, sont couramment utilisées.

L'expression *fonction*, dans son sens restreint, comprend l'ensemble des actions de même nature normalement assumées par un supérieur en matière d'utilisation efficace des ressources au travail. Ainsi, la fonction finances ou la fonction personnel. La fonction se retrouve dans tous les secteurs d'une entreprise. Par exemple, la fonction personnel est présente partout dans l'entreprise dès que la notion de ressources humaines est présente.

Par contre, l'expression *service* est l'entité administrative qui fournit le support ou l'aide technique et humaine aux supérieurs hiérarchiques en matière de gestion selon la fonction en présence. On retrouve donc, dans une entreprise, le Service du personnel et le Service financier.

6.3.2 Les comités

Il nous faut dire aussi un mot du comité, qui est une entité dont il faut tenir compte lors de la départementalisation.

Les comités, permanents ou temporaires, sont mandatés pour examiner certaines questions, pour discuter de situations précises et pour faire le point sur certaines activités. Ils apportent aux cadres des avis et des conseils pour améliorer la communication, la coordination et la coopération dans l'organisation. Il y a les comités:

- *généraux*: travaillant à l'élaboration des objectifs,
- *administratifs*: axés sur l'application des politiques,
- *d'experts*: affectés à un problème particulier.

La valeur d'un comité repose premièrement sur la clarté de son mandat, deuxièmement sur l'hégémonie de son président et troisièmement sur l'efficacité de groupe des participants.

L'un des principaux avantages du comité est d'utiliser le concours de spécialistes. On peut ainsi concevoir des comités permanents adjoints à une personne ou à un service, voire à l'ensemble de l'organisation, ou des comités temporaires d'experts travaillant sur un projet précis pendant quelques semaines ou quelques mois. Les comités sont également un moyen de susciter la participation.

Leur principal inconvénient est le risque d'inefficacité, qui peut avoir plusieurs causes. Il faut d'abord éviter de multiplier les comités. Sous prétexte d'instaurer des structures favorisant la participation, certains directeurs veulent inciter les gens à faire partie de comités. On rencontre ainsi des individus qui passent trois jours sur cinq en réunion. Comment s'étonner qu'ils deviennent inefficaces dans leur travail?

Une deuxième cause d'inefficacité est la tendance à former des comités comptant trop de membres ou de composition trop diversifiée. Un comité doit rester un groupe relativement restreint et homogène et doit se concentrer sur un sujet ou sur un groupe de sujets précis.

Une troisième cause d'inefficacité peut provenir des membres eux-mêmes. Par définition, les membres d'un comité sont des experts, des spécialistes. Il faut donc les choisir avec précaution.

6.3.3 Les types de départementalisation

Il existe diverses façons de regrouper des activités homogènes au sein d'une même unité organisationnelle. On peut distinguer les méthodes de départementalisation (figure 6.5):

- par fonctions,
- par produits ou services,
- par secteurs géographiques,
- par types de clients,
- par procédés ou types d'équipements,
- par groupes de travail (projets).

A – La départementalisation par fonctions

Le regroupement des activités selon les grandes fonctions de l'entreprise est très largement accepté et pratiqué (figure 6.5).

Par exemple, une entreprise manufacturière pourra avoir comme fonctions l'approvisionnement, la production, les ventes, les finances, la comptabilité et l'administration; une entreprise commerciale aura les achats, les ventes, les services administratifs et financiers; une entreprise de transports, l'exploitation, le service de livraison et les services administratifs; un service public aura la planification, la comptabilité, le personnel et les directions techniques.

Le principal avantage de la départementalisation par fonctions est de permettre une division par spécialité entraînant l'utilisation efficace de la main-d'œuvre. Cet avantage est cependant diminué dès que l'entreprise dépasse une certaine dimension ou lorsqu'elle n'est plus située en un seul lieu.

B – La départementalisation par produits ou services

Ce type de départementalisation est aussi couramment pratiqué, les sociétés fabriquant sou-

FIGURE 6.5: Types de départementalisation

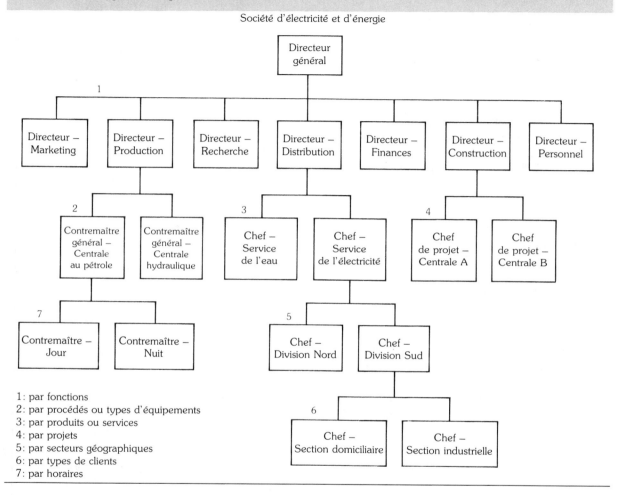

Société d'électricité et d'énergie

1 : par fonctions
2 : par procédés ou types d'équipements
3 : par produits ou services
4 : par projets
5 : par secteurs géographiques
6 : par types de clients
7 : par horaires

vent plusieurs types de produits et ayant plusieurs catégories de services.

Les avantages d'une telle départementalisation sont évidemment nombreux; la division d'après un produit ou une catégorie de produits, un service ou un ensemble de services, permet une grande cohérence dans l'utilisation des ressources, des connaissances spécialisées et des compétences particulières de certaines personnes.

C – La départementalisation géographique

Cette forme de départementalisation est particulièrement utile lorsque les activités sont dispersées géographiquement. Elle permet d'intervenir dans la production ou dans la distribution et de bénéficier des avantages liés à la concentration de plusieurs opérations dans un même lieu. Lorsque les activités de production d'une entreprise sont réparties sur un vaste territoire, il est très appréciable de donner une relative autonomie à chaque unité de production. Évidemment, cela ne peut concerner que des entreprises déjà importantes.

Le cas des administrations publiques est différent: la départementalisation géographique y est indispensable, car les services qu'elles dispensent n'ont comme raison d'exister que les citoyens qui les reçoivent – d'où la nécessité de permettre aux citoyens de se prévaloir de ces services à une distance raisonnable de leur lieu d'habitation.

En résumé, les trois principaux avantages de la départementalisation géographique sont:

a) la réunion et l'exploitation rationnelle des conditions locales,
b) la réduction de certains coûts,
c) la décentralisation de certaines décisions.

D – La départementalisation par types de clients

Le client est l'élément premier auquel toute organisation doit donner satisfaction, sans quoi son existence se trouve très rapidement menacée. Aussi, il est normal d'imaginer que, pour donner un meilleur service à certaines catégories de clients, on procède à une départementalisation par types de clientèle. On la rencontre surtout dans les entreprises de service. Prenons comme exemple une banque où on pourra trouver le service des prêts personnels et le service des prêts aux entreprises. Autre exemple: le service de la vente en gros dans un grand magasin.

Si une telle départementalisation permet de satisfaire plus facilement les clients, elle a cependant des inconvénients importants. Elle donne naissance à une structure relativement rigide et à une diminution des communications entre les différents services, car ceux-ci n'ont que très peu d'activités ou d'intérêts communs.

E – La départementalisation par procédés ou types d'équipements

Le groupement des activités d'une entreprise par procédés ou par types d'équipements est le plus souvent employé par les établissements manufacturiers.

Trois modèles fondamentaux sont à retenir:

1 – *Le modèle en série.* Les opérations de production se succèdent le long d'une chaîne d'assemblage. Un employé est affecté à chaque opération. Le travail est hautement spécialisé. Ce modèle est ordinairement utilisé dans les usines de fabrication de produits de grande consommation.

2 – *Le modèle parallèle.* Plusieurs employés effectuent quelques opérations sur un produit. Par exemple, 4 employés se consacrent à réaliser chacun les opérations 1, 2, 3 et 4 sur un produit. (Dans le modèle en série, l'employé A aurait effectué 4 fois l'opération 1, l'employé B 4 fois l'opération 2, et ainsi de suite.) La monotonie du travail d'un individu est ainsi diminuée.

3 – *Le modèle assemblage à l'unité.* Chaque employé effectue de son côté un ensemble d'opérations. Puis, tout est regroupé afin de permettre l'achèvement du travail.

Selon le modèle employé, on trouvera un service responsable de la chaîne d'assemblage (modèle en série) ou un service pour un certain nombre d'opérations (modèles parallèle ou d'assemblage à l'unité).

F – La départementalisation par groupes de travail (projets) ou structure matricielle

La départementalisation par groupes de travail concerne des groupes à qui sont attribués des tâches ou des projets particuliers. Ces groupes sont donc formés en fonction du projet, avec des individus possédant les connaissances et l'habileté nécessaires pour le mener à bien. Quand la tâche ou le projet est réalisé, le groupe est dissous et chaque membre peut être réaffecté à un groupe travaillant sur un autre projet.

Cette départementalisation que l'on appelle parfois *organisation par projet* a l'énorme avantage d'être souple, de permettre l'utilisation de toutes les forces de l'entreprise là où elles seront le plus efficaces. Les objectifs peuvent être clairement identifiés et la responsabilité de l'accomplissement de la tâche reste le fait du groupe tout entier, même s'il a un chef à sa tête.

La structure par projets est souvent appelée *structure matricielle*. Cette structure est un peu moins autonome que la structure par projet en ce sens qu'elle est soumise à l'autorité et au contrôle de gestionnaires au sommet de la hiérarchie. Cependant, ces derniers ne dirigent généralement pas le projet (figure 6.6). Cette forme temporaire répond à un besoin pour une période donnée (trois mois, un an, deux ans, etc.) et rassemble pour cette période le personnel requis pour l'exécution d'un projet précis. Cette structure est employée dans le domaine de l'aéronautique depuis les années 50. Des entreprises comme Shell Oil et General Electric l'ont aujourd'hui adoptée.

La structure matricielle par projets ou par groupes de travail profite des avantages de la hiérarchie de l'entreprise pour que soit garantie la qualité des compétences et des ressources provenant des différents services concernés. Néanmoins, il est nécessaire d'en bien préciser les limites.

Avantages

- Un responsable pour chaque dossier;
- Des spécialistes appropriés à chaque cas;
- Une disponibilité de compétences pour chaque projet;
- Une garantie de la qualité des services fournis par un service;

- Une base permanente de rassemblement des ressources: le service.

Inconvénients

- Une possibilité de luttes de pouvoirs entre le responsable du projet et le(s) responsable(s) de service(s);
- Des pertes de temps et des baisses de moral souvent entraînées par les compromis nécessaires au consensus dans les décisions de groupe;
- Une possibilité que plusieurs dossiers soient assignés à chaque personne, d'où la difficulté de savoir lequel est le plus important.

6.4 TYPES DE STRUCTURES

Pour qu'une entreprise réalise ses objectifs, on donne des pouvoirs à ceux qui y travaillent, on clarifie les liens et les relations entre les éléments de l'organisation et les ressources sont regroupées et les tâches, bien réparties.

Des formes, des modèles variés de structure ont été conçus, permettant de définir le cadre du processus de gestion. Examinons de plus près ces modèles où les principes propres à répartir les pouvoirs et l'autorité dans la structure de l'organisation sont définis.

6.4.1 La structure hiérarchique ou verticale

Dans ce type de structure, que l'on retrouve surtout dans les nouvelles entreprises, un employé ne reçoit des instructions que d'un seul supérieur; c'est le principe de l'unité de commandement. L'autorité descend verticalement, allant de la haute direction jusqu'à l'ouvrier, en passant par tous les niveaux; c'est le principe de la délégation d'autorité (figure 6.7).

FIGURE 6.6: Structure par projets (matricielle)

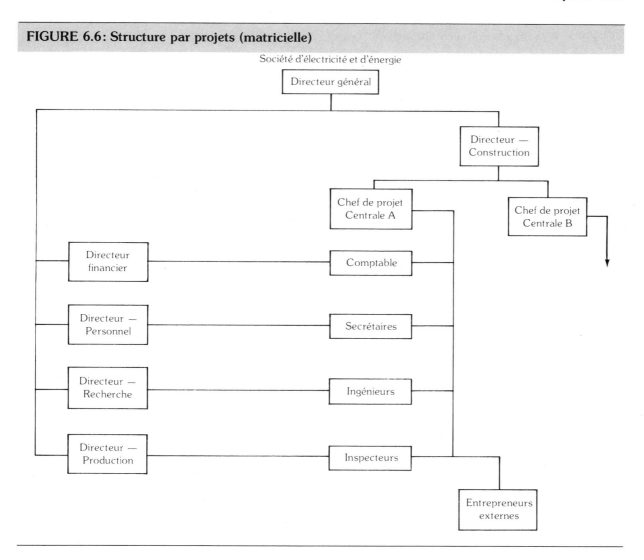

L'identification rapide des responsabilités et de l'autorité constitue le plus grand avantage de cette structure.

Elle respecte le principe de la responsabilité absolue considérant que seule l'autorité peut être déléguée et non la responsabilité. Chaque individu est responsable de sa tâche.

Les principales caractéristiques de cette structure sont:

a) la transmission de l'autorité en ligne directe, du haut vers le bas;
b) l'unité de commandement;
c) la définition claire des tâches de chacun;
d) la nécessité d'une compétence des chefs de service dans plusieurs domaines;
e) une prédilection pour un style de gestion fondé sur l'autorité hiérarchique;

FIGURE 6.7: Structure hiérarchique

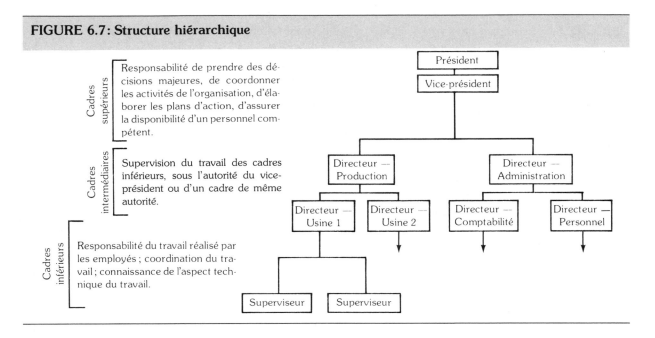

f)   une attention portée aux divers subordonnés.

Cette structure présente certains inconvénients tels que l'absence de personnel spécialisé dans des domaines particuliers, absence qui peut priver l'entreprise de nombreux services, surtout dans les conditions technologiques actuelles. De plus, les communications par la voie hiérarchique deviennent très lourdes lorsque l'entreprise croît. Enfin, le gestionnaire est centré sur sa tâche et peut manquer d'une vue d'ensemble de l'organisation.

6.4.2   La structure fonctionnelle ou horizontale (hiérarchie de conseil)

Afin de permettre une meilleure coordination des activités de chaque unité administrative, cette structure est fondée sur le rassemblement de spécialistes. Chaque spécialiste donne, dans le domaine relevant de sa compétence, des instructions aux employés.

L'employé doit donc recevoir des ordres d'un grand nombre de spécialistes et leur rendre des comptes. Le principe de cette structure est de répartir les relations avec le personnel en fonction des exigences administratives (figure 6.8).

Elle présente certains avantages:

– les principes de la division des tâches, de l'autorité et de la responsabilité sont respectés;
– chaque individu donne tout son temps à une tâche;
– chaque individu peut s'améliorer dans sa spécialité.

Elle comporte aussi des inconvénients:

– les spécialistes donnent des avis ou des conseils, mais n'en reçoivent pas;
– la direction des activités peut donner lieu à des confusions – chacun blâmant l'autre pour une mauvaise décision;
– une superposition de l'autorité peut occasionner des problèmes de communication;

FIGURE 6.8: Structure fonctionnelle

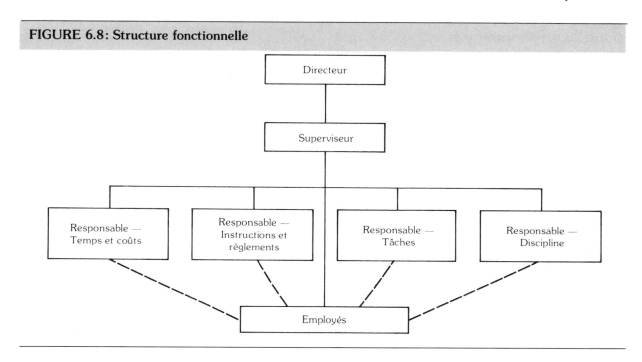

— il devient difficile d'exercer la discipline au sein de l'administration.

Les fonctions de la structure horizontale s'adressent aux services de la structure verticale afin d'atteindre plus efficacement les objectifs de l'entreprise. La relation fonctionnelle est essentiellement une relation d'aide, de *conseil*. L'autorité fonctionnelle est le pouvoir qu'ont certains directeurs ou responsables, dans des domaines précis et limités, sur des individus appartenant à d'autres services que le leur, donc sur des individus sur lesquels ils n'ont pas d'autorité directe concernant la tâche de chacun.

6.4.3 La structure mixte

Un directeur financier dispose de deux adjoints ayant chacun quatre employés. Ce directeur est donc responsable de son service sur le plan de la structure verticale. Mais il a aussi un rôle de conseiller pour l'ensemble de l'organisation, et il s'inscrit donc aussi dans une structure horizontale. On doit alors parler de *structure mixte*.

Cette structure se dégage des inconvénients auxquels aboutissent les deux types de structure que nous venons de définir. Les avantages qu'elle comporte sont supérieurs à ceux des deux autres types. La structure mixte est une structure hiérarchique complétée par des fonctions de conseillers. Les conseillers recommandent des méthodes et des procédés au supérieur qui transmet ses instructions en suivant la structure hiérarchique (figure 6.9).

6.5 MODÈLES DE STRUCTURES ET D'ORGANIGRAMMES

La structure de l'entreprise doit tenir compte de l'étendue géographique du marché (locale,

FIGURE 6.9: Structure mixte

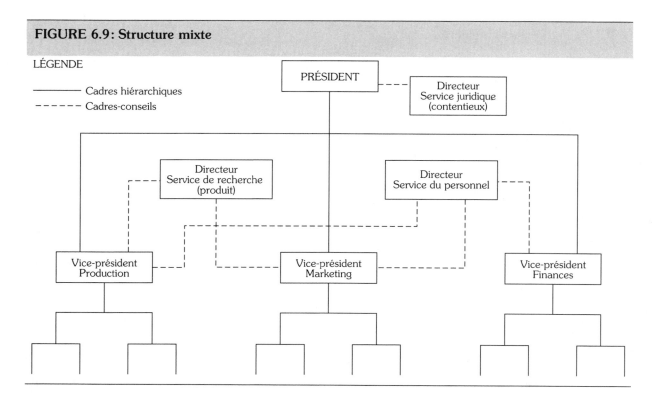

LÉGENDE

———— Cadres hiérarchiques
- - - - - Cadres-conseils

PRÉSIDENT

Directeur
Service juridique
(contentieux)

Directeur
Service de recherche
(produit)

Directeur
Service du personnel

Vice-président
Production

Vice-président
Marketing

Vice-président
Finances

régionale, nationale, internationale), de la diversité des produits, du système de gestion favorisé, des fonctions existant dans l'organisation, etc. L'adoption d'une structure dépend de la taille et de la nature des activités de l'organisation; elle doit donc être adaptée à l'entreprise. La fonction de l'organigramme, comme nous l'avons vu, est de schématiser cette structure en montrant la hiérarchie du personnel de gestion et les responsabilités incombant à chaque membre ou catégorie de membres de l'organisation en relation les uns avec les autres.

Examinons maintenant quelques exemples de structures d'entreprises aux tailles et aux activités variées avec les organigrammes correspondants. À des fins pratiques, nous avons établi, pour la petite, la moyenne et la grande entreprise, des proportions en nombre d'employés qui peuvent être différentes de celles données au chapitre précédent.

6.5.1 La hiérarchie des groupes d'individus

Avant tout, il est utile de connaître la hiérarchie générale des groupes de personnes qui composent l'entreprise.

En Amérique du Nord, une structure organisationnelle peut inclure plusieurs niveaux. L'organisation type a chez nous une structure pyramidale; on retrouve les *exécutants* dans le bas et dans le haut, les *dirigeants*. Entre les deux, on peut retrouver des représentants de la direction (figure 6.10). À chaque niveau, on exerce des tâches différentes.

Les *exécutants* sont des personnes ayant des tâches prévues, souvent répétitives. Leurs compétences sont surtout d'ordre technique (comme celle d'un vendeur). Les *cadres inférieurs*: contremaîtres, superviseurs, etc., sont responsables du travail réalisé par les exécutants; ils connaissent bien la technique du travail de leurs employés et ont une certaine compétence en relations humaines et en administration.

Les *cadres intermédiaires*: chefs de service, directeurs, coordonnateurs, etc., supervisent le travail des cadres inférieurs et relèvent d'un cadre supérieur. Leur travail, lié à l'administration, demande une bonne connaissance de la gestion humaine et matérielle. Leur pouvoir et leur respon-

---

FIGURE 6.10: Organigramme et échelons présents

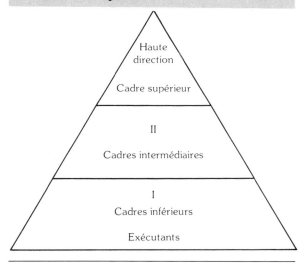

---

sabilité sont beaucoup plus vastes que ceux du cadre inférieur.

Le *cadre supérieur*: président, vice-président, directeur général, etc., est responsable des décisions majeures. Il a comme devoir d'élaborer des objectifs généraux et de s'assurer de leur réalisation. Il est souvent le concepteur d'idées. Sa capacité de gestionnaire et de planificateur ne peut être mise en doute, car son pouvoir et sa responsabilité en découlent.

6.5.2 L'entreprise à échelon unique

Le cas le plus simple est celui de l'entreprise constituée d'un seul individu qui, nécessairement, est le patron et exerce toutes les fonctions; il s'agit d'une structure à un seul niveau comme le montre le tableau 6.2.

TABLEAU 6.2: Structure à échelon unique

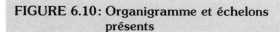

Patron = Administrateur = Employé

6.5.3 L'entreprise artisanale

Elle est composée d'un patron et de quelques ouvriers. La structure de cette entreprise est simple: le patron assume toutes les tâches administratives et il conçoit le produit; l'ouvrier n'a qu'un rôle d'exécutant (figure 6.11).

6.5.4 La petite entreprise

L'effectif de l'entreprise étant assez considérable, le patron de la petite entreprise se voit dans l'obligation de déléguer du pouvoir, par exemple à un contremaître sur le plan de l'exécution du travail. De plus, le patron se fera aider pour les activités administratives, d'une façon permanente ou temporaire, par un ou plusieurs assistants ayant un rôle de conseiller (figure 6.12).

6.5.5 La moyenne entreprise

Dans une entreprise de cette taille (50 à 200 employés), le patron doit déléguer une partie de son pouvoir à des assistants. Cette délégation de type hiérarchique s'effectue en tenant compte de la nature des activités, donc des fonctions: production, vente, etc., correspondant à autant de services. Chaque service disposera d'un pouvoir d'exécu-

FIGURE 6.11: Structure de l'entreprise artisanale (propriétaire unique)

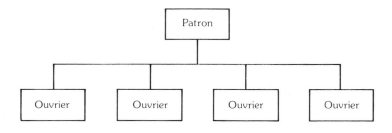

FIGURE 6.12: Structure d'une petite entreprise de rembourrage

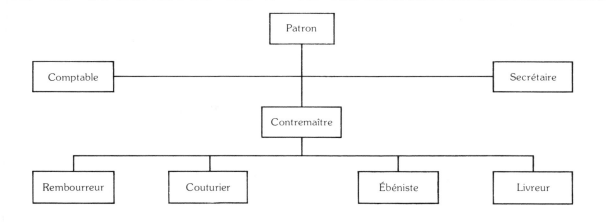

tion et aura des échanges avec les autres services. Un service peut à son tour être subdivisé:

— par sous-fonctions, ce qui permet plus d'efficacité puisque les activités similaires sont regroupées; par exemple, on peut diviser le service administratif en service des comptes et en service de la paye, etc.
— par procédé ou équipement: par exemple, les activités de production font l'objet de regroupements;
— par produits: selon les types de produits constituant un centre de profit.

Ces subdivisions de services sont souvent nécessaires lorsqu'une fonction devient trop lourde en elle-même (figure 6.13).

6.5.6 La grande entreprise (à dimension nationale)

Cette entreprise (300 employés et plus) exerce des activités de production et de vente et dispose d'un certain nombre d'usines et d'un réseau commercial important (figure 6.14). Elle s'apparente à une concentration de plusieurs entreprises de moindre envergure. Dans sa structure, on retrouve plusieurs catégories d'employés: la direction, l'exécutif, les cadres et les employés. On y rencontre souvent une départementalisation:

— territoriale ou géographique s'appliquant aux fonctions de production et de commercialisation;
— par clientèles, afin d'atteindre des groupes de clients cibles;
— par canaux de distribution, soit selon des modes de vente, de promotion ou d'autres pratiques commerciales tel le porte à porte (Avon), les démonstrations (Tupperware).

6.5.7 L'entreprise internationale

Cette entreprise dispose d'une direction générale regroupant les directeurs des différents produits. Dans ce genre d'entreprise comme dans toute autre, il existe des liens hiérarchiques (figure 6.15). On y rencontre généralement une départementalisation:

— par produits,
— par secteurs géographiques,
— par services: information, comptes à payer, etc.

6.6 LA CENTRALISATION ET LA DÉCENTRALISATION

La décentralisation ou la centralisation absolues n'existent pas; ce sont des tendances qui peuvent exister à différents degrés. Que l'autorité soit concentrée ou dispersée à travers l'organisa-

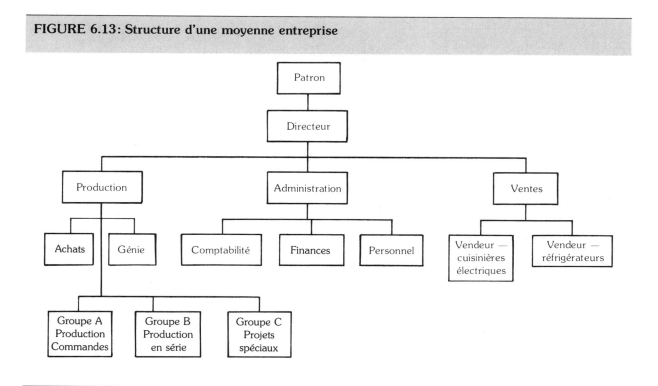

FIGURE 6.13: Structure d'une moyenne entreprise

FIGURE 6.14: Structure d'une grande entreprise (à dimension nationale)

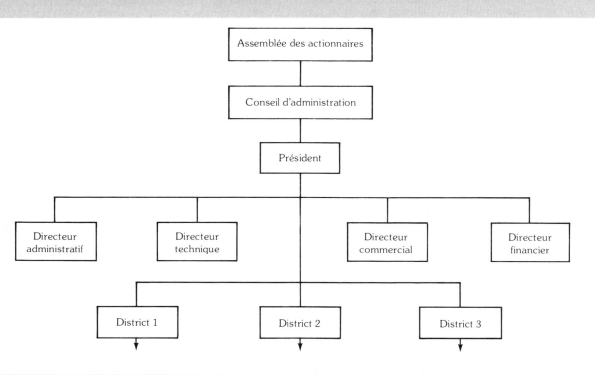

tion doit plus être une question de «degré» qu'une question de «genre» d'autorité. Obtenir plus ou moins de décentralisation est une question de délégation. La centralisation ou la décentralisation sont des états, comme la chaleur et le froid; vue comme un organisme dynamique, une organisation préfère «plus chaud ou plus froid».

6.6.1 La notion de décentralisation

Les décisions qui sont prises aux divers échelons d'une organisation n'ont pas toutes les mêmes effets. C'est pourquoi il importe de diviser le travail selon les types de prises de décision sur les plans de la direction et de la gestion; c'est la décentralisation. (La départementalisation consiste à diviser le travail selon les opérations.)

En d'autres termes, la décentralisation est simplement une façon de répartir le travail de gestion: planification, organisation, direction et contrôle, entre les divers niveaux d'exécution et en descendant le plus bas possible dans l'échelle hiérarchique.

Dans toute entreprise d'une certaine envergure, il devient nécessaire d'adopter une organisation décentralisée tant sur le plan stratégique que sur le plan opérationnel de la prise de décision. On obtiendra ainsi des structures plus souples et mieux adaptées aux conditions de l'environnement. Quant aux inconvénients de la décentralisation, ils se tra-

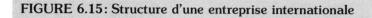

FIGURE 6.15: **Structure d'une entreprise internationale**

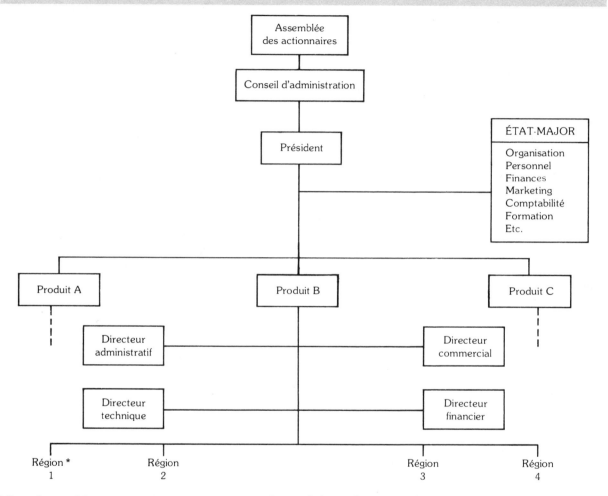

* Dans chaque région, on peut retrouver une organisation du type de la grande entreprise (nationale).

duisent par une perte éventuelle de maîtrise quant à la direction et les décisions parfois discutables d'individus n'ayant pas une compétence suffisante. Une décentralisation poussée devra donc être accompagnée d'un programme de formation à la participation à la gestion.

6.6.2 La notion de centralisation

De façon absolue, on peut dire que la centralisation est à l'opposé de la décentralisation.

La centralisation comporte certains avantages lorsqu'elle n'est pas excessive au point de détériorer les communications. Elle est applicable dans le cas des sociétés de petite taille ou dans le cas de sociétés plus importantes dont la structure est simple et relativement stable.

Centraliser correspond souvent à surcharger les centres de décision, à ralentir la prise des décisions; celles-ci peuvent alors être inappropriées, car on les a prises trop loin du terrain. D'autre part, la centralisation est cause d'inertie et de bureaucratisation. Les décisions centralisées ont des conséquences souvent imprévisibles, car elles ne suscitent que peu de motivation chez ceux qui sont chargés de les mettre en application.

La proportion de ces deux tendances dans une entreprise dépend des besoins, des objectifs, des ressources de cette dernière et des idées des gestionnaires. Ces tendances expliquent le fonctionnement du système comme structure tout en favori-

sant la croissance de l'entreprise sur le plan des sièges sociaux, des divisions de production, des succursales, des stratégies de développement, etc.

Nous verrons maintenant une approche de chacun des concepts.

6.6.3 L'approche Galbraith et la technostructure (centralisation)

Dans ses recherches sur la structure de l'entreprise, l'auteur a constaté que les prises de décisions importantes dépendent de quelques personnes à la tête d'entreprises gigantesques; c'est la *technostructure* (figure 6.16). Celle-ci favorise la formation d'entreprises importantes à un point tel que l'on dit assez souvent: «Cette entreprise est un État dans l'État. »

FIGURE 6.16: Schéma de base de la centralisation

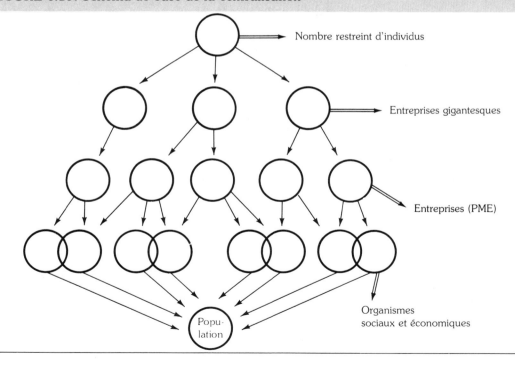

Nombre restreint d'individus

Entreprises gigantesques

Entreprises (PME)

Organismes sociaux et économiques

Popu-lation

Cette centralisation crée des conglomérats puissants ayant à leur tête un gestionnaire qui prend l'intérêt de l'organisation. Cette approche favorise la réalisation d'un impératif économique où c'est le consommateur, la population, qui subit les prises de décisions provenant d'une minorité.

FIGURE 6.17: Schéma théorique de la décentralisation

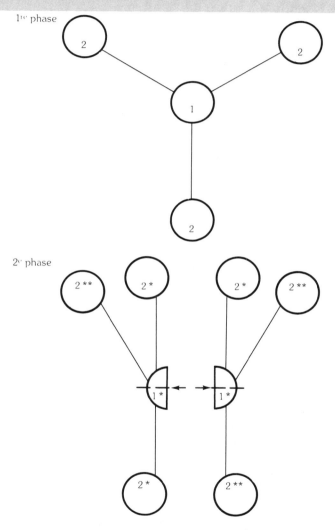

1: Centre de décision
2: Centre de croissance
 * Entreprise
** Entreprise nouvelle ou acquise

6.6.4 L'approche Chandler (décentralisation)

Selon Chandler, si l'on tient compte de la loi des rendements décroissants appliquée à la croissance et à la rentabilité de l'entreprise, on décentralise les prises de décisions. C'est le souci de la rentabilité et le respect des ressources humaines qui obligent le gestionnaire à déléguer son autorité.

L'entreprise multiplie les centres de prises de décisions en plusieurs centres de croissance et de décision. En fait, la décentralisation s'effectue en plusieurs phases. La figure 6.17 illustre cette évolution. Dans la première phase, l'entreprise 1 a un lien décisionnel avec ses centres de croissance, les entreprises 2. Dans une seconde phase, le gigantisme amène l'entreprise 1 à se subdiviser en deux centres de décision desquels relèveront une ou plusieurs entreprises nouvelles.

FIGURE 6.18: Les «structubibites» ou les types d'organigrammes à proscrire

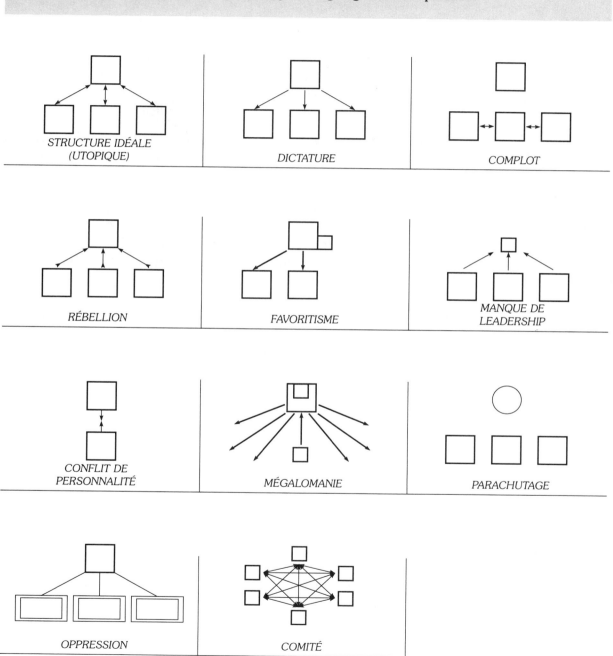

RÉSUMÉ

La structure interne constitue l'ossature d'une entreprise, son cadre de gestion lui permettant de fonctionner, de réaliser ses objectifs et de favoriser le bon emploi de ses ressources.

L'entreprise est composée d'êtres humains, et ceux-ci ont tendance à modifier certains aspects de leur environnement en fonction de leurs besoins: une organisation informelle surgit alors, changeante et dynamique. L'organisation formelle de base est pour sa part beaucoup plus rigide. En fait, la reconnaissance de la dimension humaine de l'entreprise a amené une nouvelle tendance à adapter l'organisation aux personnes plutôt que celles-ci à des structures formelles et rigides. Le recours à des structures de comités s'inscrit dans cette tendance.

Le respect de certains principes et l'utilisation d'une démarche logique permettent l'élaboration d'une structure appropriée aux exigences de l'entreprise. Connaître les objectifs est le point de départ de toute bonne structuration. On doit aussi penser à la répartition des tâches, au commandement unique, à la délégation de l'autorité et à bien d'autres principes fondamentaux.

Le regroupement d'activités homogènes au sein d'une même organisation s'effectue selon divers principes de départementalisation. L'organigramme illustre les subdivisions d'une organisation, la structure hiérarchique, les relations et les fonctions de conseil.

Parmi les structures existantes, on retrouve les structures hiérarchiques, fonctionnelles, mixtes et matricielles.

Enfin, l'entreprise privilégiera la centralisation ou la décentralisation selon ses besoins et les principes de délégation des pouvoirs qui y sont en vigueur.

Section III.A
Les fonctions
de première ligne

L'entreprise est composée de fonctions de première ligne et d'autres, de seconde ligne.

Prenons comme principe de base que l'entreprise dépend du milieu (figure III.A.1). Ce milieu est composé de variables qui influencent l'entreprise. On structure et on organise l'ensemble de ces variables en fonction de l'atteinte des objectifs prévus. Cette structure, appelée système organique, peut être décrite à l'intérieur de ce qu'on appelle les *activités vitales* de l'entreprise ou fonctions de première importance.

Ainsi, on dira qu'il existe des fonctions de première ligne, que certaines fonctions sont plus préoccupantes pour l'entreprise que d'autres. Cette orientation fait appel au concept suivant: le système entreprise évolue, il naît, passe à l'étape de la

FIGURE III.A.1: L'entreprise, un système

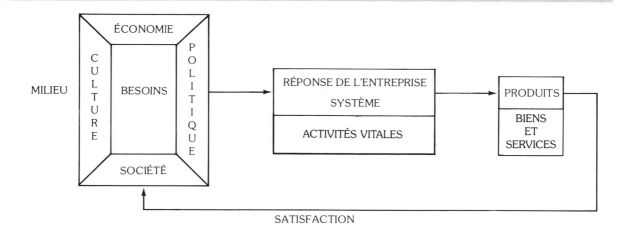

FIGURE III.A.2 : Les activités de première ligne

SYSTÈME

MARKETING.	PRODUCTION	FINANCES	COMPTABILITÉ	PERSONNEL	GESTION

croissance, de l'expansion et atteint la maturité. Ce passage d'une étape à une autre oblige l'entrepreneur à établir des priorités et surtout à structurer son entreprise selon ses besoins. C'est ainsi que les fonctions seront structurées et réorganisées selon l'évolution de l'entreprise.

Les fonctions qui préoccupent dans un premier temps l'entreprise sont les suivantes : le marketing, fonction permettant l'identification des besoins du consommateur, du marché et la réponse à donner à ceux-ci ; les finances, où l'on recherche les sources de financement amenant la rentabilité de l'entreprise ; la comptabilité, qui est une série de moyens de compilation des informations sur les revenus, les dépenses et autres données comptables ; la production, qui permet de produire efficacement les biens et services ; la gestion, qui facilite la prise de décisions concernant les activités de l'entreprise (figure III.A.2).

Une partie de ce livre est consacrée à l'étude de ces activités. L'ordre de présentation de celles-ci n'est pas fortuit ; il dénote une certaine perception des tâches et de l'organisation administratives. En fait, deux conceptions de l'ordre de disposition des activités de première ligne peuvent être retenues :

a) La *conception traditionnelle* est que l'entreprise doit d'abord se financer pour ensuite produire et, finalement, écouler ses produits grâce au consommateur. Selon cette approche, la gestion commerciale se limite principalement à la promotion des ventes.

b) La *conception moderne* accorde une place prépondérante à la gestion commerciale. Elle est le centre de toutes les activités de l'entreprise, car sa raison d'être est la satisfaction des besoins du consommateur.

La conception moderne sera notre guide, car elle s'adapte plus facilement à l'ère économique des pays industrialisés. Cependant, nous insistons sur le fait que toutes les activités de première ligne de l'entreprise sont interreliées et aussi importantes les unes que les autres. Notons que des termes comme «fonction» ou «département» peuvent être employés pour désigner une activité de l'entreprise; nous adopterons le terme «fonction de l'entreprise». Enfin, signalons que la fonction gestion est traitée particulièrement dans la partie consacrée à la gestion de l'environnement.

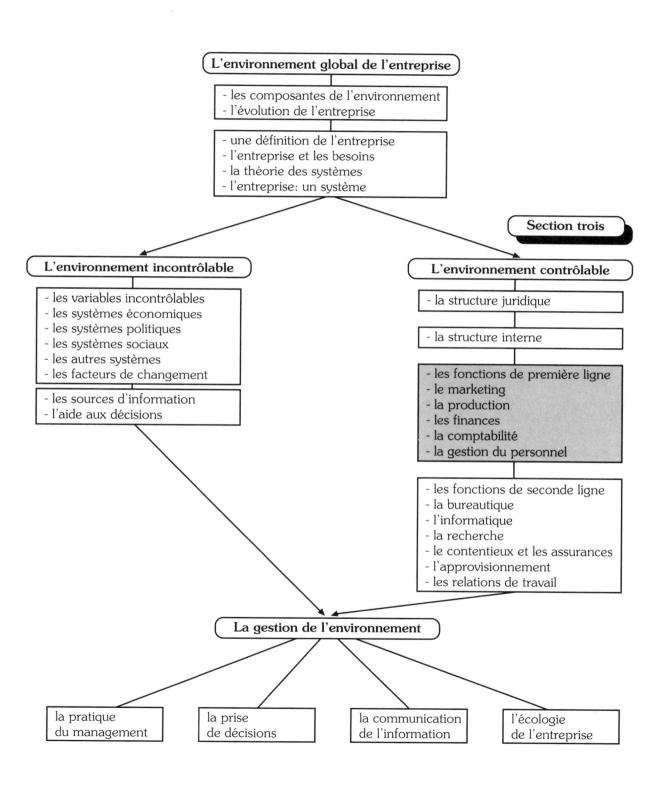

L'environnement global de l'entreprise

- les composantes de l'environnement
- l'évolution de l'entreprise

- une définition de l'entreprise
- l'entreprise et les besoins
- la théorie des systèmes
- l'entreprise: un système

Section trois

L'environnement incontrôlable

- les variables incontrôlables
- les systèmes économiques
- les systèmes politiques
- les systèmes sociaux
- les autres systèmes
- les facteurs de changement

- les sources d'information
- l'aide aux décisions

L'environnement contrôlable

- la structure juridique

- la structure interne

- les fonctions de première ligne
- le marketing
- la production
- les finances
- la comptabilité
- la gestion du personnel

- les fonctions de seconde ligne
- la bureautique
- l'informatique
- la recherche
- le contentieux et les assurances
- l'approvisionnement
- les relations de travail

La gestion de l'environnement

la pratique
du management

la prise
de décisions

la communication
de l'information

l'écologie
de l'entreprise

Chapitre 7
La fonction marketing

OBJECTIFS

1. Situer la fonction marketing par rapport aux autres fonctions de l'entreprise.
2. Présenter l'évolution du marketing dans le temps pour en comprendre l'orientation.
3. Définir le marketing comme la fonction stratégique de l'entreprise.
4. Présenter les différentes variables stratégiques composant le marketing.
5. Analyser chaque variable en fonction des besoins et du degré d'intervention marketing.
6. Comprendre l'activité quotidienne du marketing dans l'entreprise.
7. Présenter le marketing sur le plan organisationnel.

PLAN

7.1 ORIGINE DU MARKETING

Le marketing est issu de la concurrence féroce que se faisaient les compagnies américaines sur le marché intérieur des États-Unis vers les années 1900-1920, après la crise des aciéries qui ne trouvaient plus de débouchés importants pour leurs produits et la diminution du nombre des grands ouvrages telle la construction des chemins de fer.

C'est alors que certaines personnes, notamment de la compagnie General Electric, énoncent l'idée que l'étude des besoins du consommateur permettrait à toute entreprise de mieux orienter sa production plutôt que de penser uniquement à écouler ses marchandises. Cela confirme l'idée mentionnée précédemment, à savoir que toutes les activités de l'entreprise doivent être axées sur le consommateur et la satisfaction de ses besoins, en échange d'un flux économique.

7.2 DÉFINITION DU MARKETING

Le marketing est l'ensemble des activités qui visent à ce qu'un produit :

- soit fabriqué pour un marché particulier,
- soit offert au bon endroit,
- voit son existence et ses caractéristiques connues du marché,
- soit vendu pour la satisfaction du consommateur.

En fait, l'objectif est la vente d'un produit et ce, le plus rapidement possible (figure 7.1). Il faut donc comprendre que la vente n'est qu'une activité qui s'intègre dans le marketing, comme d'ailleurs plusieurs autres activités.

En marketing, on suppose l'existence d'un marché où se trouvent les consommateurs. L'entreprise doit identifier les besoins de ces derniers par une étude de marché. L'entreprise conçoit ensuite un produit qui répond à ces besoins. Puis, le produit doit être fabriqué en quantité suffisante et vendu. Cependant, on doit veiller à installer une stratégie de mise en marché propre à rejoindre le consommateur où sont établis les prix, la promotion, la distribution, etc.

7.3 IMPORTANCE DU MARKETING

L'importance du marketing tient à deux phénomènes économiques de l'histoire de notre civilisation : la *limitation de l'achat des biens* que peut acquérir l'acheteur et la *différenciation de ses besoins*.

La limitation de l'achat des biens s'explique par le fait que l'individu est passé de l'économie de subsistance à une économie d'abondance. Le surplus de produits occasionné par son travail est échangé pour d'autres produits.

La différenciation des besoins correspond à une différenciation des biens. Elle s'effectue lors de l'anticipation de la demande, c'est-à-dire quand la demande d'un produit est prévue par des calculs se basant sur la réalité ; elle consiste à rendre distinct le produit. Le nom du produit, l'emballage, l'étiquette, le format, la couleur, le prix, la qualité, le service, la garantie sont autant de caractéristiques qui le différencient.

Nous pouvons dire qu'il y a différenciation lorsque le consommateur distingue un produit d'un produit concurrentiel similaire. Cette différenciation s'accentue lorsqu'en marketing on tient compte, dans l'élaboration du produit, des besoins, des habitudes, des valeurs, du pouvoir d'achat, de la culture, etc., d'un groupe potentiel de clients.

La fonction marketing est d'une grande importance pour la moyenne et la grande entreprise, à un point tel que cette dernière périclitera si elle la néglige. La petite entreprise fait du marketing surtout par les sommes qu'elle alloue à la publicité dans les journaux, à la radio et à la télévision, par ses stratégies de vente au comptant (rabais) ou de vente à crédit, comme l'acceptation d'une carte de crédit.

FIGURE 7.1 : Un processus : le marketing

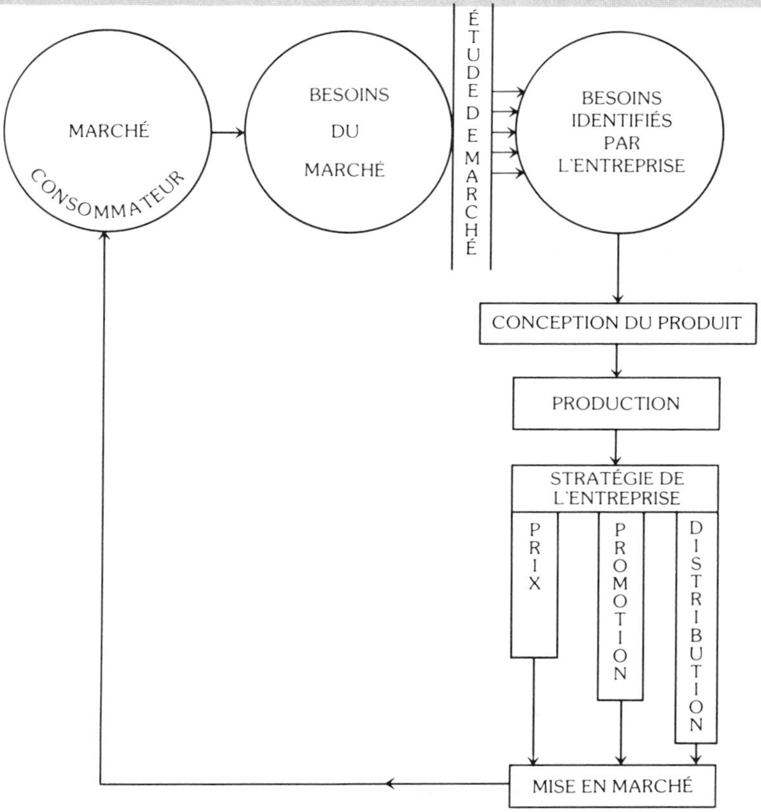

On dit souvent que le budget accordé à la publicité doit équivaloir à 3 % du chiffre d'affaires d'un commerce de détail. C'est peu, comparé aux sommes qui seront consacrées aux salaires des vendeurs, aux firmes de sondages, aux dons accordés à des organismes de charité, etc.

7.4 L'ORGANISATION MARKETING

La figure 7.2 nous démontre la complexité possible de la fonction marketing dans l'entreprise. Cette fonction doit sans cesse s'ajuster aux changements de la société.

La figure fait la démarcation entre le service de marketing et la vente. On peut remarquer que le service marketing a comme fonction première de fournir les données nécessaires pour détecter et conquérir le marché visé. Pour que le responsable atteigne ce but, il doit s'employer à connaître le marché, à le segmenter et à étudier le comportement du consommateur et les moyens de promotion. La vente, qui peut se définir comme un service mis de l'avant pour rejoindre le consommateur, fera appel à des activités comme la promotion, la vente directe, la publicité et les relations publiques.

FIGURE 7.2: Activités de marketing

RECHERCHE COMMERCIALE
-Analyse des données statistiques
-Enquête sur les consommateurs
-Vérification du comportement du consommateur

MISE EN MARCHÉ
-Production
-Laboratoires
-Design
-Expédition
-Achats

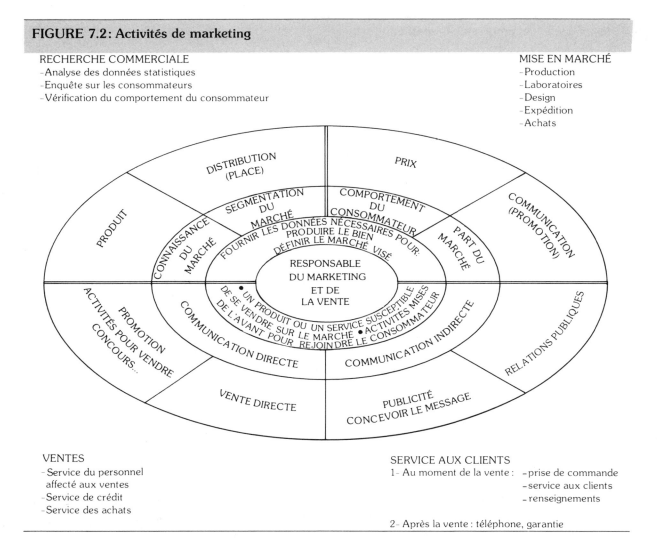

VENTES
- Service du personnel
  affecté aux ventes
- Service de crédit
- Service des achats

SERVICE AUX CLIENTS
1- Au moment de la vente : -prise de commande
                           -service aux clients
                           -renseignements

2- Après la vente : téléphone, garantie

L'organisation de la gestion marketing est une étape importante; il faut réussir à associer les nombreuses activités et ressources de façon à obtenir la plus grande efficacité. L'exemple donné dans la figure 7.3 illustre un processus marketing visant l'atteinte d'objectifs définis clairement.

Le spécialiste en marketing peut recourir à plusieurs moyens pour atteindre ses objectifs.

Cependant, il doit respecter ou créer une structure flexible, mais qui respecte certaines règles d'organisation.

La figure 7.4 nous présente un organigramme type d'un service de marketing. Les principales activités y sont représentées par des postes précis. Cet organigramme s'appliquerait surtout dans le cas d'une grande entreprise et doit être adapté au

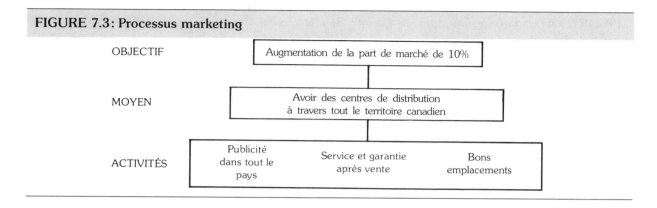

FIGURE 7.3: Processus marketing

OBJECTIF — Augmentation de la part de marché de 10%

MOYEN — Avoir des centres de distribution à travers tout le territoire canadien

ACTIVITÉS — Publicité dans tout le pays | Service et garantie après vente | Bons emplacements

marché visé et au produit ou service offert au consommateur.

7.5 LA STRATÉGIE MARKETING

Pour l'élaboration d'une stratégie du marketing, il faut considérer les éléments suivants.

a) *Les éléments incontrôlables*: le milieu social, économique, politique, juridique, concurrentiel, institutionnel, technologique et environnemental. Ces éléments font tous partie du marché. Il s'agit d'informations essentielles pour établir une stratégie marketing. Le consommateur est au centre de ces variables incontrôlables; les spécialistes en marketing essaient d'influencer son comportement par l'emploi judicieux des éléments contrôlables.

b) *Les éléments contrôlables* concernent le produit ou le service, son prix, sa place (sa distribution), sa promotion, les relations politiques et publiques.

On peut traduire ces éléments en termes de marketing.

– Le *marché cible* est le marché à atteindre en tenant compte de certaines variables: la concurrence, la géographie, la culture, etc.

– Le *comportement du consommateur* concerne le temps, le lieu et la façon qui caractérise l'achat de biens ou de services par un groupe de consommateurs. L'étude de ce comportement consiste en une évaluation tant sociologique que psychologique.

– Le *marketing-mix* rassemble les activités de quatre domaines: le prix, le produit (sa définition et les bases de sa rentabilité future), la promotion et la distribution (figure 7.5).

7.5.1 Le marché cible et la recherche commerciale

Le marché est la base essentielle, la pierre angulaire de l'économie. Il est donc le point de départ d'une planification réaliste de la part de l'entreprise. En marketing, un marché est considéré comme étant l'ensemble de tous les consommateurs réels ou potentiels. Ainsi, le marché du véhicule tout terrain comprend les ménages, les entreprises, les revendeurs... Le spécialiste en marketing doit connaître les caractéristiques de ces marchés.

On distingue généralement deux catégories de produits, soit les biens ou services de consommation et les biens ou services industriels. Ainsi, un hot-dog, un Pepsi, un sofa, une radio achetés par

FIGURE 7.4: Organigramme type du Service de marketing

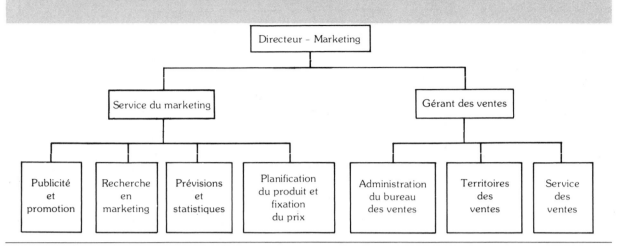

FIGURE 7.5: Les éléments de la stratégie marketing

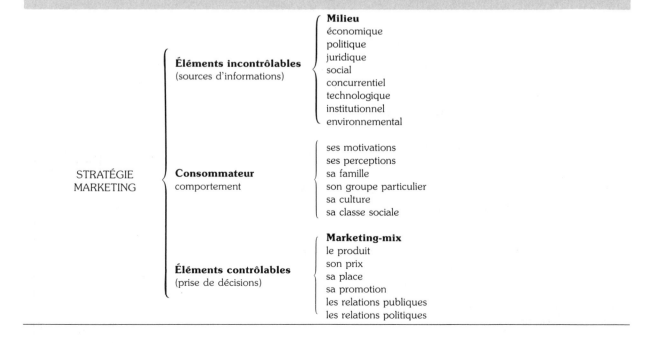

FIGURE 7.6: Exemple de segmentation

Groupe d'âge	Groupe cible	Produits
0-5	Jeunes enfants (jeunes couples avec enfant-s)	Meubles pour enfants, aliments et vêtements
6-19	Écoliers - adolescents (couples avec enfant-s)	Voitures, articles de sport, vêtements, disques, cosmétiques et meubles

un consommateur sont des biens de la première catégorie, tandis que le fer, l'aluminium, le bois en gros, la farine achetés par une entreprise sont considérés comme des biens industriels.

Mais comment arriver à comprendre le marché?

A – Le marché cible

Il existe au moins quatre types de marchés:

— le marché des fabricants (ex.: Alcan),
— le marché institutionnel (ex.: banques),
— le marché commercial (ex.: Steinberg),
— le marché domestique, c'est-à-dire le consommateur.

Le *marché cible* est le groupe de consommateurs qui achèteront un produit ou un service précis. On utilise le processus de la segmentation pour savoir qui est ce consommateur.

Par la *segmentation*, on identifie l'ensemble des consommateurs qui ont des caractéristiques communes propices à l'achat d'un produit ou d'un service, c'est-à-dire le marché cible (figure 7.6). Les critères de base les plus courants pour faire ce regroupement sont:

— le revenu,
— l'âge (catégorie),
— le sexe,
— la position sociale: homme de métier, professionnel, *etc.*,
— les possessions.

Voici des exemples de marchés cibles:

— Aux ménagères âgées de 20 à 30 ans, ayant deux enfants en bas âge, qui habitent une municipalité et dont le revenu familial se situe entre 10 000 dollars et 20 000 dollars, on peut essayer de vendre des accessoires pour la mise en conserve;
— Aux célibataires âgés de 30 à 40 ans, professionnels, propriétaires-résidents dans la région de Trois-Rivières et au revenu entre 20 000 dollars et 30 000 dollars par année, on peut vendre un vidéo-stéréo de luxe.

Cette préoccupation de l'analyse du marché cible devient plus intéressante lorsque l'on veut déterminer quelle part de marché l'entreprise désire occuper. La figure 7.7 représente bien cette notion.

Si le spécialiste en marketing réussit à bien segmenter le marché, il aura les informations essentielles: âge, sexe, état civil, religion, ethnie, niveau d'éducation, revenu, dépenses, etc., pour planifier d'une façon efficace la distribution, le prix, la promotion et les autres activités du marketing. Par exemple, Honda, possédant les informations de son marché pour ses véhicules tout terrain à trois roues et à quatre roues et pour ses motoneiges, élaborera une technique marketing différente pour chacun des produits. En procédant à la segmentation, Bombardier offre un éventail complet de motoneiges.

B – La recherche commerciale

La recherche commerciale se traduit par l'étude du potentiel du marché. Des instruments

FIGURE 7.7: La part de marché

Lorsqu'une entreprise analyse sa situation, elle essaie de déterminer quelle est la part du marché qu'elle détient par rapport à ses concurrents. Les résultats de cette analyse pourront se traduire en pourcentage, en unités, en dollars, etc.

Exemple

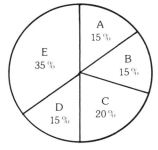

A-B-C-D : entreprises concurrentielles.
E : marché non exploité par les entreprises.

De cet exemple, on peut tirer que seulement 65 % du marché est exploité; il en reste donc 35 % à exploiter. En supposant que l'entreprise A soit concernée, elle a au moins deux stratégies possibles:
— tenter de s'approprier une partie du marché de ses concurrents – ce qui peut déclencher une guerre des prix;
— se gagner le consommateur non convaincu.

tels le sondage d'opinion, les tests de marché (de goût, de perception, etc.) et l'analyse statistique sont les outils pour repérer les consommateurs et connaître le marché (tableau 7.1).

Ces recherches fournissent des renseignements sur les habitudes des consommateurs. Ainsi, elles permettent de répondre aux questions suivantes:

— Qui va acheter notre produit?
— Quand va-t-il acheter notre produit?
— Où va-t-il se procurer notre produit?
— Quelles caractéristiques recherche-t-il dans notre produit?
— Comment paie-t-il: comptant ou à crédit?
— Qui participe au processus d'achat?

TABLEAU 7.1: Le processus du sondage

Sur le plan marketing, ce processus consiste:
1 – à la collecte des données sur le marché que l'on vise;
2 – au filtrage des données pour formuler les bonnes hypothèses et pour établir un profil des besoins du consommateur;
3 – à la préparation d'un questionnaire pour connaître les facteurs qui influencent le consommateur;
4 – à une expérimentation du questionnaire en vue d'un dernier réajustement;
5 – au déroulement du sondage proprement dit;
6 – à la compilation et à l'interprétation des résultats et aux recommandations à l'entreprise sur la stratégie et sur les moyens à utiliser pour vendre le produit.
N.B.: Cette démarche peut s'accompagner, par exemple, d'une démonstration d'un prototype du produit, ou d'un essai de plusieurs semaines par un groupe de consommateurs désignés.

Il est à remarquer que le sondage est largement utilisé par les organisations politiques, la presse écrite et les grandes entreprises.

FIGURE 7.8: Le comportement du consommateur

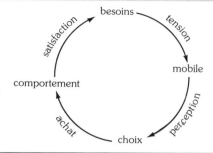

— Qui influence l'achat ?

La recherche en marketing est une composante de base de la prise de décisions, car celle-ci est orientée par l'information reçue. La bonne recherche ne peut se réaliser sans une méthodologie, car la qualité et la validité de la recherche reposent sur sa valeur empirique.

7.5.2 Le comportement du consommateur

Sur quoi se base-t-on pour parler du comportement du consommateur ? Quels sont les éléments qui expliquent ce comportement ? On aura tendance à dire que ces questions relèvent de la psychologie appliquée. Mais en marketing le comportement du consommateur est une donnée de base. En principe, l'individu agit de façon à satisfaire ses besoins et ainsi retrouver un certain équilibre par une diminution de tension que le besoin a créée (figure 7.8). Le besoin précède la motivation et influence un choix qui détermine le comportement d'achat.

En marketing, on se base sur diverses théories pour comprendre le comportement de l'individu face au produit : la théorie de Maslow sur les niveaux de besoins, la théorie économique classique, les théories freudiennes, néo-freudiennes et autres.

A – La théorie de Maslow

Selon Maslow, il y a cinq niveaux de besoins chez l'individu :

1) *Les besoins physiologiques essentiels* à l'homme comme ceux de boire, de manger, de dormir, etc. ;
2) *Les besoins de sécurité* : en logement, en vêtements ; le fait de vouloir une automobile pour aller travailler, etc. ;
3) *Le besoin d'appartenance à un groupe* comme un club dont on devient membre : les Lions, les Kiwanis, les Raquetteurs, etc. ;
4) *Le besoin d'estime de soi et le besoin d'être bien perçu* par les autres individus, d'être respecté, accepté ; d'où les phénomènes de l'amour, de la beauté, de la laideur, etc. ;
5) *Le besoin d'épanouissement*, d'une réalisation intellectuelle, morale et culturelle, d'une évasion spirituelle, d'avoir un but dans la vie, etc.

Maslow dit qu'un individu ayant satisfait un besoin de niveau inférieur s'occupera d'un besoin de niveau supérieur ; il passera du premier au deuxième niveau, puis au troisième et ainsi de suite. Cependant, Maslow ajoute qu'un individu ayant satisfait les besoins du premier niveau peut aller au troisième sans nécessairement passer par le deuxième.

Au point de vue du marketing, cette théorie permet de classifier certains groupes de consommateurs et d'orienter la promotion de façon précise sur des thèmes comme l'appartenance au groupe, l'attrait d'une maison, le respect des autres, etc.

Par exemple, le fait de fumer relèverait du besoin d'appartenance à un groupe. Pensons aussi à l'annonce d'une bière de marque connue, qui est la bière des «party». Quant au phénomène McDonald, il touche le niveau supérieur de l'enfant: quel enfant n'a pas désiré devenir un clown?

B – La théorie économique classique

Selon la théorie économique, le consommateur cherche à maximiser sa satisfaction. Cela le pousse à sélectionner, parmi les biens, les meilleurs quantitativement et ce, compte tenu de son revenu. Bien des entreprises utilisent cette théorie en insistant sur le fait que tel produit donne X % de plus pour le même prix.

Voilà qui touche au concept d'utilité. Si je consomme un verre de Pepsi, cela a une certaine utilité à cause de la satisfaction qu'il me procure. L'utilité totale augmente si on en consomme un deuxième, puis un troisième..., mais l'augmentation d'utilité est de plus en plus faible d'un verre à l'autre, si bien qu'elle finit par devenir nulle: en fait, au dixième verre, je serai malade.

C – La théorie freudienne

Selon cette théorie, toutes les motivations ou les mobiles proviennent de refoulements qui datent de l'enfance et sont reliés à la sexualité. Freud dit que l'individu est composé de trois instances psychiques: le *id*, l'*ego* et le *superego*. Le *id*, ou *ça*, obéit au principe de plaisir; c'est l'instinct, les pulsions inconscientes. L'*ego*, ou *moi*, est la partie réaliste de l'individu, ce qui l'amène à la logique, à la raison. Le *superego*, ou *sur-moi*, est l'instance de censure qui correspond au code moral, à l'éthique individuelle.

L'objectif du marketing est d'amener le consommateur à satisfaire son *id* tout en respectant son *superego*. On amènera l'individu à justifier ses achats dans les limites de son *id* et de son *superego*:

– il voudra s'identifier à des gens qu'il admire et voudra les imiter, comme le montre le phénomène de la mode;
– il attribuera à d'autres son comportement de consommateur. Par exemple, il achètera un appareil radio qui correspond supposément au désir de son conjoint;
– par transfert, il portera son besoin sur tous les produits de même marque, par exemple en achetant des souliers, des gilets et des pantalons de marque Adidas;
– il voudra donner une justification plus ou moins rationnelle et logique de ses achats. Ainsi, il achètera une maison en la considérant comme un investissement.

Pour les néo-freudiens, la motivation ne relève pas seulement de la sexualité, mais elle a aussi des causes affectives comme le sentiment d'infériorité, la solitude, l'anxiété. Le marketing utilise ces éléments. Ainsi, dans sa publicité, un organisme de charité parlera de la faim dans le monde en faisant appel au sentiment de culpabilité.

D – D'autres éléments du comportement du consommateur

Le comportement du consommateur n'est pas seulement une affaire de motivation personnelle, il dépend aussi d'éléments provenant de son environnement et qui le poussent à agir ou non. La figure 7.9 nous présente l'ensemble des forces en présence lors d'un achat. C'est l'interaction de ces forces qui amènera ou non un achat par le consommateur.

FIGURE 7.9: Les forces qui influencent l'achat

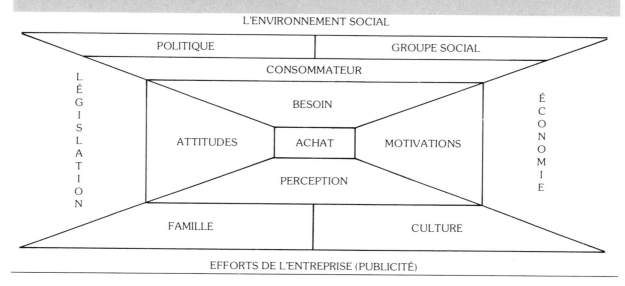

E – Le processus d'achat selon Engel

Selon Engel, les consommateurs font leurs achats suivant un processus en cinq étapes (figure 7.10) dont la connaissance est utile à l'action marketing :

La reconnaissance d'un problème

L'individu constate qu'il y a une différence entre son état et son besoin. Prenons comme exemple qu'il découvre son besoin d'avoir une automobile pour aller travailler, car il n'en possède pas.

La recherche de possibilités de solutions

Ayant identifié le problème et son besoin d'une automobile, il va chez différents concessionnaires et consulte des amis qui en possèdent une. Il fait un inventaire des solutions possibles et cherche toute information pertinente de sources personnelles (famille, amis, voisins), commerciales (publicité, marchands), publiques (mass média) et découlant de son expérience.

FIGURE 7.10: Le processus d'achat selon Engel

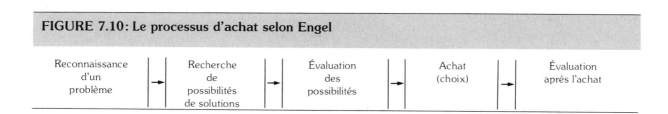

L'évaluation des possibilités

Conformément à ses intérêts, ses priorités et ses moyens, il détermine le ou les véhicules qui semblent les plus appropriés.

L'achat (choix)

Selon cette évaluation, le consommateur fait un choix et achète une automobile. La compétence du vendeur et l'image du magasin: sa réputation, son aspect extérieur, etc., sont des facteurs qui l'auront influencé.

L'évaluation après l'achat

Le consommateur sera-t-il satisfait du produit qu'il a acheté? Il est possible que ce produit puisse engendrer de nouveaux besoins, par exemple en pneus d'hiver, en entretien, etc.

La satisfaction après l'achat provoque un comportement positif de la part du consommateur, qui renouvellera son achat, vantera le produit, l'enrichira. Cependant, le mécontentement aura des effets comme le non-renouvellement, une critique négative du produit, etc.

Connaître ces étapes est le fondement d'un marketing dynamique, à l'écoute des signaux, facilitant la satisfaction des besoins du consommateur. Il permet de comprendre le comportement d'achat et d'utiliser des stratégies reliées au marketing-mix afin d'influencer le consommateur.

7.5.3 Le marketing-mix

Le marketing-mix est la combinaison synergique de six variables: le prix, le produit, la promotion, la distribution, les relations publiques et politiques. Il faut retenir que la synergie consiste en le fait que ces variables interagissent pour former un tout cohérent et qu'elles se régénèrent par elles-mêmes.

Analysons ces variables.

A – La variable produit

Chaque produit doit être abordé d'une façon différente et individuelle; le fait d'avoir des produits de consommation et industriels oblige à concevoir une stratégie adaptée à chaque cas. Avant d'identifier les éléments à considérer pour mettre en valeur un produit, disons quelques mots sur sa vie.

La vie du produit

Comme l'individu et comme l'entreprise, le produit a une vie composée de différentes phases, soit le lancement, la croissance, la maturité et le déclin (figure 7.11).

Le tableau 7.2 présente les principales caractéristiques de chacune des phases. Retenons qu'il est important d'identifier l'évolution de ces phases afin de réagir au bon moment et d'éviter un déclin trop rapide du produit tout en préparant un produit de remplacement (figure 7.12).

Les caractéristiques du produit

Afin d'établir si le produit correspond aux besoins et aux attentes du consommateur, on considère quatre éléments: ses propriétés, son format, son emballage et sa marque.

Les propriétés

De quoi est composé le produit? Par exemple un jouet, étant donné qu'il est destiné à un enfant, devra être fabriqué en une matière non toxique et non dangereuse comme le caoutchouc. Dans les

FIGURE 7.11: La vie d'un produit

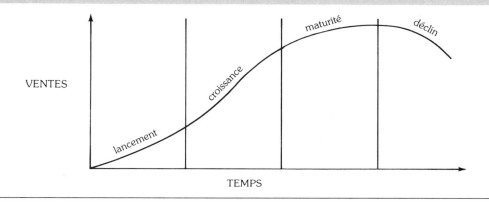

TABLEAU 7.2: Les caractéristiques des phases de la vie du produit

Phases	Caractéristiques
1. LANCEMENT	– Nouveau produit – Consommateurs et distributeurs ignorants du produit – Campagne publicitaire intensive – Profit peu élevé
2. CROISSANCE	– Ventes augmentant en flèche – Publicité incitative et persuasive – Profits intéressants
3. MATURITÉ	– Vente stable – Concurrence plus forte et très agressive – Réduction du prix du produit (baisse des ventes) – Publicité de persuasion et de rappel – Profit intéressant, mais à la baisse
4. DÉCLIN	– Ventes à la baisse – Stratégie pour rendre le produit attrayant – Publicité moins intensive, mais de rappel – Baisse et même perte de profit – Croissance d'un nouveau produit

FIGURE 7.12: La vie de deux produits concurrents ou de remplacement

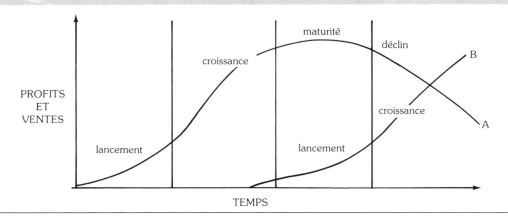

produits du savon, on différencie le savon liquide du savon en poudre et du savon en barre. Étroitement reliées au format, les propriétés peuvent faire augmenter considérablement les ventes. Nous avons le cas du meuble stéréo compact qui est devenu la chaîne stéréo modulaire favorisant du même coup une gamme de produits tels le moniteur, le vidéocassette, l'amplificateur, etc.

Le marketing consiste à faire ressortir les propriétés chocs du produit, à les mettre en valeur pour que le consommateur puisse s'y identifier.

Le format

Le format du produit est sa dimension. Ainsi les formats économiques, familiaux ou réguliers touchent des marchés différents: la grosse famille aura tendance à acheter le format familial, alors que le célibataire et la petite famille se procureront le format courant. Jouer sur le format peut rendre le produit plus attrayant. La perception qu'a le consommateur du format, son attitude face à ce dernier sont des éléments décisifs lors de l'achat.

La marque

Le consommateur identifie le produit par sa marque; souvent, c'est par elle qu'il jugera de la valeur du produit. Rolls Royce est synonyme de grande qualité et de luxe.

Une marque sert souvent à annoncer l'utilité, les avantages du produit, comme dans «Ford, c'est fort!» La marque permet d'attirer le consommateur et de lui faciliter le choix. De plus, elle peut être une assurance de distinction par opposition à un produit concurrent; alors, elle amène la répétition de l'achat et la popularité des produits de même marque. Ainsi, si j'associe Kenmore à l'efficacité parce que je possède une chaîne stéréo de cette marque, j'aurai tendance à accorder d'emblée cette efficacité à tous les produits Kenmore. En fait, une marque très populaire peut finir par désigner, comme un nom commun, les produits semblables de plusieurs marques. Il en est ainsi de «Frigidaire».

L'emballage

L'emballage est l'enveloppe du produit. Le produit a son costume et est particularisé par son emballage. Cet élément éveille l'attention du consommateur, lui permet de différencier un produit d'un autre similaire. Ainsi, la boîte des jus Oasis est particulièrement attrayante et distinctive. N'oublions pas que lorsqu'une barre de chocolat se retrouve parmi plusieurs articles semblables, le seul moyen de la différencier est l'emballage.

Il ne suffit donc plus de fabriquer une enveloppe sur laquelle on indiquera les noms du produit et de l'entreprise. L'emballage doit être adapté à la marque, au format, aux propriétés. De plus, l'emballage a des effets sur le prix, sur la conservation, sur la sécurité et sur l'entreposage du produit.

En marketing ou en gestion, ces quatre éléments sont étroitement liés les uns aux autres. Une décision concernant l'un d'entre eux influe sur les autres. Le suivi marketing est la planification et la gestion de ces éléments.

B – La variable prix

En marketing, la fixation des prix est une activité importante qui permet de déterminer en grande partie le montant des ventes et des bénéfices à réaliser. Autrefois, le prix était fonction de la qualité du produit; aujourd'hui, il dépend du type de consommateur et de la satisfaction qu'il retirera du produit.

La fixation d'un prix le plus adéquat possible est une action qui a des effets directs et indirects sur l'entreprise. En effet, le prix:

– affecte la rentabilité,
– peut stimuler les ventes,
– oriente la présence plus ou moins importante qu'auront les concurrents,
– influence l'image du produit,
– devient un moyen de promotion.

Comment fixer le meilleur prix pour le produit ou service? Voilà une question fondamentale. La réponse dépend de la valeur maximale que l'on peut exiger pour le produit. Un prix supérieur à cette limite fera fuir le consommateur, qui verra peu ou pas d'avantages à se procurer le produit.

Il y a différentes politiques de prix; elles tiennent compte de contraintes telles que le prix de revient, la concurrence, les fluctuations du marché, la part du marché que l'on veut gagner ou conserver, etc. De là, on obtient des prix tels que le prix de pénétration et le prix à rabais.

Le prix de pénétration

La politique du prix de pénétration consiste à fixer un prix plus bas que celui du concurrent. Elle s'applique surtout lorsqu'on introduit un nouveau produit sur le marché ou lorsqu'on veut s'emparer d'une partie de ce dernier. Il peut devenir efficace de fixer des bas prix, qui disent au consommateur: «Pour moins cher, j'offre plus que le concurrent; achetez mon produit.»

Le prix à rabais

La politique de prix à rabais repose sur la notion que les bas prix, pour de nombreux consommateurs, sont plus importants que la marque ou la qualité. La venue des magasins d'escomptes et des marchés aux puces démontre tout à fait cette notion.

En marketing, on doit décider dans quelle proportion on fera appel à l'une ou l'autre de ces politiques pour former un programme de promotion efficace.

C – La variable promotion

La publicité

La publicité *est l'art d'exercer une action psychologique sur le public.* Elle utilise les mass media afin d'atteindre le plus grand nombre possible de consommateurs.

L'entreprise doit développer une stratégie publicitaire qui tienne compte des objectifs de vente fixés au préalable. Cette stratégie ou campagne publicitaire suppose que tous les moyens sont mis en œuvre et sont orientés vers son efficacité. Un budget est alors consacré à la promotion, et la répartition de la somme tient compte des périodes propices à l'activité commerciale: les fêtes, les fins de saison, les vacances, etc. (tableau 7.3).

La publicité est un moyen efficace de stimuler l'achat. En pratique, elle s'exerce de trois façons:

a) *La publicité de bouche à oreille*. Elle est très efficace, car elle a pour effet de faire connaître rapidement un produit. Cependant, il est difficile d'en faire l'achat et la planification; elle est le résultat de l'excellence de l'entreprise.
b) *La publicité au point de vente*. Elle s'exprime par un accueil, un étalage mettant l'entreprise et le produit en valeur. En offrant un café, un breuvage au consommateur, on fait naître ou on renforce en lui un sentiment favorable.
c) *La publicité de masse*. Elle est surtout utilisée à l'occasion du lancement d'un nouveau produit. L'objectif est d'atteindre le maximum de consommateurs.

La publicité doit s'adapter aux étapes de la vie du produit. Ainsi, en période de lancement, elle sera intensive et visera à informer et à éveiller le consommateur. En période de croissance, la publicité sera conçue de façon à changer, à stimuler et à persuader le consommateur. Durant la maturité et son déclin, le produit fera l'objet d'une publicité dite de rappel (figure 7.13).

La promotion des ventes

Il existe différents moyens de susciter l'intérêt du consommateur pour un produit (tableau 7.4), et c'est la promotion des ventes qui les regroupe. Elle consiste en des activités propres à soutenir la vente et la campagne de publicité: la composition étudiée des étalages, les coupons-primes, les concours, les échantillons, etc. Ainsi, un restaurant offrira un calendrier, un paquet d'allumettes, etc., dans le but de stimuler le consommateur à répéter l'achat. Ou encore une promotion de vente telle la distribution d'échantillons d'un produit, dans un quartier défini selon des critères de besoins, favorisera la pénétration de ce produit sur le marché.

Une force: la vente personnelle

L'entreprise insiste sur une relation directe du vendeur avec le consommateur, incluant le face à face, la communication personnelle, et les réponses et commentaires des consommateurs. La *vente personnelle* est surtout employée quand le marché cible est connu et spécialisé. C'est le cas pour vendre une automobile, des produits comme Avon, des manteaux de fourrures, etc.

La présentation appropriée du vendeur rassure le consommateur et permet de l'aider à choisir le produit qui lui convient. La démonstration du produit comme le fait Electrolux, les foires d'expositions comme le Salon de l'automobile de Montréal, le rabais sur vente au comptant, les délais de paiements, les catalogues, les cadeaux, les panneaux publicitaires, les dépliants et les macarons sont autant d'activités de promotion employées pour soutenir la vente personnelle.

D – La variable distribution

Où et quand rejoindre le consommateur? Où va-t-il pour acheter son produit? La distribution permet au produit de passer de la fabrication à la consommation et de rendre le produit accessible au bon endroit et au bon moment.

Les canaux de distribution

Il s'agit de choisir un ou plusieurs canaux de distribution et de déterminer quels seront les inter-

TABLEAU 7.3 : Exemple de calendrier de publicité

Mois	Fête	Thème publicitaire	Budget ($)
Août	Rentrée des classes	Bonjour l'école!	5 000
Septembre	Fête du Travail	Vive la couleur!	3 000
Octobre	Action de grâce Halloween	Une saison féérique!	500
Novembre	Jour du souvenir	Que la fête commence!	7 000
Décembre	Noël	Un Noël merveilleux!	5 000
Janvier	Jour de l'an Les Rois	Bonne Année!	1 000
Février	Saint-Valentin	Carnaval d'aubaines!	1 500
Mars	Pâques	Bonjour soleil!	4 500
Avril	1ᵉʳ avril	Jouez le jeu!	2 000
Mai	Fête des Mères	Bonne fête Maman!	1 000
Juin	Saint-Jean-Baptiste	Voyez nos spéciaux!	1 500
Juillet	Fête du Canada	Bonnes vacances!	2 500
		TOTAL	34 500

FIGURE 7.13 : La publicité en fonction de la vie d'un produit

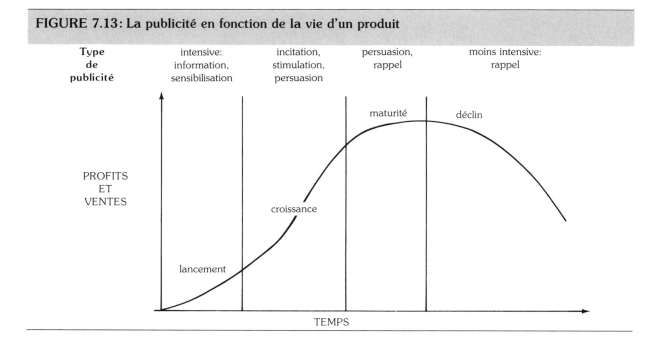

TABLEAU 7.4 : Grille d'allocation des coûts en promotion

Année		Mois												
		J	F	M	A	M	J	J	A	S	O	N	D
Journaux	quotidiens													
	hebdomadaires													
	revues locales													
Télévision	locale													
	régionale													
Radio	locale													
	régionale													
Poste	timbres													
	lettres													
	autres													
Affiches	en couleur													
	en noir et blanc													
Papier imprimé	prospectus													
	dépliant													
	brochure													
Exposition	vitrine													
	kiosque													
	démonstration													
Bons d'achat	rabais													
	tirage													
	cadeaux													
Autres	clowns													
	échantillons													
	pancartes													
	macarons													
	emballage													
	conférences													
	sollicitation													
														GRAND
														TOTAL
	TOTAUX													

FIGURE 7.14: Principaux types de canaux de distribution

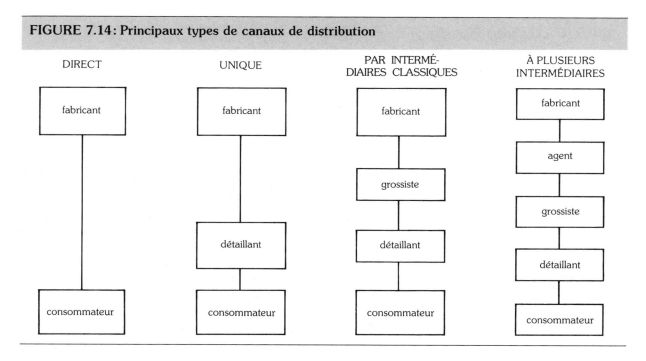

médiaires pour en arriver à la vente finale. Ces canaux ne correspondent pas à des activités distinctes, mais constituent un système (figure 7.14).

Le canal direct

C'est celui de la vente par correspondance et du colportage, surtout dans la vente de livres, de cosmétiques et d'aspirateurs.

Le canal unique

On l'utilise dans la vente d'automobiles, d'ordinateurs, etc., où il n'y a qu'un seul intermédiaire. L'objectif est d'avoir des relations directes avec le consommateur, afin d'améliorer le service après-vente.

Le canal par intermédiaires classiques

Il s'agit de la vente en gros et de détail. Ce canal est le plus économique pour le petit fabricant.

Les points de vente (propriété du fabricant)

Dans les commerces comme ceux de la chaussure, du pneu, du pétrole, etc., les points de vente sont la propriété du fabricant.

Le canal à plusieurs intermédiaires

C'est celui où l'on a plusieurs détaillants. Les commerces du tabac et des friandises en sont des exemples.

TABLEAU 7.5 : Quelques statistiques concernant les franchises

- Elles représentent 40 % des ventes au détail au Canada ou 44 milliards de dollars.
- En 1990, on prévoit qu'elles donneront 90 % des ventes au détail au Canada.
- Il y a 2500 franchises et commerces associés.
- Il y a 300 000 employés dans ce secteur.

Les agents

Ce sont des personnes habituellement rémunérées à commission qui constituent le personnel de vente du fabricant. Elles permettent d'atteindre des marchés et d'influencer la distribution, surtout dans le cas des biens de consommation.

Nous constatons que les intermédiaires ne sont pas tous des grossistes ; il y a aussi l'agent commercial, le détaillant, le courtier, le vendeur à commission et le représentant des ventes. Les endroits de distribution sont les magasins, les hypermarchés, les domiciles, les boutiques, les kiosques, les centres commerciaux, les succursales, les supermarchés, etc. Par exemple, Tupperware est une entreprise qui a très bien su utiliser le domicile du consommateur comme point de vente.

Le choix du canal

Le succès commercial d'un produit dépend souvent du choix du canal de distribution. Ce choix dépend de plusieurs facteurs[1] :

- Quelles sont les habitudes d'achat du consommateur ?
- Quels sont les objectifs de l'entreprise ?
- Quelle part du marché vise-t-on ?
- Quelle est la nature du marché : genre, étendue et situation, volume des ventes ?
- Quelles sont les caractéristiques du produit : est-il périssable ? quel est son prix unitaire ? son volume ? à combien s'élèvent les frais de transport ? quelle est la technicité du produit ? quelle gamme de produits offre-t-on ?
- Quelle est la nature de l'entreprise : les ressources financières, l'expérience et la compétence de la direction, la possibilité de contrôle des canaux, le service qu'elle veut offrir ?
- Quelle est la disponibilité des intermédiaires : leurs attitudes, la nature des services, les frais ?

Depuis 1970, un phénomène assez nouveau semble prendre de l'ampleur au Québec avec l'implantation des centres commerciaux. C'est la franchise, formule intéressante de commercialisation pour tout individu qui a les moyens financiers de réussir en affaires (tableau 7.5). La vitesse d'expansion des chaînes de magasins dépend en grande partie du succès que les franchises remportent. Quant au marchand indépendant, il doit lutter afin de conserver sa part de marché.

Réservé aux biens de consommation, le commerce de détail est le dernier niveau de la distribution avant le consommateur. Extrêmement répandu et diversifié, ce genre de commerce peut prendre les formes suivantes :

- la vente de porte à porte (Avon),
- la commande postale (Sears),
- la vente automatique (distributeurs de cigarettes),
- le magasin pour un type de produit unique (Piscines Trévis),
- le magasin spécialisé (boutique de fromages),
- le magasin à produits multiples (dépanneur),
- le magasin général,
- le magasin de variétés (K-mart),
- la chaîne de magasins, les concessions (McDonald),

---

1. *Source:* Banque fédérale de développement, **Le Marketing – Principes généraux**, Montréal, 1978, p. 3 à 30.

– le centre commercial,
– le magasin d'escompte, le libre-service, le marché aux puces.

Tous ces commerces de détail veulent répondre de façon différente aux besoins du consommateur. Il appartient au spécialiste en marketing de faire un choix judicieux.

E – Les relations publiques ou la publicité indirecte

L'affichage par les commanditaires des équipes de hockey sur les bandes d'une patinoire, les affiches publicitaires sur les murs du métro, les bourses d'études et les trophées offerts par des compagnies font tous partie de la publicité indirecte ou des relations publiques.

Depuis le début des années 1970, la notion de relations publiques progresse lentement dans l'entreprise et devient de plus en plus intéressante comme outil pour développer une image positive face au monde extérieur (figure 7.15).

Ainsi, les relations publiques permettront d'expliquer les véritables motifs de la mise à pied de certains employés et d'éviter que les concurrents croient à une baisse de revenus de l'entreprise ou à une autre raison négative. Le phénomène de la pollution, des fermetures d'usines, des projets conjoints avec le gouvernement sont des facteurs qui doivent être présentés au public, qui est de plus en plus sensible. Même si on croit qu'il n'y aura pas d'effet sur le consommateur, l'information permet de consolider l'image de l'entreprise et du même coup, celle du produit.

F – Les relations politiques

L'entrepreneur ne peut ignorer les gouvernements. D'une part, il y a les lois qui régissent l'entreprise ; d'autre part, il y a les programmes d'aide à l'entreprise.

L'entrepreneur doit, dans son effort de marketing, se sensibiliser à la «chose politique» afin de profiter pleinement des programmes de soutien à l'entreprise tout en connaissant les principaux agents gouvernementaux.

Le tableau 7.6 nous présente la dimension politique du champ d'intervention du marketing. Par exemple, l'entreprise sensibilisée peut profiter du programme fédéral «Défi» dont l'objectif est de créer de l'emploi saisonnier chez les étudiants en accordant des subventions pour financer les dépenses salariales.

TABLEAU 7.6 : L'entreprise et la dimension politique		
Paliers gouverne-mentaux	Points d'intérêts	Agents
Municipal	permis zonage appel d'offre	maire conseillers directeurs
Provincial	procédure de soumission programme de soutien	députés attachés politiques
Fédéral	Appels d'offre Programme de formation	députés attachés politiques ministère de l'Industrie et du Commerce

7.6 PROBLÈMES ET APPLICATION DU MARKETING

Il est difficile de faire accepter le marketing par une entreprise qui est axée sur la production, comme il est difficile de faire accepter par un petit commerçant une stratégie marketing. Pourtant, le recrutement de bons vendeurs, des conseils avisés en publicité, un budget en promotion, la motivation du personnel, un système de rémunération adéquat, la prévision de la demande des produits, l'aménagement du commerce, etc., sont autant de questions courantes en marketing – problèmes souvent insurmontables pour la petite entreprise.

FIGURE 7.15: Facteurs à considérer lors d'une prise de décisions

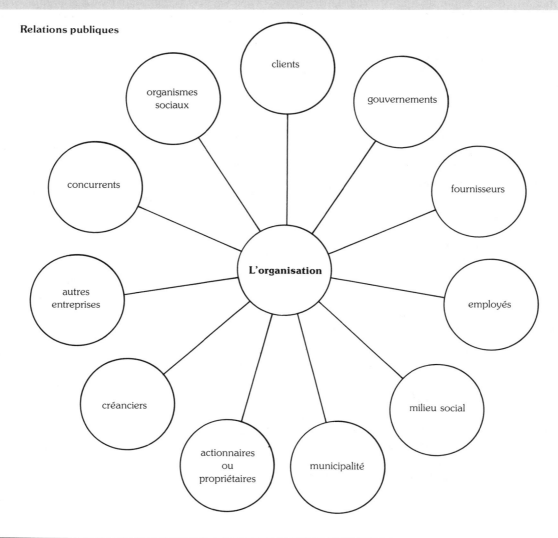

Relations publiques

Pour ce qui est des grosses entreprises, elles ont été, sont et seront toujours confrontées à ces problèmes. Ainsi, en 1965, Datsun a dû modifier l'image de son automobile en la présentant comme deuxième voiture pour le couple, au lieu de la présenter comme première voiture, ainsi qu'elle le faisait depuis 1960.

Dans la pratique commerciale, la fixation des prix est souvent déterminée par la valeur que le consommateur accorde au produit. Souvent un produit, si l'on tient compte du coût d'achat et des autres coûts inhérents à sa commercialisation, voit sa valeur monétaire modifiée parce que le consommateur lui a donné une certaine valeur par rapport à ses besoins. Une entreprise a expérimenté ce phénomène en fixant des prix différents dans chacune de ses cinq succursales, pour finalement choisir le prix de la succursale où le produit se vendait le plus.

Le tableau 7.7 nous montre assez bien le petit côté «travail de bureau» de l'application du marketing.

TABLEAU 7.7 : Démarches marketing régulières

- Impression et distribution de cartes d'affaires.
- Inscription à l'annuaire téléphonique.
- Inscription avec publicité dans les pages jaunes.
- Conception d'un sigle représentatif de l'entreprise.
- Conception d'un slogan identifiant la mission de l'entreprise.
- Impression d'en-têtes de papier à lettre, de factures, de relevés de comptes, de chèques.
- Achat de divers tampons encreurs.
- Parution d'offres de services et de produits dans les annonces classées et les sections publicitaires.
- Installation de panneaux publicitaires précisant les points de vente.
- Achat d'articles de promotion tels crayons, calendriers, agendas, etc.
- Souscription à un ou des organismes de charité ou sociaux en vue dans la communauté.
- Présence aux événements culturels, aux dîners-causeries, etc.
- Achat de billets de tirage à des fins de charité.
- Lettrage publicitaire des véhicules.

Ces démarches sont nécessaires afin de manifester la présence de l'entreprise dans son milieu.

RÉSUMÉ

Le marketing se compose de trois éléments stratégiques.

Le comportement du consommateur fait l'objet d'une analyse; on examine ses besoins et on évalue sa décision d'acheter.

Par l'étude du marché et la segmentation, on essaie de cerner le profil du consommateur ainsi que les facteurs géographiques et économiques qui pourraient influencer son achat.

Le marketing-mix se définit comme la mise en fonction des variables susceptibles de permettre l'atteinte de l'objectif, c'est-à-dire la satisfaction du client. Ces variables sont la pertinence du produit, la détermination des prix, une promotion efficace et une plus grande accessibilité du produit grâce à la distribution.

Chapitre **8**
La fonction production

OBJECTIFS

1. Identifier et connaître les éléments particuliers à la fonction production et à son organisation.
2. Présenter l'évolution de la fonction production au cours des deux derniers siècles.
3. Connaître les principales formes et éléments d'un système de production.
4. Décrire les éléments déterminant les décisions de localisation et d'organisation de l'unité de production.
5. Connaître et savoir appliquer à des exemples simples le calcul du seuil de rentabilité.
6. Présenter les fonctions de base de la gestion de la production.

PLAN

INTRODUCTION

Lorsqu'on mentionne le nom «production», on pense immédiatement à des entreprises d'extraction ou de fabrication. C'est tout à fait normal puisque l'importance de la fonction production est beaucoup plus grande dans ce genre d'entreprises que dans d'autres, qui évoluent dans des secteurs économiques différents.

Il n'est cependant pas nécessaire que l'organisation comporte une usine ou une mine pour qu'on y retrouve des activités de production. La plupart des entreprises doivent organiser de façon séquentielle les activités, développer des normes d'exécution du travail, donc des normes de production, et aménager de façon fonctionnelle les espaces de travail.

8.1 DÉFINITION DE LA PRODUCTION

On définit la production comme la transformation des ressources humaines, matérielles et financières en produits et services (figure 8.1). Toute activité qui ajoute de la valeur à un bien ou à un service est donc de la production. Il faut évidemment effectuer cette activité de transformation en tenant compte de normes établies de quantité, de qualité, de temps et de coûts.

Il s'agit donc d'un processus qui découle d'une décision de produire quelque chose en une certaine quantité, à un rythme et selon des normes et des étapes données, et qui aboutit à des produits ou à des services. Les dirigeants de l'entreprise doivent aussi décider de la variété de biens ou services à produire selon la situation du marché, les ressources de l'entreprise, la concurrence et la conjoncture économique (figure 8.2).

Nous pouvons illustrer la notion de production par deux exemples. Pour la production d'un bien, un produit tangible, on imagine une personne (ressource humaine) possédant une pièce de bois et un couteau (ressources matérielles) qui peut sculpter (activité de transformation) une statuette (bien). Dans le cas de la production d'un service, on peut penser à une personne (ressource humaine) possédant une certaine quantité de connaissances sur un sujet donné, qui loue une salle (ressource matérielle) pour prononcer une conférence (service).

Nous identifions donc deux types de production tout à la fois semblables et distincts: la production de biens, qui consiste très souvent en une activité de transformation ou d'extraction, et la pro-

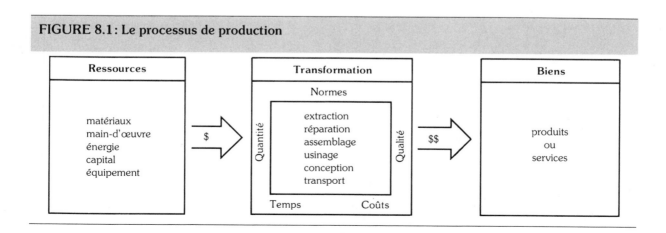

FIGURE 8.1: Le processus de production

FIGURE 8.2: Le processus de production dans l'entreprise

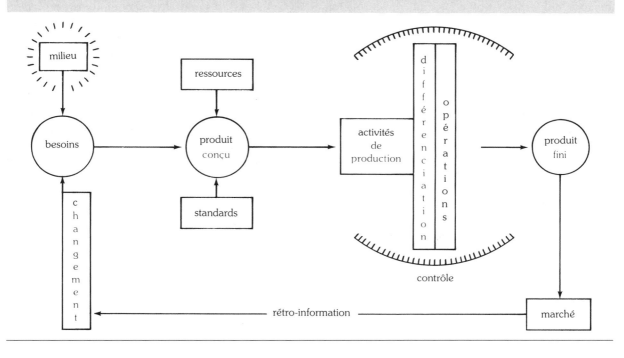

---

duction de services, axée davantage sur les ressources humaines. Dans les prochaines pages, le mot «produit» concernera indifféremment les biens ou les services.

8.2 HISTORIQUE

Les premières activités de production de l'homme ont certainement été motivées par des besoins physiques et par l'instinct de conservation. On ne peut dire précisément à quand remontent les premiers abris qu'il a construits, les premiers outils ou armes qu'il a créés. On sait cependant que nos ancêtres ont beaucoup produit. Il existe encore aujourd'hui de grandes réalisations qui nous émerveillent: les temples incas, les pyramides égyptiennes, la Grande Muraille de Chine.

8.2.1 La révolution industrielle

Le XVIIIᵉ siècle et la première moitié du XIXᵉ siècle voient naître la machine à vapeur et diverses autres inventions qui permettent d'améliorer la capacité de production. C'est un économiste écossais, Adam Smith, qui énonce en 1776 le principe de la subdivision du travail et de la spécialisation des tâches. On commence alors à s'intéresser à une gestion efficace de la production. Par la suite, plusieurs chercheurs comme Babbage, Taylor, Gantt et Galbraith consacreront leurs travaux à cette fonction.

Mais, dès lors, on comprend la production comme une fonction qui regroupe une série d'activités concernant la conception et la fabrication d'un produit depuis la table à dessin jusqu'à l'obtention d'un bien ou d'un service. Aussi, le choix des caractéristiques du produit, de la matière première à utiliser, des opérations de transformation à effectuer et de leur ordre, des machines et outils nécessaires et, s'il y a lieu, la détermination des normes de production, appartiennent à la fonction production.

8.2.2 L'organisation scientifique

Vers la fin du XIXᵉ siècle apparaît l'organisation scientifique du travail. L'ingénieur américain Frederick Winslow Taylor préconise une réorganisation de la production en tenant compte des études de temps et de mouvements, d'une amélioration des conditions de travail et d'une rémunération en fonction de la productivité. Henry Ford conçoit la chaîne de montage. À cette époque apparaît aussi la mécanisation des usines et, de là, le remplacement des travailleurs par la machine.

Une des idées principales à retenir de l'approche de Taylor est celle-ci: «La fonction production, pour être efficace, doit définir ses méthodes de travail à l'aide de spécialistes. Ainsi se fera une coordination des différentes activités de travail.»[1]

En fait, l'approche scientifique donnera des résultats différents selon la nature et la grandeur de l'entreprise.

– Dans *l'entreprise artisanale*, toutes les activités sont réalisées successivement par un seul travailleur: la conception du produit, la production, la mise en marché. On retrouve donc la structure suivante: I (individu) → a + b + c + ... (opérations) = N (produit fini).
– Dans *la petite entreprise*, la demande est plus forte et l'on doit engager au moins un deuxième travailleur. On a alors la structure I^1 (a + b + c + d) + I^2 (e + f + g + h) = N.
– *L'industrialisation* montre une augmentation encore plus grande de la demande; on doit

recourir à plusieurs travailleurs et, avec l'aide de la machine, on en arrive à la spécialisation des tâches. On parle alors d'*opérations parcellaires successives*. Chaque individu a sa tâche précise à accomplir en fonction de la machine: N = I^1 + I^2 + I^3 + I^4 + ...
– À *l'ère de la machine*, celle-ci est devenue de plus en plus complexe et importante dans le processus; le besoin de contrôle, tant de la machine que de la production, augmente. On affecte un travailleur à chaque machine pour s'assurer que tout fonctionne selon les planifications. Soit M pour «machine», on obtient la structure: $I^1 \rightarrow M^1$ (a + b + c) + $I^2 \rightarrow M^2$ (d + e + f) + ... = N.
– À *l'ère des ordinateurs et des opérations continues*, le rôle de l'individu se limite au contrôle des opérations. Les travailleurs ne font que superviser une séquence de travail comme «a + b + c» pour la réalisation du produit N. Chaque individu supervise la séquence de travail dont il est responsable. N = I^1 (a + b + c) + I^2 (d + e + f) + ...

8.2.3 L'analyse du comportement

Au cours des décennies 1920 et 1930, on se rend compte que le bien-être physique et une bonne rémunération des employés ne suffisent pas à enrayer tous les problèmes relatifs à la quantité et à la qualité des produits fabriqués. Les attitudes et les besoins psychologiques des travailleurs font l'objet d'études, et on en vient à la conclusion que tout ce qui entoure l'ouvrier influence son rendement au travail.

8.2.4 La recherche opérationnelle

La Seconde Guerre mondiale (1939-1945) a donné naissance à des méthodes de prévision plus complexes, basées principalement sur les techniques quantitatives. Ces techniques ont par la suite été utilisées dans les entreprises, ce qui a amené l'élaboration de modèles mathématiques de ges-

---

1. TAYLOR, F.W. *Direction scientifique des entreprises*, Verviers, Marabout, Marabout – n° 66, 1967.

tion de la production et les débuts de l'informatique.

8.2.5 La cybernétique

De nos jours, l'ordinateur n'est plus employé seulement comme outil de la prise de décisions ; il est intégré à la machine devenant ainsi robot. On conçoit des chaînes de production entièrement automatisées, sans ouvrier, où les robots font l'assemblage. Le rôle de l'employé consiste à surveiller la séquence de travail. On doit donner à l'automatisation un sens plus large : les produits sont fabriqués d'une façon plus automatique qu'avant.

8.3 LES ÉLÉMENTS DU SYSTÈME DE PRODUCTION

L'entreprise forme un système parfaitement intégré. Le service du marketing ou de la recherche conçoit un nouveau produit, vérifie l'intérêt qu'il représente pour le consommateur puis, si les résultats de cette recherche démontrent un potentiel de vente intéressant, en informe le secteur de la production. On élabore alors un système de production (figure 8.3).

Ce processus comprend l'ensemble des activités de production :

— *La détermination des ressources nécessaires* à la réalisation du produit et *l'inventaire des ressources* dont dispose le service de production : la main-d'œuvre, l'équipement, les matières premières, les méthodes et techniques de travail, etc. ;
— *L'établissement des standards* permettant le rendement optimal du système en tenant compte des ressources disponibles ;
— *La définition des activités essentielles* à la production ;
— *La prévision de l'atteinte d'un résultat* répondant aux standards établis ainsi qu'aux besoins et aux attentes du marché.

La réunion de toutes ces activités en un tout cohérent permet la conception de la production en tant que système. Système qui est lui-même sous-système du grand système que forme l'entreprise (figure 8.4).

De façon à atteindre un rendement optimal, c'est-à-dire le plus efficace possible, le sous-système de production doit intégrer les activités tels les achats, la gestion des stocks, les calendriers de production, les études de temps et de mouvements.

8.4 ÉLABORATION D'UN SYSTÈME DE PRODUCTION

Pour s'assurer de bénéficier du système de production le plus adéquat possible, il faut prendre plusieurs décisions concernant :

— la situation physique de l'unité de production,
— le choix des méthodes de production,
— l'organisation physique de la production,
— la taille de l'unité de production.

8.4.1 Les considérations de base

Avant de prendre toutes ces décisions, il faut penser à certains éléments qui pourront les influencer.

— *Le coût du système de production.* La production coûte cher. On parle de 60 % à 80 % du budget de l'entreprise. Il faut des équipements modernes, des techniciens bien formés, des spécialistes de différents secteurs.
— *La souplesse du système.* La production n'est qu'un des sous-systèmes formant l'entreprise. Elle doit être capable de s'adapter aux demandes et aux exigences des autres sous-systèmes ou de l'environnement quant aux quantités à produire, aux modèles à concevoir, aux changements de modèles dus à la mode, aux fluctuations des quantités à produire en fonction du marché, aux modifications des procédés

---

FIGURE 8.3: Éléments de l'élaboration du système de production

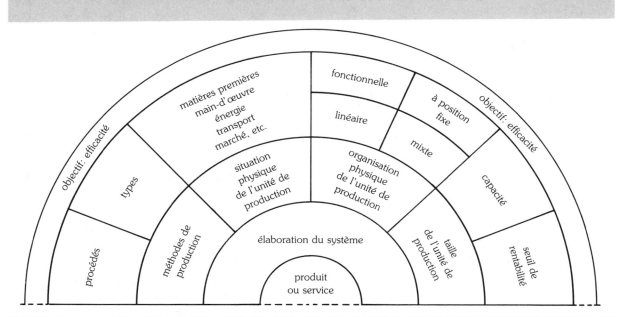

selon les objectifs généraux de l'entreprise et aux besoins de satisfaction des travailleurs.

— *L'innovation dans le système.* On doit prévoir des activités de recherche; des techniciens, des ingénieurs, etc., qui contrôleront en permanence la qualité et la quantité et s'efforceront constamment de trouver de nouveaux moyens pour mieux faire les choses.

— *Le contrôle préventif.* On ne peut se permettre de défaillance du système: un bris d'équipement, un manque de pièces, etc., parce que tout arrêt entraîne une perte financière, voire des mises à pied. Il faut donc contrôler de façon à prévenir au lieu d'avoir à guérir.

8.4.2 La localisation de l'unité de production

La localisation de l'unité de production aura des répercussions certaines sur son fonctionnement

et ce, tant sur le plan des coûts que sur celui de l'efficacité; de là s'ensuivent évidemment des effets sur la compétitivité ou sur la structure des prix de ventes possibles. Mais où doit-on situer notre unité de production? Quels sont les éléments les plus importants?

— *La proximité des matières premières.* Dans plusieurs cas, on aura avantage à localiser l'unité de production le plus près possible des sources de matières premières. Celles-ci peuvent être lourdes ou volumineuses et coûter très cher à transporter; d'autres sont périssables et donc difficiles à conserver; on peut aussi avoir grand besoin d'eau pour un procédé quelconque, etc. C'est pour ces raisons qu'on retrouve fréquemment les usines de transformation de minerai, les scieries, les conserveries, les usines de pâtes et papiers tout près des matières premières.

— *La concentration du marché.* Plus le marché est concentré dans un espace géographique res-

FIGURE 8.4: Le système de production

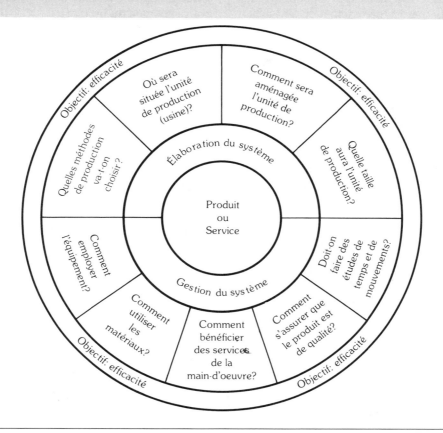

treint, plus on a avantage à se situer dans ce marché. Plus le marché est vaste, moins cet aspect de la localisation a d'importance.

– *L'énergie disponible.* Les alumineries consomment énormément d'énergie; elles ont donc avantage à s'installer le plus près possible de leurs sources énergétiques.

– *La disponibilité de la main-d'œuvre.* Il coûte cher de relocaliser la main-d'œuvre; il vaut donc mieux s'assurer d'être dans une région où la main-d'œuvre est adéquate, tant sur le plan quantitatif: en nombre de personnes disponibles ou qualifiées, etc., que sur le plan qualitatif: la stabilité, la productivité de cette main-d'œuvre, etc.

– *Les politiques gouvernementales.* Par des subventions, des exemptions de taxes ou des crédits d'impôts, les différents gouvernements rendent parfois certaines régions fort avantageuses.

– *La qualité de l'infrastructure.* Les services municipaux de base: l'aqueduc, rues et routes, etc., sont-ils présents et de qualité suffisante? La réponse à cette question influence la localisation.

— *Les moyens de transports disponibles.* L'entreprise fait-elle grand usage des transports par route, par mer, par air, par chemin de fer? Il faut tenir compte des besoins en transport dans la décision de la localisation.

— *L'existence des centres de développement économique.* Un noyau d'entreprises présente des avantages: une main-d'œuvre spécialisée, la proximité de fournisseurs ou de clients, les échanges technologiques, mais aussi certains inconvénients: concurrence plus forte pour obtenir la main-d'œuvre et des salaires plus élevés. Lesquels l'emportent? C'est une question à laquelle il faut répondre quand on doit situer une unité de production.

Enfin, toute une série d'autres considérations influencent cette localisation: l'attrait de la région pour le personnel, la présence d'écoles, de services de loisirs, des services de santé, etc. Tous ces éléments contribueront à la satisfaction des travailleurs, donc au rendement de l'entreprise.

8.4.3 Le choix des méthodes de production

Il existe, rappelons-le, deux grandes catégories de produits:

— les biens ou produits tangibles,
— les services ou produits non tangibles.

Ces catégories peuvent compter:

— des produits à vocation industrielle, qui contribuent à la production d'autres produits;
— les produits à vocation de consommation, achetés par le consommateur pour ses besoins.

Enfin, tous ces produits peuvent être fabriqués:

— *de façon standardisée,* c'est-à-dire en grande quantité selon des caractéristiques constantes;
— *sur commande,* soit selon les besoins précis d'acheteurs particuliers et en petite quantité.

Les procédés et types de production varient évidemment en fonction de la catégorie et de la sous-catégorie du produit.

A – Les procédés

reliés aux biens

— *extractif:* dans les mines, les puits de pétrole, etc.
— *analytique (ou de décomposition):* par exemple dans le raffinage du pétrole brut en huile, en essence, etc.
— *de conversion (ou de fabrication):* par exemple dans la transformation du tissu en vêtement, ou du métal en un classeur.
— *de montage (ou d'assemblage):* dans les chaînes de montage d'automobiles ou de fabrication de la bière, etc.

reliés aux services

— *de distribution:* dans le transport de marchandises, dans l'étalage, la distribution en gros, etc.
— *d'idéation:* quand un médecin fait un diagnostic, quand un architecte conçoit des plans, quand un concepteur publicitaire imagine un message, etc.

B – Les types de production

— *continue.* C'est le type de la chaîne de montage ou de l'atelier qui servent à un seul produit, comme dans le domaine automobile. Ce type de production est idéal pour une production en grande quantité.
— *intermittente.* On fabrique en alternance différents produits dans un même atelier. C'est le cas dans la production en quantités moyennes.
— *à l'unité.* On produit selon la demande, comme on le fait pour les produits qui répondent à une commande précise.

FIGURE 8.5: Séquence des activités de production dans l'usine de meubles en métal ABC inc.

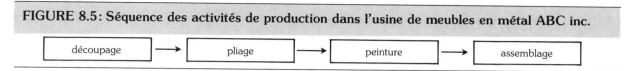

| découpage | → | pliage | → | peinture | → | assemblage |

8.4.4 L'organisation physique

Lorsqu'on parle d'organisation physique, il s'agit de tout ce qui touche à la disposition des aires de travail, à l'entreposage et aux équipements. Par une bonne organisation physique, on vise principalement quatre objectifs:

- minimiser les déplacements de main-d'œuvre, d'équipements ou de matières premières;
- diminuer les goulots d'étranglement;
- diminuer les pertes de temps des hommes et des machines;
- garantir la flexibilité nécessaire au système de production.

Pour arriver à établir un aménagement, il faut donc bien connaître les activités à accomplir et la séquence de base dans laquelle il faut les faire (figure 8.5). On reconnaît quatre principaux types d'aménagement:

- *fonctionnel (production en série)*. Toutes les machines servant à une étape sont regroupées dans un atelier et les produits doivent passer par plusieurs ateliers (figure 8.6).
- *linéaire (par atelier)*. Un produit est fabriqué en entier dans un seul atelier où on retrouve tous les types de machineries (figure 8.7).
- *mixte (production continuelle)*. C'est une combinaison des deux premiers types d'aménage-

FIGURE 8.6: Organisation fonctionnelle de ABC inc.

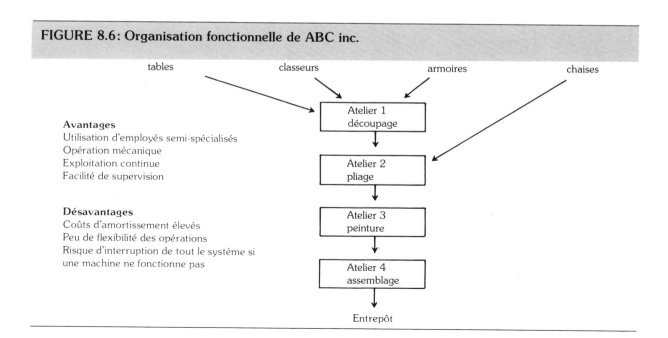

Avantages
Utilisation d'employés semi-spécialisés
Opération mécanique
Exploitation continue
Facilité de supervision

Désavantages
Coûts d'amortissement élevés
Peu de flexibilité des opérations
Risque d'interruption de tout le système si une machine ne fonctionne pas

tables   classeurs   armoires   chaises

Atelier 1
découpage

Atelier 2
pliage

Atelier 3
peinture

Atelier 4
assemblage

Entrepôt

FIGURE 8.7: Organisation linéaire de ABC inc.

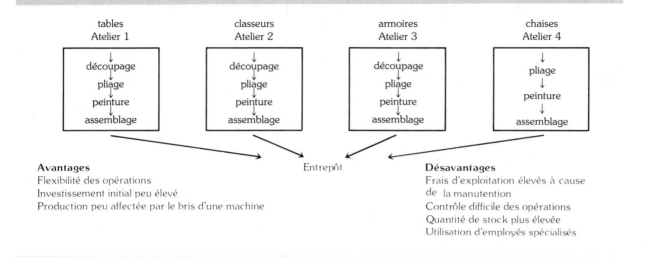

Avantages
Flexibilité des opérations
Investissement initial peu élevé
Production peu affectée par le bris d'une machine

Désavantages
Frais d'exploitation élevés à cause
de la manutention
Contrôle difficile des opérations
Quantité de stock plus élevée
Utilisation d'employés spécialisés

FIGURE 8.8: Organisation mixte de ABC inc.

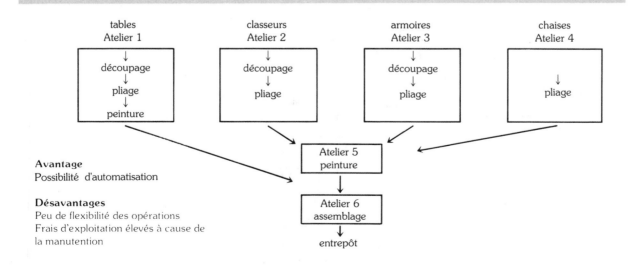

Avantage
Possibilité d'automatisation

Désavantages
Peu de flexibilité des opérations
Frais d'exploitation élevés à cause de
la manutention

TABLEAU 8.1: Mesure de la capacité de production

$$\text{CAPACITÉ DE PRODUCTION} = \frac{\text{NOMBRE D'UNITÉS}}{\text{TEMPS DE PRODUCTION}}$$

Pour une entreprise d'embouteillage :

$$\text{CAPACITÉ DE PRODUCTION} = \frac{16\,000 \text{ bouteilles}}{8 \text{ heures}} = 2000 \text{ bouteilles à l'heure}$$

---

ment: une partie du processus se fait par atelier alors que l'autre partie, par production en série (figure 8.8).

– *par poste fixe*. C'est un type d'aménagement où le produit est fixe, alors que les travailleurs et les équipements se déplacent. C'est ce qu'on fait pour tous les produits impossibles à déplacer: les navires dans les chantiers maritimes, les immeubles, etc.

8.4.5 La taille de l'unité de production

Il ne suffit pas de disposer d'une unité de production bien située, de bons procédés et d'un aménagement idéal pour être assuré du succès; il faut aussi que l'unité soit de la bonne taille ou, en d'autres termes, qu'elle ait une capacité de production correspondant aux besoins prévus et éventuels, permettant la flexibilité que l'évolution des ventes et du marché peuvent exiger et, bien sûr, la rentabilité.

A – La capacité de production

C'est la mesure de la taille de l'unité de production. On la calcule simplement en divisant le nombre d'unités à produire ou produites par le temps de production. Évidemment, on ne parle pas du temps de production réel: personne ne travaille réellement huit heures dans une journée de huit heures (tableau 8.1).

Pour améliorer cette capacité, par exemple en augmentant une production d'embouteillage à 20 000 bouteilles par jour, l'entreprise dispose de plusieurs possibilités:

– réaménager les aires de travail pour éliminer ou réduire des déplacements;
– améliorer la qualité de l'équipement ou des travailleurs;
– ajouter des équipements ou des travailleurs;
– augmenter la période de production.

B – Le seuil de rentabilité

Un des calculs les plus souvent utilisés en gestion de la production, et plus particulièrement lors des décisions quant à la capacité de production, est celui du seuil de rentabilité, ou du point mort. Ce calcul permet de déterminer si une unité de production sera rentable.

Dans toute entreprise, on reconnaît deux principaux types de coûts:

– *les coûts variables:* ceux qui varient de façon directement proportionnelle à la quantité de produits fabriqués, par exemple les coûts en matière première ou en main-d'œuvre;
– *les coûts fixes:* ceux qui ne varient pas selon la quantité produite, par exemple les taxes,

FIGURE 8.9: Coûts fixes

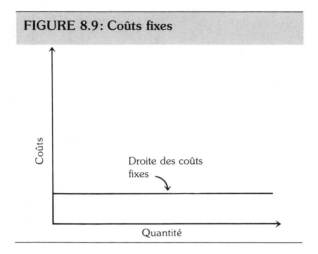

FIGURE 8.10: Coûts variables

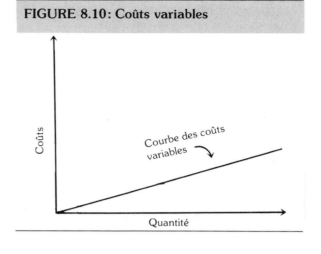

l'amortissement sur la bâtisse ou les coûts en équipement.

Soulignons aussi qu'il existe des *coûts semivariables*: seulement une partie des coûts varie, mais on peut les intégrer à l'analyse en séparant leur partie variable de leur partie fixe.

D'un autre côté, nous avons aussi – et heureusement d'ailleurs – des *revenus*.

Ces définitions étant posées, illustrons le calcul du seuil de rentabilité par un exemple.

Exemple

L'entreprise XYZ prévoit que ses ventes seront d'environ 45 000 unités par année pour quelques années, et qu'ensuite elles augmenteront de 10 % par an.

On a deux projets d'usines. En voici les chiffres.

	Usine A	Usine B
Capacité de production:	46 000 u.	80 000 u.
Coûts fixes annuels:	120 000 $	189 000 $
Coûts variables unitaires:	4 $	3 $
Prix de vente unitaire:	10 $	10 $

À la figure 8.9, nous représentons les coûts fixes (CF) pour l'usine A par une droite parfaitement horizontale: en effet ces coûts ne varient absolument pas selon la quantité produite. La figure 8.10 montre les coûts variables (CV) pour la même usine. Nous voyons une droite qui monte vers la droite de façon régulière: plus la quantité produite (Q) augmente, plus le coût variable total augmente.

À la figure 8.11, nous voyons ce qui arriverait si nous additionnions les coûts variables aux coûts fixes: $CF + (CV \times Q)$. Quant à la figure 8.12, elle représente l'évolution des revenus: le prix unitaire (P) multiplié par le nombre d'unités vendues (Q).

Enfin, à la figure 8.13, si nous superposons la figure 8.11, qui représente les coûts, à la figure 8.12, qui donne les revenus, nous voyons la *rentabilité de l'exploitation*. Le seuil de rentabilité est ce point où les revenus sont égaux aux coûts totaux: $PQ = CF + (CV \times Q)$. Pour connaître le *profit*, on soustrait les coûts totaux des revenus: $Profit = PQ - (CF + (CV \times P))$.

Si nous faisons le calcul, nous pouvons nous rendre compte que les deux usines sont rentables avec des ventes de 45 000 unités. Mais à combien

FIGURE 8.11: Les coûts totaux

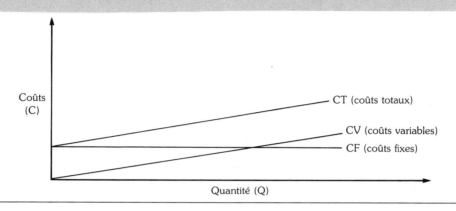

d'unités ces usines commencent-elles à être rentables? On veut donc connaître leur seuil de rentabilité:

Usine A

PQ = CF + (CV × Q)
10 $ × Q = 120 000 $ + (4 $ × Q)
Q = 20 000 unités

Usine B

PQ = CF + (CV × Q)
10 $ × Q = 189 000 $ + (3 $ × Q)
Q = 27 000 unités

En superposant les graphiques de coûts totaux des deux usines: celui de la figure 8.11 pour l'usine A et un autre que nous créerions de la même

FIGURE 8.12: Les revenus

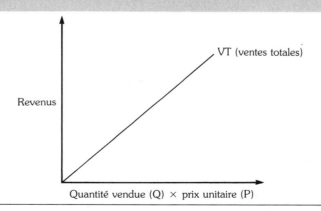

FIGURE 8.13: Les aires de profits et de pertes

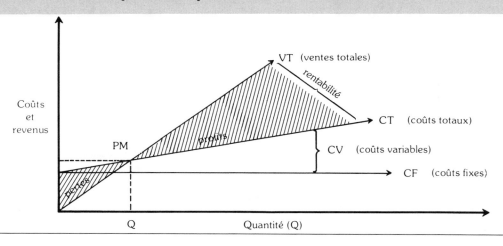

---

façon pour l'usine B, nous obtenons la figure 8.14, qui compare les deux coûts totaux. Le point de rencontre des deux droites s'appelle le *niveau d'indifférence*.

$$CF^A + CV^A \times Q = CF^B + CV^B \times Q$$

$$120\,000\,\$ + 4\,\$ \times Q = 189\,000\,\$ + 3\,\$ \times Q$$
$$Q = 69\,000\ \text{unités}$$

Selon les prévisions de vente, la confiance qu'on a dans le produit, les possibilités d'expansion de l'usine A, des possibilités d'octroyer des sous-

---

FIGURE 8.14: Le niveau d'indifférence

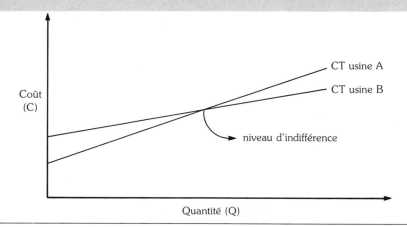

FIGURE 8.15 : Organigramme d'un service de production

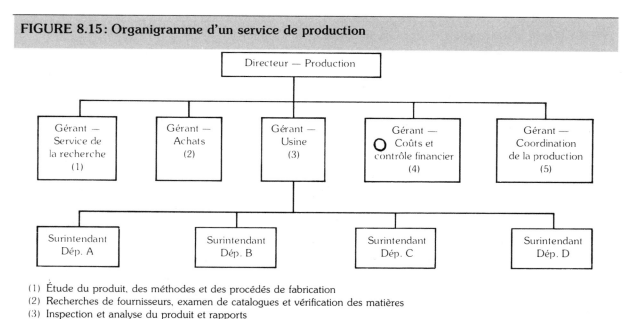

(1) Étude du produit, des méthodes et des procédés de fabrication
(2) Recherches de fournisseurs, examen de catalogues et vérification des matières
(3) Inspection et analyse du produit et rapports
(4) Analyse des procédés comptables et des coûts et rapports
(5) Maintenance, horaires, rapports, etc.

contrats, etc., on choisira de construire soit l'usine A soit l'usine B.

8.5 LA GESTION DU SYSTÈME DE PRODUCTION

Une fois le système de production conçu et mis en place, on le met en marche et on voit quotidiennement à son bon fonctionnement : c'est là sa gestion (figure 8.15). On se rend compte de l'importance de cette fonction lorsqu'on sait que, dans les entreprises des secteurs primaire et secondaire, entre 60 % et 80 % du budget total de l'entreprise va à la production.

8.5.1 Les ressources

La première activité de gestion touche les ressources (figure 8.16).

– *Les matières premières.* On doit décider : a) si l'on fabrique toutes les composantes ou si on en achète déjà fabriquées ; b) de qui acheter nos matières premières ; c) en quelles quantités on doit les acheter ; d) comment les acheminer jusqu'aux installations ; e) où et comment les entreposer ; etc.

Nous reviendrons d'ailleurs sur ces questions au chapitre 16.

– *L'équipement.* Lors des décisions concernant la capacité de production, on a décidé de l'équipement à utiliser. Il faut maintenant penser à le garder en bonne condition, à le renouveler, à le remplacer, etc.

– *La main-d'œuvre.* On s'occupera ici de contrat de travail, de rémunération, de santé et de sécurité, etc., concernant les cadres, les employés de bureau, le personnel directement

FIGURE 8.16: Éléments de la gestion du système de production

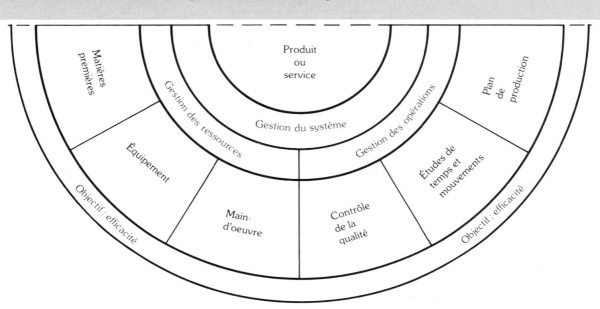

lié à la production et celui qui y est indirectement rattaché: les techniciens, les superviseurs, etc.

8.5.2 Les opérations

Il faut aussi gérer les activités quotidiennes de la production:

— *Le contrôle de la qualité.* Il faut s'assurer que le produit respecte une norme de qualité acceptable, établie en partie par le consommateur, qui exige une certaine qualité avant d'acheter, en partie par des agences extérieures de contrôle, par exemple l'Association canadienne de normalisation (ACNOR), et en partie aussi par les propres services de l'entreprise qui veulent s'assurer que la qualité est suffisante pour ces agents

sans être trop grande, car elle exigerait alors des coûts trop élevés.

— *Les études de temps et de mouvements.* Pour que les travailleurs puissent produire le plus possible sans se fatiguer, on doit s'assurer qu'ils utilisent les meilleures méthodes de production. C'est ce à quoi les études de temps et de mouvements servent: à réduire les temps d'exécution, à diminuer le nombre de mouvements nécessaires, à réduire les dépenses d'efforts, à établir des normes de temps d'exécution, etc.

— *Les plans de production.* Quels produits fabriquerons-nous? En quelles quantités? Quand? Avec quelles machines? quelles ressources? Qui y travaillera? Il faut s'assurer de disposer de stocks suffisants — sans qu'ils soient trop considérables — de chacun des produits. Le tout doit être planifié de façon à éviter les pertes de temps ou les doubles emplois.

RÉSUMÉ

On retrouve la fonction production dans l'entreprise de biens ou de services aussi bien que dans l'entreprise industrielle. Cette fonction consiste à transformer des ressources en produits ou services.

La production est fondée sur la division des tâches et sur la spécialisation du travail. Elle est de plus en plus mécanisée et robotisée.

Afin de produire, une entreprise doit d'abord élaborer un système de production, puis le mettre en place et le gérer. La conception du système suppose qu'on choisit des méthodes de production, qu'on localise l'unité productrice, qu'on organise physiquement cette unité et qu'on en détermine la taille.

La gestion du système de production comprend la gestion des ressources et celle des opérations. Sur le plan des ressources: les matières premières, l'équipement et la main-d'œuvre, la gestion peut se heurter à divers problèmes qu'il faut régler au jour le jour, bien qu'une planification à long terme ait été préalablement faite. La gestion des opérations s'effectue par divers moyens de contrôle afin de respecter les standards exigés; on utilise des méthodes telles que le contrôle de la qualité, les études de temps et de mouvements et les plans de production.

Toutes les activités de production sont orientées vers un seul objectif: l'efficacité.

Chapitre 9
La fonction
comptabilité et finances

OBJECTIFS

1. Clarifier l'importance de la fonction comptabilité et finances.
2. Montrer la différence entre livres comptables et pièces justificatives.
3. Décrire la comptabilité et les finances et les activités qui s'y rattachent.
4. Présenter les principaux documents comptables.
5. Situer clairement l'objectif des finances.
6. Examiner les principaux outils des finances.
7. Identifier les sources de financement possibles pour l'entreprise.

PLAN

9.1 RÔLE DANS L'ENTREPRISE

La fonction comptabilité et finances concerne les aspects économiques de la réalisation des objectifs de l'entreprise; elle enregistre les éléments quantitatifs des opérations. Les différents postes qu'on retrouve à cette fonction ont comme titre : trésorier, secrétaire-trésorier, responsable des finances, directeur des finances, vice-président aux finances, contrôleur, etc.

Du point de vue de la gestion, il semble évident qu'il n'y a pas lieu de s'interroger sur l'importance de la fonction comptabilité et finances dans l'entreprise. Les documents comptables et financiers servent de preuves de références à un grand nombre de personnes, directement et indirectement concernées par l'entreprise (figure 9.1) :

a) les gestionnaires de l'entreprise;
b) les actionnaires ou le propriétaire;
c) les créanciers;
d) le comptable agréé (ou le vérificateur externe);
e) les ministères du Revenu;
f) les acquéreurs éventuels de l'entreprise.

Pour les gestionnaires, les rapports financiers permettent d'évaluer les conséquences de leurs décisions et de considérer les facteurs d'influences externes pouvant diminuer ou améliorer les performances : une période économique difficile, la venue d'un nouveau concurrent, etc. De plus, ces rapports servent à l'évaluation du personnel cadre.

Enfin, ils donneront aux actionnaires le moyen de vérifier immédiatement la rentabilité de leur capital investi. Les actionnaires analyseront surtout l'effet des décisions et des résultats sur la politique de dividendes et les risques rattachés à leur investissement. À cette fin, ils tiendront compte de l'indice du coût de la vie et du taux d'intérêt privilégié des banques, endroit par excellence pour un placement non risqué, et ils établiront la valeur réelle de leur bénéfice.

Les créanciers (prêteurs ou fournisseurs) font l'analyse des états financiers. La solvabilité de l'entreprise devient le point important à étudier. Ils tentent de déterminer si l'entreprise est en mesure de rembourser ses dettes afin de savoir si leurs prêts comportent des risques.

Pour sa part, le comptable agréé a pour mandat de faire la vérification des documents comptables, et il atteste, avec une plus ou moins grande réserve, la véracité des chiffres et des pièces justificatives. De nombreuses taxes imposées à l'entreprise sont fondées sur les résultats présentés au bilan. Le sérieux accordé à la tenue de livres et à la classification de pièces justificatives complètes est ce qui prime dans la vérification. La vérification externe est faite par un expert-comptable indépendant qui analyse les comptes d'une entreprise et ses états financiers à l'aide des principes comptables généralement reconnus.

Voici d'ailleurs le texte qui accompagne généralement le rapport du vérificateur externe :

«J'ai examiné le bilan de la compagnie Dynamique au 31 décembre 19XX, ainsi que l'état des revenus et dépenses, l'état des bénéfices non répartis, l'état du surplus d'apport et celui de la provenance et de l'utilisation des fonds pour l'exercice terminé à cette date. Mon examen a comporté une revue générale des procédés comptables ainsi que le sondage des registres comptables et d'autres démarches que j'ai jugé nécessaire de faire dans les circonstances.

«À mon avis, ces états financiers présentent fidèlement la situation financière de la compagnie au 31 décembre 19XX, ses résultats d'exploitation ainsi que la provenance et l'utilisation de ses fonds pour l'exercice terminé à cette date, le tout conformément aux principes comptables généralement reconnus, appliqués de la même manière qu'au cours de l'exercice précédent. »

À moyen terme, l'inspecteur d'impôt se réserve le droit de vérifier les livres et d'émettre des recommandations pour qu'ils rendent exactement l'image de la situation de l'entreprise. Donc,

FIGURE 9.1 : Comptabilité et finances – rôle et relations

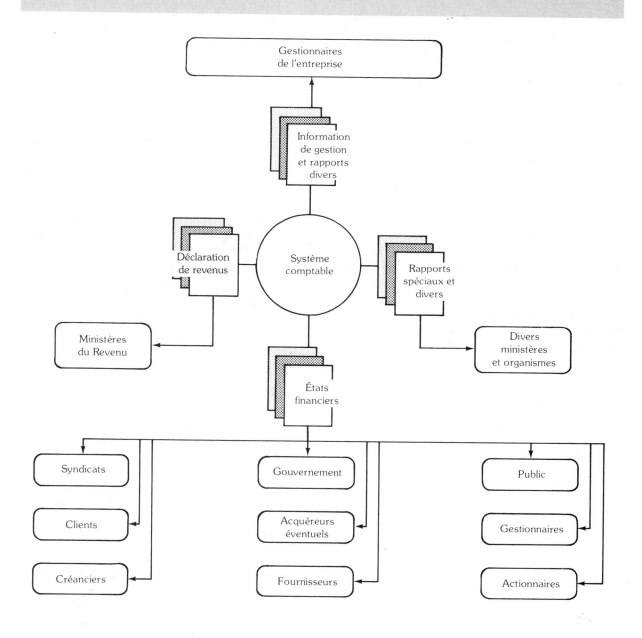

la fonction comptabilité et finances facilite la tâche du Ministère.

Toute entreprise, surtout lorsqu'elle fonctionne d'une façon rentable, peut représenter un achat intéressant pour les investisseurs. Il y a toujours des individus ou des entreprises intéressées à faire l'acquisition soit des actifs, soit des actions d'une entreprise. Une tenue de livres impeccable et des états financiers exacts sont le reflet de l'entreprise et permettent aux investisseurs éventuels de se faire facilement une idée précise sur la valeur de l'entreprise. À cette fin, le gestionnaire a recours à divers instruments ou livres comptables (tableau 9.1), lesquels facilitent son travail et favorisent la concordance des informations comptables.

Le contrôle des informations est une préoccupation importante du gestionnaire: la solution est de posséder des pièces justificatives pour chaque écriture comptable. Le tableau 9.2 donne la liste des principales pièces pouvant servir à un contrôle adéquat et à une gestion efficace de l'information. À chaque livre comptable correspondent des pièces justificatives précises (figure 9.2).

TABLEAU 9.1: Principaux livres comptables

Journal général
Journaux auxiliaires:

      Comptes fournisseurs
      Comptes clients
      Rentrées de fonds
      Sorties de fonds
      Achats
      Ventes
      Billets à recevoir

Grand livre
Registre des chèques
Livre de paie
Livre des certificats d'actions
Registre des immobilisations

9.2 LA COMPTABILITÉ

La comptabilité présente l'information mathématique concernant l'entreprise et ses opérations. Elle se concrétise dans la formulation des états financiers.

9.2.1 Définition de la comptabilité

La comptabilité se subdivise en deux grandes activités: la *comptabilité générale* et la *comptabilité industrielle*. La comptabilité générale regroupe les techniques reliées à la paye, aux comptes fournisseurs et aux comptes clients, à la facturation et aux comptes généraux. Pour sa part, la comptabilité industrielle repose sur les techniques de prix de revient, soit le coup du bien produit, standard (prévu) et réel.

La comptabilité, c'est l'art d'enregistrer et de classifier de façon significative la valeur monétaire des transactions commerciales et des événements qui ont un caractère financier, de préparer les états financiers, qui sont la synthèse des transactions commerciales, et d'en interpréter les résultats.

9.2.2 Les services comptables

Les services comptables comprennent le *service de mécanographie*, qui, à l'aide de différentes techniques mathématiques, de machines comptables et d'ordinateurs, fait la compilation des données. Selon la taille de l'entreprise et l'utilisation que les autres services font du système informatique, il peut être préférable de faire de ce service une entité distincte, afin de mieux répondre aux besoins de tous.

Il y a aussi le *service de comptabilité industrielle* qui a comme objectifs l'analyse du prix de revient, la détermination du coût standard et la comparaison des coûts standards avec les dépenses réelles. Ce service est surtout utilisé dans les entreprises manufacturières, mais, depuis quelques

TABLEAU 9.2: Principales pièces justificatives

La facture vérifiée et signée par le client et initialée par le vendeur.

Les chèques portant la raison de la transaction et le numéro de la facture d'achat.

L'état de compte courant, rapport mensuel permettant de suivre le roulement de l'argent et la santé de l'organisation.

Les dépôts signés.

Le coupon de la caisse enregistreuse, à la fin d'une journée, pour voir les ventes quotidiennes.

Le talon des chèques expliquant le contenu de la transaction.

La fiche d'inventaire, bon détachable selon les mouvements de stock.

années, il représente un outil fort utilisé des autres entreprises, particulièrement celles qui offrent des services.

Il y a en plus le *service des budgets* qui, à partir de l'évaluation des prévisions des ventes et des études de marché, aide chaque directeur de service à établir son budget. La consolidation des budgets de chaque service permet d'établir le budget global de l'entreprise. Ce dernier sert de point de repère au cours de la période, offrant ainsi la possibilité de juger la qualité des résultats obtenus.

FIGURE 9.2: Interdépendance des pièces justificatives et des livres comptables

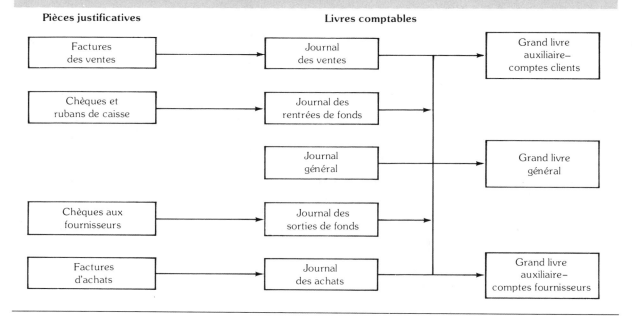

Enfin, il y a le *service de comptabilité financière*, soit celui auquel les non-initiés pensent immédiatement lorsque l'on parle de comptabilité. La plupart des rapports financiers servant aux administrateurs, aux créanciers, aux actionnaires et aux gouvernements proviennent de ce service. Les états financiers dont nous allons reparler émanent de ce service et sont, en fait, la synthèse des transactions de l'entreprise.

Il faut aussi compter quelques autres services, comme l'indique la figure 9.3.

9.2.3 Les états financiers

Il existe plusieurs types d'états financiers. Il s'agit de documents préparés généralement une fois l'an par le service comptable de l'entreprise. Leur but est d'informer le créancier sur la solvabilité de l'entreprise, le gouvernement sur les profits, en vue de l'imposition, et les administrateurs sur les résultats de leurs décisions. Ils permettent donc une évaluation de l'entreprise, compte tenu des objectifs des fonctions production, gestion des ressources humaines, marketing et gestion.

Deux rapports montrent plus particulièrement les fondements des opérations de l'entreprise: le bilan et l'état des résultats.

A – Le bilan

Le bilan est un document de synthèse de la structure financière de l'entreprise à une date don-

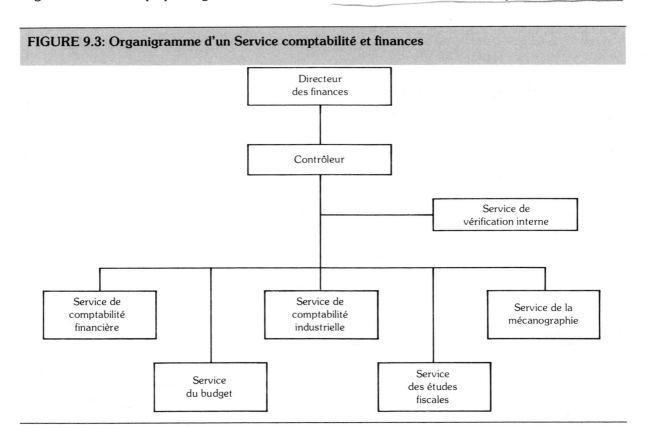

FIGURE 9.3: Organigramme d'un Service comptabilité et finances

- Directeur des finances
- Contrôleur
- Service de vérification interne
- Service de comptabilité financière
- Service du budget
- Service de comptabilité industrielle
- Service des études fiscales
- Service de la mécanographie

née. Il comprend l'actif (les biens), le passif (les dettes) et leur différence (le capital).

Prenons comme exemple le cas personnel de Monsieur LeGrand: Le 31 mars 19XX, Yves LeGrand fait l'inventaire de ce qu'il possède et de ce qu'il doit, de façon à déterminer sa valeur économique. À cette date, il a 350 dollars dans un compte d'épargne, 500 dollars en obligations du Québec, une camionnette de 5300 dollars et une radio de 310 dollars. Il doit encore les sommes de 4000 dollars et 210 dollars, respectivement pour sa camionnette et sa radio. Le tableau 9.3 présente ces montants sous forme de bilan.

Analysons maintenant les *postes*, soit les divisions d'un bilan d'entreprise (tableau 9.4).

L'actif représente tous les biens que possède l'entreprise, toutes les valeurs tangibles et intangibles dont elle dispose. Elle sont enregistrées à leur valeur originale moins l'amortissement accumulé selon le cas. Le bilan, selon une pratique acceptée de tous, ne comporte que les biens achetés par l'entreprise. Ainsi, la compétence des employés, actif fort important, n'est pas représentée au bilan.

L'actif se divise en trois catégories: l'actif à court terme, l'actif à long terme: les immobilisations, et les autres éléments de l'actif.

L'actif à court terme représente les biens pouvant être convertis en argent en moins d'un an. Ils sont présentés au bilan selon la vitesse à laquelle on peut les convertir en argent.

Les immobilisations sont les biens ayant une vie utile de plus d'un an. Ils sont souvent le poste le plus important du bilan. Ils sont présentés au bilan selon leur durée, en commençant par la plus longue. Il est à noter aussi que les immobilisations sont comptabilisées selon leur coût; on ne tient pas compte de leur valeur marchande, mais on déduit de leur valeur l'amortissement accumulé au cours des années.

Les autres éléments de l'actif regroupent tout l'actif exclu des deux premières catégories. Nous ne traiterons ici que du plus fréquent: l'*achalandage*, c'est-à-dire la clientèle attirée par l'emplacement de l'entreprise.

L'achalandage est généralement évalué par un comptable au moment de l'achat d'une entreprise. Sa valeur est fixée lors des négociations entre acheteur et vendeur. On considère alors divers facteurs tels la réputation de la compagnie, de ses administrateurs et de ses propriétaires, la situation géographique de l'entreprise, le nombre d'années d'existence, etc. Parce qu'il ne représente rien de matériel, l'achalandage est dit un élément d'actif *incorporel*. Il doit quand même, tout comme les autres immobilisations sauf le terrain, être amorti.

Le passif représente l'ensemble des dettes de l'entreprise. On en distingue trois catégories: le *pas-*

TABLEAU 9.3: Exemple de bilan

YVES LEGRAND
BILAN AU 31 MARS 19XX
(en dollars)

Actif		Passif	
encaisse	350	compte à payer	210
obligations	500	emprunt pour la camionnette	4 000
camionnette	5 300	CAPITAL	
radio	310	avoir net du propriétaire	2 250
	6 460		

TABLEAU 9.4: Principaux postes du bilan

CLAUDE DYNAMIQUE ENR.
BILAN AU 31 DÉCEMBRE 19XX

Actif	Passif
Actif à court terme	**Passif à court terme**
encaisse	comptes fournisseurs
comptes à recevoir	emprunts bancaires
stocks	impôts à la source
titres négociables	
TOTAL DE L'ACTIF À COURT TERME	TOTAL DU PASSIF À COURT TERME
Actif à long terme	**Passif à long terme**
immobilisations brutes	hypothèque
amortissement	emprunt à long terme
immobilisations nettes	
autres	TOTAL DU PASSIF À LONG TERME
TOTAL DE L'ACTIF À LONG TERME	**Capital**
	avoir des propriétaires
	TOTAL DU CAPITAL
TOTAL DE L'ACTIF	TOTAL DU PASSIF ET DU CAPITAL

---

sif à court terme, le *passif* à *long terme* et l'*avoir des actionnaires.*

Le passif à court terme regroupe l'ensemble des dettes dont l'échéance a lieu en moins d'un an. Il représente surtout les fonds fournis par les créanciers de l'entreprise.

Le passif à long terme est constitué des dettes qui servent habituellement au financement des immobilisations: les emprunts à long terme et l'hypothèque. Comme elles sont remboursables en plusieurs années, nous les appelons dettes à long terme. Cependant, la partie de ces dettes remboursable dans le prochain exercice doit être présentée dans le passif à court terme.

L'avoir du propriétaire ou des actionnaires inclut l'investissement initial des propriétaires, leurs apports de fonds subséquents, ainsi que la partie des bénéfices qui n'a pas été versée en dividendes et qu'ils ont décidé de réinvestir dans l'entreprise. La terminologie utilisée pour désigner cet avoir varie selon le type d'entreprise. On peut distinguer les trois catégories suivantes.

Premièrement, pour l'entreprise à propriétaire unique (EPU), tout profit réalisé au cours d'un exercice financier est additionné aux résultats des exercices antérieurs et figure au bilan au poste capital ou avoir du propriétaire (tableau 9.5). Le total du revenu annuel de l'entreprise est assujetti à l'impôt sur le revenu du propriétaire et, en conséquence, imposé à son taux personnel.

Deuxièmement, pour la société, l'«avoir» ou le «capital» du propriétaire est remplacé par le «capital des associés», détaillé pour chacun d'eux (tableau 9.6). La société représente l'association

---

TABLEAU 9.5: Bilan d'une EPU

CLAUDE DYNAMIQUE ENR.
BILAN AU 31 DÉCEMBRE 19XX
(en dollars)

Actif			Passif		
Actif à court terme			**Passif à court terme**		
encaisse	18 725		emprunt bancaire	11 375	
comptes à recevoir	47 775		comptes fournisseurs	15 750	
TOTAL DE L'ACTIF			TOTAL DU PASSIF		27 125
		66 500			
			Capital		
			solde au 1er janvier 19XX	87 500	
			plus: profit de l'exercice	26 950	
				114 450	
			moins: prélèvements	75 075	
			solde au 31 décembre 19XX		39 375
			TOTAL DU PASSIF ET DU CAPITAL		66 500

---

de deux ou de plusieurs personnes, liées par un contrat de société. Ce contrat stipule l'apport initial de chaque associé, la limite des prélèvements et des salaires ainsi que les modalités de partage des profits ou des pertes. Tout comme dans l'entreprise à propriétaire unique, les revenus tirés de la société sont ajoutés aux autres revenus des associés et imposés à leur taux personnel.

Troisièmement, pour la compagnie à responsabilité limitée, les termes «propriétaire» ou «associé» sont remplacés par le terme «actionnaire». La responsabilité des actionnaires se limite alors à leur investissement, c'est-à-dire au coût des actions achetées. Au bilan, l'avoir des actionnaires doit inclure les éléments suivants (tableau 9.7):

— Le *capital-actions autorisé*, c'est-à-dire les diverses catégories d'actions, leur valeur nominale ainsi qu'une description de chaque catégorie.
— Le *capital-actions émis et payé*, c'est-à-dire le nombre d'actions vendues par catégorie ainsi que la valeur de ces actions.

— *Les bénéfices non répartis*, c'est-à-dire le montant des bénéfices moins celui des pertes subies réinvesti dans la compagnie par les actionnaires. Le terme «non répartis» signifie que les bénéfices n'ont pas été distribués aux actionnaires. Lorsque les pertes excèdent les bénéfices, les «bénéfices non répartis» deviennent un «déficit».

Bref, l'analyse du bilan nous permet d'établir l'équation suivante, fondamentale en comptabilité:

Part des actionnaires	=	actifs	—	dettes

B – L'état des résultats

Cet état est préparé dans le but de calculer le profit ou la perte d'une entreprise durant un exercice financier (tableau 9.8). Ce calcul s'effectue en soustrayant les dépenses des revenus, et le résultat

TABLEAU 9.6: Bilan d'une société

CLAUDE DYNAMIQUE ENR.
BILAN AU 31 DÉCEMBRE 19XX
(en dollars)

Actif			Passif		
Actif à court terme			**Passif à court terme**		
encaisse	13 375		emprunts bancaires	8 125	
comptes à recevoir	34 125		comptes fournisseurs	11 250	
TOTAL DE L'ACTIF		47 500	TOTAL DU PASSIF		19 375
			Capital		
			solde au 1er janvier 19XX		
			associé n° 1	22 250	
			associé n° 2	22 250	
			Plus: profit de l'exercice	19 250	
				63 750	
			Moins: prélèvements		
			associé n° 1	16 562,5	
			associé n° 2	16 562,5	
			solde au 31 décembre 19XX		
			associé n° 1		14 062,5
			associé n° 2		14 062,5
			TOTAL DU PASSIF ET DU CAPITAL		47 500

net est transféré au bilan à l'avoir des actionnaires ou du propriétaire. Le profit (ou la perte) est donc le lien essentiel entre le bilan et l'état des résultats.

Le tableau 9.9 présente une liste exhaustive des principaux postes qui peuvent être employés lors de la préparation de l'état des résultats ou du bilan. Signalons que, selon qu'il s'agisse d'une entreprise commerciale, de production ou de service, ces termes peuvent être employés différemment.

9.3 LES FINANCES

9.3.1 Historique

Au début du siècle, quand la gestion financière fut reconnue comme un champ de spécialisation distincte, on a limité son domaine exclusivement à l'étude des institutions financières et des instruments de crédit.

Après la Seconde Guerre mondiale, une nouvelle conception se dessine sous l'influence de plusieurs facteurs de l'environnement de l'entreprise:

– l'accroissement de la taille des entreprises;
– la diversification des produits;
– l'innovation continuelle des méthodes de production;
– l'expansion des marchés;
– la diminution des marges de profit;
– la concurrence.

Cette conception comprend deux éléments: d'abord, maintenir les liquidités suffisantes pour payer les dettes à échéance, afin d'éviter l'insolvabilité, puis assurer une rentabilité maximale des fonds de l'entreprise.

TABLEAU 9.7: Bilan d'une compagnie

CLAUDE DYNAMIQUE ENR.
BILAN AU 31 DÉCEMBRE 19XX
(en dollars)

Actif			Passif		
Actif à court terme			**Passif à court terme**		
encaisse	18 725		emprunts bancaires	11 375	
comptes à recevoir	47 775		comptes fournisseurs	15 750	
TOTAL DE L'ACTIF		66 500	TOTAL DU PASSIF		27 125
			Capital		
			Capital actions		
			Autorisé: 30 000 actions privilégiées à 7,5 % d'intérêts accumulés, rachetables à 12 $, valeur nominale de 10 $		
			Émis et payé: 25 000 actions ordinaires	25 000	
			Bénéfices non répartis	14 375	
			TOTAL DU CAPITAL		39 375
			TOTAL DU PASSIF ET DU CAPITAL		66 500

Le responsable des finances d'aujourd'hui peut concilier ces deux éléments à l'aide d'objectifs clairement identifiés tels que:

a) la précision des besoins en fonds de l'entreprise, soit l'établissement des ressources financières;
b) la détermination de la partie de ces ressources qui provient de l'autofinancement et de celle fournie par l'extérieur;
c) la découverte des meilleurs moyens et sources pour obtenir du financement supplémentaire lorsque le besoin s'en fait sentir;
d) l'établissement des meilleures méthodes pour utiliser au mieux toutes les ressources dans l'exécution des plans et projets de l'entreprise.

Tous ces objectifs peuvent être atteints grâce à certaines politiques financières. Trois éléments principaux servent à déterminer ces politiques:

a) le taux de liquidités que l'entreprise doit garder;
b) la proportion à maintenir entre les dettes et les actions;
c) l'usage à faire du profit net.

Le premier élément nous amène à analyser certains ratios financiers. Le second élément nous oblige à traiter du levier financier (sous-section 9.3.3) et le troisième, à analyser la politique de distribution des dividendes et de réinvestissement.

9.3.2 L'objectif primordial des finances

Tous les objectifs que l'on vient de mentionner ont été établis en vue de maximiser la valeur de l'entreprise ou des propriétaires, ou, pour une société de capitaux, la valeur au marché des actions ordinaires à longue échéance.

Le responsable de cette fonction sera donc responsable d'établir le budget de capital, les

---

TABLEAU 9.8: État des résultats

CLAUDE DYNAMIQUE ET ASS. ENR.
ÉTAT DES RÉSULTATS POUR L'EXERCICE TERMINÉ LE 31 DÉCEMBRE 19XX
(en dollars)

Ventes	1 200 000	
Moins: Retours et rabais	50 000	
Ventes nettes		1 150 000
Moins: coût des marchandises vendues		
stocks au début de l'année	35 000	
plus: Achats	550 000	
marchandises disponibles à la vente	585 000	
moins: Stocks à la fin de l'année	40 000	
		545 000
		605 000
PROFIT BRUT		
Moins: dépenses d'exploitation		
salaires	320 000	
loyer	120 000	
mauvaises créances	15 000	
		455 000
PROFIT NET AVANT IMPÔTS		150 000

moyens de financement et la politique de dividendes.

9.3.3 Les outils des finances

Pour atteindre ces objectifs, le spécialiste des finances dispose de nombreux outils dont l'analyse financière, le fonds de roulement, l'analyse des mouvements de fonds, l'analyse du point mort et le budget de caisse.

A – L'analyse financière

L'analyse financière est une technique permettant au responsable du financement de découvrir les lignes de force ou de faiblesse de l'entreprise, à l'aide de ratios. La valeur du ratio ne repose pas sur des critères absolus, car tout dépend de l'entreprise, de son secteur d'activité, des années, etc.

C'est la comparaison avec la moyenne industrielle qui permet de voir si l'entreprise est en bonne ou en mauvaise situation.

Afin de mieux saisir cet outil, identifions les principaux ratios employés par le gestionnaire.

Ratios concernant les liquidités de l'entreprise

– *Le ratio du fonds de roulement =* $\dfrac{\text{Actif à court terme}}{\text{Passif à court terme}}$

Dans ce cas, Actif à court terme = Encaisse, titres négociables, comptes clients et stock.

C'est un ratio de solvabilité à court terme. Les actifs disponibles sont ceux que l'entreprise pourra transformer en argent liquide au cours d'un cycle normal d'opération, soit généralement un an.

– *Le ratio de liquidités immédiates =*

$$\frac{\text{Actif à court terme } - \text{ Stock}}{\text{Passif à court terme}}$$

C'est un ratio de solvabilité à court terme qui a comme grande qualité de ne tenir compte que des actifs liquides.

Ratios de levier

Ce type de ratios mesure la part des capitaux empruntés dans le financement de l'entreprise. Les ratios de levier sont importants pour le créancier, car ils illustrent la capacité de l'entreprise d'établir

---

TABLEAU 9.9: Terminologie du bilan et de l'état des résultats

Bilan	État des résultats
ACTIF	**FRAIS GÉNÉRAUX DE FABRICATION**
encaisse	loyer
comptes de banque	fournitures
comptes clients	réparations et entretien
provisions pour mauvaises créances	éclairage et chauffage
inventaire	achats
frais payés d'avance	frais de consultation
terrain	salaires
bâtiments	amortissement: (à soustraire)
mobilier	machinerie et équipement
équipement	améliorations locatives
matériel roulant	
amortissement: (à soustraire)	**FRAIS DE VENTE**
bâtiments	commissions sur ventes
mobilier	frais de représentation
équipement	salaires
matériel roulant	matériel d'expédition
	frais de livraison
PASSIF	publicité
emprunts bancaires	amortissement: (à soustraire)
comptes fournisseurs	matériel roulant
impôt à la source	
taxes de vente	**FRAIS GÉNÉRAUX D'ADMINISTRATION**
hypothèques	salaire des cadres
emprunts des actionnaires	salaire des employés de bureau
	assurances et taxes
VALEUR NETTE	honoraires professionnels
capital actions	imprimerie
bénéfices non répartis	amortissement: (à soustraire)
	mobilier de bureau
	FRAIS DE FINANCEMENT
	intérêts et frais bancaires
	remises accordées
	mauvaises créances

justement ses moyens de financement et de payer ses intérêts.

Il y a deux sortes de levier. Premièrement, le *levier financier*, qui est le mode de financement: emprunt ou émission d'actions, qui sera le plus avantageux sur le plan du profit. Deuxièmement, le ratio du *levier d'opération* représente l'influence qu'aura le changement du chiffre d'affaires sur les profits.

Parmi les ratios de levier, mentionnons:

— *Le ratio de structure* =
$$\frac{\text{Dettes à long terme}}{\text{Actif total}}$$

Il révèle comment l'entreprise se finance, comment l'actif de l'entreprise a été financé.

— *Le ratio de couverture de l'intérêt* =
$$\frac{\text{Revenu avant impôt } - \text{ Intérêt}}{\text{Intérêt à long terme}}$$

Il indique la capacité de l'entreprise à payer ses dettes.

Ratios relatifs aux opérations de l'entreprise

— *Le taux de rotation de l'inventaire* =
$$\frac{\text{Ventes nettes}}{\text{Inventaire moyen}}$$

Il permet de voir combien de fois par période l'inventaire est renouvelé.

— *L'établissement des ventes quotidiennes* =
$$\frac{\text{Ventes annuelles}}{\text{Nombre de jours ouvrables}}$$

— *La période moyenne de recouvrement* =
$$\frac{\text{Comptes clients}}{\text{Ventes quotidiennes}}$$

Il indique le nombre de jours que l'entreprise prend pour récupérer l'argent que ses clients lui doivent.

— *Le taux de rotation de l'actif* =
$$\frac{\text{Ventes nettes}}{\text{Actif total}}$$

Il indique combien chaque dollar d'actif rapporte à l'entreprise sur le plan des ventes.

Ratios de rentabilité

Ce type de ratios permet de mesurer la rentabilité de l'entreprise.

— *Le taux de profit net sur les ventes* =
$$\frac{\text{Revenu après impôts}}{\text{Ventes nettes}}$$

Il indique le rendement par rapport aux ventes.

— *Le rendement sur l'actif total* =
$$\frac{\text{Revenu après impôts}}{\text{Actif total}}$$

Il indique le rendement selon les actifs de l'entreprise. C'est un indice extrêmement important, car l'utilisation optimale des ressources est l'objectif premier de l'entreprise.

B – Le fonds de roulement

Nous avons déjà mentionné que les actifs à court terme sont la caisse et les autres biens que l'entreprise peut convertir en argent liquide dans les 12 mois qui suivent la date du bilan. On les appelle aussi les actifs disponibles et facilement réalisables.

Quant aux dettes à court terme, ce sont celles qui doivent être payées dans les 12 prochains mois. La circulation normale des fonds dans l'entreprise devrait en assurer le paiement. Cette circulation résulte de la conversion de la caisse en stock, de la conversion des stocks en comptes à recevoir et de la conversion des comptes à recevoir en caisse. Si les ventes se font au comptant, le cycle est plus court, car les stocks sont immédiatement convertis en caisse. Chaque fois que le cycle se répète, suite à la vente d'un produit ou d'un service, les fonds perçus incluent le profit et les montants nécessaires au paiement des comptes qui découlent des achats de stock et des autres frais encourus. Bref, c'est l'actif à court terme qui paie le passif à court terme.

Le temps nécessaire à la conversion en argent des actifs à court terme et du montant des transactions joue un rôle important dans le paiement des dettes à court terme. Une conversion plus rapide amène une plus grande disponibilité de fonds, et lorsque les fournisseurs font un plus grand crédit, une entreprise peut fonctionner avec un fonds de roulement moindre. La figure 9.4 représente les flux de caisse.

Beaucoup d'entreprises doivent posséder un fonds de roulement excédentaire, c'est-à-dire un fonds où l'actif à court terme excède le passif à court terme. Généralement, ces entreprises possèdent des stocks dont la rotation n'est pas toujours rapide et elles accordent du crédit aux clients. La rapidité du cycle d'opération et le volume de transactions déterminent le montant de chaque actif et le montant à investir dans le fonds de roulement. Aussi, le gestionnaire doit être en mesure de déterminer un montant pour chaque actif et chaque passif à court terme, de façon à pouvoir établir le montant requis pour le fonds de roulement.

Donc, la différence entre l'actif à court terme et le passif à court terme constitue ce qu'on nomme le fonds de roulement. Il est un indice de la solvabilité de l'entreprise.

– *Le fonds de roulement =*
Actif à court terme − passif à court terme

Pour déterminer l'indice de solvabilité, il y a lieu d'effectuer différentes comparaisons. Mais la plus utilisée est le rapport de l'actif à court terme au passif à court terme :

– *L'indice de solvabilité =*

$$\frac{\text{Actif à court terme}}{\text{Passif à court terme}}$$

On peut aussi établir le rapport de l'actif à court terme au passif à court terme en excluant les stocks d'inventaire et les frais payés d'avance.

C – L'analyse des mouvements de fonds

L'analyse des mouvements de fonds est une méthode de contrôle consistant à montrer, d'une période à l'autre, le déplacement des fonds dans l'entreprise.

Le tableau 9.10 illustre un état de mouvements de fonds. Il indique qu'entre les deux périodes analysées, 30 millions de dollars se sont déplacés. L'entreprise a utilisé 25 millions de dollars, soit 83⅓ % des fonds, à divers postes de l'actif dont 15 millions de dollars, soit 50 %, à des fins d'immobilisations. Le financement de ces postes du bilan provient à 83⅓ % du passif, dont 66⅔ % proviennent des profits réinvestis.

D – L'analyse du point mort ou le seuil de rentabilité

L'analyse du point mort est une technique de contrôle permettant d'étudier l'influence des coûts fixes et des coûts variables sur la production. Le seuil de rentabilité ou point mort est le volume de production et de vente où on ne réalise ni profit ni perte. Voici les équations utilisées :

Profit = Revenu − Coût total
Si profit = 0, Revenu = Coût total
Coût total = Coûts fixes + Coûts variables
Au point mort :

$$\text{Quantité} = \frac{\text{Coûts fixes totaux}}{\underset{\text{par unité}}{\text{Prix de vente}} - \underset{\text{par unité}}{\text{Coûts variables}}}$$

Une méthode graphique permet d'illustrer la notion du point mort. Vous retrouverez l'essentiel de cette notion dans la sous-section 8.4.5 de ce volume, au point «Le seuil de rentabilité».

E – Le budget de caisse

Un budget de caisse suppose une projection des recettes et des déboursés à différentes pério-

FIGURE 9.4: Flux de caisse

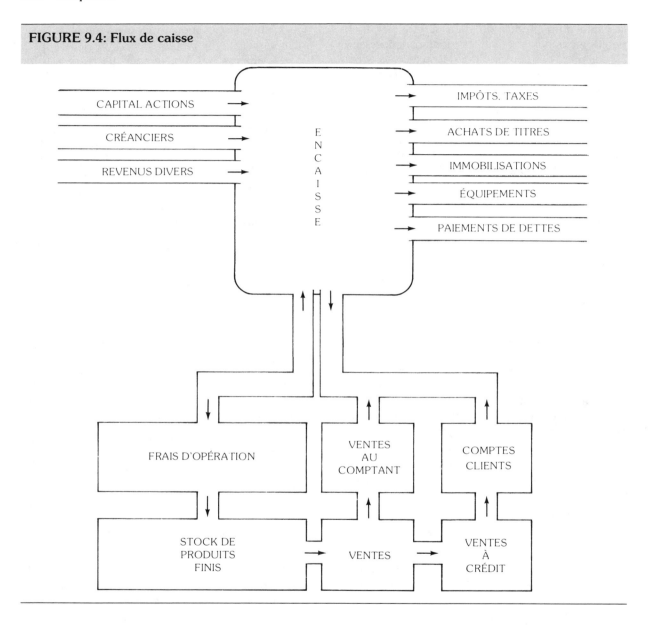

des. Il a pour but d'informer le responsable des finances sur le moment et sur le montant de toute entrée et de toute sortie de fonds, afin qu'il puisse mieux déterminer les besoins de liquidités et s'occuper de financer les actifs. On peut faire un budget de caisse pour n'importe quelle période de temps, mais le budget de caisse mensuel est le plus fréquent parce qu'il tient compte des variations saisonnières du fonds de roulement.

TABLEAU 9.10: Analyse des mouvements de fonds

YVES LEGRAND INC.
PROVENANCE ET UTILISATION DES FONDS
(en millions de dollars)

Actif	1990 12 31	1991 12 31	Provenance $	Provenance %	Utilisation $	Utilisation %
caisse	5	10			5	16⅔
clients	10	15			5	16⅔
inventaire	15	10	− 5	16⅔		
immobilisations	50	65			15	50
	80	100				
Passif et capital						
emprunts bancaires	5	10	5	16⅔		
fournisseurs	10	5			5	16⅔
capital-actions ordinaire	50	50				
profits réinvestis	15	35	20	66⅔	—	—
	80	100	30	100	30	100

La marche à suivre pour élaborer un budget de caisse consiste à:

— trouver les recettes,
— établir les déboursés,
— combiner les recettes et les déboursés pour obtenir les entrées ou les sorties de fonds nettes.

Le tableau 9.11 nous présente un budget de caisse pour une période de 6 mois.

F – Les états pro forma et prévisionnels

Comme le budget de caisse nous informe sur les besoins de fonds futurs, les états *pro forma* nous informent sur la composition des actifs, du passif et des profits futurs. Essentiellement, les états pro forma concernent la planification de l'entreprise sur une période définie, la nouvelle structure financière prévue.

Il arrive couramment qu'un créancier exige du débiteur des états prévisionnels. Un état des résultats et un bilan prévisionnels devront alors être fournis. Le tableau 9.12 nous donne un exemple d'un bilan pro forma. La clef pour bien établir un pro forma consiste à prévoir les ventes d'une manière précise.

Par exemple, si on prévoit une augmentation de X % de ventes, on établira que les différents postes du bilan évolueront de façon semblable.

9.4 LE FINANCEMENT DE L'ENTREPRISE

9.4.1 Les principales sources

Le financement est une préoccupation constante pour toute organisation. La politique générale est d'assurer la solvabilité de l'entreprise de même qu'une meilleure rentabilité de fonds, soit à court terme, soit à moyen ou à long terme.

On devra tenir compte des agents financiers comme les banques, les coopératives financières,

TABLEAU 9.11: Budget de caisse

YVES LEGRAND INC.
BUDGET DE CAISSE
(en dollars)

Recettes	Janv.	Févr.	Mars	Avril	Mai	Juin
recettes du mois	9 025	10 800	19 140	14 280	13 940	10 800
recouvrements des créances	0	285	834	2 050	2 452	2 816
TOTAL DES RECETTES	9 025	11 085	19 974	16 330	16 392	13 616
Déboursés						
paiements aux fournisseurs	11 592	3 515	14 651	12 259	8 791	6 458
autres paiements	2 800	3 200	4 350	3 750	3 700	3 050
impôt des années 19XX	25		5 318			
impôt des années 19XX			1 350			1 350
dépenses personnelles	350	350	350	350	350	350
TOTAL DES DÉBOURSÉS	14 767	7 065	26 019	16 359	12 841	11 208
RECETTES NETTES	− 5 742	4 020	− 6 045	− 29	3 551	2 408
solde du début de la période	+ 930	− 4 812	− 792	− 6 837	− 6 866	− 3 315
ENCAISSE EN FIN DE PÉRIODE	− 4 812	− 792	− 6 837	− 6 866	− 3 315	− 907

les compagnies de fiducie, les fournisseurs, ainsi que de leurs taux d'intérêt, de leurs services et des engagements qu'ils exigent.

Il existe trois sortes de financement: l'autofinancement, la part de capital du propriétaire et le crédit.

A – L'autofinancement

Sans nul doute, l'autofinancement est la principale source de financement de l'entreprise, et la plus utilisée. C'est le réinvestissement par l'entreprise de ses propres profits et des amortissements.

B – Les actions

Les *actions ordinaires* constituent les parts d'association. Lorsqu'on achète une action d'une compagnie, on détient un titre de celle-ci, c'est-à-dire qu'on en est copropriétaire, avec tous les risques et privilèges que cela entraîne. On a le droit de participer à l'administration de l'entreprise, de voter à l'assemblée générale des actionnaires, de nommer les vérificateurs, etc. La rémunération des actions se fait par des dividendes que la compagnie verse selon les objectifs fixés au début de l'année.

Les *actions privilégiées* constituent aussi, pour les détenteurs, une part reliée à une mise de fonds, une part d'association, mais elles n'accordent généralement pas le droit de vote. Ces actions procurent un dividende fixe à chaque période financière, dividende prélevé à même les profits de l'entreprise et versé avant celui des actionnaires ordinaires.

C – Le crédit

La troisième source de financement est le crédit accordé par les tiers. Par tiers, on entend

TABLEAU 9.12: Bilan pro forma

YVES LEGRAND INC.
BILAN PRO FORMA AU 30 AVRIL 1991
(en millions de dollars)

Actif			Passif		
	1990	1991 (ventes augmentées de 10 %)		1990	1991
encaisse	5	5,5	comptes fournisseurs	10	11
compte à recevoir	10	11	emprunt	5	5,5
stock	10	11	capital	10	11
TOTAL DE L'ACTIF	25	27,5	TOTAL DU PASSIF	25	27,5

généralement les banques, les fiducies, les fournisseurs, etc. Dans ce mode de financement, on retrouve deux catégories de sources de fonds: le financement à court terme et le financement à long terme.

9.4.2 Les sources de financement à court terme

Les formes de crédit constituent des sources de financement à court terme. On distinguera le financement non garanti du financement garanti.

– *Le financement non garanti:* le crédit commercial des fournisseurs, le crédit bancaire et les billets;
– *Le financement garanti:* les avances sur les comptes à recevoir, les avances sur les stocks ou sur d'autres garanties.

A – Le crédit commercial

C'est le crédit que le fournisseur accorde à l'entreprise lors de l'achat de produits. La grande majorité des transactions entre les entreprises obligent le fournisseur à n'exiger le paiement des marchandises qu'après la livraison. Ce crédit s'échelonne sur un certain nombre de jours sans intérêt; passé ce délai, l'intérêt est couru. Si l'acheteur n'utilise pas l'escompte au comptant lors de l'achat, ce crédit est une source de financement intéressante basée sur la confiance mutuelle des intéressés. Cette source de crédit spontanée est aussi très appréciée par les petites entreprises.

B – Le crédit bancaire

Ce crédit se fait sous deux formes. D'abord le *prêt simple*. L'emprunteur signe un billet et le remboursement se fait selon l'accord conclu entre les deux parties, soit par un seul versement ou par des versements échelonnés. Quant à la *marge de crédit*, il s'agit d'une entente entre la banque et l'entreprise où cette dernière peut emprunter jusqu'à concurrence d'un certain montant pour une période donnée. La limite autorisée correspond généralement aux besoins les plus élevés de l'entreprise pendant l'année. Il y a un intérêt couru sur cette marge, évidemment.

C – Les billets

Il s'agit de billets émis par les entreprises dans le but d'emprunter sur le marché monétaire. Ces billets sont offerts aux investisseurs qui ont en main un surplus de fonds pour une courte période et ils sont garantis uniquement par la réputation de l'entreprise.

D – Les avances sur les comptes à recevoir

L'entreprise se finance par nantissement des comptes à recevoir, c'est-à-dire qu'elle offre en garantie pour un prêt les comptes à recevoir. Le créancier prêtera évidemment seulement un certain pourcentage de la totalité des comptes à recevoir nantis. L'entreprise peut aussi emprunter en cédant ses comptes à recevoir à la compagnie prêteuse. Cette dernière accepte alors la responsabilité de la perception et parfois les risques de la non-perception si les comptes sont perçus avec ou sans recours.

9.4.3 Les sources de financement à long terme

La rentabilité d'un investissement est évaluée d'après le taux de retour de l'investissement et de l'intérêt couru par rapport à son coût. Les sources de financement sont les émissions de titres sur le marché des valeurs mobilières, telles que les actions et les obligations et les emprunts à long terme garantis par hypothèque.

A – Les obligations

Les obligations sont émises par l'entreprise comme source de financement. Elles permettent au détenteur d'obtenir des intérêts fixes à chaque fin de période et de tout retirer à l'échéance. Ce sont, pour l'entreprise, des dettes. Les détenteurs d'obligations sont en effet les créanciers de l'entreprise.

B – Les emprunts à long terme

Ce sont des emprunts effectués avec garanties de versements fixes, semi-mensuels et mensuels. Ces garanties consistent en nantissement commercial ou en hypothèque. Les institutions financières telles que les banques à charte, la Banque d'expansion industrielle et la Société générale de financement du Québec, RoyNat ltée, la Société financière pour le commerce et l'industrie, la Société d'assurance des crédits à l'exportation et l'Office du crédit industriel du Québec sont parmi celles qui participent le plus à ce genre de financement.

9.4.4 Le financement et le risque

Lorsque l'entreprise recourt à un prêteur, ce dernier considère les avantages et désavantages d'avancer des fonds. Différents critères serviront à évaluer le risque encouru:

— Le caractère, soit la valeur morale des dirigeants: leur honnêteté, leur capacité administrative, leur éthique et leur respect des autres;
— La capacité ou la facilité de l'entreprise à respecter ses engagements; on examinera ses états pro forma et son budget de caisse;
— Le capital, soit la situation financière de l'entreprise; on examinera les ratios;
— Le nantissement, ou les gages, soit les garanties que l'entreprise peut apporter pour protéger les fonds du créancier: la valeur de son actif, ses capacités d'endossement;
— La situation du marché de l'entreprise: son champ d'activité, son taux de croissance, ses ratios de rentabilité.

RÉSUMÉ

L'utilité de la fonction comptabilité et finances repose sur le fait que l'entreprise a besoin d'informations sur ses activités au plan économique.

Les documents comptables et financiers permettent de connaître le passé et le présent de l'entreprise pour toute transaction ayant des effets sur sa rentabilité.

Les états financiers, tels le bilan et l'état des résultats, déterminent les avoirs, les dettes, les revenus et les dépenses. Dans un objectif de rentabilité, le profit et la structure du capital sont des indices que l'investisseur va utiliser pour analyser la santé de l'entreprise.

La figure 9.5 établit bien le parallèle de la comptabilité et des finances et leur interdépendance.

FIGURE 9.5: Fonction comptabilité et finances

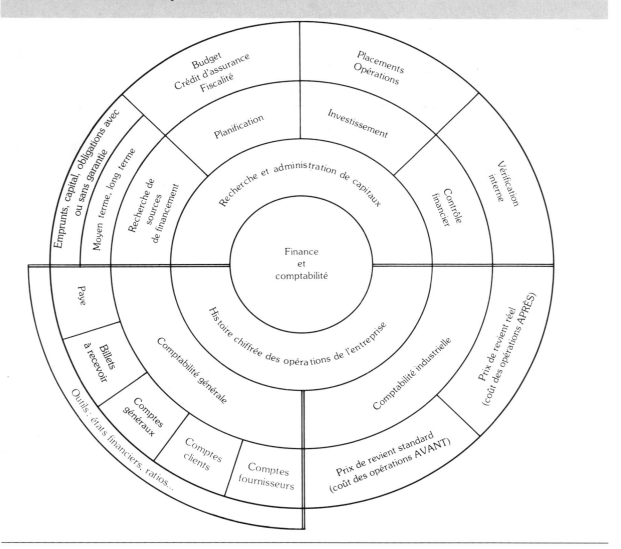

Chapitre 10
La fonction gestion
des ressources humaines

OBJECTIFS

1. Préciser les éléments permettant de comprendre l'évolution de la fonction gestion des ressources humaines.
2. Mesurer l'importance de cette fonction selon la complexité de l'entreprise.
3. Différencier et expliquer les principales techniques de gestion.

PLAN

INTRODUCTION

Les ressources humaines constituent l'un des éléments clés du système organisationnel. Peu nombreuses sont les entreprises qui peuvent fonctionner grâce à une seule personne; certaines sont mises sur pied par les membres d'une même famille qui travaillent pour un but commun sans bénéficier d'un salaire régulier, mais la plupart ont besoin d'employés.

L'administrateur doit s'occuper des ressources humaines sur deux plans: celui des opérations, d'où la sélection, l'embauche, la formation des employés, etc., et celui de la direction, qui n'est pas le moindre; en effet, il faut rester à l'écoute des préoccupations et des aspirations des employés de façon à disposer d'une équipe motivée et performante.

Pour aborder la gestion des ressources humaines, souvenons-nous de cette distinction entre le *service* des ressources humaines, qui n'existe que lorsque l'envergure de l'entreprise l'exige, et la *fonction* ressources humaines, qu'on se doit d'exercer dès qu'il y a au moins un employé (figure 10.1). Nous parlerons ici des rôles de la fonction ressources humaines qui peuvent ou non, selon la grandeur de l'organisation, être exercés à l'intérieur d'un service des ressources humaines.

FIGURE 10.1: Fonction gestion des ressources humaines

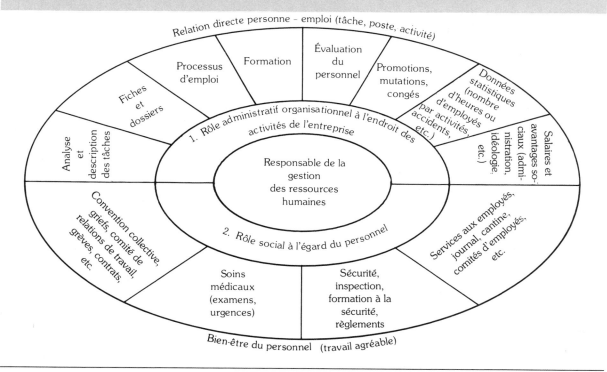

10.1 LA STRUCTURE DE LA FONCTION

Comme toute structure, celle de la fonction gestion des ressources humaines doit être ajustée à la dimension du service et de l'entreprise ; en fait, la fonction évolue, comme nous le voyons à la figure 10.2. Les principaux facteurs à considérer sont les buts de l'organisation, les concepts de gestion qu'on y promeut et les activités à accomplir.

Nous pouvons diviser ces activités en deux grands champs.

– *La gestion du personnel.* Il faut s'assurer que l'entreprise dispose d'un personnel quantitativement et qualitativement adéquat ainsi que de tous les supports administratifs nécessaires.

– *La gestion des relations de travail.* On s'intéresse aux aspects de bien-être des employés et d'ententes collectives de travail.

La figure 10.3 illustre un service de gestion des ressources humaines type avec les principaux postes que nous y retrouvons dans une entreprise de grande envergure.

10.2 LA GESTION DES RESSOURCES HUMAINES

Le service du personnel doit voir à l'emploi efficace des ressources humaines dans l'organisation. Cela entraîne évidemment toute une série d'activités administratives ainsi qu'un engagement de tous les cadres de l'entreprise à travailler en

---

FIGURE 10.2 : Évolution de la fonction gestion des ressources humaines (R.H.)

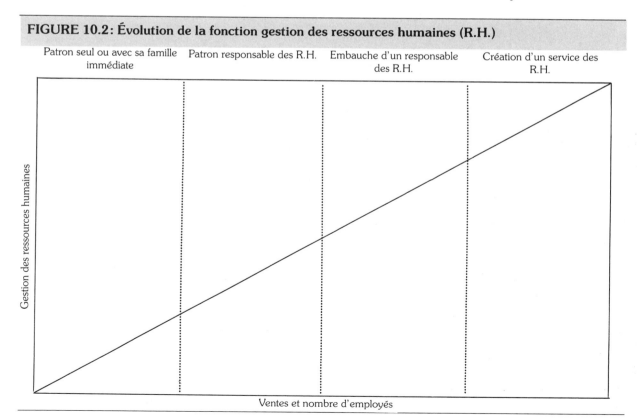

Patron seul ou avec sa famille immédiate   Patron responsable des R.H.   Embauche d'un responsable des R.H.   Création d'un service des R.H.

Gestion des ressources humaines

Ventes et nombre d'employés

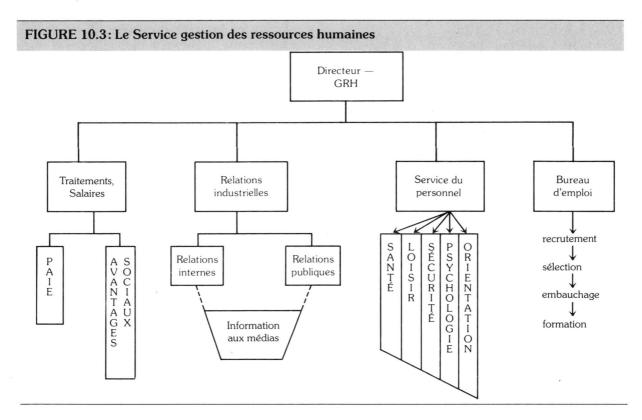

FIGURE 10.3: Le Service gestion des ressources humaines

accord avec les politiques établies en matière de personnel (tableau 10.1).

10.2.1 Les politiques

La première tâche de tout service du personnel est l'établissement d'un programme ou de politiques concernant le personnel, puis de méthodes et de techniques pour atteindre les objectifs.

Une politique comprend des objectifs clairs. On doit y tenir compte des intérêts des employés en tant qu'individus, sur les plans de leurs possibilités d'expression et de développement, de leur sécurité économique, de leur intérêt au travail et de leurs conditions de travail. On doit aussi prévoir un bon leadership et prendre en considération les intérêts des employeurs: le coût le plus bas par unité de personnel, une productivité maximale, la disponibilité et la stabilité des employés, leur loyauté et leur coopération.

Une politique salariale pour une petite entreprise pourrait se formuler ainsi:

«La société Jean Leblanc enr. a pour politique de payer ses employés au taux moyen versé dans la région pour des tâches semblables, de respecter la Loi sur les normes du travail en ce qui concerne le salaire horaire, les congés et les heures supplémentaires. La société s'engage à faire une étude des salaires et du rendement pour chaque employé au moins deux fois par année. »

Cette politique, une fois communiquée aux employés, les rassurera et améliorera les relations entre les employés et les patrons.

TABLEAU 10.1 : Quelques-unes des tâches de gestion du personnel

- Établissement, tenue et utilisation de fichiers pour le personnel
- Contrôle des effectifs et inventaires divers
- Établissement de statistiques concernant le personnel
- Établissement, tenue à jour et exploitation de la documentation concernant la législation et les problèmes sociaux, de manière à informer correctement la direction
- Conseils pour l'application des lois et des règlements
- Rédaction, réception et classement des documents concernant le personnel (lettres, attestations, demandes, etc.)
- Évaluation et classification des postes
- Détermination de techniques de rémunération, comparaison des salaires avec la région et la profession, paies
- Application de la politique du personnel
- Recrutement, sélection et orientation
- Accueil, formation et perfectionnement
- Mutations et promotions
- Appréciations du personnel
- Discipline et sanctions
- Hygiène et sécurité du personnel

10.2.2 La planification

Comme dans toute activité de gestion, la première étape est la planification : il faut faire l'inventaire des ressources, évaluer les besoins futurs et prévoir des réponses à ces besoins (figure 10.4).

Il est également nécessaire pour l'entreprise de posséder des données sur chacun des employés (tableau 10.2) ainsi que des informations plus générales.

- *Les dossiers généraux* comprennent des fiches sur le recrutement, sur la formation, sur les salaires et sur l'organisation du travail.
- *Les dossiers individuels* sont les informations concernant l'employé depuis sa demande d'emploi.
- *Les fiches de travail* indiquent les salaires et les déductions, la description des tâches, les rapports de rendement, les demandes d'emploi et les changements.

FIGURE 10.4 : Processus de planification

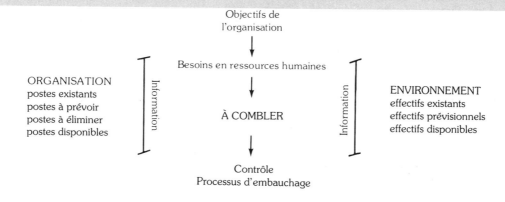

10.2.3 L'analyse et la description de poste

Pour assurer la base même de l'efficacité, il faut que les postes soient bien définis; autrement, comment choisir les meilleurs candidats? comment évaluer leur rendement? sur quelle base les payer? etc.

Dans un premier temps, on analyse le poste en utilisant:

- *l'observation* des tâches, des gestes, des habitudes des employés actuels;
- *l'entrevue*. On questionne ces employés sur leur perception du poste;
- *les journaux de travail*. On enregistre les emplois du temps au cours d'une période plus ou moins longue.

Ensuite, on dresse une description de l'emploi en y incluant les activités à accomplir, la position hiérarchique du poste, les aptitudes et attitudes nécessaires pour bien le remplir (tableaux 10.3 et 10.4).

Enfin, il faut évaluer l'importance relative de la tâche pour être en mesure d'y attribuer une rémunération équitable. Il existe différentes manières de faire cette évaluation.

- *Par rangement*. On place les emplois par ordre d'importance, selon les exigences imposées à leurs titulaires.
- *Par classification*. On procède par rangement en ayant au préalable établi un certain nombre de classes d'emplois.
- *Par comparaison par facteurs*. On classe les emplois d'après leur exigence et leur non-exigence face à des critères précis: la qualification professionnelle, le bilinguisme, etc.
- *Par la méthode des points*. On dresse une liste de critères communs à la majorité des postes, chacun d'entre eux valant un certain nombre de points; les postes sont ensuite évalués selon le nombre de points qu'ils ont obtenus par leurs critères.

TABLEAU 10.2: Fiche de renseignements sur les employés

Nom: _____ Prénom: _____

Numéro d'employé: _____

Entrée   Date: _____

Emploi   Titre de l'emploi actuel: _____

Code: _____ Service: _____ Date d'occupation: _____

Expérience   Postes occupés: _____ Nombre d'années: _____ Organisations: _____

_____   _____   _____

_____   _____   _____

Salaires: _____   Raisons du départ: _____

_____   _____

_____   _____

Formation   Études: _____   Diplômes: _____

Spécialisation: _____

Retraite   Date d'éligibilité: _____

Santé   Incapacités et maladies: _____

Nombre de jours d'absence: _____ État général: _____

Appréciation Forces: _____

Faiblesses: _____

Promotion: _____

ou

Aptitude à la direction: _____

10.2.4 La sélection

Pour mener à bien la sélection du ou des employés idéals, le responsable des ressources humaines dispose de plusieurs outils et doit accomplir plusieurs activités (tableau 10.5).

A – Le recrutement

Il faut trouver des candidats intéressés et intéressants. Plus le choix est grand, meilleures sont les chances de trouver le candidat idéal. Les principales sources de candidatures sont les centres d'emploi, les agences privées de placement, la publicité de recrutement (tableau 10.6), les écoles et les universités.

B – Le curriculum vitæ

C'est ce document qui résume les renseignements concernant l'état civil, la formation, les aptitudes et l'expérience professionnelle d'une personne. Le responsable des ressources humaines s'en sert pour faire une présélection.

C – Le formulaire de demande d'emploi

Fourni par l'employeur, il vient compléter le curriculum vitæ en assurant une information standardisée pour tous (tableau 10.7).

D – La présélection

C'est la première sélection des candidats d'après les informations fournies dans le curriculum vitæ ou le formulaire de demande d'emploi. On s'assure alors tout simplement que les candidats rencontrent les critères de base établis pour le poste.

TABLEAU 10.3: Description de l'emploi «vendeur de meubles»

TITRE DE L'EMPLOI: VENDEUR DE MEUBLES   Compagnie: _____

Endroit: _____   Région: _____

Nombre de postes: _____   Date: _____

DESCRIPTION SOMMAIRE

Le VENDEUR DE MEUBLES travaille sous l'autorité du DIRECTEUR DES VENTES; il reçoit et renseigne le client, prépare la facturation et accompagne le client au bureau de crédit.

DESCRIPTION DES TÂCHES

1. Répondre adéquatement au client.
2. Donner les explications nécessaires sur la marchandise.
3. Aider le client dans le choix de la marchandise et, à l'occasion, recommander un produit.
4. Transmettre les garanties accompagnant la marchandise vendue.
5. Préparer la facture.
6. Acheminer le client au bureau de crédit.
7. Voir à ce que la marchandise soit livrée en bon état.
8. Voir à ce que la marchandise soit remplacée à la satisfaction du client en cas de détérioration ou de lacunes.
9. Accomplir toute autre tâche connexe qui serait assignée par le DIRECTEUR DES VENTES.

TABLEAU 10.4: Emploi «vendeur de meubles»: critères de sélection

TITRE DE L'EMPLOI: VENDEUR DE MEUBLES   Date: _____

1. SCOLARITÉ

   Détenir un diplôme de secondaire V, avec spécialisation appropriée, ou détenir un diplôme ou une attestation d'études dont l'équivalence est reconnue par l'autorité compétente.

2. EXPÉRIENCE

   Avoir de l'expérience dans la vente: préférable mais non essentiel.

3. APTITUDES ET COMPÉTENCE

   Avoir les qualités personnelles suivantes: esprit d'initiative, autonomie, disponibilité, entregent, connaissance du français.

4. INTÉRÊTS ET TEMPÉRAMENT

   Aimer les contacts humains, être motivé et disponible.

5. DEGRÉ D'AUTONOMIE

   Pouvoir planifier et organiser son processus de vente.

6. RELATIONS DE TRAVAIL

   Prendre part à des consultations avec l'employeur, participer aux réunions, faire des recommandations et collaborer étroitement afin d'améliorer les conditions de travail.

7. ENTRAÎNEMENT

   Suivre un an d'entraînement avant de pouvoir accomplir les différentes tâches.

8. CONDITIONS DE TRAVAIL

   Pouvoir travailler dans un endroit en ordre, très propre et non exposé au froid, au bruit ou à la chaleur excessive.

TABLEAU 10.5: Étapes possibles à suivre pour la sélection

- Évaluation des offres de service quant aux connaissances et à l'expérience des candidats.
- Entrevues préliminaires pour juger de la personnalité et de l'apparence.
- Test d'intelligence (normes de base).
- Test d'aptitudes sur celles qui sont exigées.
- Test de personnalité.
- Vérification des références, par exemple en communiquant par écrit ou par téléphone avec un ancien employeur.
- Entrevues finales portant sur l'ambition et sur les qualifications des candidats retenus.
- Examen médical.
- Jugement personnel et choix final.

E – Les tests

Pour mieux connaître les aptitudes et attitudes d'un individu, on peut se servir de tests: tests d'habileté, de personnalité, de préférences, d'intelligence, etc. Pour être utile, un test doit être valide, c'est-à-dire qu'il doit mesurer ce qu'il est supposé mesurer et les notes obtenues doivent fournir une indication précise de la performance qu'auraient les candidats une fois en poste.

F – L'entrevue

C'est la rencontre de l'employeur et du candidat. L'entrevue peut être individuelle ou se tenir avec plusieurs candidats; elle peut être dirigée par le responsable des ressources humaines ou par plusieurs personnes, dans un style détendu ou non, etc. Il n'y a pas de règles uniques pour l'entrevue: chaque intervieweur utilisera sa propre méthode et ses propres questions (tableaux 10.8 et 10.9).

G – La sélection finale

À l'aide de toutes les données accumulées, l'employeur procède à la sélection finale du candidat qui présente non seulement les meilleures aptitudes, mais qui correspond aussi au type d'employé avec lequel il s'entendra et qui s'intégrera dans son entreprise.

TABLEAU 10.6: Offre d'emploi

MEUBLES QUÉBEC INC.

CARRIÈRE DANS LA VENTE

Une importante maison de meubles québécoise, bien établie sur le marché, est à la recherche d'un(e) vendeur(euse) pour son magasin de Jonquière.

EXIGENCES

Le candidat idéal devra être âgé d'au moins 23 ans, posséder un diplôme de secondaire V ou l'équivalent, être ambitieux, sérieux, honnête et autonome. Le candidat devra avoir l'entregent nécessaire et le désir de relever un défi véritable.

NOUS OFFRONS
– Un entraînement complet
– Un revenu garanti pour la période d'entraînement
– Un salaire de base au-dessus de la moyenne
– Une commission supplémentaire (prime)
– Les avantages sociaux usuels

Faire parvenir votre curriculum vitæ au plus tard le 30 octobre 1980 à l'adresse suivante:

À l'attention de Meubles Québec inc.
Monsieur C. Tremblay C.P. 50000
Directeur du personnel Jonquière (Québec)
  G7X 6G3

Les candidatures seront traitées en toute confidentialité.

TABLEAU 10.7: Formulaire de demande d'emploi

DOCUMENT CONFIDENTIEL

GENRE D'EMPLOI POSTULÉ

Disponibilité: plein temps ☐
mi-temps ☐
temporaire ☐   Date: _____

(s'il y a lieu)
Titre de l'emploi: . . . .
Référence de l'annonce: . . . .

Salaire désiré: . . . .

RENSEIGNEMENTS PERSONNELS

Nom: _____

Prénom: _____

Langues parlées: _____

Langues écrites: _____

DOMICILE

Permanent: . . . .
(numéro et rue)

. . . .
(ville)   (code)

Temporaire: . . . .
(numéro et rue)

. . . .
(ville)   (code)

TÉLÉPHONE (code et numéro)

Domicile: _____   Travail: _____   Autre: _____

DATE DE NAISSANCE

| jour | mois | année |

NUMÉRO D'ASSURANCE SOCIALE

| | | | | | | | | |

Personne à contacter en cas d'urgence:

_____
(nom)   (adresse)   (téléphone)

Dernière année d'étude:	Date d'entrée:	Date de sortie:	Diplôme obtenu:

EXPÉRIENCE: inscrire la dernière expérience de travail. Annexer une feuille supplémentaire s'il y a lieu.

Nom de l'employeur:	Date d'entrée:	Date de départ:
Adresse de l'employeur:	Salaire:	Autres conditions:
Nom du supérieur immédiat:	Fonction du supérieur immédiat:	
Poste occupé:	Raison du départ:	
Principales activités:		

TABLEAU 10.8: Canevas d'entrevue

MOTIVATION

1. Pourquoi voulez-vous changer d'emploi?
2. Comment le poste offert s'intègre-t-il dans votre plan de carrière?

ESPRIT D'ÉQUIPE ET FLEXIBILITÉ

1. Préférez-vous travailler seul(e) ou en équipe?
2. Trouvez-vous désagréable de suivre des directives?
3. Que pensez-vous des heures supplémentaires?

DYNAMISME ET INITIATIVE

1. Quelles sont, à votre avis, les principales qualités d'un vendeur?
2. Quelles idées avez-vous de la promotion, de la publicité des ventes (projections, photos, maquettes, dépliants, échantillons)?

SOCIABILITÉ

1. Faites-vous partie d'associations quelconques? Lesquelles?
2. Que faites-vous pour vous détendre du travail?

FORMATION

1. Avez-vous déjà eu des responsabilités parascolaires, par exemple celles de chef de classe, de capitaine d'équipe sportive, de trésorier d'une association, etc.?
2. Pendant vos années scolaires, quelles étaient vos matières fortes? vos matières faibles?
3. Avez-vous suivi d'autres cours?

EXPÉRIENCE

1. Avez-vous déjà travaillé dans la vente? Où? Et pendant combien de temps?
2. Parlez-nous de vos expériences de travail antérieures.

H – L'embauche et l'accueil

Une fois le candidat choisi, il ne reste plus qu'à lui faire une proposition de travail et, s'il accepte, à remplir les formalités nécessaires à son intégration officielle dans l'entreprise (tableau 10.10).

10.2.5 La formation: des rudiments au perfectionnement

Que le candidat ait ou non de l'expérience de travail, ou même s'il en a dans le secteur précis de son nouvel employeur, il est nécessaire de le former. Il faut en effet lui apprendre les rouages de l'entre-prise, son fonctionnement interne, la gamme de produits, les clients, etc.

Deux grandes techniques de formation existent.

– *Sur le tas*. On fait immédiatement travailler le nouvel employé. Le supérieur immédiat ou un représentant du personnel est évidemment toujours là – ou très près – pour fournir les indications de base et répondre à toute question.
– *Théorique*. À l'aide de cours, de lectures, de simulations, de jeux de rôles, etc., on initie l'individu à tout ce qu'une tâche comporte et on lui montre des exemples de comportements que l'on attend de lui.

TABLEAU 10.9: Canevas d'évaluation d'entrevue

NOM DU CANDIDAT: _____
EMPLOI POSTULÉ: _____
DATE: _____

Critères	2 Essentiel	1 Désirable	5 Très bon	4 Bon	3 Moyen	2 Faible	1 Insuffisant	TOTAL	Observations
MOTIVATION Intérêt pour l'emploi postulé	2								_____
SOCIABILITÉ Contacts humains, entregent, tact	2								_____
PRÉSENTATION Tenue, apparence, prestance	2								_____
EXPRESSION Clarté et précision dans la présentation des idées		1							_____
DYNAMISME ET INITIATIVE Enthousiasme, énergie, détermination, envergure		1							_____
ESPRIT D'ÉQUIPE ET FLEXIBILITÉ Capacité de s'entendre et de collaborer avec les autres, souplesse		1							_____
EXPÉRIENCE À préciser d'après chaque candidat		1							_____
FORMATION Cours secondaire ou autres cours spécifiques		1							_____

MEMBRES DU JURY   A. Tremblay _____
                  D. Gagnon _____   GRAND TOTAL
                  C. Vézina _____

TABLEAU 10.10: Liste des activités d'une politique d'accueil

But: favoriser le sentiment d'appartenance et d'estime du nouvel employé

RESPONSABLE	ACTIVITÉS
Directeur du personnel	– Présentation du supérieur immédiat – Remise du manuel des employés (politique générale) – Information sur les conditions de travail: horaire, salaire, congés, avantages sociaux, etc.
Supérieur immédiat	– Visite des lieux – Présentation des collègues de travail – Information sur le service – Information sur la tâche par rapport au service

Depuis quelques années, on se rend de plus en plus compte que la formation n'est pas une simple activité qui doit se dérouler au moment de l'embauche d'un nouvel employé; il s'agit en fait d'un processus continuel de perfectionnement. Les employés de longue date doivent revoir leurs connaissances, se remettre à jour et apprendre de nouvelles techniques, etc. On constate que les services de préparation à la retraite ou à un départ plus ou moins volontaire sont en expansion. Il s'agit d'une forme – ultime, peut-être – de perfectionnement. De plus en plus, à l'intérieur des entreprises, on crée des secteurs spécifiques responsables du perfectionnement des employés, depuis leur embauche jusqu'à leur retraite. On énonce, dans le tableau 10.11, des activités que les gestionnaires doivent accomplir relativement au perfectionnement de leurs employés.

10.2.6 L'appréciation du rendement

C'est un des droits les plus fondamentaux pour tout employé que de connaître ce que son supérieur pense de son rendement. Malheureusement, beaucoup de patrons perçoivent ces appréciations de leurs employés comme de simples nuisances administratives auxquelles il faut se plier.

L'appréciation d'un employé ne doit pas être faite au hasard: ce doit être le résultat d'une sérieuse réflexion qui permet de souligner tant les points forts que les points faibles, de sorte que l'employé puisse miser sur ses forces pour travailler à améliorer ses faiblesses.

On retrouve deux grands courants de pensée dans l'appréciation de rendement.

– *L'appréciation sommative:* c'est le sommaire des forces, des faiblesses, des comportements, des attitudes et des aptitudes de l'employé. Elle permet de faire connaître clairement à l'employé ce que son patron pense de son ren-

dement. De plus, le patron le laisse libre de travailler ses faiblesses comme bon lui semble. On utilise souvent – à tort – cette appréciation pour expliquer ou pour justifier l'importance de l'augmentation de salaire qu'on accorde à un individu.

– *L'appréciation formative.* En plus de donner le bilan des forces et des faiblesses de l'employé, cette appréciation fournit l'occasion de penser à des plans d'action – pour le développement de l'individu. Ce dernier peut alors espérer une promotion ou une mutation.

Que l'appréciation soit formative ou sommative, elle doit faire l'objet d'un plan bien précis dans l'entreprise, de sorte que patrons et employés connaissent leurs droits et leurs devoirs respectifs et accomplissent cette étape importante selon des critères bien établis (tableau 10.12).

10.2.7 La rémunération

Tout individu qui fournit un travail s'attend bien sûr à être payé pour ses efforts. De façon à établir et à maintenir un bon moral chez les employés, il est important que l'entreprise se dote d'une politique de rémunération qui soit juste par rapport aux efforts que l'on demande à chacun et aussi par comparaison avec les autres entreprises.

La rémunération prend deux formes principales.

– *Le salaire:* la somme monétaire versée régulièrement, sur une base hebdomadaire, aux deux semaines ou mensuellement, à l'employé. Le montant est déterminé en fonction de l'évaluation de la tâche.

– *Les avantages sociaux:* toute rémunération sous une autre forme qu'une somme d'argent versée directement à l'employé. Plusieurs de ces avantages sont obligatoires: à cause des lois, l'entreprise doit les offrir à l'employé ou participer à des programmes gouvernementaux; d'autres sont facultatifs (tableau 10.13).

10.3 POUR UNE BONNE GESTION: CONNAÎTRE L'ÊTRE HUMAIN

Pour qu'une entreprise atteigne un haut degré d'efficacité, il ne suffit pas de gérer quotidiennement les ressources humaines; il faut aussi s'assurer que les employés soient satisfaits et motivés. Pour ce faire, le spécialiste des ressources humaines doit premièrement connaître et comprendre, en tant qu'êtres humains, les personnes travaillant dans l'organisation; après seulement il pourra adopter, et inciter les autres membres de la direction à adop-

ter, les techniques de motivation et les styles de leadership les mieux appropriés.

10.3.1 Les théories sur la nature humaine

On doit signaler deux grands théoriciens dont les postulats de base sur la nature humaine ont connu une très grande diffusion et ont grandement influencé les théories ultérieures en matière de direction des ressources humaines.

— *Elton Mayo.* Il a lancé le mouvement des relations humaines en remettant en question l'approche de Taylor selon laquelle les êtres humains n'auraient que des buts rationnels, économi-

---

TABLEAU 10.11: Le perfectionnement en étapes

RESPONSABLE DE LA FONCTION GRH	AUTRES MEMBRES DE LA DIRECTION
1. Faire des recherches pour tracer un programme, fixer des buts, déterminer les responsabilités et les besoins d'un poste, avoir des contacts extérieurs et se tenir au courant des programmes de formation.	— Se rendre compte de ce qui manque dans la formation du personnel et faire le nécessaire pour corriger cette situation, de concert avec le Service du personnel. Informer le Service du personnel des priorités et préciser comment y parvenir.
2. Aider le directeur à rédiger un plan d'ensemble et à organiser le développement du personnel de surveillance et de direction selon les besoins de l'entreprise. Exécuter le programme et voir à sa coordination.	— Mettre en vigueur le programme de développement des ressources humaines de surveillance et de direction.
3. Apporter l'aide et les conseils nécessaires aux divisions de la compagnie pour leur donner l'élan du départ dans l'organisation, la direction du programme de formation des employés et des surveillants ainsi que des programmes d'éducation.	— Se servir du Service du personnel dans l'élaboration des programmes de formation.
4. Préparer une esquisse de la formation selon les plus récentes recherches en éducation afin d'aider l'instructeur.	— Conseiller quotidiennement les subalternes afin qu'ils puissent répondre aux exigences de leur occupation; juger de leur progrès et suggérer des améliorations s'il y a lieu.
5. Familiariser les chefs de service aux méthodes d'enseignement afin qu'ils puissent former leurs subalternes efficacement.	— Conduire soi-même, de temps à autre, des sessions d'entraînement afin de développer les talents des employés.
6. Conduire de temps à autre des sessions de formation; évaluer les résultats.	— Décider du prochain programme de formation en tenant compte des résultats obtenus par le passé, suite à certains programmes de formation.

TABLEAU 10.12: Exemple de fiche d'appréciation du rendement du personnel

NOM: _____   POSTE: _____   DATE DE L'APPRÉCIATION: _____

ENGAGÉ LE: _____   À CE POSTE DEPUIS LE: _____

	INSATIS-FAISANT	PASSABLE	BON	TRÈS BON	EXCELLENT	
CONNAISSANCE DE LA TÂCHE: sur les plans théorique et pratique.	1	2	3	4	5	_____
JUGEMENT: la capacité de recueillir les faits et de les juger.	1	2	3	4	5	_____
ORGANISATION DE SON TRAVAIL: efficacité à planifier pour soi et pour ses subordonnés.	1	2	3	4	5	_____
ATTITUDE: enthousiasme au travail, loyauté à l'entreprise.	1	2	3	4	5	_____
SENS DES RESPONSABILITÉS: capacité de remplir les fonctions.	1	2	3	4	5	_____
CONTACT AVEC LES AUTRES: tact, diplomatie, capacité de commander et d'influencer.	1	2	3	4	5	_____
LEADERSHIP: capacité de stimuler les employés.	1	2	3	4	5	_____
EFFICACITÉ PERSONNELLE: rapidité et efficacité d'exécution du travail.	1	2	3	4	5	_____

1. Par ordre d'importance, donnez trois caractéristiques liées à la performance qui demanderaient une amélioration:

   1) _____
   2) _____
   3) _____

2. Quels sont, s'il y a lieu, les facteurs extérieurs au travail qui auraient pu influencer la performance?

   _____
   _____
   _____
   _____

3. Commentaires:

   _____
   _____
   _____
   _____
   _____

NOM DE L'ÉVALUATEUR: _____   APPROUVÉ PAR: _____

ques, ne travaillant que pour l'argent. Mayo, lui, a favorisé l'élargissement des tâches.

— *Douglas McGregor.* Il a comparé la conception traditionnelle de l'être humain, selon laquelle ce dernier n'aime pas le travail et doit y être contraint, à la conception moderne selon laquelle les êtres humains aiment le travail, sont créatifs, capables de se maîtriser et à la recherche de nouvelles responsabilités.

TABLEAU 10.13: La rémunération

SALAIRE

Employés

— au temps: à l'heure, à la semaine, pour les heures supplémentaires, etc.
— au rendement: à la pièce, avec prime, au mérite
— allocation d'automobile
— indexation
— allocation pour le logement, la nourriture, etc.

Cadres

— traitement proportionnel à celui du président
— traitement selon le budget
— mesures incitatives au travail: bonis, participation au profit, compte de dépenses, actions, etc.

AVANTAGES SOCIAUX

Obligatoires

— assurance-chômage
— régime des rentes du Québec (RRQ)
— régime de pension du Canada (RPC)
— régime d'assurance-maladie du Québec (RAMQ)
— vacances selon les normes minimales du travail
— congés fériés selon les normes minimales du travail
— régime de santé et sécurité au travail

Facultatifs

— programme privé d'assurance-maladie
— assurance-vie
— assurance-salaire
— vacances et congés payés
— jours de maladie payés
— périodes de repos et de pause
— régime de retraite (plan privé)
— services divers: récréatifs, alimentaires, éducatifs, escomptes sur achats, financiers, professionnels, etc.

Prestations gouvernementales sans participation de l'employeur

— pension de vieillesse
— allocations familiales
— aide sociale
— supplément de revenu garanti, etc.

10.3.2 Les théories de la motivation

Tout individu a des besoins, des désirs, qui créent chez lui un certain état de tension, d'où une motivation à prendre des mesures pour éliminer ou amoindrir ce déséquilibre. Parmi diverses actions et mesures possibles, il fait un choix et adopte un comportement pouvant satisfaire son besoin. La valeur de ce comportement se vérifie par la satisfaction de l'individu. (figure 10.5).

Le gestionnaire doit bien comprendre ce processus de la motivation et bien connaître les différentes formes de désirs ou de besoins des employés afin de prendre les bonnes décisions en ce qui concerne les façons d'aider à les satisfaire. Le tableau 10.14 montre, pour chacun de ces besoins fondamentaux, des réponses qui peuvent encourager ou diminuer la motivation des personnes à l'intérieur de leurs fonctions.

Il existe des centaines de théories sur la méthode idéale de motiver l'être humain. On peut classer ces théories par groupes.

– *Classiques.* Ces théories remontent à un passé lointain. Un bon exemple vient de la pensée chrétienne d'après laquelle on motivait les gens (et on le fait encore jusqu'à un certain point) en leur rappelant que de faire le bien les amenait au ciel alors que le mal les dirigeait droit vers l'enfer. Le capitalisme, l'hédonisme, le confucianisme, etc., présentent d'autres approches semblables relativement à cette distinction entre le bien et le mal.

– *Des instincts.* L'être humain s'apparente aux animaux en ce sens qu'il réagit à ses instincts de base. Pour le motiver, jouons sur ces instincts. Le plus connu des tenants de cette approche est sans doute Max Veblin, qui explique que toute personne travaille en fonction de ses quatre instincts de base: *d'acquisition* (posséder des choses), *parental* (protection des enfants), *de travail* (faire quelque chose de soi) et *de curiosité* (apprendre des choses nouvelles).

– *Des mobiles.* J.W. Atkinson nous explique que l'effort qu'on mettra à faire quelque chose sera fonction du résultat auquel on s'attend. Plus le résultat est intéressant, plus on est motivé à agir.

– *Des besoins.* Abraham Maslow soutient que l'humain passe par cinq niveaux de besoins consécutifs: physiologiques (besoins relatifs à la survie), de sécurité, d'appartenance et d'amour, d'estime et de réalisation de soi (figure 10.6). David McClelland, quant à lui, parle des besoins de pouvoir, d'affiliation et d'accomplissement. Mais tous s'entendent sur un point: pour motiver le travailleur, il faut lui offrir des incitations à satisfaire ses besoins.

– *De maintien.* Ces théories portent plus sur la satisfaction de l'individu que sur sa motivation. En fait, on peut être très satisfait de son travail sans être motivé à travailler plus fort et mieux. Le plus connu des théoriciens de ce groupe est sans doute Frederick Herzberg, qui distinguait les facteurs de motivation: la possibilité de se développer, la reconnaissance, etc., et ceux qui ne motivent pas mais dont la présence positive est importante pour maintenir le niveau de satisfaction: la sécurité d'emploi, le salaire, les conditions de travail, etc.

– *Sociales.* Il s'agit de théories où le groupe est l'élément motivant principal.

FIGURE 10.5: Le processus de la motivation

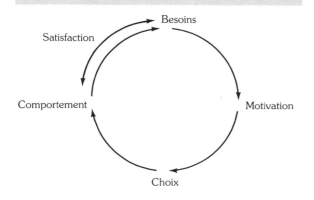

TABLEAU 10.14 : Objectifs et moyens d'une politique du personnel face aux besoins des hommes

Besoins fondamentaux de l'homme et facteurs de motivation	Aspects de la politique du personnel de l'entreprise provoquant	
	une motivation positive	une motivation négative
Survie	– Minimum garanti de rémunération – Assistance médicale et sociale – Sécurité au travail	– Emploi occasionnel – Danger
Sécurité	– Activité programmée, besoins prévus, organisation précise – Responsabilités définies – Changements annoncés à l'avance	– Horaires et salaires instables – Tâches et responsabilités mal définies
Considération	– Informations d'accueil – Égards personnels – Changements annoncés à l'avance – Félicitations	– Les employés considérés comme des numéros ou des meubles – Caractéristiques personnelles ignorées – Ordres brutaux
Utilité	– Tâches et responsabilités définies – Évaluation des performances – Entreprise au service de l'intérêt général – Qualité des chefs et de l'organisation	– Tâches et responsabilités mal définies – Qualité discutable de l'entreprise et de ses chefs
Niveau de vie	– Rémunération supérieure à la moyenne – Avantages matériels: logement, voiture, etc.	– Rémunération inférieure à la moyenne
Croissance, progrès	– Apprentissage, formation, perfectionnement – Chefs compétents – Détection des employés susceptibles d'obtenir une promotion – Promotions internes – Primes de rendement, intéressement aux résultats	– Pas de formation du personnel – Chefs incompétents – Parachutage d'hommes de l'extérieur – Pas d'intéressement
Initiative, expression, création	– Délégation des responsabilités – Gestion par objectifs – Étude collective des décisions – Système de suggestions – Missions spéciales	– Centralisation et téléguidage – Décisions autocratiques
Justice	– Critères objectifs de qualification et de rémunération – Évaluation des performances – Critères objectifs de promotion ou de licenciement	– Promotions et licenciements arbitraires – Favoritisme et népotisme
Confort	– Bon aménagement matériel – Bonne ambiance – Services sociaux	– Lieux désagréables ou malsains
Solidarité	– Respect des groupes professionnels et syndicaux – Travail en équipe – Coordination et information	– Lutte contre les groupes – Travail strictement individuel

FIGURE 10.6: Hiérarchie des besoins selon Maslow

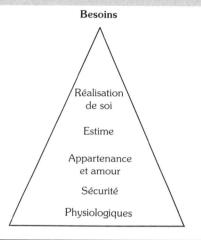

Besoins — Réponses de l'employeur

Réalisation de soi — Formation, autorités et responsabilités, etc.

Estime — Appréciation du rendement, signes extérieurs: bureau, tapis, peinture, etc.

Appartenance et amour — Groupes de travail, clubs sociaux, etc.

Sécurité — Avantages sociaux, sécurité d'emploi, etc.

Physiologiques — Salaire

10.3.3 Les théories du leadership

Pour que l'entreprise fonctionne efficacement, il faut un leadership où l'on retrouve un individu capable d'influencer les membres du groupe de façon à rendre possible l'atteinte des objectifs. Il s'agit d'un domaine qui relève des ressources humaines; le service correspondant doit être capable de guider les autres gestionnaires en matière de leadership.

On peut rassembler toutes les théories de leadership en quatre groupes selon les facteurs privilégiés.

— *Les traits de personnalité.* Ces approches cherchent à démontrer – sans grand succès – que les leaders sont des gens qui possèdent des caractéristiques particulières quand à la grandeur, la couleur des yeux, l'intelligence, le caractère, etc.

— *Les comportements.* Gordon Lippitt et Rensis Likert ont relié le leadership au comportement des gens. Ils ont principalement comparé deux styles de patrons: ceux qui s'intéressent à l'être humain et ceux qui sont plus centrés sur le travail à accomplir. Les recherches de Lippitt et de Likert tendaient à trouver laquelle de ces sortes d'individus fournirait les meilleurs leaders.

— *La situation.* Fiedler et ses disciples vont plus loin. Ils soulignent que les qualités de leader ne dépendent pas seulement de l'individu, mais aussi de la situation, car les actions sont différentes comme les situations.

— *Les facteurs multiples.* Les plus récentes recherches tendent à démontrer que le leadership est un phénomène complexe qui dépend à la fois de l'individu, de la situation, des membres du groupe et de l'environnement.

Parmi toutes ces approches de la motivation et du leadership, les spécialistes en ressources humaines se doivent de faire les choix les plus appropriés pour que l'entreprise puisse atteindre ses objectifs tout en maintenant le niveau de satisfaction le plus élevé possible parmi ses membres (tableau 10.15). Car si la satisfaction n'y est pas, on se retrouvera rapidement avec des problèmes d'absentéisme, de taux de roulement élevé, etc.

D'après les choix faits, on mettra au point des stratégies pour obtenir une bonne motivation des employés. Mentionnons-en trois.

TABLEAU 10.15 : Désirs des employés et de la direction et leurs réponses

1. Il faut que les désirs des employés et de la direction soient respectés.

Désirs des employés face à la direction

- Sécurité d'emploi
- Efficacité et justice
- Liberté d'exprimer leurs idées et sentiments
- Désir d'être traités comme des êtres humains
- Travail intéressant
- Heures de travail et salaires acceptables
- Conditions de travail saines et sécuritaires
- Outils, équipement et matériel de qualité

Désirs de la direction face aux employés

- Coopération et loyauté
- Disponibilité et stabilité
- Sens des responsabilités
- Initiative
- Coût minimum
- Productivité maximale
- Bon moral

2. Afin de répondre à ces désirs, les employés et la direction ont certaines choses à faire.

Réponses de la direction

- Définir le travail de l'employé
- Établir des normes de rendement
- Dire franchement et régulièrement aux employés ce qu'ils pourraient faire pour s'améliorer
- Aider et entraîner l'employé
- Offrir aux bons employés des stimulants monétaires basés sur leur rendement au travail
- Tenir les employés au courant des activités du service et de la compagnie en général
- Régler les différends promptement
- Assurer la discipline
- Demander aux employés leurs idées
- Développer le sens des responsabilités des employés

Réponses de l'employé

- Satisfaire les exigences du travail en qualité et en quantité
- Témoigner de l'intérêt pour son travail
- Faire part de ses sentiments et idées à son patron
- Poser des questions en cas de doute
- Soumettre des suggestions
- Être prêt à assumer des responsabilités
- Se préparer à assumer des fonctions plus importantes
- Comprendre que le patron a lui aussi ses problèmes
- Démontrer de l'intérêt pour les activités communautaires de l'entreprise

---

— *L'enrichissement des tâches.* À la suite, principalement, de l'apport de Herzberg, on a commencé à adapter la tâche à l'individu en accroissant ses responsabilités et son autorité, au lieu de tenter d'adapter l'individu à la tâche. Dans des entreprises comme la General Foods, on a appliqué cette technique avec succès et on a vu la productivité augmenter et le taux d'absentéisme diminuer.

— *La direction par objectifs (DPO).* Mise au point par Peter Drucker, elle se fonde sur la participation des travailleurs aux décisions concernant les objectifs à atteindre. La direction ne se borne plus à la surveillance, et collabore à l'atteinte d'objectifs partagés.

— *Les cercles de qualité* (tableau 10.16). L'employé participe aux décisions et à la résolution des difficultés touchant son unité. Cette méthode a vu ses premières applications sérieuses au Japon, mais est maintenant solidement implantée en Amérique du Nord.

La tâche des spécialistes en ressources humaines devient de plus en plus complexe : les travailleurs se rendent compte de leur importance, ils valorisent la qualité de vie au travail et en dehors, et les lois et règlements pour la protection du travailleur s'améliorent graduellement. Dans les prochaines années, il faut donc s'attendre à une évolution de la gestion des ressources humaines qui soit à tout le moins aussi rapide et importante que celle qui a eu lieu au cours des 20 dernières années.

TABLEAU 10.16 : Étapes d'implantation d'un cercle de qualité

ACTIVITÉS	RESSOURCES
1. Échange entre les parties sur les conditions de travail, leurs conséquences, les problèmes rencontrés.	– dirigeant patronal – syndicat – employé(s)
2. Création d'un comité de projet ou d'échange visant à trouver les solutions aux problèmes soulevés.	– dirigeant patronal – représentant(s) des employés
3. Formation des membres du comité à un processus d'échéance et de résolution de problèmes.	– délégué(s) du comité – formateur
4. Mise en commun des problèmes, collecte de données, élaboration de la situation de remplacement.	– participants – questionnaire
5. Adoption de solutions, choix des activités et des ressources, établissement des échéanciers et remise des plans d'actions aux dirigeants.	– participants – informations
6. Choix des solutions et des plans d'actions par les dirigeants selon les budgets et les objectifs définis et information au comité du choix.	– dirigeants – informations – comité
7. Mise en application des solutions choisies, évaluation des résultats par le comité et rétroaction aux dirigeants.	– budgets, ressources diverses – comité – dirigeants

---

RÉSUMÉ

Les ressources humaines sont les plus importantes ressources de l'entreprise. L'employeur se doit donc de disposer d'un personnel suffisant en nombre, qualifié pour les différentes tâches à accomplir et motivé. Il faut donc se doter de politiques et de procédures en tenant compte des besoins et des capacités.

Une description de poste représentative de l'importance des tâches à accomplir, et ce pour chaque poste dans l'entreprise, facilitera grandement la gestion quotidienne des ressources. C'est en effet d'après cette description qu'on élaborera les critères de sélection, le programme de formation, qu'on établira la rémunération et qu'on préparera les critères d'appréciation du rendement.

Les différentes théories de motivation et de leadership viendront aider le responsable des ressources humaines à motiver les employés et à assurer la plus grande efficacité possible des unités de l'entreprise, tout en ayant un personnel très satisfait.

Section III.B

Les fonctions
de seconde ligne

Selon ses activités, ses buts, son environnement, l'entreprise se structure et met l'accent sur les fonctions qui peuvent favoriser sa croissance ou sa maturité et ce, d'une façon harmonieuse. Ces fonctions dites de premières lignes ont été abordées dans les chapitres précédents.

Cependant, l'entreprise a aussi d'autres préoccupations: la recherche et le développement, l'approvisionnement, les aspects juridiques et les assurances, l'informatique et la bureautique (tableau III.B). Ces fonctions sont appelées de seconde ligne, car l'entreprise y attachera moins d'importance ou, du moins, ne les organisera que très tardivement. De plus, l'organisation de ces fonctions sera très souvent partielle ou minime. Rarement, sauf dans la très grande entreprise, on retrouvera dans l'organisation une de ces fonctions structurée en service, dans un lieu et avec ses propres ressources humaines, contrairement aux fonctions dites de première ligne.

Les chapitres qui suivent permettront de connaître les fonctions de deuxième ligne, d'identifier leurs objectifs et de cerner quelques éléments problématiques de chacune d'elles.

TABLEAU III.B: Les fonctions de seconde ligne			
Recherche et développement	Approvisionnement	Aspects juridiques et assurances	Informatique et bureautique

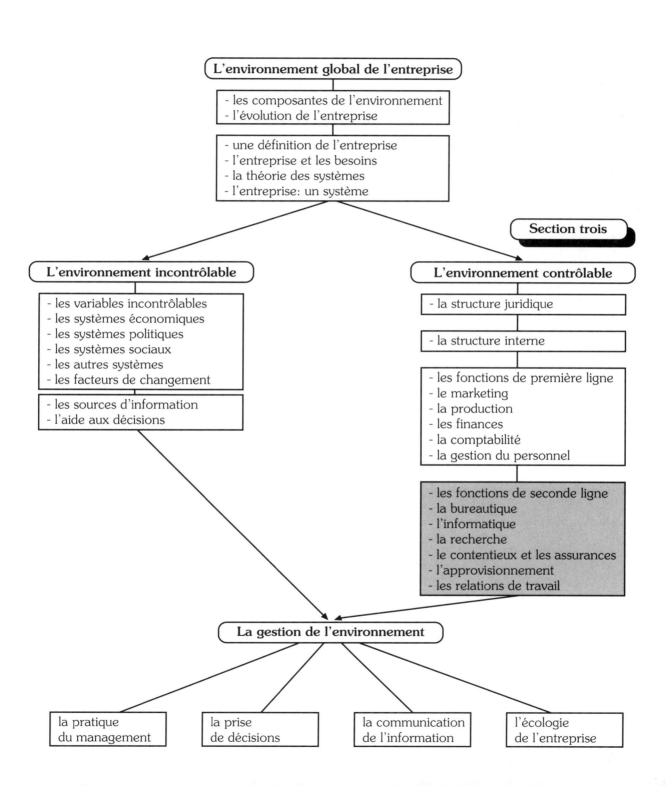

Chapitre 11
La fonction information

OBJECTIFS

1. Définir le concept informatique.
2. Définir le concept bureautique.
3. Décrire l'encadrement du bureau moderne.
4. Décrire les technologies disponibles afin d'automatiser le travail de bureau.
5. Identifier les moyens d'intégrer les technologies bureautiques.
6. Signifier l'importance de la bureautique comme activité de service à la gestion.

PLAN

INTRODUCTION

Le champ de la bureautique s'élargit au fur et à mesure que ses applications technologiques se diversifient dans des secteurs de plus en plus nombreux.

L'irruption du machinisme dans ce fourre-tout qu'est devenu le tertiaire a, jusqu'à présent, produit deux champs de développement parallèles: d'une part, depuis leurs formes les plus anciennes, les machines ont pris en charge la production et la reproduction des textes, et, d'autre part, depuis la fin des années 50, les progrès technologiques ont permis l'avènement de l'information de gestion. D'où des distinctions usuelles dans les définitions appliquées aux différentes «-tiques» tertiaires: à l'*informatique de gestion*, le traitement des données numériques; à la *bureautique*, le traitement des informations orales, écrites et graphiques. Prolongées par les effets de la technologie des réseaux de télécommunication, l'informatique et la bureautique deviennent la *télématique*.

11.1 INFORMATIQUE ET MICRO-INFORMATIQUE

L'informatique traditionnelle est définie par un système qui centralise toutes les informations et les opérations, d'où la centralisation de la gestion de l'information (figure 11.1).

La décennie 80 a été celle de la diffusion fulgurante de la *micro-informatique*. Plus qu'un phénomène institutionnel, la micro-informatique est devenue un phénomène de société. Quel est alors l'avenir de l'informatique centrale? L'histoire de l'informatique est courte. Au tout début, les gestionnaires devaient avoir recours aux services de spécialistes en la matière. L'informatique était alors une science jalousement gardée par ces experts. Ce n'est plus le cas maintenant, où chaque nouvelle technologie a une durée de vie de cinq

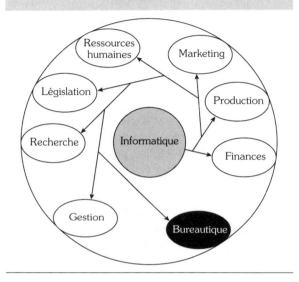

FIGURE 11.1: L'informatique comme moyen de centraliser la gestion de l'information

ans, bien qu'elle nous apparaisse souvent comme la solution définitive au moment de sa sortie sur le marché. Aussi, le rythme de l'évolution de l'informatique rend ce domaine particulièrement stressant. En outre, la diffusion des produits de la micro-informatique donne ce stress à de plus en plus d'usagers!

La micro-informatique a souvent été perçue comme un phénomène révolutionnaire, comme si elle signalait la fin de l'informatique centrale, souvent vue comme inaccessible et despotique. Peut-on mettre de l'ordre dans ces conceptions, et devrait-on s'en préoccuper? Après tout, si le micro-ordinateur est devenu un article de consommation, doit-on laisser simplement jouer les lois du marché? À notre avis, cela est risqué. En effet, la micro-informatique représente maintenant le plus gros secteur d'investissement autre que celui de l'immobilier dans les entreprises non manufacturières. D'autre part, l'acquisition de l'appareil de base ne constitue souvent que la pointe de l'iceberg: on doit payer l'entretien, le(s) logiciel(s) et la formation. Enfin, la place de l'informatique est de plus en plus stratégique dans l'entreprise, et la micro-informatique représente maintenant la plus grosse partie de la puissance informatique installée.

Il y aura toujours dans l'entreprise des systèmes, probablement centralisés, dont la gestion sera confiée à des professionnels. On parle ici des systèmes lourds, interreliés et exigeant des opérations de support complexes. Les systèmes locaux vont continuer de se multiplier, où pourront s'intégrer des progiciels standard. Dans les deux cas, on devrait trouver de plus en plus d'applications informatiques pour divers services de l'entreprise sur des ordinateurs centraux. Ces applications pourront être partagées par les utilisateurs d'une unité administrative ou par quelques utilisateurs dans plusieurs unités. Ce qui a empêché de voir les systèmes être indépendants de l'ordinateur central, c'est souvent leur lien avec d'autres bases de données et la présence d'un réseau de communication centralisant tous les accès vers cet ordinateur central.

Tous les systèmes locaux devront donc bientôt pouvoir communiquer entre eux indépendamment des systèmes centraux pour que se poursuive l'évolution de l'informatique. Cela permettra la naissance de nouvelles applications, comme le courrier électronique par exemple.

Au chapitre de l'organisation humaine, on se pose un peu la même question: puisque l'informatique est devenue si simple, pourquoi ne pas s'occuper de toutes les applications dont on a besoin avec les seuls employés de l'entreprise?

Il est exact que les outils informatiques sont maintenant beaucoup plus accessibles. Bien des projets, qui demandaient autrefois l'intervention d'un programmeur, sont aisément réalisables par l'usager d'aujourd'hui. Il est cependant beaucoup plus difficile de réaliser une application mettant en jeu des dizaines de variables et plus d'un utilisateur

sans s'y mettre à plein temps et devenir soi-même informaticien.

Également, en ce domaine le modèle de l'avenir n'est pas unique. Certaines applications seront menées par les gens de l'entreprise, d'autres avec de l'aide externe, d'autres enfin par une équipe centrale spécialisée. Le défi sera plutôt de s'assurer que toutes ces applications s'intègrent bien les unes avec les autres et suivent l'évolution des besoins des usagers.

11.2 DÉFINITION DE LA BUREAUTIQUE

Le néologisme «bureautique» vient à l'origine d'un effort pour traduire l'expression «office automation» en préservant la richesse et la complexité du concept auquel ni «automatisation du bureau» ni «bureau du futur» ne parvenaient à rendre justice.

L'intérêt pour la bureautique n'est pas né du hasard, mais de préoccupations économiques et sociales. Dans un contexte où l'économie dépend de plus en plus des activités tertiaires et où la concurrence internationale est de plus en plus grande, on a constaté la faible productivité des bureaux et l'aliénation de travailleurs dues à des tâches monotones et répétitives. D'où l'exigence d'une technologie adaptée.

La bureautique rassemble les techniques et les moyens d'automatisation des activités de bureau accomplies à l'aide de l'informatique de façon à faciliter la diffusion de l'information.

Il existe une autre définition un peu plus complexe de la bureautique. «La bureautique désigne l'assistance aux travaux de bureau procurée par des moyens et des procédures faisant appel aux techniques de l'électronique, de l'informatique, des télécommunications et de l'organisation administrative. Plus généralement, on peut dire que la bureautique intéresse le "système individuel d'information" de toute personne exerçant une activité de bureau, sans exiger d'elle d'autres connaissances que celles de son savoir-faire professionnel» (De Blasis, 1982).

En fait, on peut définir la bureautique de plusieurs façons selon que l'on considère son objet, sa méthode et ses outils ou son domaine d'application. Souvent, on décrit la bureautique selon son domaine d'application : la gestion des messages formels et des textes dans les organisations sans analyse ni traitement de leur contenu. Cette définition a l'avantage de préciser la nature fonctionnelle de la bureautique, vouée à l'assistance des travaux de bureau pour améliorer l'information individuelle et collective dans le bureau et dans son environnement. Cependant, elle restreint la bureautique au traitement automatique des informations non numériques, c'est-à-dire des textes.

On masque aussi la vocation plus large de la bureautique quand on la définit comme l'ensemble des techniques et des procédés visant à faire exécuter par du matériel, en totalité ou en partie, les tâches de bureau. En effet, la bureautique s'inspire d'une conception structurée de l'information sans support en papier auquel elle vise à substituer un ensemble de médias électroniques numériques, qui justifierait l'expression «bureau du futur». On parle ici de «moyens plus rapides et mieux contrôlables de communication (messagerie et téléconférence), de stockage (bases de classement et d'archivage), d'élaboration de l'information, d'éditeur et de chaîne de production de documents. De plus, on retrouvera des outils personnalisés d'aide à la prise de décisions et de gestion de l'information (agenda, calcul)» (Kayak). Tout cela devant permettre aux employés de secrétariat de produire, d'emmagasiner, de communiquer et de consulter l'information sur une base quotidienne.

Même si le papier est considéré comme l'ennemi de la productivité, la bureautique ne vise pas à son élimination : elle cherche plutôt à éviter les transcriptions inutiles, les accumulations et les confusions. Le papier n'est souvent qu'un symptôme de l'inefficacité d'un processus de traitement et de communication de l'information.

Cette conception est particulièrement importante dans la mesure où le véritable objectif est d'aider le professionnel et la direction à prévoir et à gérer les tâches moins structurées et dans les relations avec les réseaux de communication.

En somme, la notion de bureautique s'entend, dans un sens restreint, comme la technique de l'édition de textes par des machines électroniques et, dans un sens large, comme la science de la gestion de l'information. Par gestion, on entend la planification, l'organisation et le contrôle des opérations relatives à l'information dans un contexte systémique.

Le principal avantage de l'automatisation est d'aider les personnes qui ne comptent pas parmi le personnel de bureau dans leurs communications et d'augmenter pour eux la rapidité du processus d'information ; en fait, c'est là qu'on réalisera les plus grandes économies. On peut maintenant facilement communiquer, rassembler, retrouver, analyser, organiser, transformer, générer, modifier et emmagasiner l'information.

11.3 LA BUREAUTIQUE, UNE SCIENCE À SES DÉBUTS

Beaucoup de personnes ne savent pas très bien ce qu'est la bureautique et à quoi elle sert, ce qui est tout à fait normal, car il s'agit d'une science très jeune. Cependant, elle repose sur un besoin réel : son but premier est d'augmenter la productivité des groupes de travail. En effet, alors que l'informatique traditionnelle augmente la productivité de l'entreprise, et la micro-informatique, celle de l'individu, la bureautique améliore l'efficacité d'un groupe : un bureau, une division, un service.

On ne sait cependant pas encore très bien quelles sont les fonctions de l'entreprise qu'il est bon de bureautiser. Comme c'est le cas pour les autres technologies nouvelles, on émet des théories et

FIGURE 11.2: La bureautique pour gérer l'information

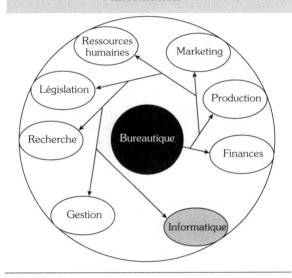

ensuite on les expérimente. Il faudra une longue expérimentation sur le terrain pour pouvoir parvenir à vraiment systématiser la bureautique.

Avec l'évolution de la technologie, la bureautique a redonné confiance aux gestionnaires. Ceux-ci peuvent maintenant gérer leurs informations, leurs décisions de gestion, et ils ont la possibilité de réaliser une plus grande performance individuelle. On peut dire que c'est maintenant par la bureautique, non par l'informatique, que se traite l'information aux divers secteurs de l'entreprise (figure 11.2).

11.4 VERS L'INTÉGRATION DE LA BUREAUTIQUE

L'intégration des applications de la bureautique est encore au stade des perspectives; leur réalisation exigera des investissements considérables et d'énormes progrès dans les logiciels d'exploitation.

L'intégration se fera à plusieurs niveaux: le poste de travail, l'entreprise, la région et le pays.

L'intégration est encore à l'état expérimental. Elle a fait l'objet d'un projet au Québec, précisément à Bell Canada. L'objectif était de permettre de travailler aussi bien sur des textes ou sur des données numériques que sur des graphiques ou d'après la voix, avec des possibilités importantes de traitement et de stockage locaux d'informations. Une fois prêt, le poste de travail sera individuel, et ses différents éléments seront adaptés aux besoins de l'utilisateur, selon la fonction qu'il exercera; le poste sera susceptible d'être relié à l'intérieur comme à l'extérieur de l'entreprise.

11.4.1 Qu'est-ce qu'un bureau?

Le bureau est une unité fonctionnelle de traitement de l'information et une subdivision de l'organisation; il se définit comme un lieu de travail, de décisions et un réseau de communication caractérisé par la poursuite d'un but commun par ses membres, par des travailleurs aux fonctions distinctes et par un processus précis.

A – Un lieu physique

Le lieu physique du bureau permet de l'identifier dans les communications tant écrites que verbales ou électroniques. Il s'agit d'un ou de plusieurs locaux meublés de façon fonctionnelle et pourvus de tables de travail, de classeurs et d'appareils. Les travailleurs s'y rassemblent selon un ordre déterminé par un horaire stable ou flexible.

B – Un but commun

Les objectifs communs d'un bureau déterminent son envergure et sa fonction. Un bureau type peut être un siège social ou un de ses services administratifs, comme la comptabilité, ou l'une de ses subdivisions, comme les comptes à recevoir. L'objectif et le processus d'un bureau varient selon sa fonction, comme la comptabilité, son envergure, son volume de tâches, comme la facturation et le recouvrement, sa complexité, la dispersion de l'organisation : par produit, géographique, etc., la nature des tâches (s'agit-il de planification, de contrôle ? etc.), sa structure : d'employés hiérarchisés ou de conseillers, et sa fonction dans l'organigramme de l'organisation.

C – Des acteurs aux fonctions distinctes

Les travailleurs d'un bureau peuvent être affectés à une même tâche supervisée, constituer une équipe multifonctionnelle : chaque personne a plusieurs fonctions, ou monofonctionnelle hiérarchisée, structurée ou non en projets, soit en organisation matricielle. On retrouve des gestionnaires du conseil d'administration, des superviseurs, des commis, des secrétaires particuliers ou non, des professionnels et des techniciens.

D – Un processus spécifique et encadré

Le travail de bureau s'accommode mal de la rigueur d'une structure formelle, notamment à cause de la marge de manœuvre qui lui est nécessaire. Les travailleurs utilisent leurs connaissances respectives acquises par formation, par expérience ou par la communication. Les bureaux sont des entités interdépendantes des autres bureaux, internes et externes, et des sources d'information. On y traite l'information selon des procédures constituées de tâches ordonnées nécessitant des ressources.

11.4.2 La raison d'être du bureau

Un bureau se définit par trois actions fondamentales.

a) *Administrer les affaires* en exerçant un ensemble d'activités généralement structurées et répétitives. Normalement, celles-ci sont décrites dans des cahiers de méthodes administratives. Par exemple, dans un bureau de comptabilité, on doit comptabiliser les comptes clients et les comptes fournisseurs, les paies, les stocks, organiser les réunions, gérer l'information, etc.

b) *Aider à la prise de décisions* en résumant l'information pour la direction, activité généralement non répétitive. Avec l'informatisation de l'information, le problème du gestionnaire n'est plus celui de la cueillette de données, mais plutôt celui de sélectionner, parmi les informations qui lui arrivent, celles qui lui sont utiles pour prendre des décisions.

c) *Communiquer un grand nombre de renseignements.* En plus de traiter l'information, il faut améliorer considérablement la circulation de celle-ci à l'intérieur et à l'extérieur de l'entreprise.

Aussi, selon IBM, pour bien planifier, organiser, diriger et contrôler l'information dans toutes les fonctions de l'entreprise, il convient de créer un nouveau service administratif. Ce nouveau service, dit de bureautique, a comme objectifs de définir les besoins, d'établir les priorités, de préparer des justifications financières, d'élaborer des stratégies, d'organiser des essais, la formation, etc., pour tous les utilisateurs.

La figure 11.3 présente un organigramme centré sur la fonction information. On retrouve le service bureautique et les tâches correspondantes en rapport avec les autres fonctions administratives dans une structure horizontale fonctionnelle.

11.4.3 L'unité de base : le document

Le document constitue l'unité de base de l'information. Il se définit comme un ensemble organisé d'informations conçu pour transmettre un message. Il est généralement conservé sur papier et peut prendre diverses formes : textes, dessins, for-

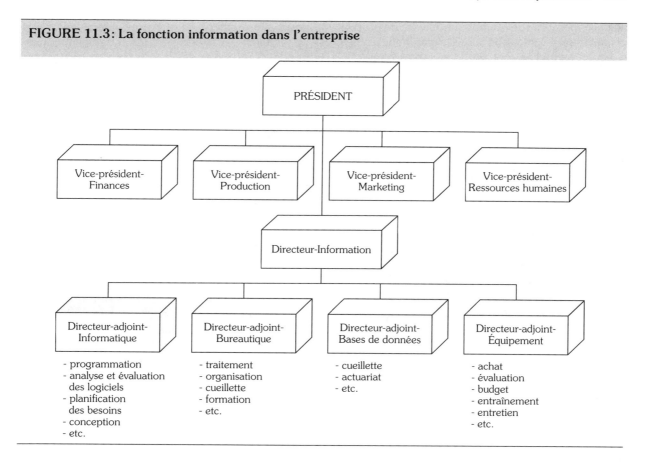

FIGURE 11.3: La fonction information dans l'entreprise

mules, images, photos, tableaux, ainsi que la parole. Quand on a besoin de lui, le document devient une ressource utile au processus de prise de décisions. L'information est le produit clé des bureaux et le papier, son principal support.

On distingue trois types de documents:

a) *Les documents «vivants»*, qui sont mis à jour régulièrement, consultés fréquemment et rangés à proximité des personnes qui en ont le plus besoin.

b) *Les documents «semi-vivants»*, dont la mise à jour est faite exceptionnellement. En quantité importante, ces documents sont consultés occa-

sionnellement par des personnes de différents secteurs de l'organisation.

c) *Les documents d'archives*, qui sont rarement consultés et que l'on conserve à des fins juridiques.

Le document désigne donc tous les types de papiers que l'on retrouve dans un bureau: notes, messages, mémos, articles, lettres, listes téléphoniques, bordereaux, formulaires, tableaux, dépliants, etc.

Ces documents sont constitués à 80 % par du «texte support» et à 20 % par de l'information vraiment intéressante, ce qui signifie qu'une vitesse de dactylographie de 60 mots par minute ne produit en fait que 12 mots importants par minute. Les données textuelles sont prépondérantes dans une proportion de 66 % à 80 % par rapport aux données numériques. Le document type proviendrait, dans 80 % des cas, de l'extérieur du bureau; dans 70 % des cas, il compterait une page, et il en aurait trois en moyenne. Il arrive que l'on considère différemment un document selon qu'il soit informatisé ou non. D'emblée, on qualifie de «difficile» un document informatisé contrairement à un document sur papier.

Les documents moins officiels sont caractérisés par une organisation très personnelle, changeante, sans divisions, qui suppose plusieurs sortes d'efforts visuels interdépendants pour les comprendre. On peut catégoriser et classer un document selon ses *descripteurs de contenu* – soit des signes clés, par exemple une en-tête – et ses processus de traitement et d'impression.

L'information qui circule dans un bureau varie selon les personnes concernées: ainsi, il y a une nette différence entre la quantité d'informations traitées par un gestionnaire et celle des informations traitées par une secrétaire.

A – Les cadres et les professionnels et leurs documents

Les gestionnaires de la direction reçoivent généralement de l'information d'origine interne et externe principalement sous forme de contacts personnels, pour planifier, organiser, diriger et contrôler les opérations. Les informations sont recueillies par leurs subordonnés et leurs relations dans les réunions et les conférences. Le but est de synthétiser l'information. Cependant, les systèmes informatiques continuent de produire de l'information insatisfaisante parce qu'elle est présentée trop souvent sous une forme aride.

Quant aux professionnels et aux techniciens, ils manipulent de l'information de nature plus analytique afin d'aider la direction. Ce sont eux qui la rassemblent et l'interprètent et qui rédigent correspondance et méthodes. Le temps des professionnels se répartit en communications verbales, pour environ 37 % du temps, et non verbales, pour à peu près 30 %. Ces quelques chiffres démontrent l'importance des communications et de l'information dans le travail de bureau.

B – Le personnel de secrétariat et ses documents

Le travail de secrétariat s'organise autour des moyens du traitement de l'information; par conséquent, il comporte moins de communications verbales.

Beaucoup de secrétaires, notamment les secrétaires particulières, ont la tâche de filtrer l'information; elles détiennent donc une autorité certaine sur celle-ci. En effet, la secrétaire exerce son jugement sur le courrier, au téléphone, auprès des visiteurs et dans l'agenda du gestionnaire, ce qui influence nécessairement le travail de ce dernier.

Le support principal au traitement de l'information demeure encore le papier qui contient 90 % à 95 % des documents stockés. L'augmentation des documents sur papier est évaluée à 4 000 par travailleur et par année; ces documents vont s'ajouter à un stock de 18 000 à 50 000 documents. En 1976, les 15 millions de secrétaires ont effectué en moyenne chacune 5 000 photocopies. Des 100 milliards de pages produites par ordinateur annuellement aux États-Unis, 25 % sont directement microfilmées.

11.5 LA RÉVOLUTION BUREAUTIQUE: FACTEURS DE CROISSANCE ET OBSTACLES

On peut qualifier la bureautique de révolution. Non seulement à cause de ses possibilités techniques, mais aussi par les changements rapides et radicaux qu'elle cause dans le monde du travail.

Comme toute révolution, la bureautique a ses promoteurs acharnés mais aussi ses détracteurs. Parmi les premiers, on compte bien sûr les vendeurs d'appareils de bureautique. C'est que le marché est vaste, les entrepreneurs cherchant de plus en plus à diminuer leurs coûts de gestion, mais il est également très concurrentiel. En effet, les moyens de communication bon marché se sont multipliés; aussi, les vendeurs recherchent-ils de nouveaux débouchés pour leurs produits.

En fait, les secteurs traditionnellement visés par l'industrie informatique connaissent maintenant certaines difficultés à se bureautiser. D'une part, sur le plan technique, les nouveaux produits se succèdent à un rythme effarant, que les entreprises suivent difficilement à cause de leur structure de fonctionnement, du coût des équipements et du besoin constant de formation et d'adaptation du personnel. Ces problèmes freinent à court terme l'évolution de la révolution bureautique. D'autre part, sur le plan humain – et nous parlons maintenant des détracteurs de la bureautique –, on craint une augmentation du chômage et on dénonce l'isolement du travailleur face à une machine et l'aliénation qui peut en découler.

En réalité, la bureautique peut, au contraire, permettre le plein épanouissement du travailleur. Elle le libère de tâches peu valorisantes et lui donne le temps d'exercer sa capacité d'initiative et de jugement à des travaux plus intéressants, tout en ayant accès directement et rapidement aux informations utiles. La bureautique ne peut qu'améliorer les conditions de travail et la satisfaction de l'employé.

Quoi qu'il en soit, l'industrie de la bureautique est de plus en plus sensible aux aspects humains de ses applications. Elle s'intéresse aux aspects ergonomiques et psychologiques du travail. En fait, une machine n'est utile que dans la mesure où un être humain sait s'en servir et accepte de le faire de son plein gré.

11.6 LES CONSÉQUENCES DE LA BUREAUTIQUE SUR LA GESTION DE L'ENTREPRISE

Examinons maintenant les effets du service bureautique sur la gestion.

11.6.1 Aide à la planification: le calendrier de travail

Dans une certaine mesure, la bureautique oblige les dirigeants à établir un calendrier de travail en déterminant les priorités dans le type de travail à exécuter et en précisant les ressources nécessaires. En effet, le calendrier de travail qui s'applique normalement à la gestion de la production devient opérationnel pour le travail bureautique. Pour le préparer, on examine les activités du bureau selon certains critères: son coût, sa rapidité d'exécution, le nombre et le type d'employés nécessaires, etc., et on compare ces données à celles de l'examen des mêmes activités, mais cette fois comme si elles étaient bureautisées.

11.6.2 Aide à l'organisation

De plus, l'intégration de la bureautique amène la redéfinition du poste d'employé de bureau selon les conditions de travail, les activités et les exigences particulières des personnes en place. Elle particularise les rôles d'assistant administratif et de spécialiste de la correspondance, et, en évidence et au premier plan, le technicien en bureautique remplace la secrétaire. Ces personnes et d'autres pourront faire partie d'un comité chargé des questions d'organisation de bureautique.

Par exemple, dans plusieurs entreprises, la téléphonie est une activité particulière qui peut être intégrée à la bureautique dans le but d'améliorer la communication téléphonique. Il faudra alors en tout premier lieu créer un comité qui s'occupera de:

– planifier les rencontres requises pour la réalisation du projet;
– préciser les tâches de chacun et les objectifs du poste de travail;
– mettre en évidence les études antérieures de besoin;
– définir la procédure à suivre en ce qui a trait à la sélection des appels téléphoniques, leur confidentialité, leur durée, aux périodes d'attente, etc.

11.6.3 Aide à la direction

En offrant aux gestionnaires une information toujours complète et actuelle, la bureautique encourage un style de gestion en fonction des problèmes immédiats ou des situations urgentes. Elle suscite le leadership. Grâce à un réseau de bureautique, la communication s'établit facilement et efficacement entre les paliers administratifs.

11.6.4 Aide au contrôle

Toute démarche bureautique implique des instruments d'évaluation de l'efficacité en fonction des normes prévues. Il ne faut pas oublier que l'on contrôle l'atteinte d'objectifs; il faut déterminer des standards d'efficacité.

Les instruments de contrôle peuvent être des enquêtes écrites, des entrevues, en fait toute cueillette de rétro-information (feed-back). De plus, des rapports d'étapes peuvent s'avérer utiles.

La compilation statistique des données obtenues, par un traitement par logiciel, aidera à déterminer la réussite ou l'échec de l'expérience. On doit considérer:

– le respect de l'échéancier,
– les démarches des personnes concernées,
– la détermination des données à recueillir,
– le budget accordé,
– la fréquence des réunions,
– l'autocritique du déroulement de l'expérience.

11.7 LA TECHNOLOGIE BUREAUTIQUE

On a compris que l'ensemble des activités d'un bureau est orienté vers le traitement de l'information et que cette information est une partie substantielle de la gestion. Maintenant, nous pouvons nous pencher sur les outils et les possibilités de la bureautique concernant les principales catégories de travaux de bureau: la création, le classement, le stockage et le repérage, la duplication, la restitution, la modification, la diffusion, la distribution et la communication de l'information.

Il existe une vaste gamme sans cesse grandissante d'outils de bureautique, qui peuvent faire complètement plusieurs classes de travaux de bureau ou aider à leur accomplissement; les possibilités de combinaison de travaux ou d'outils en appareils particuliers sont énormes. Le fonctionnement de l'ensemble des outils repose sur l'utilisation de techniques comme la numérisation, la télécommunication et l'informatique.

11.7.1 Classement, stockage et repérage

Le classement électronique permet de ranger sur des supports magnétiques ou optiques des documents préalablement codés, en vue de les repérer, de les visualiser ou de les reproduire facilement.

Dans le cas du stockage sur support magnétique, on conçoit des fichiers à l'aide de différentes techniques de saisie sur clavier afin de coder le document. Quant au stockage sur support optique, il permet d'utiliser des documents sur papier, qui, à l'aide d'un *scanner*, sont convertis en signaux numériques. Dans ce dernier cas, on peut stocker électroniquement des documents qui, pour une raison ou une autre, ne peuvent être enregistrés sous forme de caractères codés.

Le stockage de documents est en fait une série de techniques :

– le *stockage micrographique* : sur microfiches ou sur microfilms ;
– le *stockage et la consultation à distance* à l'aide de moyens audiovisuels ;
– le *stockage magnétique* : sur bandes, cassettes, cartes, disques rigides ou disquettes ;
– le *stockage électronique d'images* : sur vidéo-disque ou sur disque optique numérique.

L'avantage principal d'un système de classement électronique est de pouvoir transmettre électroniquement des documents. Quant aux systèmes de stockage et de repérage, ils permettent d'accéder rapidement à l'information, de réduire les problèmes liés à un mauvais classement et l'espace de bureau nécessaire aux classeurs traditionnels, de transférer des fichiers et de diminuer le besoin de connaître des techniques de classement.

11.7.2 Restitution

La restitution consiste à récupérer un document stocké sur un support quelconque pour le présenter dans un format et un support utilisables par l'utilisateur, qui pourra voir ou entendre l'information. Elle peut prendre trois formes : l'*impression*, l'*affichage* et la *restitution sonore*.

a) L'impression regroupe différentes techniques.

– L'*impression par tracé* comprend trois formes principales : l'*écriture manuscrite*, qui utilise le tracé direct de la main sur du papier à l'aide d'outils d'écriture ; l'*écriture automatique*, qui recourt à un enregistrement du mouvement d'écriture exécuté par une personne, généralement pour la signature automatique d'un grand nombre de documents ; le *dessin automatique*, qui utilise le déplacement d'une feuille de papier et d'une tête

d'écriture portant une ou plusieurs plumes et qu'on appelle *table traçante*.
– L'*impression par pression* utilise un support encré qui dépose son encre sur le papier. C'est le cas de la sérigraphie, du stencil et du procédé offset.
– L'*impression par impact* utilise des caractères en relief que l'on applique sur un ruban encreur et sur le papier, comme le font les machines à écrire, l'imprimante à marguerite et l'imprimante à matrice.
– La *photo-impression* utilise l'action de la lumière sur une pellicule photographique qui est développée pour obtenir un négatif. Elle regroupe deux techniques : la *photocomposition*, par laquelle les caractères sont photographiés et ensuite choisis selon les documents à imprimer, et la *micrographie* ou photographie réduite d'un document (microfiches ou microfilms).

b) L'affichage consiste en des techniques de présentation de l'information sur des supports qui permettent de rendre l'information visuelle. Il existe quatre types d'affichage.

– L'*affichage mécanique*, qui se fait par le livre, les tableaux d'affichage, les classeurs rotatifs d'adresse et de numéro de téléphone, etc.
– Par *projection* : on utilise un rétroprojecteur qui rend visible l'image par plusieurs personnes à la fois.
– Par *écran cathodique*, comme ceux qu'on utilise avec les ordinateurs.
– Par *écran plat*, à *diodes*, à *plasma* ou à *cristal*, comme dans le cas des calculatrices.

c) La restitution sonore regroupe des techniques de présentation de l'information destinée à être entendue.

– La voix peut être transmise en présence des personnes ou par téléphone.
– La voix peut être enregistrée : le document dit oralement est transféré sur un support magnétique et retransmis à l'aide d'écouteurs ou de haut-parleurs (la voix analogique,

la voix digitalisée, le codage delta et les voco-deurs).
- La *synthèse vocale* utilise un répertoire des composantes élémentaires de la parole pour constituer des messages originaux (synthèse par mot, synthèse par syllabes).

11.7.3 Communication, diffusion et distribution

La notion d'échange de l'information couvre une large réalité; elle se caractérise par sa nature (voix, données, images, textes), sa priorité, son degré de confidentialité, la complexité du réseau de destinataires, les moyens de la transmission: mémo, lettre confidentielle, annotation, autorisation, copie conforme, annonce publique, etc.

Il s'avère indispensable de créer un néologisme pour nommer ce phénomène distinct des formes traditionnelles de communication, qui tendent à se confondre. L'ordinateur amène une communication plus formelle par le type de participation que permettent les réseaux et par la libération des contraintes de temps et d'espace que favorisent les télécommunications. Tout cela donne à ce système des caractéristiques telles qu'on doit reconnaître l'émergence d'un nouveau média de communication.

Ce média possède un spectre élargi de fonctions par rapport aux autres médias, ce qui lui confère des avantages nombreux malgré les problèmes qu'il pose, ainsi que nous tenterons de le montrer dans les lignes qui suivent. La puissance de cet outil permet de poser qu'il révolutionne la gestion, plus que la panoplie bureautique, malgré sa timide introduction.

A – La messagerie électronique

Définition

La messagerie électronique, qualifiée de «supertélex», se substitue au courrier traditionnel interne et externe. Elle regroupe donc plusieurs activités sous-jacentes, ce qui suppose une interrelation de systèmes dans une conception homogène. On tiendra compte de la nature du message, qui peut être de nature privée ou publique.

Fonctions

Un système intégré de messagerie opéré par des postes polyvalents offre plusieurs possibilités.

- De production: il aide à la conception, à la composition et à l'édition du message;
- Il permet de choisir le ou les destinataires;
- On peut transmettre l'information sur des canaux électroniques à aiguillage autonome reliés en réseaux interne et externe interconnectés, avec ou sans encryptage (réduction de format);
- Le courrier peut être envoyé dans une BAL (boîte à lettre) plutôt que par un individu, et le destinataire peut déterminer le moment, le support de lecture et l'avenir du message: son classement ou sa destruction, l'envoi d'un accusé de réception, etc.

De plus, les messageries électroniques facilitent la tâche de la collecte des données. L'utilisateur des données a la possibilité d'envoyer, de recevoir et de traiter simultanément l'information, et il peut changer de formulaire sans frais. Les options jugées les plus utiles par les usagers concernent:

- la capacité de communiquer à long terme en groupe, pas seulement à une autre personne;
- l'usager du système a pleine autorité sur l'information par opposition à la passivité découlant des menus;
- la possibilité de personnaliser l'information par certaines fonctions.

En somme, les usagers disposent d'une gamme d'options intégrées en un poste polyvalent, adapté aux besoins de communication de chacun.

B – Les systèmes de téléconférence

Même si on accorde à la réunion où les membres sont présents physiquement la capacité de produire les plus riches interactions, l'utilité de rapprocher les personnes par l'électronique ne fait aucun doute; ainsi, il se tiendrait, dans la seule région de Paris, 100 000 réunions par jour ouvrable. On distingue plusieurs sortes de réunions et de conférences.

– *Privées*: d'une personne à une autre exclusivement;
– *De groupes*: accord formel d'un groupe prédéfini (téléconférence);
– *Publiques*: ouvertes à tous les intéressés potentiels;
– *À valeur marchande*: il s'agit de sessions payantes.

La conférence téléphonique ou télévisuelle

Les compagnies téléphoniques mettent à la disposition du public des appareils de conférence. L'équipement se résume à un poste téléphonique mains libres. Ce type de conférences n'exige pas de déplacement, mais on doit défrayer les coûts d'appels interurbains.

L'audioconférence: réalisée en studio

Les grosses compagnies qui recourent à des conférences téléphoniques ont parfois des salles spécialement aménagées, dotées de systèmes de haut-parleurs et de microphones à commutateurs. On retrouve aussi des studios portatifs grâce au faible encombrement de l'équipement, qui permettent de transformer une salle de réunion traditionnelle en salle d'audioconférence.

Les avantages de l'audioconférence tiennent à son coût relativement bas, grâce au multiplex, et au faible apprentissage nécessaire qu'elle exige. Ses contraintes consistent en les déplacements qu'elle exige comparativement aux téléconférences, à l'absence de matériel de support ainsi qu'aux précautions acoustiques parfois considérables qu'exigent des groupes importants. En fait, les conférences téléphoniques réunissent souvent des groupes de plus de quatre personnes.

La téléconférence assistée par ordinateur

Il s'agit une extension du système de messagerie textuelle permettant à un groupe d'échanger de façon structurée sur un sujet commun à l'aide d'un réseau sur ordinateur sans contrainte de temps et d'espace. Ce tout nouveau mode de télécommunication interpersonnelle redonne un sens nouveau à la présence physique des participants.

11.8 LES MODÈLES BUREAUTIQUES

Il existe trois modèles de bureaux informatisés:

a) le bureau informatisé avec des outils informatiques;
b) le bureau automatisé dont les tâches sont coordonnées par l'ordinateur;
c) le bureau télématisé qui fonctionne sans papier et dont les services sont interreliés en réseau grâce à l'ordinateur.

11.8.1 Le bureau informatisé

C'est la première étape après le bureau traditionnel. Le bureau informatisé comprend le micro-ordinateur, l'appareil de traitement de texte et la machine à écrire électronique.

Pour l'entreprise de petite taille, l'informatisation concerne essentiellement la tâche spécifique de chaque employé: il n'y a pas de concept global de système. L'entreprise de grande dimension mettra au point un système et un service ayant une activité propre, au même titre qu'un autre service de l'entreprise, soit celle de traiter l'information.

Ce sont toutes les activités importantes de l'entreprise qui bénéficient de ce service, qui contribue ainsi à l'administration de l'entreprise. La direction de l'information et de la communication gère la circulation de l'information en la traitant pour l'acheminer ensuite au bon endroit.

Les postes reliés aux services de traitement de texte, aux services de base de données et aux services de communication, mettent en évidence l'établissement de réseaux pour une gestion efficace de l'information. Cela vaut pour l'entreprise qui génère et recueille suffisamment de données pour transformer son organisation en activités bureautiques spécialisées (figure 11.4).

11.8.2 Le bureau automatisé

Dans cette forme d'organisation bureautique, les machines sont reliées à un ordinateur central et le personnel est réduit au minimum.

Cela peut se réaliser grâce à l'installation de lecteurs optiques multiplex, de modems et de terminaux. De plus, le système de base de données ou de gestion des fichiers, les imprimantes ultrarapides et les appareils permettant le graphisme de qualité sont des accessoires importants pour faciliter les opérations et l'implantation d'un système de réseau.

11.8.3 Le bureau télématisé

Les télécommunications de bureau représentent la seconde couche de l'iceberg bureautique et constituent un domaine extrêmement important des applications bureautiques. Véritables révolutions des procédés de communication au sein de l'entreprise, la télécommunication et la bureautique ont permis le développement des capacités d'entreposage et de traitement de tous les types d'information.

Les équipements et systèmes de télécommunication sont très diversifiés et nombreux. Ils font souvent appel à des notions techniques complexes, du moins pour ceux qui ne sont pas familiers avec l'électronique et l'informatique. Grâce à ces nouvelles technologies, les usagers peuvent réduire considérablement leurs coûts de traitement de l'information. Par exemple, une unité de photocomposition peut être partagée par tous les bureaux d'une entreprise, la transmission des documents se faisant à l'aide de codes de photocomposition déjà enregistrés.

Pour sa part, le courrier électronique accélère les communications entre les cadres situés à des endroits différents. Des systèmes informatisés de prise des commandes, de contrôle des stocks, d'administration, de gestion des opérations financières, relient aujourd'hui des bureaux dispersés sur tout un territoire, un pays, voire plusieurs continents (figure 11.5).

11.9 LA BUREAUTIQUE, UNE ACTIVITÉ DE GESTION

Pour bon nombre d'activités de gestion, on peut recourir à des outils informatiques qui fournissent une assistance individuelle dans la réalisation de travaux associés. Parmi ceux-ci, mentionnons entre autres la gestion des dossiers ou de l'information, la production de statistiques, l'analyse de prévisions et la simulation, la gestion du temps, etc.

Dans la plupart des cas, ces activités peuvent reposer sur l'utilisation d'un micro-ordinateur et de logiciels appropriés, notamment les tableurs électroniques et les autres logiciels d'aide à la décision, les logiciels de gestion de fichiers et de base de données, les agendas électroniques et les machines à traitement de texte.

11.9.1 Le tableur électronique

Il constitue un outil extrêmement souple; il peut être utilisé en gestion des objectifs, de pro-

FIGURE 11.4 : Le bureau informatisé

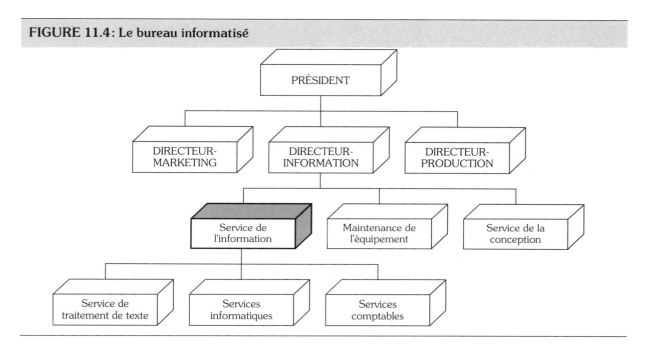

FIGURE 11.5 : Un réseau de télécommunications international

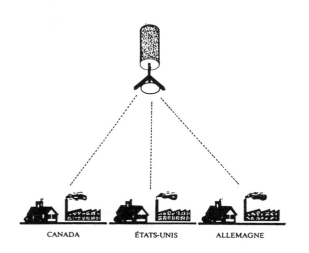

grammes de subvention, d'opérations de production, de listes, de projets, *etc.*

Le gestionnaire qui a des décisions à prendre doit considérer les conséquences de ses décisions ; il doit étudier ce qui arrivera s'il opte pour tel ou tel choix. Le tableur électronique pourra l'aider en lui permettant de créer et de manipuler des tableaux électroniques. Ces tableaux affichent à l'écran une grille de colonnes et de rangées. L'information peut ainsi être structurée de façon à être facilement comprise. Les logiciels de tableaux électroniques sont *Excel*, *Lotus 1-2-3*, *Multiplan* et *Quattro*.

11.9.2 Les logiciels de gestion de fichiers et de base de données

Ils permettent la gestion d'informations de toute nature telles que des données sur les opérations, les événements, les dates, la gestion, etc. Ainsi, on peut gérer des listes d'adresses, des dossiers, des informations de gestion, de commandes et d'acquisition, de production, documentaires sur le personnel, etc. Ces logiciels de base de données sont *dBASE III PLUS*, *dBASE IV* et *Data Ease*.

En somme, une base de données ressemble à un gigantesque classeur électronique où l'on met toutes les informations qu'on a; puis, il n'y a qu'à demander au micro-ordinateur les informations désirées parmi toutes celles qui sont emmagasinées.

11.9.3 La machine à traitement de texte

Pour comprendre son fonctionnement, il faut la comparer à une machine à écrire électrique et électronique. Avec la dactylographie, les mots sont transmis sur un support solide, le papier, au moyen de touches qui vont le frapper à travers un ruban encré. Il y a passage immédiat de la pensée au papier. Avec le traitement de texte, les mots sont plutôt transmis sur un support provisoire: l'écran. Le texte visualisé reste immatériel, ce qui signifie qu'on peut effectuer les changements de marge, de lettrage, de caractères, de mots, de phrases, en quelques secondes, c'est-à-dire le temps d'appuyer sur les touches appropriées. Le texte a été poli dans ses moindres détails? Il suffit de lui donner une existence réelle au moyen de l'imprimante. Si ce texte ne convient pas, il est très simple d'effectuer de nouvelles modifications pour ensuite le réimprimer en un ou plusieurs exemplaires.

Les fabricants ont mis sur le marché leurs propres logiciels, chacun ayant ses propres qualités et inconvénients. Ce sont pour la plupart des outils de travail exceptionnels, qui facilitent grandement tout le travail de la composition à la diffusion des textes. Les produits les plus connus sont *WordPerfect*, *Word*, *Editexte*, *Secrétaire personnel* et *MacWrite*.

11.9.4 Les logiciels d'aide à la décision

Ils guident et assistent l'utilisateur dans sa prise de décisions. La principale utilisation concerne les applications et l'analyse financières.

11.10 LA BUREAUTIQUE, DOMAINE DE CONVERGENCE DES TECHNOLOGIES

La bureautique émerge au carrefour de plusieurs techniques et sciences comme la gestion, les sciences du comportement, de la décision, l'organisation et l'ergonomie, et naturellement la gestion de l'information (figure 11.6). En fait, il s'agit d'une osmose croissante entre les moyens de communication et les techniques comme, par exemple, le traitement de texte et le traitement d'autres formes de données. Les logiciels offrant des possibilités de calcul et de graphisme sur les machines de traitement de texte prolifèrent tandis que les micro-ordinateurs disposent déjà pour la plupart d'un bon logiciel éditeur de texte. L'intégration des diverses techniques de production, de stockage et de communication de l'information se réalise de façon à ce qu'on épouse les caractéristiques du média plutôt qu'à les considérer comme des contraintes.

On estime que l'implantation de la bureautique dans une organisation amène une diminution de 15 % du temps consacré aux activités traditionnelles de bureau. Au Canada, ce phénomène touchera donc quelque 150 000 personnes, que ce soit sur le plan du recyclage que sur ceux des mises à pied ou de la redéfinition du poste de travail.

L'intérêt que soulève la bureautique réside dans le fait que les dirigeants de l'entreprise sont préoccupés par l'étude du temps et des mouvements en production, par l'ergonomie, par l'enrichissement des tâches en milieu de travail, etc. Les dirigeants doivent donc remettre en question certains principes de définition de tâches autant pour

FIGURE 11.6: La bureautique, convergence de techniques et de sciences

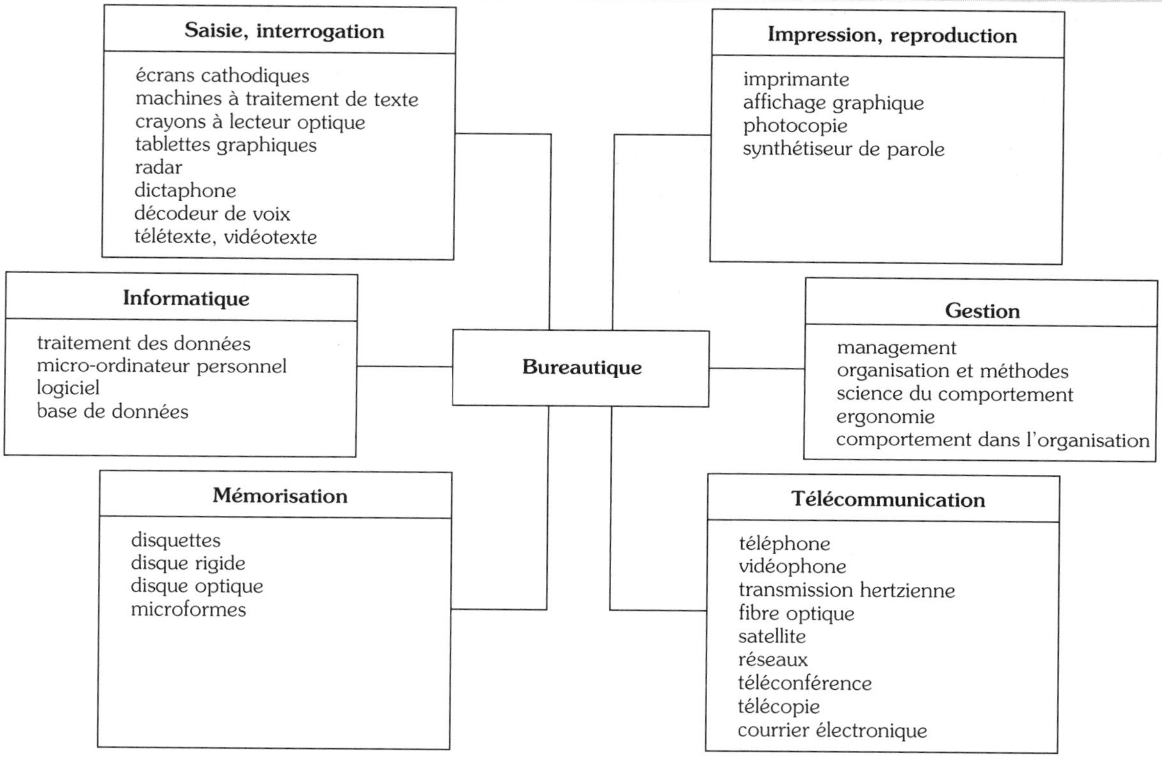

Saisie, interrogation	Impression, reproduction
écrans cathodiques machines à traitement de texte crayons à lecteur optique tablettes graphiques radar dictaphone décodeur de voix télétexte, vidéotexte	imprimante affichage graphique photocopie synthétiseur de parole

Informatique	Gestion
traitement des données micro-ordinateur personnel logiciel base de données	management organisation et méthodes science du comportement ergonomie comportement dans l'organisation

Bureautique

Mémorisation	Télécommunication
disquettes disque rigide disque optique microformes	téléphone vidéophone transmission hertzienne fibre optique satellite réseaux téléconférence télécopie courrier électronique

le personnel cadre que pour les employés subalternes. Ainsi, on ne parlera plus de secrétaire, mais d'opérateur ou de technicien de bureau. Par surcroît, une partie de la tâche de l'administrateur sera, dans les faits, axée sur les opérations de traitement.

RÉSUMÉ

L'ordinateur est devenu un outil courant dans l'entreprise. Il sert surtout à traiter des données, des textes, des images et à compiler les transactions sous forme comptable et à produire ainsi les états financiers.

Les répercussions de l'informatique et de la micro-informatique ne se font pas sentir uniquement dans le monde des affaires; presque tous les aspects de la vie en société ont également été touchés. L'ordinateur est régulièrement utilisé dans de nombreuses activités. Dans bien des cas, l'ordinateur peut jouer un grand rôle dans la vie de chaque citoyen sans que celui-ci ne s'en aperçoive.

La bureautique commence à supplanter l'informatique traditionnelle, qui, à cause de son langage austère et spécialisé, est devenue difficile d'accès. L'usager moyen peut maintenant arriver à lui seul à faire ce que plusieurs spécialistes en informatique arrivaient à peine à produire il y a quelque temps avec de plus grosses machines.

Chapitre 12
La fonction
recherche et développement*

OBJECTIFS

1. Situer la recherche dans son contexte selon les préoccupations budgétaires.
2. Identifier les éléments de la recherche dans l'entreprise.
3. Présenter cette fonction comme «nouvelle» par rapport aux autres fonctions.
4. Considérer la recherche par rapport au développement des capacités concurrentielles de l'entreprise.

* Nous remercions Monsieur Mario Gravel de nous avoir permis d'utiliser pour ce chapitre une partie de son texte extrait du volume *L'Entreprise: son milieu, sa structure et ses fonctions*.

PLAN

12.1 HISTORIQUE ET DÉFINITION

Cette fonction, reliée souvent à l'activité de production pour les entreprises industrielles, prend de plus en plus d'importance comme activité autonome et ce, sous l'appellation «recherche et développement».

Dans la perspective de réaliser un profit immédiat, l'entrepreneur a longtemps considéré cette activité comme un gaspillage de temps et d'argent. Maurice Duplessis, ancien premier ministre du Québec, a déjà dit: «Ce que je veux, ce n'est pas des chercheurs mais des trouveurs». Cette phrase témoigne qu'on a mis en veilleuse ce domaine pour plusieurs années.

Aujourd'hui, avec des organisations axées sur la productivité, qui entraîne la standardisation des produits, avec l'augmentation du pouvoir d'achat moyen des consommateurs, l'accroissement de la dimension internationale de l'économie, l'apparition de moyens rapides dans la lutte commerciale: franchises, sous-traitance, entreprises communes, la recherche est devenue essentielle à la survie de l'entreprise. Par exemple, le fabricant d'automobiles Chrysler a dépensé 700 millions de dollars pour mettre au point sa «Voyager» avant de l'introduire sur le marché. La preuve de son succès fut qu'en 1985-1986 le consommateur dut la commander deux mois à l'avance.

Certains individus ont marqué l'histoire de la recherche et le progrès de l'économie par leurs idées, leurs trouvailles et leurs inventions. Thomas Edison avec l'application de l'électricité à l'éclairage, Henry Ford avec sa division du travail adaptée à la fabrication à la chaîne et Marcian Hoff avec l'implantation du microprocesseur dans l'ordinateur, ont été des pionniers à leur manière dans la recherche systématique et ses effets sur l'entreprise.

Ces personnes ont montré que les découvertes scientifiques, de quelque nature qu'elles soient, ne sont pas nécessairement l'apanage des universités.

Elles ont compris que l'entreprise doit découvrir de nouveaux concepts ou produits permettant de satisfaire, selon l'époque, les besoins et les goûts les plus extravagants du consommateur.

Par définition, la recherche est toute activité, organisée ou non, qui a pour objectif d'apporter un élément nouveau à l'entreprise et d'amener une amélioration commerciale et financière des opérations de cette dernière. Citons l'introduction de l'ordinateur comme outil fondamental d'une grande entreprise.

12.2 LA RECHERCHE DANS L'ENTREPRISE

12.2.1 Sur le plan de l'organisation

Le tableau 12.1 nous permet de distinguer le travail accompli par les principaux agents de la recherche en entreprise. La recherche concerne non seulement l'entreprise commerciale, mais aussi toute forme d'organisation incluant, par exemple, la Commission de la santé et de la sécurité du travail (CSST), qui étudie les toxiques, les prothèses et les équipements de sécurité.

Le résultat de toute activité de recherche dépend évidemment de la réaction du consommateur, qui accepte ou refuse la nouveauté. Ainsi, l'essence sans plomb a d'abord été mal acceptée à cause de son prix plus élevé que celui de l'essence ordinaire. À l'époque de la mise en marché de ce nouveau produit, le consommateur n'était pas prêt à payer plus cher pour combattre la pollution.

12.2.2 La recherche dans la PME

Il faut préciser que l'importance de la recherche est proportionnelle à l'intérêt des administrateurs. Or, souvent ceux-ci, notamment dans la petite et

---

TABLEAU 12.1: La recherche et ses éléments dans l'organisation

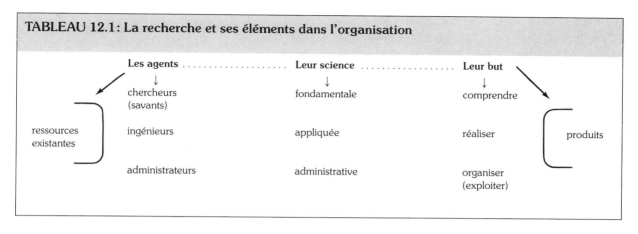

Les agents	Leur science	Leur but
↓	↓	↓
chercheurs (savants)	fondamentale	comprendre
ingénieurs	appliquée	réaliser
administrateurs	administrative	organiser (exploiter)

ressources existantes → ... → produits

---

moyenne entreprise, ne voient pas l'intérêt de changer une formule qui fonctionne bien.

Par ailleurs, la PME a tendance à pratiquer une recherche empirique, intuitive et assujettie aux besoins immédiats, c'est-à-dire sans planification de besoins futurs.

Aussi le savant, souvent un conseiller extérieur à moins qu'il s'agisse du propriétaire, se retrouve avec le propriétaire ou quelques actionnaires fondateurs qui, à tâtons, ont réussi à mettre au point un produit original dans une machine-outil sur mesure ou un concept commercial inédit, par exemple les biberons Playtex.

12.2.3 La recherche dans la grande entreprise

La grande entreprise a tendance à structurer les activités de recherche dans un service ou dans des groupes rattachés aux fonctions primordiales. On parlera de laboratoire de recherche appliquée, de service du contrôle de la qualité, voire de centre de prévention de santé et de sécurité. On affecte à ces tâches des ingénieurs et des techniciens spécialisés. Tout doit être planifié avec un budget correspondant aux priorités administratives et à l'évolution des cycles économiques.

Par exemple, l'entreprise Alcan, à Jonquière (Saguenay), possède un des plus gros laboratoires de chimie inorganique au Canada, qui regroupe plus de 300 personnes. Une de ses découvertes, soit les accumulateurs avec plaques d'aluminium, a été primée.

Cependant, qu'elle soit grosse ou petite, l'évolution technologique de l'entreprise n'est pas la seule affaire des chercheurs. En effet, l'entreprise subit aussi l'influence du personnel: les «patenteux», et celle des organismes comme le Conseil scientifique du Canada. De plus, des contraintes de production et de mise en marché apparaissent suite aux normes imposées par le législateur et sous la pression sociale.

Sur le plan formel, la recherche se traduira par des projets avec l'établissement d'un organigramme, de devis, de budgets ainsi que des ressources nécessaires.

Sur le plan informel, il n'y a pas de planification. La recherche se fait selon les besoins immédiats et les employés en place. Les «patenteux» interviennent de façon spontanée et radicale dans les opérations. La grande entreprise peut exploiter ce potentiel créatif en donnant aux employés l'occasion de formuler des idées, par exemple au moyen de boîtes à suggestions; si ces idées sont applicables, elles permettent de réduire des coûts de production. Des primes peuvent être rattachées à ces suggestions.

Il est opportun de préciser qu'un cheminement planifié de la recherche comprend des priorités; les activités ne se font qu'à long terme, étape par étape, à cause des coûts. Ainsi la compagnie Noranda, aux prises avec des problèmes d'émanation d'anhydride sulfureux, doit étendre ses coûts de recherches techniques sur plusieurs années.

12.3 LES AGENTS DE RECHERCHE

Les agents de recherche sont toutes les personnes qui travaillent principalement dans cette activité. En principe, on parle des entreprises dont la principale fonction est de mettre sur pied des laboratoires de recherche financés en grande partie par des subventions gouvernementales. De façon générale, la PME utilise les services d'agences d'inspection ou d'essais des matériaux, les services d'experts-conseils comme les bureaux d'ingénieurs, et, à la rigueur, des services gouvernementaux comme les laboratoires d'universités. Par exemple, les firmes de publicité ont recours à des services spécialisés dans les études de marché, les tests de goûts, voire les sondages d'opinions.

12.3.1 Ce qui se passe au Québec

Le Québec semble reprendre un peu son retard dans la promotion de cette activité, plus particulièrement avec le Centre de recherche industrielle du Québec (CRIQ), dont le siège social est situé à Québec. Le CRIQ s'occupe de projets conjoints avec l'entreprise privée.[1]

Ce service gouvernemental regroupant au moins 300 employés fournit un soutien technique considérable aux entreprises qui cherchent à

TABLEAU 12.2 : Statistiques concernant le CRIQ (1985)

- 1 600 entreprises ont utilisé les sources du CRIQ depuis 10 ans
- 10 millions de dollars de vente pour 1984-1985
- 942 offres de services à la clientèle
- 754 contrats de services
- 40 % des contrats ont été accordés à la région de Québec
- 40 % des contrats ont été accordés à la région de Montréal

améliorer la productivité de leurs équipements. Par exemple, la compagnie qui produit les jus de marque «Oasis» a recouru à ce service pour accélérer la fabrication. De plus, cet organisme offre un service de courtier en information qui donne accès à 400 banques de données tant nord-américaines qu'européennes ou asiatiques (tableau 12.2).

12.3.2 Les secteurs d'intervention

Dans le tableau 12.3, on établit une relation entre les agences de recherche et leurs secteurs d'intervention dans le processus de l'innovation. On y constate que les agents en recherche n'interviennent pas systématiquement dans tout le processus, chacun ayant sa propre spécialité. Ainsi, le CRIQ intervient dans le développement du produit et dans l'analyse préliminaire du marché sans pourtant s'engager dans la mise en marché de ce même produit.

On remarque dans cette figure qu'il existe au moins cinq organismes reconnus pouvant aider l'entreprise. En fait, il existe d'autres agences de recherche tel l'institut Armand-Frappier, spécialisé dans la recherche médicale. Ce type d'agences est relativement autonome financièrement.

1. MÉNARD, A. «Le CRIQ a beaucoup élargi sa brochette de services», *Le journal des Affaires*, 2 nov. 1985, p. 6.

TABLEAU 12.3 : Les agents de recherche et leurs secteurs d'activité

Recherche pure	Recherche appliquée	Développement	Survol du marché	Pré-production	Mise en marché
– Avancement de la science	– Applications possibles de la science : essais de laboratoire – Évaluations d'innovations	– Applications et contrôles : prototypes fonctionnels – Évaluations d'inventions	– Évaluation générale – Étude préliminaire du potentiel commercial – Ententes entre partenaires commerciaux	– Applications directes en industrie – Premiers essais de production rentable	– Études poussées du marché – Mise en vente

Inventeur autonome *(Développement)*

Centre d'innovation industrielle Montréal *(de Développement à Mise en marché)*

(collaboration) ... (collaboration)

Entreprises industrielles *(de Survol du marché à Mise en marché)*

Conseil national de recherche du Canada *(de Recherche pure à Développement)*

(collaboration)

Centre de recherche industrielle du Québec *(Développement à Survol du marché)*

(collaboration)

Centre de développement technologique École polytechnique *(Recherche appliquée à Développement)*

Laboratoires (universités, certains hôpitaux) *(Recherche pure à Recherche appliquée)*

12.4 LA RECHERCHE : SYNONYME DE TECHNOLOGIE ?

M. Douglas Wright, président de l'Université de Waterloo, disait que «l'une des définitions les plus simples et les plus utiles du mot technologie [...] est simplement *savoir faire* et *savoir pourquoi*, ni plus ni moins. La technologie concerne nos capacités intellectuelles orientées vers la solution de problèmes de plus en plus complexes. »[2] En pratique, on associera la technologie au domaine de l'informatique, de la robotique, de la cybernétique, de la biotechnologie, de la bureautique, *etc.*

---

2. WRIGHT, D. «Les universités et l'avenir économique du Canada», *Commerce Canada*, sept.-oct. 1985, p. 1 à 3.

TABLEAU 12.4 : Exemples de recherches en entreprise

Champ d'intervention	Activité
Relations humaines	Étude de l'espace le plus approprié pour la pause café des employés
Comptabilité	Montage d'un fichier signalétique des clients les plus solvables
Secteur industriel	Invention par le ferblantier d'un chariot à moteur pour déplacer les bouteilles d'acétylène
Relations de travail	Évaluation de l'absentéisme des employés pour mesurer le manque de motivation

---

Dans les faits, l'entreprise ne dissocie pas technologie et recherche, et la technologie nouvelle implique une démarche de recherche. Comme cela est nouveau et que tout ce qui est nouveau appelle un changement, l'organisation se trouve perturbée.

Cependant, la recherche se fait aussi en sciences humaines, par exemple sur la motivation au travail, sur l'élimination du stress ou sur la capacité de concentration à un travail de miniaturisation. Le tableau 12.4 nous montre que la recherche peut porter autant sur le plan humain que sur le plan technique.

Deux secteurs d'avant-garde semblent devenir un champ de prédilection des industries canadiennes en matière de recherche et ce, pour des raisons géographiques et de ressources naturelles. Ce sont les télécommunications (tableau 12.5) et la biotechnologie. Le Québec a aussi ses expertises (tableau 12.6).

La biotechnologie semble aboutir à des réalisations appréciables dans le domaine des mines. Ainsi, on sait que certaines bactéries ferro-oxydantes ont la propriété d'acidifier les résidus miniers et d'y rendre solubles les métaux non ferreux qui s'y trouvent en faible concentration.[3] Il est à croire que les bactéries seront les travailleurs de demain. La biotechnologie semble connaître un regain dans le

domaine des ordinateurs. Les Japonais ont projeté d'investir plusieurs millions de dollars en recherche pour développer un bio-ordinateur, d'où la *biomatique*. L'intérêt de cette recherche réside dans la perspective de l'intelligence artificielle et de la vitesse d'exécution de l'instrument.

12.5 LA RECHERCHE : UN FACTEUR CONCURRENTIEL DE PREMIER ORDRE

12.5.1 La concurrence, symptôme de santé économique

Le Canada étant un pays capitaliste, il doit veiller à ce que la concurrence soit toujours présente pour le profit du consommateur. Comme la concurrence est une source constante de créativité où les faibles abandonnent, l'entreprise doit se maintenir à un haut niveau concurrentiel et considérer la rivalité non comme un obstacle, mais comme un révélateur de ses forces et faiblesses. Il est entendu que cette concurrence ne doit pas être altérée par l'intervention impromptue des gouvernements.

Il peut y avoir échanges d'idées, de technologies entre compagnies concurrentielles au profit de l'ensemble. Ainsi, il n'est pas rare de voir un ges-

---

3. SORMANY, P. « Le pouvoir industriel des microbes », *Le Magazine des Affaires*, juin 1982, p. 26.

TABLEAU 12.5 : Quelques entreprises en télécommunication	
– Northern Telecom Canada Ltée – Datagram (Boucherville) – Memotec Data inc. (Montréal) – SR Telecom (Ville Saint-Laurent)	Installation de centrales téléphoniques numériques Multiplex Système de commutation par paquets Équipement de transmission par micro-ondes

tionnaire changer d'entreprise et donner toute son expertise à sa nouvelle organisation.

12.5.2 Les échanges internationaux

C'est surtout dans le domaine de l'innovation qu'il existe un intérêt soutenu pour l'échange. Certaines entreprises offrent leurs innovations pour la fabrication et la commercialisation d'un produit sous forme de brevet donnant droit à la reproduction. Tirés de la revue mensuelle *Commerce Canada*[4], voici quelques échantillons d'offres de certains pays.

« Belgique : Des panneaux de béton insonorisants

Une entreprise belge offre, sous licence, à une société canadienne de matériaux de construction, les droits de fabrication de panneaux de béton insonorisants pour installer le long des autoroutes. Contrairement à bien d'autres genres de panneaux isolants, ces panneaux se composent uniquement de béton spécialement préparé et coulé. »

« République fédérale d'Allemagne : Turbobrûleur pour chaudières

Ce turbobrûleur pour chaudières alimentées au mazout, au gaz ou au gaz liquéfié est doté d'une turbine axiale qui optimise l'arrivée et la circulation d'air, ce qui permet d'améliorer le rendement du combustible. Le dispositif peut être monté sur n'importe quelle taille de chaudière puisque les aubes et les surfaces d'orientation de la turbine sont réglables. Il a été testé avec succès pendant plus d'un an. »

« États-Unis : Perches télescopiques ajustables pour branches d'arbres

Un inventeur américain offre à une entreprise canadienne les droits de fabrication, sous licence, de sa nouvelle invention. Il s'agit d'une perche télescopique légère, peu coûteuse et d'utilisation simple. Elle sert notamment à soutenir ou à étendre les branches des arbres pour éviter qu'elles se brisent sous le poids des fruits. »

TABLEAU 12.6 : Les expertises québécoises reconnues mondialement
– Hydro-électricité (Hydro-Québec) – Neurologie – Chimie industrielle des polymères – Équipement forestier (Industries Tanguay) – Génie-conseil (Lavalin international inc.)

4. Ministère de l'expansion industrielle régionale, «L'innovation», Supplément à la revue **Commerce Canada**, sept.-oct. 1985.

Dans cette même revue, on lisait les demandes ponctuelles de la Grande-Bretagne pour ses industries de transformation.

«Industries de transformation

– La conception et la fabrication d'usines d'irradiation des aliments.
– La fabrication de sous-procédés sous licence (par exemple, une usine de transformation, de contrôle de la pollution).
– La fabrication des machines pour usines de transformation, dans des matériaux spécialisés.
– Une usine de combustion et d'assimilation des bio-carburants.
– La conception et la fabrication d'une usine de manutention mécanique spéciale pour la fabrication du verre.
– Des sociétés fondées sur la biotechnologie. »

Il existe à l'intérieur du Canada des propositions d'échange. Nous en avons relevé quelques-unes, toujours dans la même revue.

«Logiciel pour système de courrier électronique HF – Cas 8222

C'est un logiciel qui fonctionne sur un matériel de micro-ordinateur de configuration spéciale. Cet ordinateur, couplé à un émetteur-récepteur HF et au terminal HF approprié, permet d'obtenir un système de courrier électronique peu coûteux pour les régions éloignées, les navires, les plates-formes maritimes, etc. »

«Récupération directe des métaux précieux au moyen de l'extraction sélective et de l'extraction par un solvant – Cas 8062

Il s'agit d'un procédé de récupération directe de l'or et des métaux du groupe du platine dans des solutions chlorurées aqueuses. On emploie des hydroxyquinoléines substituées pour effectuer l'extraction par solvant; les étapes d'extraction sélective et de précipitation permettent aux métaux précieux désirés de se séparer les uns des autres. On peut recycler la phase organique pour réduire les coûts. »

«Dispositif de recharge à volume constant – Cas 5715

Ce système d'obturateur à mesure rempli de liquide, peu coûteux, utilise une balle qui se déplace dans un cône vertical. Sortie de sa position, la balle laisse passer un volume constant de liquide. Une des applications évidentes est la toilette à chasse d'eau sans réservoir. »

On constate que les offres d'échanges concernent de nouveaux produits ou l'amélioration de techniques et de produits déjà existants. Cette dynamique d'échange est en soi une innovation, car elle crée une émulation entre les organisations susceptibles de vouloir prendre de l'expansion. Cela nous prouve ce souci qu'ont plusieurs entreprises de garder leur avancement au niveau international, quitte à partager leurs connaissances technologiques.

12.6 LES CONSÉQUENCES DE LA RECHERCHE EN ENTREPRISE

Nonobstant les coûts d'établissement d'un service de recherche, les entreprises d'aujourd'hui constatent que la recherche efficace aboutit à une *diminution* des coûts administratifs, surtout dans le cas d'une implantation telle la bureautique dans une organisation du secteur tertiaire. Il se peut que l'effet porte sur la main-d'œuvre. Ainsi, la robotisation permet d'affecter des ressources humaines dans d'autres secteurs de l'entreprise.

Un exemple très significatif d'un aboutissement d'une recherche appliquée est la mise au point d'une soudeuse électrique pour l'aluminium facile à utiliser, même par le profane. Cette facilité d'utilisation a favorisé la vente de plaques d'aluminium sur le marché des petites entreprises manufacturières. De plus, dans le secteur industriel, la recherche a permis l'introduction de produits substituts: le plastique remplace l'acier, l'aluminium, le cuivre, etc.

L'innovation a permis à plusieurs compagnies de devenir chef de file de leur sphère d'activités. C'est le cas pour IBM, Texas Instruments, Polaroid, Xerox, Eastman Kodak, Bombardier, Alcan, Industries Tanguay de Saint-Prime, Canam de Beauce, etc. Toutes ces compagnies ont introduit des produits qui ont changé notre façon de vivre, tels la télévision, l'ordinateur, le transistor et le circuit intégré, le four à micro-ondes, etc.

Aujourd'hui, à l'ère des miniordinateurs, l'innovation demande que l'entreprise comprenne une division produit et marché afin de permettre une action coordonnée et une stratégie efficace des systèmes production et marketing.

Une nouvelle conception s'est ajoutée à l'innovation: le concept de la créativité, qui consiste à apporter de nouvelles idées pour un produit et une nouvelle perception de l'individu face à ce produit. Ainsi, le fait de repenser un produit déjà existant pour une nouvelle utilisation peut améliorer l'exploitation du marché; tel fut le cas du distributeur pour le savon. La créativité est une conception qui peut donner des réalisations et des profits à court terme. De plus, toutes les entreprises peuvent y recourir.

RÉSUMÉ

La recherche est considérée comme une fonction de service parmi les activités principales de l'entreprise; elle s'oriente vers une application technique, dans un but d'efficacité.

Le rapport coût-bénéfice oblige les entreprises à considérer la recherche à court terme et à utiliser les inventions ou les découvertes en fonction de leur rentabilité.

Chapitre 13
La fonction juridique
et la gestion des assurances

OBJECTIFS

1. Comprendre toute l'importance de la législation concernant l'entreprise.
2. Considérer les conséquences juridiques d'une décision de la part de l'entrepreneur.
3. Départager l'administration de l'appareil judiciaire au Québec et au Canada.
4. Démontrer la nécessité de comprendre les notions reliées aux contrats.
5. Se sensibiliser aux notions de bail.
6. Saisir la portée de la Loi sur la faillite.
7. S'initier à la problématique des événements imprévus et fâcheux et des divers moyens de s'en protéger grâce à l'assurance.
8. Cerner les types d'assurances, les coûts qui y sont reliés et les moyens de faire de la prévention.

PLAN

INTRODUCTION: LE SERVICE JURIDIQUE OU LE CONTENTIEUX

13.1 L'ENTREPRISE CONFRONTÉE AUX LOIS
    13.1.1 Les tribunaux et l'arbitrage des litiges

13.2 LE CONTRAT: UN ENGAGEMENT FORMEL
    13.2.1 Le bail commercial
    13.2.2 Les garanties exigées pour le financement de l'entreprise
        A – Le nantissement commercial
        B – Le nantissement bancaire
        C – Le nantissement de créances commerciales
        D – La garantie hypothécaire
        E – Les autres garanties

13.3 LA LOI SUR LA FAILLITE
    13.3.1 Les créanciers garantis
    13.3.2 Les créanciers privilégiés
    13.3.3 Les créanciers ordinaires
    13.3.4 Les créanciers différés

13.4 LES ASPECTS JURIDIQUES DES FONCTIONS DE L'ENTREPRISE

13.5 L'ASSURANCE: UN CONTRAT DE PROTECTION
    13.5.1 Définition de l'assurance
    13.5.2 Ses buts
    13.5.3 Les principaux types de contrats d'assurance
        A – Les assurances pour le patrimoine
        B – Les assurances pour la personne
    13.5.4 Les personnes concernées par les assurances

13.6 UN FLÉAU: LES ACCIDENTS DE TRAVAIL
    13.6.1 Les causes des accidents
        A – Les facteurs humains
        B – Les facteurs environnementaux
    13.6.2 La prévention
    13.6.3 Le coût des assurances reliées aux accidents

13.7 POUR UNE ASSURANCE MAXIMALE: INSTRUMENTS ET DÉMARCHES UTILES

RÉSUMÉ

INTRODUCTION: LE SERVICE JURIDIQUE OU LE CONTENTIEUX

Aujourd'hui, l'entreprise doit se soumettre aux exigences de multiples lois fédérales, provinciales et de plusieurs règlements municipaux. Elle doit se munir de permis d'exploitation, d'une raison sociale, payer des impôts et des taxes, demander des subventions, signer des contrats, etc. C'est pourquoi l'entreprise a besoin d'une fonction ou d'un service qui s'occupe de tous ces points touchant de près ou de loin le droit.

Évidemment, les coûts élevés qu'entraînent les services permanents d'un avocat ne sont pas à la portée de toutes les entreprises. Dans la réalité, cette fonction est ordinairement un sous-système de la fonction personnel: le *contentieux*, et joue un rôle de conseil (figure 13.1). Aussi, l'entreprise modeste saura au besoin faire appel aux conseils d'une personne extérieure compétente dans le domaine juridique, qu'il s'agisse d'un avocat, d'un notaire ou même d'un comptable.

13.1 L'ENTREPRISE CONFRONTÉE AUX LOIS

Au Canada, l'entreprise est confrontée à plus de 300 lois et statuts amendés, qui la touchent plus ou moins directement dans différents secteurs tels

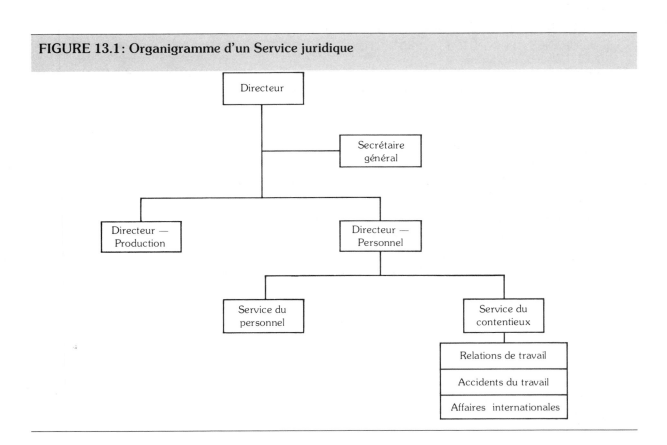

FIGURE 13.1: Organigramme d'un Service juridique

TABLEAU 13.1 : Principales lois touchant la gestion

Lois	Champ d'intervention
Loi sur les normes du travail	Normes salariales minimales
Loi sur la santé et la sécurité du travail	Protection physique de l'individu salarié
Code municipal	Urbanisme
Loi de l'impôt sur le revenu	Pourcentage prélevé sur le profit net
Loi des compagnies	Structures juridiques
Code civil	Contrats

---

la construction, l'exportation, l'importation, la faillite, la forme juridique, les contrats, la main-d'œuvre, la sécurité et la santé au travail et la fiscalité. Le tableau 13.1 donne les principales lois qui concernent l'entreprise et leur champ d'intervention.

D'autres lois ont trait à certains aspects précis comme la protection de l'environnement, la recherche et le développement, ainsi que l'incitation à la productivité. L'homme d'affaires doit tenir compte de ces lois comme étant à la fois des contraintes et des aides à l'organisation.

13.1.1 Les tribunaux et l'arbitrage des litiges

La complexité de l'appareil judiciaire (figure 13.2) démontre bien la nécessité pour l'administrateur de disposer de ressources compétentes dans les cas de litiges et pour les prévenir.

Régler les litiges, voilà le travail des tribunaux. Évidemment, ces litiges ne font pas tous l'objet d'une poursuite en cour; on en règle de nombreux par des ententes entre les parties, par des médiations, par des désistements, etc.

Les différends qui mettent en cause deux intervenants représentés par des individus ou des personnes morales : des compagnies ou des sociétés, relèvent du *droit civil*. Quant aux litiges qui

mettent en cause trois intervenants : des individus ou des personnes morales et l'État, ils relèvent du *droit public*. Ce droit comprend le *droit constitutionnel* et le *droit administratif*.

Le droit constitutionnel établit les principes fondamentaux des rapports entre l'État et les personnes ainsi qu'entre les institutions de l'État. Par exemple, le partage des droits entre les provinces et l'autorité fédérale relève de ce droit. Le droit administratif donne les règles applicables à l'État et aux personnes qui sont en rapport avec lui. C'est dans ce cadre qu'évoluent l'administrateur, le propriétaire et l'actionnaire d'entreprise.

Le *Tribunal du travail* est d'ordre administratif. Il relève du *Code du travail* et il siège dans les 36 *districts judiciaires* du Québec. Ses membres sont nommés par le gouvernement du Québec et proviennent de la *Cour provinciale*. Ce tribunal entend les décisions des commissaires du travail et du commissaire général du travail. De plus, il est le tribunal de première instance en ce qui a trait à toute poursuite pénale intentée d'après le Code du travail ainsi qu'en matière de santé et sécurité au travail.

13.2 LE CONTRAT : UN ENGAGEMENT FORMEL

Il est important pour tout propriétaire d'entreprise ou cadre supérieur et intermédiaire de se

FIGURE 13.2: Appareil judiciaire

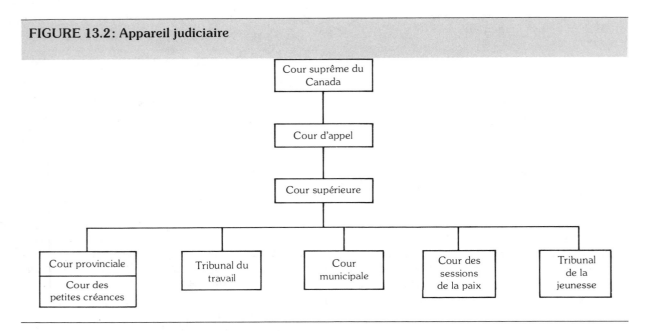

sensibiliser à la notion de contrat. L'entrepreneur, avec toute son expérience, doit ébaucher les clauses d'un contrat avant sa signature, afin de pouvoir bien expliquer à son conseiller juridique ce qu'il veut avoir comme conditions et ainsi orienter la négociation éventuelle du contrat (tableau 13.2). L'entre-

preneur doit être conscient que sa signature l'engage, soit personnellement, soit à titre de responsable de l'entreprise, soit à ces deux titres.

Examinons de plus près certains éléments reliés aux contrats.

13.2.1 Le bail commercial

Il s'agit du contrat de location de lieux à des fins non résidentielles et selon les lois de la Régie du logement. Le tableau 13.3 nous présente les clauses à préciser dans un bail offert par un centre commercial.

Un bail a comme objectif de protéger les droits du bailleur; le locataire potentiel doit donc y ajouter ses propres clauses selon les articles 1600 à 1649 du Code civil. Dans les cas où il y a deux cosignataires, on inscrit les mots «conjointement» et «solidairement» avant leurs noms. Cela implique qu'en

---

TABLEAU 13.2: Quoi faire avant de signer un contrat

- Préparer un brouillon.
- Consulter son conseiller juridique.
- Lire le contrat.
- Comparer les conditions avec d'autres contrats.
- Chercher des appuis de référence: d'autres contrats semblables, des textes juridiques, etc.
- Faire une prévision des conséquences.
- Préciser le mandat et la responsabilité de l'application du contrat.

TABLEAU 13.3 : Clauses d'un bail commercial

Éléments structuraux du bail commercial

Nom du bailleur
Nom du locataire
Superficie des lieux loués et dépendances
Terme du bail (durée)
Prix du loyer de base et additionnel

Autres obligations (facultatives ou non)

Paiement du loyer
Non-concurrence du locataire
Défense de sous-louer
Réparations
Visite des lieux
Réparations à l'expiration du contrat
Peinture et décoration
Aménagements de commerce
Installation et usage d'enseignes lumineuses
Éclairage des vitrines
Stationnement
Déchets et rebuts
Actes nuisibles
Assurances du locataire
Responsabilité limitée du bailleur
Services publics et taxes
Usage des lieux loués
Exploitation durant le terme
Heures d'affaires

Signature des personnes concernées

cas de défection d'un des signataires, l'autre devrait assumer la responsabilité du bail.

13.2.2 Les garanties exigées pour le financement de l'entreprise

Avant de consentir un prêt, le prêteur peut exiger diverses formes de garanties. Lorsqu'il s'agit d'emprunts commerciaux, ces garanties revêtent une importance toute particulière puisque la réussite d'une entreprise dépend souvent de la possi-bilité d'obtenir du crédit à court terme ou, parfois, à long terme.

Dans le langage des affaires, plusieurs termes sont utilisés pour désigner les diverses formes de garanties : privilège, hypothèque, nantissement, gage, droit de rétention, cautionnement. Les impli-cations, les effets et l'application des différentes garanties ne sont pas tous identiques. Aussi allons-nous aborder les garanties que l'on exige le plus souvent des entrepreneurs.

A – Le nantissement commercial

Seul le commerçant, en tant qu'individu ou compagnie, peut se servir de cette forme de garan-tie. Le nantissement commercial est une *hypothèque mobilière*. Le commerçant donne en gage à son créancier de l'outillage et de l'équipement profes-sionnel, une automobile par exemple. L'avantage de cette forme de garantie est qu'il n'y a pas dépos-session de l'objet consenti en garantie ; en effet, il suffit que le créancier fasse enregistrer le contrat notarié de nantissement au bureau d'enregistre-ment du district où *exerce le commerce*. Cepen-dant, si le commerçant ne peut faire face à ses obligations, le créancier peut prendre les biens engagés et les vendre.

B – Le nantissement bancaire

Cette garantie ne peut être consentie que par une banque. Elle porte sur les stocks présents et futurs des matériaux bruts et des produits en trans-formation et finis ; elle peut être accompagnée d'une cession de comptes à recevoir. Cette garantie n'empêche pas l'entrepreneur d'écouler son stock dans le cours normal des affaires. Aucun acte notarié n'est requis, il suffit de remplir la formule prévue par la Loi des banques ; c'est la banque qui voit à son enregistrement. Trois classes de personnes peuvent se prévaloir de cette garantie :

1. Les *acheteurs* et *expéditeurs en gros de produits naturels*, comme les exploitants de mines;
2. Les *cultivateurs* et les *pêcheurs*, qui peuvent engager les produits de la ferme ou de la pêche;
3. Les *manufacturiers*, c'est-à-dire ceux qui fabriquent ou transforment des produits, comme les fabricants de meubles.

Ainsi, dans le cas où une compagnie de meubles aurait emprunté de la banque les sommes nécessaires à l'achat du bois devant servir à la fabrication, la banque détiendrait un privilège sur les matières premières et sur les meubles fabriqués. Si la compagnie ne peut rembourser son emprunt, la banque peut saisir ces biens et se payer à même le produit de la vente.

C – Le nantissement de créances commerciales

C'est la mise en garantie de toutes les créances, présentes ou futures, de l'entrepreneur; l'enregistrement remplace la remise de possession des titres.

Ainsi, si un entrepreneur ne peut rembourser son emprunt, la banque publie dans un journal l'avis de cession générale des créances du commerce. Tous les débiteurs doivent payer les sommes dues à la banque et non à l'entreprise. Si un de ces débiteurs est incapable de payer, la banque peut le poursuivre.

D – La garantie hypothécaire

La garantie hypothécaire ou immobilière joue un grand rôle dans le financement de l'entreprise, car c'est celle que souvent les créanciers préfèrent. Elle consiste donc à donner en garantie de paiement des valeurs immobilières. Notons que la garantie hypothécaire peut être accompagnée de privilèges. Ainsi, on peut avoir pour un même immeuble du débiteur une première et une deuxième hypothèque, l'immeuble servant alors de garantie à un, deux ou plusieurs créanciers.

En offrant une de ces garanties, l'entrepreneur s'engage et engage son entreprise par contrat. Il doit être prudent dans ses démarches, car le prêteur est très bien protégé, que ce soit pour les engagements bancaires, les billets à ordre, etc.

E – Les autres garanties

D'autres garanties s'ajoutent à la liste des diverses formes de nantissement.

La lettre de garantie

L'entrepreneur se rend personnellement responsable des dettes de la compagnie et s'engage par écrit à remplir les obligations de cette dernière dans le cas où elle ne le ferait pas.

Le transport de valeurs mobilières personnelles

C'est une garantie, avec dépossession en faveur du créancier, des actions, obligations et autres valeurs mobilières personnelles que détient l'emprunteur. À défaut de paiement, le créancier procédera à la vente de ces valeurs et se remboursera à même les produits de la vente.

Le transport de police d'assurance-vie

Le prêteur est assuré du paiement de sa créance dans le cas du décès du commerçant, qui emprunte en donnant comme garantie sa police d'assurance-vie.

13.3 LA LOI SUR LA FAILLITE

Toute entreprise peut, dans des conditions extrêmes d'insolvabilité, se prévaloir de la Loi sur la faillite. Prévue à l'intérieur du Code criminel, cette loi permet à un syndic de procéder à la liquidation des biens d'un failli suite à une cession de ces biens. Les créanciers du failli, c'est-à-dire les personnes ayant le droit de se partager les biens, se divisent en quatre catégories.

13.3.1 Les créanciers garantis

Ce sont ceux qui sont payés les premiers parce qu'ils détiennent des garanties sur des biens particuliers du failli. Par exemple, une banque détenant une hypothèque sur la maison d'un failli pourra faire vendre la maison et se payer entièrement à même le produit de cette vente.

13.3.2 Les créanciers privilégiés

Ils sont payés immédiatement après les créanciers garantis et ce, à même le produit de la vente des autres actifs du failli. Les dettes ainsi remboursées sont, dans l'ordre, les honoraires du syndic, les frais juridiques, les salaires de tout employé du failli pour les trois mois qui précèdent la faillite jusqu'à concurrence de 500 dollars dans chaque cas, les taxes municipales, les loyers dus au locateur pour les trois mois précédant la faillite et, finalement, les impôts. Cela signifie que l'on paie intégralement une catégorie de créanciers avant de passer à la suivante. Si, après avoir payé les honoraires du syndic et les frais juridiques, il ne reste plus d'argent, les autres créanciers ne recevront rien. En général, les créanciers privilégiés subissent des pertes sur leur créance.

13.3.3 Les créanciers ordinaires

Ils ne détiennent aucune garantie sur les biens du failli. Ils représentent la majorité des créanciers du failli et, en général, ils ne sont pas payés. Lorsqu'il reste suffisamment d'argent pour les payer, les paiements se font au prorata de leur créance respective. Cela veut dire qu'un créancier ordinaire dont la créance s'élève à 1000 dollars a un pourcentage de remboursement égal à un autre créancier dont la créance s'élève à 15 000 dollars; si le taux est de 15 %, le premier recevra 150 dollars, le second, 2250 dollars.

13.3.4 Les créanciers différés

Il s'agit de créanciers ordinaires qui ont des liens de parenté avec le failli. Ils sont payés s'il reste de l'argent après que l'on ait payé tous les autres créanciers énumérés plus haut. Par exemple, le mari en faillite doit partager avec son épouse la moitié du patrimoine conjugal; le reste servira à payer les dettes. En pratique, il est presque impossible qu'un failli réussisse à payer ses créanciers différés puisqu'alors il aurait réussi à payer ses autres dettes.

Étant donné que le failli accepte d'être soumis au Code pénal, il sera sujet à une enquête de la part du syndic. Celui-ci a comme mandat de vérifier si la faillite est vraiment due aux causes naturelles invoquées par le failli. Ce dernier doit donc comparaître en cour et expliquer l'histoire de son entreprise. Le livre des procès-verbaux, s'il est bien monté, aidera l'enquête et activera la fermeture juridique de l'entreprise.

13.4 LES ASPECTS JURIDIQUES DES FONCTIONS DE L'ENTREPRISE

La fonction juridique a une incidence sur les autres fonctions de l'entreprise. Par exemple, elle peut être d'un grand secours lorsqu'il s'agit de prendre une décision dans les situations suivantes:

— un accident de travail avec blessures graves;
— la visite d'un inspecteur d'impôt qui a un ordre de cour concernant la saisie d'un compte bancaire;
— le mandat à donner à un conseiller juridique concernant la réclamation d'un compte à recevoir;

TABLEAU 13.4: Quelques aspects juridiques des fonctions de l'entreprise

Fonction marketing

- Contrats de vente
- Loi sur la protection du consommateur
- Droits d'auteur
- Brevet d'invention
- Fixation des prix
- Publicité
- Étiquetage explicatif et conforme

Fonction comptabilité et finances

- Contrats
- Fiscalité
- Financement
- Pièces justificatives (ex.: factures)
- Chèques
- Formulaires gouvernementaux
- Baux

Fonction production

- Appels d'offres ou soumissions
- Loi sur la santé et la sécurité du travail
- Convention collective
- Enquêtes sur la qualité

Fonction personnel

- Convention collective
- Droit du travail
- Loi sur la santé et la sécurité du travail
- Avantages sociaux: assurance-chômage, fonds de pension, assurances, etc.
- Loi sur les normes du travail
- Entrevues de sélection dans les normes

Fonction gestion

- Acte d'incorporation
- Procès-verbaux et réunions du conseil d'administration
- Ordres d'achats

- la comparution au tribunal d'arbitrage;
- la réaction aux dégrèvements fiscaux;
- le retard dans les paiements mensuels des déductions à la source;
- la réaction face aux changements des lois comme la hausse du salaire minimum;
- le dépôt d'une plainte auprès de la justice suite à un vol commis par un employé de l'entreprise;
- toute autre relation avec la justice.

Toute démarche juridique prend du temps et coûte de l'argent. Ainsi, si je dépose une plainte contre un employé qui a volé, qu'est-ce que cela implique en tant que preuves, poursuite, comparution physique, frais, tenue de dossier? De plus, les fonctions importantes de l'organisation sont confrontées quotidiennement aux lois, aux règlements, aux commissions, aux inspecteurs de toute sorte (tableau 13.4). Une entreprise doit donc gérer efficacement le temps et l'argent consacrés aux démarches juridiques.

En fait, la simple signature d'un chèque a une portée juridique; ainsi, on devrait toujours signer un chèque d'entreprise en spécifiant le titre et le mandat du signataire, afin de clarifier sa position.

13.5 L'ASSURANCE: UN CONTRAT DE PROTECTION

L'entreprise doit faire face quotidiennement à une multitude d'incertitudes face à des événements comme le vol, le feu, les pertes, les fautes professionnelles et les accidents de travail. Ces incertitudes que l'on peut qualifier souvent de catastrophes augmentent le degré de risque de l'investissement des propriétaires. Souvent, on n'est pas prêt à miser de gros investissements, car l'incertitude est trop élevée et les événements imprévus. Ainsi, dans le cas de l'introduction d'un nouveau produit, par exemple dans les alliages de métaux, il arrive que l'échec cause d'énormes pertes.

Éliminer l'incertitude est parfois impossible, bien qu'on arrive souvent à la réduire: par le port de lunettes de sécurité, l'entretien préventif des équipements, du produit, etc. Il devient alors important pour l'entreprise de trouver un moyen de parer aux pertes éventuelles. Ce moyen, c'est l'assurance, soit la remise de l'incertitude à un autre que soi.

L'assurance contre le vol est marquante dans la vie de l'homme et de l'entreprise. En effet, elle favorise la protection de la valeur économique d'un individu ou d'une entreprise et rend disponible des sources de financement aux investisseurs; elle est donc un élément actif du développement économique de notre société. «Depuis toujours, l'homme a manifesté son désir de se protéger contre des événements qui pourraient le rendre financièrement dépendant de la collectivité. Ce besoin de sécurité a incité les individus et les entreprises à se regrouper pour amoindrir le risque monétaire encouru par chacun suite à divers événements. La compagnie d'assurances est l'organisation utilisée pour regrouper les individus et les entreprises qui désirent se protéger contre ces événements.»[1]

13.5.1 Définition de l'assurance

L'assurance est l'acceptation par une entreprise (assureur), moyennant une certaine somme d'argent (prime) de son client (assuré), de payer à ce dernier un montant d'argent, si un ou des événements fâcheux se produisent. Les termes de l'entente sont déterminés dans le contrat d'assurance.

Au Canada, le chiffre des ventes d'assurances de personnes a été de 14 milliards de dollars en 1987. Au Québec, en 1987, il s'est versé près de 4,4 milliards de dollars de primes. Ce chiffre, fourni

dans l'**Annuaire du Québec** 1987-1988 illustre bien toute l'importance que l'on doit accorder aux événements imprévus.

13.5.2 Ses buts

Idéalement, on doit considérer certains objectifs dans l'établissement des assurances de l'entreprise:

a) protéger la personne,
b) protéger les actifs,
c) diminuer les risques d'accidents,
d) respecter l'environnement,
e) améliorer la qualité de vie au travail.

Le choix des objectifs dépend de la nature de l'entreprise (est-ce un commerce, une institution, une industrie?) et des conditions d'exécution du travail (les employés travaillent-ils à l'intérieur des lieux, à l'extérieur, sous la pluie?, etc.). Le tableau 13.5 donne une synthèse des rôles possibles de l'assurance dans l'entreprise.

13.5.3 Les principaux types de contrats d'assurance

Les contrats d'assurance se divisent en deux grandes catégories, soit l'*assurance terrestre* et l'*assurance maritime*. Ainsi, pour la protection des navires, ou de ce qui découle des opérations maritimes, on doit recourir à l'assurance maritime. L'assurance terrestre couvre les dommages touchant le patrimoine d'un individu et sa personne: sa vie ou sa santé.

A – Les assurances pour le patrimoine

Ce type d'assurances offre des protections et indemnisations pour:

– l'*incendie*: les pertes causées par le feu, le vent, la grêle, les inondations, les émeutes, la fumée;

---

1. Collaboration mutuelle, ***Administrez-vous!***, Québec, Éd. du Nouveau Monde, 1982-1983, chap. 1 et 2, p. 126 à 167.

TABLEAU 13.5: La dimension interne de l'assurance		
Quoi protéger?	**Contre quoi?**	**Contre qui?**
l'entreprise	l'infraction	les voleurs
les employés	les maladies, les accidents	–
les équipements	le bris, le vol	les voleurs
les produits	le vol, le bris	les voleurs
la caisse	le vol, la fraude	les voleurs
l'expertise	le piratage	les concurrents
les dossiers	les pertes d'information, les conflits d'intérêts, la contrefaçon	les concurrents
les employés les propriétaires	la mortalité	–

— les *accidents d'automobile*: les dommages corporels causés à la victime, les dommages matériels causés aux autres voitures et à la sienne;

— le *vol*: les pertes de meubles et d'effets personnels;

— l'*insolvabilité d'un débiteur*: les pertes que quelqu'un pourrait causer par le non-respect de ses engagements ou par des détournements de fonds; l'assurance offre alors un cautionnement;

— la *responsabilité civile*: les blessures causées à une autre personne, ou des dommages à sa propriété, qui seraient dus à une négligence de l'assuré.

B – Les assurances pour la personne

Ces assurances ont pour but d'indemniser une personne ou sa famille face à divers événements. Les principales formes d'assurances couvrent:

— les *accidents de travail*: les blessures ou maladies professionnelles;

— la *maladie*: pour la gratuité des soins et pour l'accessibilité aux services médicaux;

— la *vie*: pour le montant souscrit au contrat.

13.5.4 Les personnes concernées par les assurances

Le tableau 13.6 présente les personnes et groupes concernés par les assurances.

L'entreprise peut avoir une relation avec un ou plusieurs de ces personnes ou groupes et ce, dans les circonstances où l'assurance est une préoccupation, comme l'assurance des automobiles ou lorsque survient un accident avec blessures.

TABLEAU 13.6: Les personnes ou groupes concernés par les assurances	
Personne ou groupe	Mode d'intervention
le patron	décision et politique
les employés	exécution du travail et attitude
certains ministères	règlement et inspection
certaines associations	conseil et expertise
les syndicats	surveillance et comité de l'assurance sécurité
la police	enquête, intervention et loi
les enquêteurs	inspection, audition, conseil
les agents de l'assurance-sécurité	surveillance, respect des procédures
les fournisseurs	conseil, vente de produits, inspection préventive

13.6 UN FLÉAU: LES ACCIDENTS DE TRAVAIL

Quand on parle de l'assurance-sécurité dans l'entreprise, on s'intéresse à divers éléments de l'organisation et à certaines réalités, notamment aux accidents de travail qui, avec les années, sont devenus une préoccupation principale pour les entrepreneurs.

En 1976, au Québec, dans tous les secteurs, il y a eu 282 000 avis d'accidents qui ont représenté des coûts de 260 millions de dollars. En 1981, 354 000 avis d'accidents ont généré des coûts de 523 millions de dollars, et ceux-ci augmentent d'année en année de 15 %. En 1985, il y a eu au Canada 554 793 accidents du travail qui ont entraîné un arrêt de travail.

Mais à quoi sont dus ces accidents?

13.6.1 Les causes des accidents

De façon générale, les causes d'accidents sont dues à des facteurs humains ou à des facteurs environnementaux.

A – Les facteurs humains

Ces facteurs concernent:

- les *capacités sensorielles* et *psychologiques*: la vision, les réflexes, l'agilité;
- les *aptitudes cognitives* et *intellectuelles*: l'intelligence et la connaissance des règlements;
- les *traits de personnalités*.

Différentes recherches ont été menées sur ces facteurs, mais elles n'ont pas donné d'importants résultats, sauf en ce qui concerne les traits de personnalités d'après lesquels on a pu décrire le type de candidat *prédisposé aux accidents*. Ce candidat:

- est souvent distrait, rêveur;
- est nerveux, impulsif; il n'aime pas se soumettre aux contraintes sociales;
- manque de sensibilité envers les autres;
- est non conformiste;
- est dur envers lui-même et supporte bien la douleur;
- a une confiance exagérée en ses capacités;
- cherche à se mettre en valeur, à attirer l'attention.

B – Les facteurs environnementaux

On doit distinguer deux sortes d'environnement. D'une part, dans l'*environnement de l'organisation*, les facteurs d'accidents dépendent de la philosophie de gestion, des attitudes de la direction, des politiques du personnel, de la rémunération, de la formation, des promotions, de l'organisation et du contrôle du travail et des pressions exercées sur les employés.

D'autre part, dans l'environnement immédiat, l'employé peut subir l'agression:

- d'agents *chimiques*: solvants, gaz, poisons divers;
- d'agents *biologiques*: microbes, bactéries;
- d'agents *physiques*: bruit, vibrations, radiations;

– d'agents *mécaniques*: machines, outils, véhicules;
– d'agents *psychosociaux*: cadences de travail, surveillance, stress.

13.6.2 La prévention

Pour assumer l'assurance-sécurité et faire face aux facteurs humains et environnementaux, l'entrepreneur doit mettre au point une approche de *prévention*. Pour que celle-ci soit efficace, il faut intervenir dans cinq domaines.

a) L'adaptation du travail à l'homme:
  – l'ergonomie de conception,
  – l'ergonomie corrective,
  – l'ergonomie comme substitut à la réglementation,
  – l'organisation rationnelle du travail,
  – les consignes et règles de sécurité;
b) La sélection du travailleur en fonction des exigences physiques et mentales du travail;
c) La formation;
d) L'information et la sensibilisation;
e) L'atmosphère de travail.

De plus, une loi dans ce domaine existe: la *Loi sur la santé et la sécurité au travail*. Cette loi a pour but l'élimination à la source des risques pour la santé, la sécurité et l'intégrité physique des employés. Elle se caractérise par:

– la reconnaissance du droit fondamental à des conditions de travail,
– des obligations aux employeurs,
– la formation d'un comité de santé et de sécurité dans l'entreprise.

Pour atteindre l'objectif de la loi, on s'est rendu compte qu'un des facteurs importants de succès était la prise en charge par le milieu lui-même, c'est-à-dire par les employeurs et les employés, de leurs propres responsabilités face à la prévention des accidents du travail.

TABLEAU 13.7: Coût à la CSST selon le type d'activité	
Type d'entreprise par activités	Coût par 100 $ de salaire
agriculture	6,00 $ à 11,29 $
construction	10,00 $
forêt	7,46 $
commerce de détail	1,00 $ à 1,50 $
restaurant, service	1,00 $
mines	48,32 $
banque	0,26 $
avocat (bureau)	0,19 $

13.6.3 Le coût des assurances reliées aux accidents

Au Québec, l'assistance médicale, l'indemnisation, la réadaptation, bref ce que nous appelons la réparation des accidents, représentent près de 84 % de ces coûts, et la prévention, 4 % seulement.

L'ensemble de ces coûts sont en grande partie assujettis à la loi sous la forme d'une cotisation que l'on exige à l'entreprise. Les données générales de ces coûts sont présentées dans le tableau 13.7.

En plus de ces coûts, que l'on peut qualifier de *directs*, l'entreprise, lors d'accidents de travail, doit défrayer des coûts *indirects*, comme le montrent les tableaux 13.8 et 13.9.

En ce qui concerne l'assurance des personnes, l'entreprise peut promouvoir des protections sur la vie que ce soit pour les employés ou pour les propriétaires. Ce sont les polices d'assurance collective et personnelle. L'indice des coûts de ces types de protection se fonde sur les facteurs suivants:

– le type de participation de l'individu à la police d'assurance,
– l'ancienneté de l'individu,
– sa permanence,

TABLEAU 13.8: La protection de la personne

Parties du corps	Matériel nécessaire	Coût
l'ouïe	écouteurs,	_____ $
	revêtement d'insonorisation	_____ $
la vue	lunettes, visière	_____ $
les mains	gants, pinces, protecteurs mécaniques	_____ $
les genoux	genouillères	_____ $
le dos	corset	_____ $
la tête	casque de sécurité	_____ $
les poumons	masques	_____ $
la peau: éviter la déshydratation	pilules de sel, vêtements appropriés	_____ $

TABLEAU 13.9: La protection des biens

Circonstance	Équipement	Coût
feu, explosion	1. extincteurs chimiques 2. gicleurs 3. extincteurs liquides 4. boyaux d'arrosage 5. signaux d'alarme 6. lampes de circuits	_____ $
vol	1. caméras de surveillance 2. grillage 3. porte sécuritaire 4. cartes magnétiques 5. coffres 6. cadenas	_____ $
secret et doublage	1. mot de passe 2. code d'entrée et de sortie 3. détecteurs métalliques 4. aires restreintes à la circulation 5. cartes d'identification 6. brevet 7. machine à chèques	_____ $
accidents avec blessures	1. trousse de secours 2. brancards 3. couvertures 4. autres	_____ $

– son âge,
– son sexe,
– son salaire.

Ainsi, pour un homme de 30 ans, la cotisation de la police par 1000 dollars d'assurance sera:

– de 0,91 dollar s'il est non fumeur,
– de 1,33 dollar s'il est fumeur.

Une femme de 30 ans devra défrayer, par 1000 dollars d'assurance:

– 0,81 dollar si elle est non fumeuse,
– 1,24 dollar si elle est fumeuse.

Dans le cas d'une protection collective, la cotisation sera fondée sur les points suivants:

– la valeur de l'entreprise,
– le nombre d'employés et leur participation,
– la description de chaque individu: son âge, son sexe, ses habitudes de vie.

En ce qui concerne l'assurance des biens et de la responsabilité civile, les coûts reliés à une telle protection dépendent de plusieurs facteurs. Ainsi, le courtier doit tenir compte:

– du type d'entreprise,
– de sa situation géographique,
– du type de bâtiment et du fait d'en être propriétaire ou locataire,
– du chiffre d'affaires de l'entreprise,
– du nombre de clients,
– de son niveau de stock,
– de l'assurance contre le feu et le vol,
– de l'assurance du coffre-fort.

Une analyse détaillée des besoins de l'entreprise permettra de déterminer le montant de la prime et le type de protection nécessaire. Selon l'entreprise, ce montant peut varier de 250 dollars à 15 000 dollars annuellement. Face à l'importance de ces coûts, certaines entreprises préfèrent la formule de l'*auto-assurance*. Au lieu de faire appel à des compagnies d'assurances, certaines entreprises accumulent des fonds pour couvrir les pertes éventuelles. Ainsi est créé un fonds de réserve qui ne sera utilisé qu'en cas de pertes. Comme le coût d'assurance est souvent volatil, il devient avantageux pour les entreprises aux installations nombreuses et dispersées de recourir à l'auto-assurance.

13.7 POUR UNE ASSURANCE MAXIMALE: INSTRUMENTS ET DÉMARCHES UTILES

L'entreprise doit donc rechercher la sécurité et l'assurance pour faire face aux imprévus et fonctionner efficacement. Pour cela, elle dispose de plusieurs instruments et doit accomplir certaines démarches:

a) la Loi sur la santé et la sécurité au travail,
b) la formation d'un comité de santé,
c) la formation du personnel,
d) les normes d'utilisation, par exemple la capacité de levage,
e) les règlements prévus par la Commission de santé et sécurité du travail,
f) des politiques internes de travail sécuritaire,
g) des mesures de sécurité avec les produits dangereux,
h) les assurances sécurité de l'entreprise,
i) les équipements de mesure,
j) le choix d'emplacement réservé en cas de sinistre, etc.

Cependant, tous ces instruments ne sont pas nécessairement adéquats pour toutes les entreprises. Ainsi, la Loi sur la santé et la sécurité demande que, pour la formation d'un comité de santé et sécurité, l'entreprise ait 25 employés. Or, plus de 80 % des entreprises comptent un nombre inférieur d'employés. Est-ce à dire que ce comité n'est pas recommandable pour elles? Il est évident que non. Mais le nombre d'employés et la capacité financière de l'entreprise sont déterminants dans l'application de moyens d'assurance-sécurité.

Les tableaux 13.8 et 13.9 présentent diverses façons de prendre des mesures de sécurité et d'assurance. Ils illustrent l'importance de la prévention, qui sera toujours le premier point essentiel à aborder dans un processus d'assurance.

RÉSUMÉ

La fonction juridique, quoique non définie dans la plupart des entreprises, reste omniprésente à cause de la responsabilité de l'entrepreneur. Les lois, les contrats et les assurances sont des éléments essentiels à toute gestion, afin de bien faire face aux exigences du milieu.

L'entreprise est obligée, pour se conformer aux lois fédérales et provinciales, d'effectuer des démarches juridiques, et la signature de toute pièce tenant lieu de contrat comporte des implications juridiques. L'entreprise doit considérer l'ensemble des facteurs juridiques, qui ne sont pas nécessairement limitatifs, telles les politiques fiscales d'incitation à l'investissement.

L'assurance est un élément essentiel dans l'entreprise moderne. Il faut protéger l'employé, les actifs de l'entreprise et respecter l'environnement. Cela exige du temps et de l'argent.

Des politiques orientées sur la prévention et sur l'assurance impliquent des méthodes de travail, des équipements et des installations appropriés.

Chapitre **14**

La fonction approvisionnement

OBJECTIFS

1. Connaître les différentes activités qui forment la gestion des matières.
2. Décrire les principaux éléments composant l'approvisionnement.
3. Présenter les éléments de base de la gestion des transports et du stockage.
4. Connaître et être capable d'utiliser la méthode de la quantité économique à commander dans des situations simples.

PLAN

14.1 LA GESTION DES MATIÈRES : QUATRE TYPES D'ACTIVITÉS

Depuis les quelque 20 dernières années, on note une tendance, dans les organisations tant privées que publiques, à créer un nouveau poste : celui de *gestionnaire des matières* (figure 14.1).

On distinguait auparavant les responsabilités d'*approvisionnement*, soit les activités liées aux achats, les activités d'*entreposage*, celles touchant au *transport* et à la *gestion des stocks*. On s'est rendu compte que ces quatre secteurs doivent former un tout cohérent afin d'assurer la plus grande efficacité à l'entreprise. Aussi, on a créé le poste de gestionnaire des matières (figure 14.2).

14.1.1 L'approvisionnement

Cette activité vise à procurer les biens et services nécessaires à la poursuite des opérations quotidiennes.

Pour assurer cette disponibilité, on doit utiliser :

— des *politiques d'achat* : des politiques d'approvisionnement claires et précises qui éliminent beaucoup de problèmes lorsqu'arrive le temps de choisir un fournisseur, de décider des exigences, etc.
— une *procédure d'achat*. Les achats sont répétitifs. Une marche à suivre précise permet d'économiser bien du temps au responsable et de standardiser les méthodes.
— des *calendriers de production* et des *plans de vente*. Ils permettent de prévoir les demandes et ainsi d'éviter des retards coûteux ou des ruptures de stock.

FIGURE 14.1 : La gestion des matières

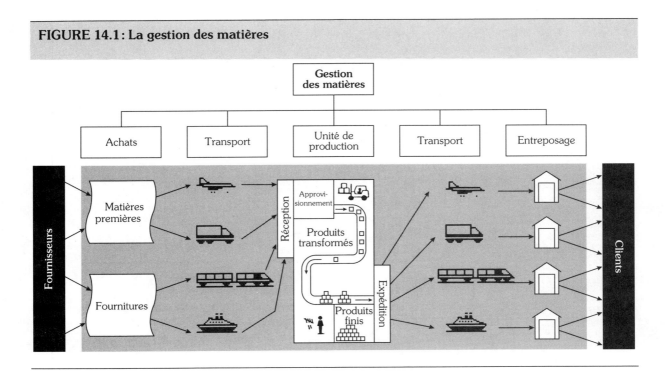

FIGURE 14.2: Le cycle de l'approvisionnement

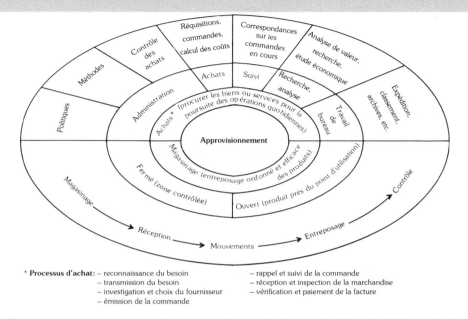

* **Processus d'achat:** – reconnaissance du besoin
                    – transmission du besoin
                    – investigation et choix du fournisseur
                    – émission de la commande

        – rappel et suivi de la commande
        – réception et inspection de la marchandise
        – vérification et paiement de la facture

— des *spécifications*. Les produits achetés répondent à des exigences dictées par les besoins de production ou par les demandes des consommateurs. Plus les spécifications de ces produits seront précises, plus il sera facile d'assurer un approvisionnement adéquat.

— des *demandes d'achat*. Toute demande d'approvisionnement doit être transmise sous une forme standardisée afin d'éviter les confusions et les erreurs. On retrouve deux types de demandes: les *demandes spéciales*, pour tout besoin précis, et les *demandes automatisées*, pour les produits commandés régulièrement et qui sont souvent stockés.

— des *appels d'offres*. Lorsqu'on ne dispose pas d'un fournisseur attitré, il faut en choisir un. L'appel d'offres consiste à inviter tout fournisseur éventuel à fournir ses prix et des informations sur ses produits; en d'autres termes, il doit présenter son offre ou sa *soumission*.

— des *bons de commande*. Ce sont les documents standardisés qui rendent un achat officiel et où l'on décrit les conditions offertes ou exigées à titre d'acheteur. Il s'agit, en fait, d'un contrat d'achat. On utilise généralement deux types de bons de commande: les *commandes régulières* et les *commandes ouvertes*. Dans ces dernières, l'entrepreneur ne précise pas les produits *exacts* ni les quantités précises dont il aura besoin annuellement; le fournisseur n'expédie les marchandises que sur demande de l'acheteur.

— les *factures des fournisseurs*. À vérifier absolument pour s'assurer que les termes et conditions convenus ont bien été respectés (figure 14.3).

14.1.2 Le transport

Le transport des marchandises coûte de plus en plus cher. Il faut payer une première fois pour

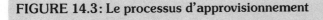

FIGURE 14.3 : Le processus d'approvisionnement

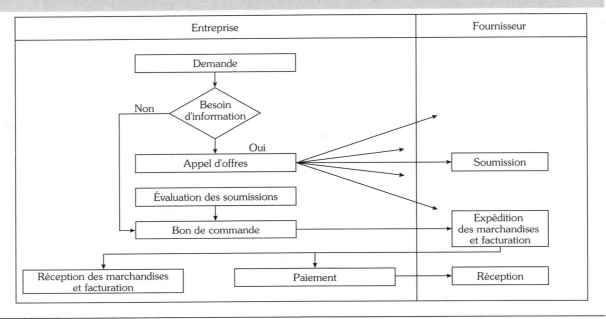

se procurer les matières premières nécessaires et une deuxième fois au moment d'expédier les marchandises aux clients.

La gestion des transports concerne tout ce qui touche au transport des marchandises. Quel moyen de transport doit-on utiliser ? Par terre, par mer, par voie des airs ? Il faut décider du moyen de transport précis à utiliser : le transport par terre peut se faire par camion, par train, par des services d'État comme les postes, *etc.*

Il faut bien sûr tenir compte des coûts, mais aussi des *délais de livraison*, qui doivent être acceptables. Il est inutile de tenter d'économiser quelques dollars de frais de transport si cela a pour effet de retarder toute la production. Il ne faut pas oublier de penser aux particularités des marchandises : certaines sont fragiles, d'autres doivent être protégées du froid, *etc.*

14.1.3 L'entreposage

Dans un premier temps, il faut recevoir les marchandises commandées (ce qui exige souvent une étape intermédiaire de dédouanement). Il est important de disposer des documents fournis par la section des achats afin de prévoir ce qui doit être reçu ainsi que d'une procédure d'expédition pour que les marchandises arrivent le plus rapidement possible. Tous les documents doivent être transmis aux différents responsables de secteurs pour que les arrivages de marchandise soient codifiés, payés, etc.

Selon le genre d'entreprise, de produit et de besoin, on utilisera des entrepôts, ou magasins, fermés ou ouverts. Un *magasin fermé* fournit une meilleure protection contre les vols et les pertes, en même temps qu'une meilleure gestion des stocks, mais il exige plus de personnel. *Le magasin ouvert* offre la possibilité à tous ceux qui ont besoin de produits de se les procurer par eux-mêmes, sans intermédiaire et sans délai; par contre, la gestion des stocks y devient beaucoup moins précise puisque de nombreux individus peuvent circuler dans le magasin.

On doit aussi répondre à certaines questions concernant la sécurité et la nature des produits. Les entrepôts doivent-ils être chauffés ou réfrigérés, gardés à un taux d'humidité constant, offrir une protection particulière contre le feu ou le vol, etc. ?

Dans certains domaines d'activités, par exemple la distribution en gros de produits en vente en pharmacie, il est fréquent de voir des entrepôts où l'on garde quelque 20 000 produits différents en stock. Il faut alors avoir un bon *système de localisation* pour tout retrouver. On peut placer les produits sur les tablettes par ordre de numéro de catalogue, selon leurs similarités ou selon leur fréquence de vente, les produits les plus vendus étant placés le plus près des points de réception et d'expédition.

Enfin, l'entreprise doit expédier les matières premières ou les produits finis. Que ce soit quelque part à l'intérieur de la même entreprise ou à l'autre bout du monde, on doit décider de leur emballage, du mode de transport à utiliser pour les rendre à leur destination de la façon la plus sécuritaire, rapide et économique.

14.1.4 La gestion des stocks

Si un *surplus* de stock coûte cher, en intérêt sur l'argent engagé, en espace, en assurances, etc., une *rupture* de stock coûte aussi cher, en retard de production et en perte possible de commandes ou de clients.

Les entreprises maintiennent donc à jour des listes permanentes de sources d'approvisionnement possibles ainsi qu'un inventaire, afin de connaître leur situation de stock à tout moment.

À l'aide de ces informations, on détermine deux éléments qui forment la base de la gestion des stocks: la *quantité économique à commander* et le *point de commande*.

A – La quantité économique à commander

C'est la quantité optimale à acheter chaque fois que l'on passe une commande. Il y a deux types principaux de frais reliés aux stocks: les coûts encourus pour commander la marchandise et ceux associés à leur stockage. La quantité économique à commander permet de réduire ces frais au minimum. On calcule la quantité économique à commander à l'aide de la formule suivante: $QEC = \sqrt{2FV/C}$, où QEC est la quantité économique à commander, F, les frais liés au fait de passer la commande, V, les ventes annuelles en unités et C, les frais liés au stockage.

Prenons l'exemple du magasin d'une coopérative étudiante. Le responsable prévoit qu'il vendra 10 000 disquettes (V) pour ordinateur durant la prochaine session. Chaque disquette lui coûte, lors de l'achat, 0,80 dollar. Il a aussi calculé qu'une commande (F) lui coûtait 40 dollars à passer, soit le total des frais en temps, de formulaires, de téléphone, de poste, etc. Enfin, il estime ses frais de stockage sur une base annuelle à 25 % du coût d'acquisition des produits en intérêt sur l'argent, en assurances, en espace d'entreposage, etc. Quelle sera sa quantité économique à commander?

$$QEC = \sqrt{\frac{2 \times 10\,000 \times 40\,\$}{0,25 \times 0,80\,\$}} = \sqrt{\frac{800\,000}{0,20}} = \sqrt{4\,000\,000} = 2\,000$$

Il devrait donc passer des commandes comptant chacune 2000 unités pour réduire ses coûts au minimum.

B – Le point de commande

Le point de commande correspond à la quantité qu'il doit rester en stock au moment où l'on passe une nouvelle commande de façon à ne pas manquer de marchandise avant que cette commande n'arrive. Ce seuil de réapprovisionnement dépend des délais de livraison, de plusieurs incertitudes, notamment en ce qui concerne les ventes, et de l'importance relative de chaque article.

Dans cette perspective de réduction maximale des coûts, le mieux serait évidemment que la nouvelle commande arrive exactement au moment où il ne reste plus rien en stock. Malheureusement, cela n'est possible que dans des conditions idéales : on n'a aucune incertitude sur les délais de livraison, les sources d'approvisionnement sont multiples, etc., et il est difficile, voire impossible, de fonctionner de cette façon.

Dans la grande entreprise, qui garde des stocks de plusieurs centaines, sinon de plusieurs milliers d'unités de produits différents, on travaillera généralement avec la *classification ABC des stocks*, ou *loi de Pareto*. Selon cette classification générale, on considère que les 15 % des articles qui se vendent le mieux comptent probablement pour 70 % des ventes, alors qu'à l'autre extrême 85 % des articles en stock ne comptent que pour environ 30 % des ventes (figure 14.4).

On gère évidemment le premier 15 % des stocks de façon beaucoup plus serrée que le der-

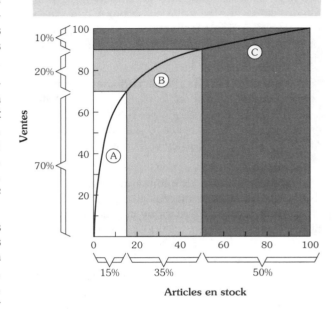

FIGURE 14.4 : La classification ABC

nier 85 %, puisque c'est dans cette première tranche que se retrouvent la majeure partie des investissements et des ventes.

RÉSUMÉ

La coordination des différentes activités qui composent la gestion des matières prend de plus en plus d'importance dans l'entreprise.

Aussi, on se dote d'une méthode d'approvisionnement précise et efficace. On cherche à réduire au minimum les coûts de transport tout en assurant un service adéquat. On gère l'entreposage des marchandises de façon professionnelle.

Les quantités économiques à commander, le point de commande et la classification ABC des produits stockés permettent de réduire les coûts de stockage et d'approvisionnement tout en garantissant une gestion serrée des produits les plus en demande.

Chapitre 15
La fonction relations de travail

OBJECTIFS

1. Préciser la notion de relations de travail face à la gestion du personnel.
2. Définir le concept de relations de travail.
3. Présenter le système de relations de travail au Canada et au Québec.
4. Cerner les obligations des acteurs dans le système de relations de travail.
5. Connaître les juridictions fédérales et provinciales concernant les relations de travail.
6. Connaître les lois qui régissent les rapports individuels et collectifs de travail.
7. Étudier les principes d'affiliation syndicale dans le contexte de la législation applicable aux rapports collectifs.
8. Présenter le contenu d'une convention collective, ainsi que la notion de grief et d'arbitrage.

PLAN

15.1 DÉFINITION

15.2 LES RELATIONS DE TRAVAIL: UN SYSTÈME
    15.2.1 Les obligations de l'employeur et de l'employé
    15.2.2 Les éléments du système et leurs actions
    15.2.3 Les juridictions fédérale et provinciale
        A – La Loi sur les décrets de conventions collectives
        B – La Loi sur les relations de travail dans l'industrie de la construction
        C – La Loi sur la santé et la sécurité du travail
        D – La Loi sur les normes du travail
        E – Le Code du travail

15.3 UN SYSTÈME DIVISÉ EN RELATIONS INDIVIDUELLES ET COLLECTIVES
    15.3.1 Les rapports individuels
    15.3.2 Les rapports collectifs

15.4 LE SYNDICALISME
    15.4.1 Qui peut être syndiqué?
    15.4.2 Le syndicalisme au Québec – définition
    15.4.3 Les fonctions du syndicalisme

15.5 LE PROCESSUS DE SYNDICALISATION
    15.5.1 Une évolution en trois phases
        A – La phase initiale
        B – La phase de développement
        C – La phase d'aboutissement
    15.5.2 Au début: la demande d'affiliation
        A – Comment l'employeur ne doit pas réagir
        B – Ce que l'employeur doit faire
    15.5.3 Le certificat d'affiliation
    15.5.4 La demande de négociation
    15.5.5 La convention collective
    15.5.6 La grève et le lock-out
    15.5.7 La procédure de règlement des griefs
    15.5.8 L'arbitrage des griefs
        A – L'organisation des auditions
        B – Les participants et leurs rôles
        C – La sentence arbitrale

15.6 EN CONCLUSION: HUIT EFFETS DE LA SYNDICALISATION

RÉSUMÉ

15.1 DÉFINITION

Nous abordons maintenant le deuxième champ de cette grande fonction qu'est la gestion des ressources humaines: la gestion des relations de travail, un système à la fois distinct et dépendant des ressources humaines. En fait, la gestion des relations de travail peut être définie comme étant l'application de tous les rapports existant entre l'employeur, le syndicat, les employés et les gouvernements.

Demandons-nous d'abord ce qu'est une relation.

Pour qu'une relation s'établisse, il faut deux termes qui peuvent s'unir. Aussi, une relation de travail comprend au moins deux personnes qui se rencontrent à l'occasion du travail et qui s'influencent l'une l'autre.

Le superviseur et le salarié d'une entreprise sont en relation en vue d'un but commun, soit la production d'un bien ou d'un service. Pour cela:

— le salarié a l'obligation de travailler avec diligence;
— le superviseur a l'obligation de coordonner et de rétribuer le travail réalisé par le salarié.

Selon les événements et l'influence qu'exercent l'une sur l'autre les deux personnalités en cause, la relation peut varier de l'harmonie au conflit. Si le superviseur est habile et compétent et que le salarié a de la bonne volonté et de l'intérêt au travail, les relations ont toutes les chances d'être harmonieuses. Dans le cas contraire, des conflits peuvent naître. En réalité, la relation superviseur-salarié n'est jamais complètement parfaite ni complètement imparfaite. Elle varie sans cesse entre l'harmonie et le conflit (figure 15.1). Voilà exprimé l'un des principes fondamentaux des relations de travail:

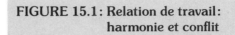

FIGURE 15.1: Relation de travail: harmonie et conflit

La relation de travail se situe sur un continuum entre l'harmonie et le conflit et les relations sont variables dans le temps.

15.2 LES RELATIONS DE TRAVAIL: UN SYSTÈME

Une relation de travail n'est pas un concept abstrait; c'est, comme le mot «relation» l'indique, une interaction active et dynamique entre plusieurs éléments, choses ou personnes. Aussi peut-on parler de système. Dans l'entreprise, ce système a des obligations et des contraintes, telles que la loi les définit.

15.2.1 Les obligations de l'employeur et de l'employé

En effet, la gestion des relations de travail tient compte d'un acteur important: le législateur, qui intervient selon le *droit du travail*. Ce droit concerne les rapports juridiques qui existent entre un employé rémunéré et un employeur. Il traite des obligations auxquelles sont assujettis l'employé et l'employeur. Résumons ces obligations.

L'*employé* doit:

— Exécuter lui-même le travail pour lequel il a été embauché conformément aux directives de l'employeur et d'une façon diligente;
— Faire en sorte que les intérêts de l'entreprise soient respectés au mieux en démontrant certaines qualités comme l'honnêteté.

L'*employeur* doit:

— Fournir le travail convenu à l'employé: le poste, l'autorité correspondante, etc.;
— Respecter le contrat: les clauses concernant le paiement du salaire, les vacances, etc.;
— Assurer la sécurité du travailleur et de ses biens.

15.2.2 Les éléments du système et leurs actions

Dans une relation de travail, l'employeur et l'employé ne sont pas seuls. Nous l'avons dit: ils font face au législateur. De plus, ils peuvent se regrouper en association. En fait, quand on parle des partenaires d'une relation de travail, il faut mentionner:

— les employeurs et les employés,
— les associations d'employeurs,
— les associations d'employés,
— l'État et les gouvernements,
— les consultants et les conseillers juridiques,
— les organismes sociaux, publics et privés.

Ces partenaires interagissent dans le cadre du travail en vue de produire des résultats:

— des conditions de travail,
— des échelles de salaire,
— des normes de travail,
— des règles de sécurité,
— des conventions collectives,
— des pratiques patronales et syndicales,
— des arrêts de travail, etc.

Différents processus permettront d'atteindre ces résultats: les processus du marché du travail, de la négociation, de l'administration du personnel, etc.

Enfin, les résultats du système des relations de travail affectent les autres systèmes de l'entreprise; ceux-ci fournissent les ressources nécessaires au système des relations de travail. La rétroaction est alors un régulateur qui permet au système de s'ajuster (figure 15.2).

15.2.3 Les juridictions fédérale et provinciale

Les articles 91 et 92 de la *Constitution canadienne* distinguent les juridictions fédérale et provinciale en matière de relations de travail.

L'article 91 énumère les domaines où le fédéral a juridiction. Les principaux sont les banques, l'assurance, la poste, la navigation, les communications et les employés fédéraux. Cette juridiction s'applique à l'aide d'une législation qui touche à l'ensemble des rapports individuels et collectifs, soit le *Code canadien du travail* (S.R.C., 1970, c. L. 1 et mod.).

L'article 92 concerne les domaines de juridiction provinciale, soit ceux de *nature locale* et de *nature privée*. D'une façon générale, les provinces ont juridiction sur tout ce qui n'est pas précisé à l'article 91.

Au Québec, il existe donc plusieurs lois qui régissent le travail. Examinons certaines d'entre elles.

A – La Loi sur les décrets de conventions collectives (L.R.Q., 1977, c. 143)

Elle établit une procédure afin de permettre l'extension juridique d'une convention collective, et

FIGURE 15.2 : Le schéma du système des relations de travail

L'environnement influence les partenaires qui, par les processus d'interaction, produisent des résultats distribués aux systèmes

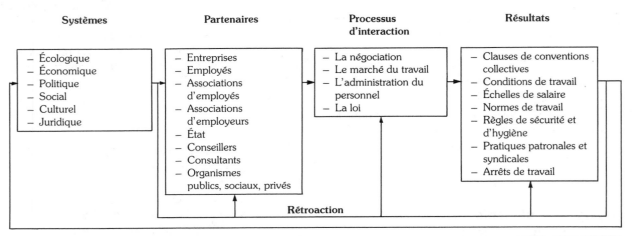

son administration par un comité paritaire des employeurs et des syndicats visés. En vertu de cette loi, un arrêté ministériel appelé *décret* oblige l'ensemble des employeurs et des salariés d'un secteur industriel donné de la province ou d'une région à respecter les conditions de travail élaborées par un groupe important, mais qui ne représente pas nécessairement la majorité d'entre eux. (Cela touche même les non-syndiqués.) La première version de cette loi date de 1934.

B – La Loi sur les relations de travail dans l'industrie de la construction (S.Q., 1967-1968, c. 45)

Cette loi de 1968 fait que les salariés et les employeurs de l'industrie de la construction ne sont pas assujettis au Code du travail et à la Loi sur les décrets de convention collective; elle établit à leur intention un statut particulier d'après une combinaison de ces deux dernières lois.

Cette loi particulière, enrichie par la loi modifiant la Loi sur les relations de travail dans l'industrie de la construction (L.Q., 1975, c. 51), a pour but de permettre aux employés salariés de se trouver un agent négociateur d'après un vote aux niveaux régional et provincial. Cependant, il n'y a pas d'affiliation pour une entreprise ou pour un syndicat particulier. Ainsi, l'organisme syndical qui regroupe la majorité des travailleurs négocie avec les employeurs. Il est à retenir que c'est l'*Office de la construction du Québec* (OCQ) qui est responsable du déroulement du vote, de la distribution des cotisations selon le degré de représentativité obtenu, ainsi que du placement des salariés.

C – La Loi sur la santé et la sécurité du travail (L.R.Q., c. S.2.1)

Cette loi date du 21 décembre 1979. Elle a comme objectif d'améliorer les conditions de sécurité et de santé des salariés. Elle touche, en gros, à divers aspects tels que:

- le droit de refuser d'accomplir une tâche qui présente un danger,
- le retrait préventif de la travailleuse enceinte,
- le programme de prévention des accidents,
- la mise sur pied de services d'inspection,
- la formation d'un comité de santé et de sécurité,
- les mesures qui privilégient la formation et l'information,
- la prévention par l'élimination des sources d'accident.

La *Commission de la santé et de la sécurité du travail* (CSST), anciennement appelée Commission des accidents du travail, a le pouvoir de mettre en application les divers aspects de la loi. De plus, elle peut, à l'aide de fonds constitués par les cotisations imposées aux employeurs, indemniser les salariés qui subissent un accident à leur travail ou qui sont atteints d'une maladie à cause de leur travail (la silicose, par exemple). Cette indemnité est versée au salarié, sans qu'il soit nécessaire – c'est même hors de question – d'établir s'il y a faute de la part de l'employeur. Toute entreprise est assujettie à cette loi.

D – La Loi sur les normes du travail (L.Q., 1979, c. 45)

Cette loi assure aux salariés québécois des conditions minimales de travail. Elle prévoit des normes relatives à la paie: son mode, sa fréquence, le bulletin qui l'accompagne, les retenues obligatoires, le pourboire, les congés, les vacances, etc. De plus, l'application de la loi dépend d'une commission qui a des droits de surveillance, d'information et de poursuite. Ainsi, l'employé qui se croit lésé peut exercer un recours selon des procédures établies.

E – Le Code du travail

Parmi les lois québécoises qui régissent le travail, on doit bien sûr mentionner le *Code du travail*. Si ce code régit le Québec, la législation fédérale peut s'appliquer en certaines circonstances, par exemple en ce qui concerne la liberté d'association, la grève et le piquetage. Malgré cette dualité, le droit du travail constitue un tout intégré par ses propres règles de procédure. Le Code du travail, qui a pour but de favoriser l'harmonie et la paix industrielles, comprend les principales règles de droit des rapports collectifs du travail, applicables à la majorité des salariés.

15.3 UN SYSTÈME DIVISÉ EN RELATIONS INDIVIDUELLES ET COLLECTIVES

Les relations de travail se divisent en deux catégories:

- Les relations de travail à caractère individuel, qui engagent des personnes;
- Les relations de travail à caractère collectif, qui engagent des groupes de personnes.

15.3.1 Les rapports individuels

Cette partie des relations de travail est réglementée par le *Code civil* – au Québec, 60 % à 65 % des employés y sont assujettis – et se concrétise dans un *contrat individuel* de travail. Les rapports individuels dépendent de certaines contraintes interreliées telles que:

- le Code civil,
- la Commission de la santé et de la sécurité du travail,
- la loi régissant la langue de travail ou *Charte de la langue française* (L.Q., 1977, C.S.),
- les normes du travail,

FIGURE 15.3 : Les relations individuelles et collectives

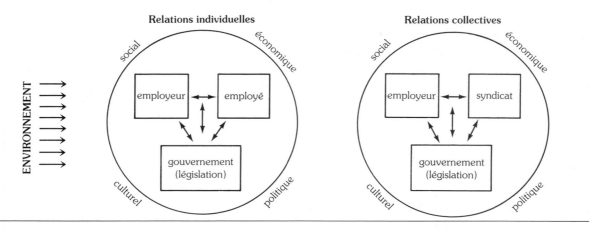

— les objectifs de l'organisation,
— l'environnement, etc.

On définit le contrat de travail individuel comme une convention expresse ou implicite par laquelle une personne met son activité professionnelle au service d'une autre personne et consent à travailler sous la direction de cette dernière en échange d'une rémunération appelée *salaire*. Les règles à respecter sont les normes minimales prescrites par la Loi sur les normes du travail.

La figure 15.3 illustre la notion de système en ce qui a trait aux rapports individuels et collectifs.

15.3.2 Les rapports collectifs

Cette partie des relations de travail concerne, au Québec, de 35 % à 40 % des employés, et renvoie à un contexte juridique particulier. Les acteurs présents dans ces rapports ont pour contrat de travail une *convention collective*. Il s'agit d'une entente qui porte sur les conditions de travail entre un employeur ou un groupe d'employeurs et un organisme ou groupement représentant les employés. Cette convention relève du Code du travail.

15.4 LE SYNDICALISME

15.4.1 Qui peut être syndiqué ?

L'article 16 du Code du travail mentionne que les personnes susceptibles d'être syndiquées sont celles qui travaillent moyennant rémunération ; est exclu celui qui détient une autorité sur un autre. Ainsi, les cadres et les contremaîtres sont exclus.

15.4.2 Le syndicalisme au Québec – définition

Au Québec, le syndicalisme est représenté par différents organismes, dont la Confédération des syndicats nationaux (CSN), le Congrès du travail du Canada (CTC), la Fédération des travailleurs du Québec (FTQ), la Centrale des syndicats démocratiques (CSD), la Fédération des syndicats du secteur de l'aluminium (FSSA), la Centrale des enseignants du Québec (CEQ), l'Union des producteurs agricoles (UPA), la Fédération internationale du travail et le Congrès international du travail (AFL-CIO) (tableau 15.1). Le Québec a l'originalité

TABLEAU 15.1 : Les principaux acteurs dans le système de relations de travail au Québec

Employeurs	Syndicats	Tiers
Les employeurs eux-mêmes	Confédération des syndicats nationaux (CSN)	Le public en général
Le Conseil du patronat du Québec (CPQ)	Centrale des enseignants du Québec (CEQ)	Les gouvernements fédéral, provincial, et municipaux
Le Centre des dirigeants d'entreprise (CDE)	Fédération des travailleurs du Québec (FTQ)	Les partis politiques et leurs orientations
L'Association des manufacturiers canadiens (AMC)	Union des producteurs agricoles (UPA)	Etc.
La chambre de commerce provinciale (CCP)	Congrès du travail du Canada (CTC)	
Etc.	Centrale des syndicats démocratiques (CSD)	
	Fédération des syndicats du secteur de l'aluminium (FSSA)	
	Fédération internationale du travail et Congrès international du travail (AFL-CIO)	

---

d'avoir plusieurs centrales syndicales, ce qui implique une concurrence qui n'existe pas dans les autres provinces.

« Le syndicalisme est un vaste courant d'organisation de diverses catégories socioprofessionnelles, ayant des buts divers, mais visant ordinairement en premier lieu la défense et la promotion des intérêts économiques, sociaux et moraux de leurs membres, soit dans leur travail, soit dans l'exercice de leur profession. »[1] Le syndicalisme est donc essentiellement revendicateur et centré sur les relations de travail. George Friedman a parlé du syndicalisme en ces termes :

« Le syndicalisme n'est pas seulement ni même essentiellement la défense des intérêts (des ouvriers) : c'est une expression visible, un symbole concret de solidarité, un réseau de liens humains dans la jungle industrielle. »[2]

15.4.3 Les fonctions du syndicalisme

Pour réaliser la défense des employés, le syndicalisme repose sur quatre fonctions :

a) La représentation de ses membres vis-à-vis l'employeur, le gouvernement et le public ; c'est là sa fonction originelle par laquelle le travailleur détermine qui va parler en son nom ;

b) La revendication des réponses aux besoins et aux intérêts des salariés ;

c) La coopération avec l'employeur ;

d) L'éducation et la formation professionnelle à la solidarité par le regroupement.

---

1. DION, G. *Dictionnaire des relations du travail*, Québec, Les Presses de l'Université Laval, 1976, p. 342.

2. FRIEDMAN, G. *Le travail en miettes*, Paris, Gallimard, 1964, p. 91-133.

15.5 LE PROCESSUS DE SYNDICALISATION

15.5.1 Une évolution en trois phases

Un syndicat peut se former dans une entreprise suite aux démarches des employés eux-mêmes, à une infiltration par un employé permanent d'une centrale syndicale ou à des abus de la part des administrateurs. Un syndicat connaît trois phases dans son évolution.

A – La phase initiale

À ce stade, le syndicat est marqué par des objectifs multiples et qui ne sont pas clairement définis. On revendique des améliorations sur les salaires, la sécurité, les avantages sociaux, les droits de participation, une protection contre la sous-traitance, etc.

B – La phase de développement

La tendance de cette phase est de ramener l'action syndicale à l'entreprise et aux salaires et ce, afin de conserver les membres. Par exemple, une négociation portera strictement sur le salaire et sur les conditions de travail.

C – La phase d'aboutissement

Pour être vraiment efficace, l'action syndicale débouche sur des préoccupations d'ordre politique. En effet, certains problèmes dépassent l'entreprise ou l'industrie: la sécurité d'emploi, le chômage, l'inflation, le commerce international, etc., d'où la nécessité, pour défendre le salarié, d'influencer la politique.

15.5.2 Au début: la demande d'affiliation

Mais comment un syndicat naît-il? Prenons l'exemple d'une entreprise dans laquelle les rapports employés-patron ont toujours été excellents. Les employés ne se sont jamais plaints formellement de leurs conditions de travail et ils ont, manifestement, un bon patron. Cependant, un bon matin, celui-ci reçoit dans son courrier une demande d'affiliation syndicale... Pourtant, il a toujours respecté la Loi sur les normes du travail, celle sur la santé et la sécurité, sans oublier la fête nationale des Québécois. Ce qui ne devait arriver qu'aux autres est là à sa porte. Que s'est-il passé?

Les employés ont demandé l'affiliation ou la reconnaissance syndicale au ministère du Travail, plus précisément au commissaire général du travail. Pour se prévaloir de ce droit, il faut:

— la majorité absolue, soit 50 % et plus des salariés,
— un employeur par *unité de négociation*, cette unité étant un groupe de salariés pour lequel une association cherche l'affiliation. Ainsi, les employés de bureau d'une entreprise peuvent former une unité de négociation.

A – Comment l'employeur ne doit pas réagir

Primo, il faut éviter de s'ingérer de quelque façon que ce soit dans les affaires syndicales. Secundo, un employeur ne doit en aucune façon modifier les conditions de travail de ses salariés sans le consentement écrit de l'association qui demande l'affiliation.

B – Ce que l'employeur doit faire

Il faut bien sûr conserver précieusement la requête d'affiliation puis, dans les cinq jours suivants, afficher dans un endroit bien en vue la liste

---

TABLEAU 15.2 : Formule d'adhésion à un syndicat

Nom ....

Adresse ....

....

NAS ....

Je soussigné-e donne librement mon adhésion au :

Je m'engage à en observer les statuts, règlements et décisions, ainsi qu'à payer la cotisation mensuelle fixée par le syndicat. J'ai payé une cotisation syndicale de 2 $.

EN FOI DE QUOI, j'ai signé le

.... 19 ....

X ....
                      Signature

....
                      Témoin

---

complète des salariés visés par la requête avec mention de la fonction de chacun d'eux.

Si l'employeur n'est pas d'accord sur l'unité de négociation proposée, il doit, dans les 15 jours suivant la réception de la requête, en aviser le ministère du Travail par écrit en lui communiquant les raisons de son désaccord et en lui proposant une unité de négociation plus appropriée. En cas de doute sur l'unité de négociation visée par le syndicat, il est conseillé à l'employeur de contester l'unité proposée, de façon à éviter qu'une décision d'affiliation soit rendue par défaut, c'est-à-dire sans que l'employeur ait été entendu et que le ministère du Travail ait fait enquête.

Le tableau 15.2 présente une formule d'adhésion à un syndicat; ce document atteste l'acceptation d'un individu à adhérer au syndicat.

15.5.3 Le certificat d'affiliation (accréditation)

C'est maintenant chose faite, les employés sont syndiqués. Dorénavant, le syndicat devient le seul et unique mandataire et négociateur de tous les salariés visés par le certificat d'affiliation. À ce titre, lui seul peut négocier et conclure une convention collective.

15.5.4 La demande de négociation

Un avis de rencontre doit être envoyé huit jours avant le début des négociations, par l'une ou l'autre des parties, avec une copie au ministère (art. 52). Les négociations débutent après ces 8 jours et peuvent durer jusqu'à 90 jours (art. 58).

Dans ces conditions, la première convention collective est sans nul doute la plus importante. En effet, en vertu de la théorie des droits acquis, un syndicat ne veut jamais abandonner ce qu'il a gagné dans le passé. Il y a donc lieu de négocier le contenu de la première convention avec le plus grand soin en prévision de l'avenir. Les négociations seront toujours marquées par cette première convention à laquelle on ajoutera de nouvelles revendications, tant sur le plan monétaire que sur les autres aspects du travail.

Lors de la première séance de négociation, il est fort probable que le syndicat soumette un projet de convention collective contenant ses multiples demandes. Le dépôt d'un projet patronal de convention collective est sans doute la meilleure réponse à apporter au projet syndical. Ce procédé permet à l'employeur de déterminer ses limites et ses volontés, non pas selon les besoins des syndi-

FIGURE 15.4 : La procédure de négociation

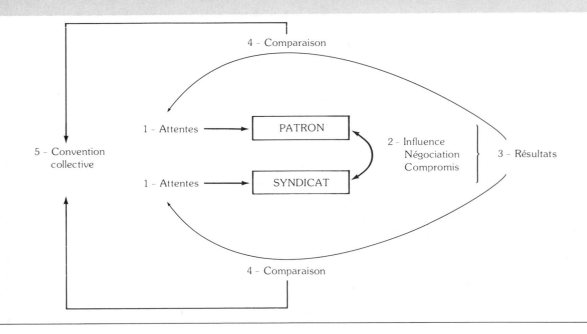

qués, mais en vertu des contraintes auxquelles il doit faire face.

La figure 15.4 présente la procédure de négociation. Celle-ci débute par la prise de connaissance par chacune des parties des attentes de l'autre. En deuxième lieu, il y a négociation et compromis quant à ces attentes. Divers facteurs interviennent alors, comme le dépôt des revendications, l'habileté des négociateurs, leurs aptitudes et leur expérience, le climat de travail, les informations et les références de chacune des parties. En troisième lieu, la négociation aboutit à des résultats qui, en quatrième étape, seront comparés aux premières attentes de chaque partie. S'il existe peu ou pas de différences entre les attentes et les résultats des négociations, on est prêt à signer une convention collective.

15.5.5 La convention collective

On appelle convention collective de travail le contrat signé entre un syndicat et un ou plusieurs employeurs, pour déterminer les salaires et les conditions de travail d'un groupe de travailleurs déterminé. C'est donc un compromis auquel on arrive après en avoir négocié une durée déterminée de un, deux ou trois ans, comme le veut la loi. Ce contrat sera amélioré à chaque négociation. La convention collective, c'est l'*outil* ou l'instrument principal dont le syndicat dispose pour protéger les travailleurs et lui-même. Il en est de même pour l'employeur.

La convention collective devient *une loi que les membres ont votée en assemblée*, pareilles à celles que votent les députés en Chambre, et que le syndicat, comme la police, fait respecter par tous; personne, ni l'employeur ni aucun travailleur, ne peut la briser. C'est l'exercice de la *démocratie* dans l'entreprise: chaque travailleur peut dire ce qu'il pense de ses conditions de travail et il peut participer à les améliorer avec ses autres compagnons, membres du syndicat.

Comment s'articule une convention collective? Divers articles ou chapitres s'y retrouvent couramment:

a) *Le préambule.* Il contient les articles qui présentent les buts de la convention et les personnes visées par elle.

b) *Le champ d'application.* Ce sont les articles qui concernent le certificat d'affiliation, lequel donne le droit au syndicat d'agir comme agent négociateur.

c) *Les droits des parties.* Ces articles assurent la protection des droits des syndiqués et de l'employeur en matière de non-discrimination, d'affichage, de sécurité syndicale, de droits de gérance, etc.

d) *L'ancienneté.* Il s'agit de protéger l'emploi des travailleurs qui ont le plus grand nombre d'années de service.

e) *La rémunération.* On précise l'échelle de salaire, la classification, les vacances, les méthodes de paiement, les assurances, les fonds de pension, etc.

f) *Les conditions de travail.* Ce sont les articles qui ont trait aux heures de travail, à la sécurité et à la santé, aux changements technologiques, à la charge de travail, etc.

g) *La procédure de griefs.* On décrit le mode d'application des griefs, de l'arbitrage, le comité de relations de travail, etc.

h) *La durée du contrat.* Ces articles précisent les dates du début et de la fin du contrat, du renouvellement des négociations, etc. Retenons que la loi prévoit une durée entre un et trois ans.

15.5.6 La grève et le lock-out

La *grève* est une cessation collective du travail par des employés dans le but de défendre des intérêts communs qui sont le plus souvent liés au salaire et aux conditions de travail. Le *lock-out* est une riposte des dirigeants d'une entreprise face à une grève de leurs employés, soit la fermeture de l'entreprise.

Il peut arriver que les négociations n'aboutissent pas; à la demande de l'une ou l'autre des parties, le ministère du Travail peut alors mandater un conciliateur afin d'aider les parties à conclure une entente. Celui-ci a le pouvoir de convoquer les parties et de leur faire des recommandations. Si on prévoit des difficultés, on peut adresser une demande de nomination d'un conciliateur au ministre à partir du début des négociations (art. 55).

Lors d'une première convention collective, si l'intervention d'un conciliateur se révèle infructueuse, l'une ou l'autre des parties peut aussi demander au ministère du Travail de soumettre le différend à un arbitre qui, après audition des parties, verra à imposer une convention collective. Compte tenu de l'importance de la première convention collective, il y a lieu de faire tous les efforts possibles avant de recourir à l'arbitrage, car on ne connaît pas les conditions de travail qui seraient alors imposées.

Pour un premier contrat, le Code du travail prévoit que le droit de grève et de lock-out est acquis 90 jours après l'avis du début des négociations. De plus, un avis doit être transmis au ministre dans les 48 heures suivant le déclenchement de la grève ou du lock-out (art. 58.10). Dans le cas des contrats suivants, la négociation peut débuter 90 jours avant la fin de la convention collective en vigueur (art. 52). Comme dans le cas d'une première convention, il y a avis au ministre, possibilité de conciliation, etc.

La figure 15.5 illustre les délais à respecter pour l'obtention du droit de grève et de lock-out.

FIGURE 15.5 : Les délais de grève et de lock-out

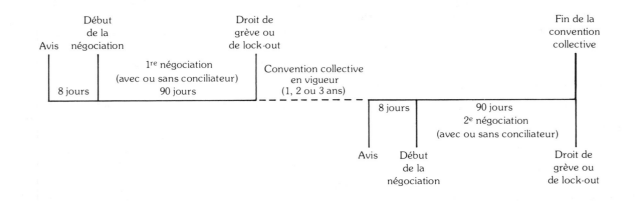

TABLEAU 15.3 : Exemple de procédure de règlement de grief

Étape 1	L'employé s'adresse au contremaître.
	– Dépôt du grief au contremaître dans les 15 jours suivant le différend.
	– Réponse du contremaître dans les 5 jours suivant le dépôt.
Étape 2	L'employé et un représentant syndical s'adressent au contremaître.
	– Dépôt dans les 5 jours suivant la réponse du contremaître.
	– Réponse du contremaître dans les 5 jours suivant le dépôt.
Étape 3	L'employé et un représentant syndical s'adressent au directeur.
	– Dépôt dans les 5 jours suivant la réponse du contremaître.
	– Réponse du directeur dans les 5 jours suivant le dépôt.
Étape 4	L'arbitrage.
	– Dépôt dans les 30 jours suivant la réponse du directeur.
	– Audience et réponse dans les 60 jours suivant le dépôt.

Elle met en parallèle les délais à obtenir pour une première négociation et pour les suivantes.

En ce qui concerne les employés des secteurs public et parapublic, il existe une législation particulière concernant la procédure de négociation. En effet, la Loi 37 prévoit un cadre spécial de négociation qui peut s'établir au niveau local, régional ou national, selon le sujet à négocier. De même, le droit de grève ou de lock-out est défini selon le sujet, le type de négociation et d'employés en cause.

Par ailleurs, le Code du travail prévoit que, dans le cas des policiers et des pompiers, il ne peut y avoir droit de grève ou de lock-out ; en cas de différend, on recourt à l'arbitrage. De plus, dans le cas des entreprises qui constituent un *service public*, les parties engagées doivent généralement convenir des *services essentiels* à maintenir en cas de grève. En effet, la municipalité est soumise à un décret qui lui ordonne, ainsi qu'au syndicat, de conclure une entente à cet effet ; le lock-out devient par conséquent interdit.

15.5.7 La procédure de règlement des griefs

Enfin, il peut arriver que, pendant que la convention collective est en vigueur, un problème surgisse relativement à l'une ou l'autre de ses clauses. Ce problème peut être dû à une mauvaise application ou interprétation de la convention collective. Cette mésentente conduit alors l'une des parties à déposer officiellement un *grief*.

Le tableau 15.3 nous présente une procédure de règlement de grief qui, selon le Code du travail, prévoit comme étape finale et définitive l'arbitrage. La procédure suit normalement la structure hiérarchique et un ordre chronologique respectant des délais. Chaque étape prévoit en effet un nombre de jours pour la soumission du problème à la direction et un nombre de jours pour la réponse. Si la mésentente est réglée lors d'une étape, les autres ne sont évidemment pas nécessaires.

Remarquons qu'il peut arriver qu'une situation ne soit pas prévue par la convention ou qu'il n'y ait pas de convention; les parties peuvent alors élaborer des solutions à l'intérieur de lettres d'entente, ou trouver une solution sur le champ, de façon à empêcher la situation de se détériorer.

15.5.8 L'arbitrage des griefs

L'arbitrage est le dernier recours de la procédure de grief. La partie qui soumet un grief à l'arbitrage doit en aviser par écrit l'autre partie dans les jours suivant la fin de la procédure de grief, et une copie de cet avis doit être transmise à l'arbitre choisi. De plus, étant donné le nombre de griefs soumis à l'arbitrage et la disponibilité des personnes concernées, il va de soi qu'il y ait un certain délai entre la soumission d'un grief à l'arbitrage et son audition proprement dite. L'audition du grief peut se faire devant un arbitre seul ou devant un tribunal constitué habituellement de trois arbitres.

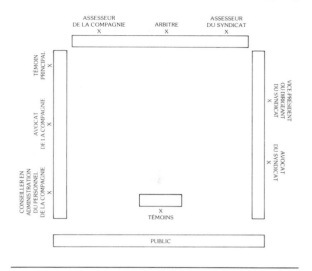

FIGURE 15.6 : Disposition des lieux d'arbitrage

Le conseiller en administration du personnel

— convoquer les témoins de la compagnie aux rencontres préalables à l'arbitrage et s'assurer qu'ils sont préparés adéquatement;
— servir d'agent de liaison entre l'avocat de la compagnie et les témoins de la compagnie;

A – L'organisation des auditions

Lors de l'organisation des auditions, on doit choisir un terrain neutre et disposer les lieux pour le respect de la procédure. La figure 15.6 montre la place de chacun des acteurs lors d'une audience.

B – Les participants et leurs rôles

Voici quels sont les participants d'un arbitrage et leurs tâches respectives.

Les témoins de la compagnie

— être disponibles;
— fournir des arguments à l'avocat de la compagnie;
— témoigner de façon objective.

- fournir des arguments à l'avocat de la compagnie;
- produire les pièces à conviction nécessaires.

Les avocats de la compagnie et du syndicat

- sélectionner les témoins;
- sélectionner les pièces à conviction pertinentes;
- conseiller l'assesseur avant les délibérations;
- plaider de façon objective.

Les assesseurs de la compagnie et du syndicat

- aviser l'arbitre lorsqu'un grief est soumis à l'arbitrage;
- rechercher les points faibles dans les arguments présentés et préparer, avec l'avocat, les délibérations;
- délibérer avec l'arbitre;
- s'assurer que les projets de sentences rédigés par l'arbitre soient conformes à ce qui a été mentionné lors des auditions et recommander à l'arbitre certaines modifications, s'il y a lieu.

L'arbitre

- fixer la date des séances d'arbitrage;
- présider les auditions;
- élaborer un projet de sentence arbitrale,
- s'il y a lieu, modifier les sanctions qui ont trait aux mesures disciplinaires de suspensions et de renvois;
- rendre la sentence arbitrale dans les 30 jours suivant la date où la preuve est constituée et présentée.

C – La sentence arbitrale

Le but ultime de la procédure de grief est le *règlement*. Le code prévoit qu'il y ait sentence en cas d'arbitrage; aussi, la sentence arbitrale est finale et lie les parties. Cependant, la juridiction de l'arbitre se limite aux griefs soumis selon les dispositions et l'esprit de la convention collective de travail. L'arbitre n'a dans aucun cas autorité pour ajouter, soustraire, modifier ou amender quoi que ce soit dans cette convention. Enfin, on doit savoir que les sentences arbitrales servent de fondements à la jurisprudence.

15.6 EN CONCLUSION : HUIT EFFETS DE LA SYNDICALISATION

1. Tout salarié est lié par la convention collective (art. 67).

2. Les salariés sont assurés du maintien de leurs conditions de travail et ce, jusqu'à l'obtention du droit de grève (art. 59).

3. Le syndicat est le seul représentant des salariés syndiqués. On peut dire qu'une unité équivaut à un monopole syndical (art. 43).

4. Tous les salariés de l'unité paient la cotisation syndicale (art. 47).

5. Plusieurs décisions ne peuvent être prises par le salarié sans qu'il passe par le syndicat. Ce sont celles qui concernent la grève (vote au scrutin secret; art. 20.2), la signature d'une convention collective (vote au scrutin secret; art. 20.3), l'arbitrage d'un grief (art. 88), etc.

6. Le syndicat peut convoquer l'employeur à une négociation (art. 52).

7. Le syndicat conserve son statut en cas de vente de l'entreprise, d'où le maintien de la convention collective (art. 45).

8. Une mésentente reliée à l'application ou à l'interprétation de la convention collective doit obligatoirement être résolue par la *procédure de grief* (art. 74).

RÉSUMÉ

Le système des relations de travail est étroitement lié à la gestion du personnel tout en étant indépendant.

Les agents essentiels de ce système sont l'employé, l'employeur, le législateur et le syndicat. Ces acteurs entretiennent des rapports individuels ou des rapports collectifs. Cependant, quel que soit le type de rapports, chaque acteur a un rôle et des obligations à remplir.

La législation concernant les relations de travail est très importante et particulière selon le type de rapports. Au Québec, les rapports collectifs sont caractérisés par la notion de monopole syndical. Cette législation est fondée pour tous les employés sur des normes minimales de travail. Certaines mesures, notamment dans le Code du travail qui concerne les rapports collectifs, relèvent d'une juridiction précise, fédérale ou provinciale.

Le Code du travail veut favoriser la paix industrielle. À ce titre, il oblige les parties à s'entendre sur un contrat de travail: la convention collective. Cette convention satisfait au moins les normes minimales du travail prévues pour les employés non syndiqués. Les employés syndiqués sont représentés par une association reconnue selon les normes du Code du travail.

La convention collective signée est valide pour une période de un à trois ans. Des dispositions comme la procédure de grief permettent de régler des mésententes relatives à une mauvaise application ou interprétation de la convention.

Établir des relations harmonieuses et favoriser des moyens pour les conserver, voilà les principes de base des relations de travail.

Section **IV**
La gestion
de l'environnement

L'être humain est la source de tout facteur pouvant influencer une organisation. L'entreprise, c'est d'abord des personnes qui l'ont créée et qui la font vivre par leur compétence, leur honnêteté, leur personnalité et leurs valeurs. L'entreprise doit donc, par ses structures, permettre à l'individu d'utiliser toute son énergie.

Dans cette section, nous étudierons les divers moyens mis à la disposition des personnes pour influencer positivement l'entreprise: la gestion ou pratique du management, la prise de décisions, la communication de l'information et la connaissance de l'écologie de l'entreprise.

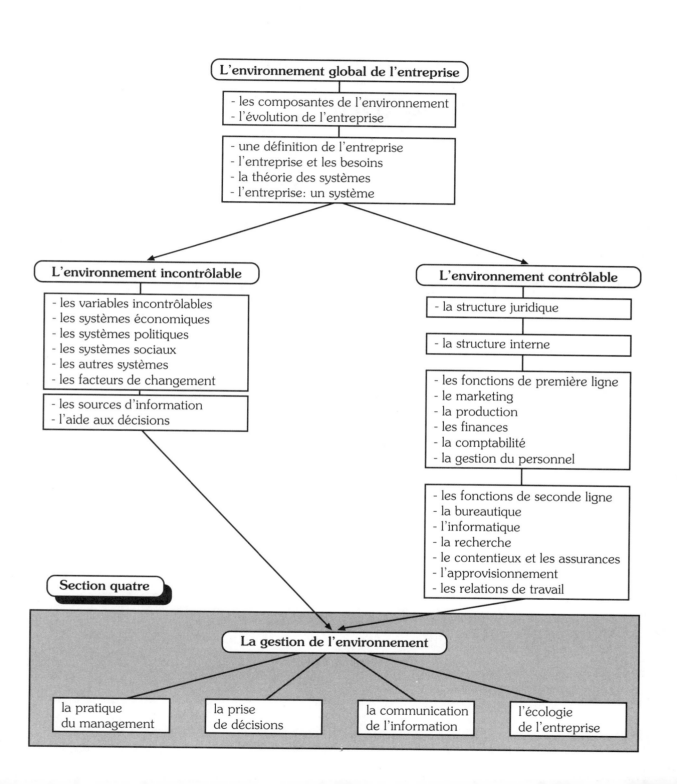

Chapitre 16
La fonction gestion

OBJECTIFS

1. Exposer le rôle du gestionnaire et les différentes approches de gestion.
2. Décrire le processus de gestion et ses principes de base.
3. Examiner les différentes théories de gestion.
4. Établir la pratique de la gestion en rapport avec les fonctions.

PLAN

INTRODUCTION

Un des éléments les plus importants des deux dernières décennies est sûrement le fait que les gestionnaires, et la population en général, se sont rendu compte que les ressources matérielles, humaines, financières, etc., ne sont pas illimitées. Depuis la Seconde Guerre mondiale, on utilisait les ressources comme si elles avaient été inépuisables. La mode était aux produits jetables, on consommait l'énergie comme si de rien n'était, on rejetait nos rebuts n'importe où...

On peut relier nos premiers pas vers la protection de l'environnement et l'économie des ressources à la première crise du pétrole; nous n'avions pas le choix: les prix grimpant, il fallait trouver des moyens d'économiser l'énergie.

Dans ce contexte, le rôle du gestionnaire est devenu plus important et il continuera à prendre de l'importance au cours des prochaines années. En effet, d'une part, les réserves de la plupart des ressources diminuent et, d'autre part, nous sommes rendus au point où il est devenu urgent que nous gérions aussi nos rebuts si nous voulons préserver la qualité de notre environnement.

16.1 LE RÔLE DU GESTIONNAIRE

Le gestionnaire travaille sur plusieurs plans et joue plusieurs rôles:

- *sur le plan de la gestion*, il est planificateur, organisateur et contrôleur;
- *sur le plan de la direction*, il est communicateur, formateur et stimulateur;
- *sur le plan de la production*, il est expert, technicien et analyste, etc.

Mais qu'est-ce que la gestion? Est-ce un art ou une science? Nous devons répondre que c'est les deux à la fois. C'est un art quand il faut savoir se fier à l'expérience, sentir le moment propice d'une action, trouver les forces de ses collaborateurs. On fait appel à la science lorsqu'on en arrive à l'application de méthodes complexes de calcul pour la prise de décisions et lorsqu'on doit mettre au point des théories et des modèles de fonctionnement. La gestion est donc un art dans son application pratique et une science dans ses moyens théoriques.

16.2 LES ÉCOLES DE PENSÉE

Bien que la gestion existe depuis que l'homme est homme, elle n'a réellement été considérée comme science qu'à partir du début du XXᵉ siècle. Avec la révolution industrielle, les capacités de production et l'utilisation des ressources nécessaires ont augmenté; on a commencé alors à se préoccuper du rendement et de la productivité, d'où la naissance de différentes approches de gestion:

- scientifique,
- humaniste,
- des principes administratifs,
- systémique,
- situationnelle.

16.2.1 L'approche scientifique

Cette approche consiste en observations scientifiques, compilées mathématiquement, qui déterminent les méthodes de travail les plus efficaces; on s'assure ensuite que les travailleurs suivent les procédures retenues. Voici les principaux maîtres de cette approche.

- *Charles Babbage*. Il préconisait une étude détaillée des tâches et l'affectation du travailleur à une tâche répétitive. C'est le père du travail à la chaîne.
- *Frederick W. Taylor*. Il a fondé le *taylorisme* sur l'étude des mouvements qui composent une opération et du temps nécessaire pour l'accomplir. Il a mis au point le système de salaire à la pièce.
- *Henry L. Gantt*. Il a conçu des techniques graphiques qui permettent d'intégrer les différentes

activités de production en fonction du temps et des événements.

- *Lillianne et Frank Gilbreth.* En plus d'utiliser la caméra pour perfectionner l'étude des mouvements, ils ont été les premiers à préconiser la séparation des fonctions de planification et d'exécution.

Les systèmes informatisés, la programmation linéaire, la recherche opérationnelle, la gestion des stocks, etc., voilà toute une série de moyens modernes de gestion scientifique.

16.2.2 L'approche humaniste

L'approche scientifique était déshumanisante et, après la crise économique de 1929, les travailleurs ont senti le besoin de se serrer les coudes un peu plus. *Elton Mayo* a démontré que les relations entre travailleurs avaient une grande importance sur leur motivation et, de là, sur leur rendement; aussi, il préconisa l'association des besoins des individus à ceux de l'organisation.

16.2.3 L'approche des principes administratifs

Henri Fayol, considéré comme le père de la gestion moderne, a déterminé les 14 principes de gestion, encore reconnus aujourd'hui, et les a regroupés à l'intérieur de 4 fonctions clés de la gestion: la planification, l'organisation, la direction et le contrôle (tableau 16.1).

TABLEAU 16.1: Les 14 principes de gestion de Fayol

1. *La division du travail*: la spécialisation des fonctions et la décentralisation du pouvoir.

2. *L'autorité et la responsabilité*: le droit de commandement d'un chef et, en contrepartie, l'obligation de rendre compte des résultats.

3. *La discipline*: le respect des conventions touchant l'obéissance, l'assiduité et le travail.

4. *L'unité de commandement*: chaque subordonné ne doit répondre qu'à un seul chef.

5. *L'unité de direction*: toutes les activités des membres de l'organisation doivent viser les buts de cette dernière.

6. *La subordination de l'intérêt particulier à l'intérêt général*: l'intérêt de l'employé doit être subordonné à celui de l'organisation.

7. *La rémunération*: les employés doivent être rémunérés en fonction des services rendus.

8. *La centralisation*: le pouvoir de décision attribué aux cadres supérieurs doit aussi être partagé avec les cadres intermédiaires. Même si les dirigeants sont responsables de toutes les actions entreprises par les cadres intermédiaires, ceux-ci doivent avoir suffisamment d'autorité pour effectuer leurs tâches d'une façon efficace.

9. *La hiérarchie*: les communications doivent suivre la voie hiérarchique.

10. *L'ordre*: la nécessité d'assigner un rôle à chaque employé.

11. *L'équité*: la bienveillance et la justice.

12. *La stabilité du personnel*: le faible taux de rotation du personnel.

13. *L'initiative*: l'agent motivant de l'activité humaine. Les cadres subalternes doivent avoir suffisamment de liberté pour concevoir et réaliser des plans.

14. *L'union du personnel*: les relations harmonieuses au sein de l'organisation.

16.2.4 L'approche situationnelle

Chaque situation présente ses particularités; il faut donc que le système de gestion intègre les interrelations entre toutes les variables d'une situation donnée. La gestion n'est plus un système statique, mais un système dynamique, en changement permanent.

FIGURE 16.1: La gestion: un processus cyclique continu

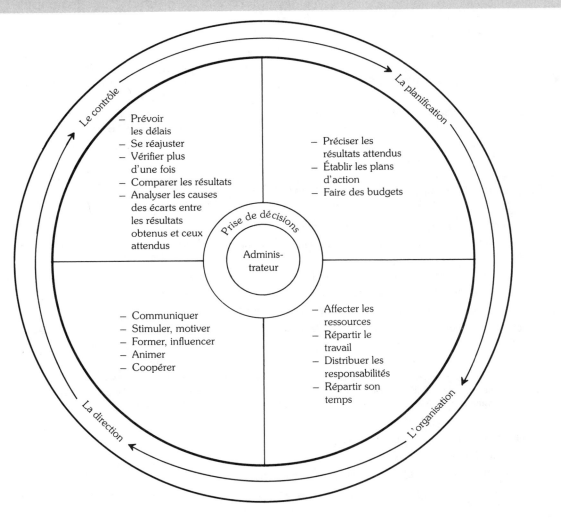

Le contrôle
— Prévoir les délais
— Se réajuster
— Vérifier plus d'une fois
— Comparer les résultats
— Analyser les causes des écarts entre les résultats obtenus et ceux attendus

La planification
— Préciser les résultats attendus
— Établir les plans d'action
— Faire des budgets

Prise de décisions
Administrateur

La direction
— Communiquer
— Stimuler, motiver
— Former, influencer
— Animer
— Coopérer

L'organisation
— Affecter les ressources
— Répartir le travail
— Distribuer les responsabilités
— Répartir son temps

16.3 LA GESTION: UN PROCESSUS ET UN SYSTÈME

On peut intégrer les éléments importants de ces approches dans une autre: l'approche systémique.

La gestion est donc un ensemble d'activités: la planification, l'organisation, la direction et le contrôle, qui concernent l'utilisation de ressources humaines, matérielles, financières, en informations, technologiques et temporelles pour atteindre les objectifs d'une organisation de la façon la plus efficace et la plus économique possible.

La gestion est un processus en ce que ses activités se présentent dans un ordre séquentiel en répétition continue: planifier, organiser, diriger, contrôler, replanifier, réorganiser, etc. Le gestionnaire et la prise de décisions sont évidemment au centre du cercle que forment ces activités différentes mais interdépendantes (figure 16.1).

La gestion est aussi un système, car elle en possède toutes les caractéristiques: des résultats à produire (les objectifs), des tâches à accomplir (la planification, l'organisation, etc.), l'utilisation de ressources humaines, financières, matérielles, etc., un processus de rétroaction et un processus de distribution de biens et de services produits. C'est un système ouvert, car il réagit en fonction de son environnement et agit sur celui-ci (figure 16.2).

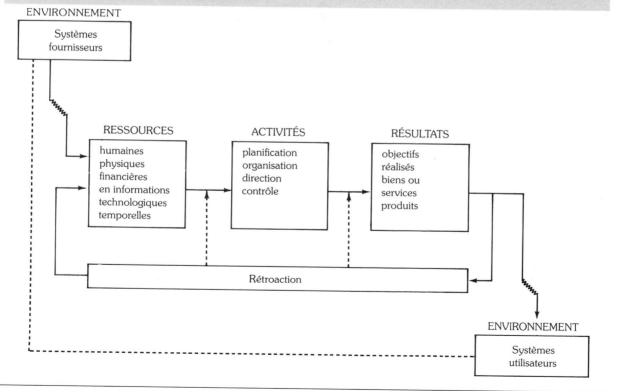

FIGURE 16.2: La gestion: un système

ENVIRONNEMENT

Systèmes fournisseurs

RESSOURCES
humaines
physiques
financières
en informations
technologiques
temporelles

ACTIVITÉS
planification
organisation
direction
contrôle

RÉSULTATS
objectifs
réalisés
biens ou
services
produits

Rétroaction

ENVIRONNEMENT

Systèmes utilisateurs

16.4 LA PLANIFICATION

Avant d'entreprendre quoi que ce soit, il nous faut connaître les objectifs à atteindre ainsi que les moyens et ressources que nous utiliserons pour les atteindre. C'est la planification (figure 16.3).

16.4.1 La détermination des objectifs

Ce sont les résultats spécifiques à atteindre. Ils doivent être réalisables, motivants et mesurables. On doit fixer une date d'échéance et nommer un responsable.

On parlera par exemple de diminuer les dépenses d'entretien de 15 %, d'augmenter les ventes d'un produit de 20 % ou de faire passer le taux de roulement du personnel de 4 % à 3 %, etc.

Les objectifs doivent s'enchaîner l'un l'autre et être communiqués à tous les membres concer-nés dans l'organisation, car chaque secteur et chaque groupe d'un secteur travaillent à l'atteinte d'une partie d'un objectif (figure 16.4 et tableau 16.2).

16.4.2 La détermination des plans

Pour bien savoir où l'on va, il faut faire des *plans de gestion* et des *plans d'action*.

A – Les plans de gestion

Voici en quoi consistent ces plans.

– *Les politiques*. Ce sont les énoncés de la haute direction et des cadres supérieurs et qui guident les décisions à prendre. Les politiques déter-minent les limites du pouvoir de décision d'un cadre.

FIGURE 16.3: Le système de planification

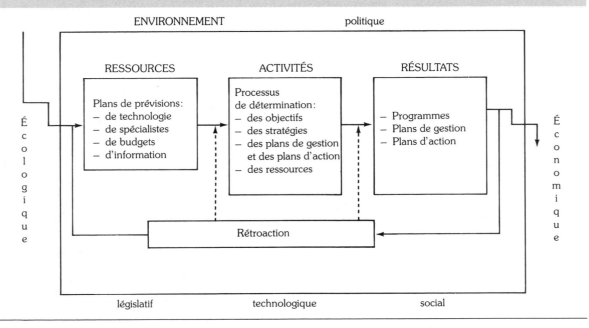

FIGURE 16.4 : Enchaînement des objectifs

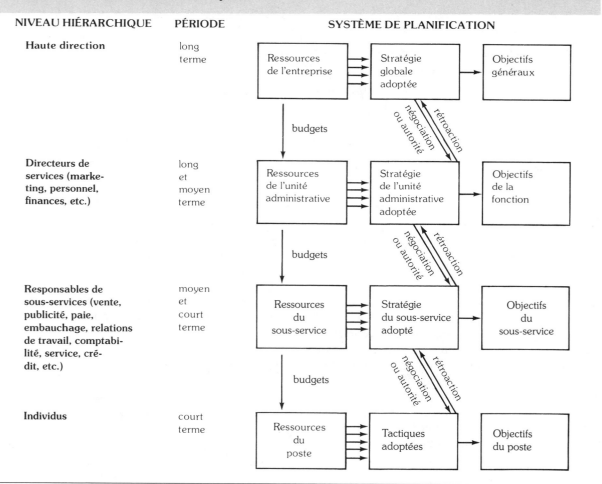

NIVEAU HIÉRARCHIQUE	PÉRIODE	SYSTÈME DE PLANIFICATION
Haute direction	long terme	Ressources de l'entreprise → Stratégie globale adoptée → Objectifs généraux
Directeurs de services (marketing, personnel, finances, etc.)	long et moyen terme	Ressources de l'unité administrative → Stratégie de l'unité administrative adoptée → Objectifs de la fonction
Responsables de sous-services (vente, publicité, paie, embauchage, relations de travail, comptabilité, service, crédit, etc.)	moyen et court terme	Ressources du sous-service → Stratégie du sous-service adopté → Objectifs du sous-service
Individus	court terme	Ressources du poste → Tactiques adoptées → Objectifs du poste

(budgets / négociation ou autorité / rétroaction)

— *Les procédures*. Il s'agit des plans qui décrivent d'une façon précise les étapes à suivre pour accomplir une tâche donnée.

— *Les méthodes* sont les plans qui décrivent en détail comment faire un travail. Alors que les procédures concernent une tâche, les méthodes concernent un poste qui comprend plusieurs tâches.

— *Les règlements* visent à déterminer les attitudes ou comportements attendus ou imposés dans certaines situations.

— *Les normes* sont les indicateurs qui servent à mesurer les performances d'un poste, d'une unité administrative ou d'une entreprise sur le plan de la productivité ou de l'efficacité.

— *Les budgets*. Il s'agit des plans qui quantifient, habituellement en dollars, les ressources de l'organisation et de chacune de ses parties.

— *Les programmes* regroupent les politiques, les procédures, les règlements et les budgets pour l'atteinte d'un objectif de l'organisation ou d'une

TABLEAU 16.2 : Exemples d'objectifs hiérarchisés

OBJECTIF D'ENTREPRISE	Faire passer le profit net de l'entreprise de 2,5 % à 3,0 % des ventes
Directeur du marketing	Augmenter la marge de profit brut moyenne de 23 % à 24 %
Directeur du personnel	Limiter l'augmentation des coûts reliés aux avantages sociaux à 4 %
Superviseur des ventes	Doubler les ventes du nouveau produit XYZ ayant une marge de profit brut de 40 %
Superviseur des avantages sociaux	Renégocier le contrat d'assurance-maladie sans augmentation des primes
Vendeur	Augmenter son nombre de visites de vente hebdomadaires de 12 à 15
Agent de bureau aux assurances	Diminuer le pourcentage de réclamations mal remplies de 4 % à 2 %

unité administrative. Pour chaque objectif, il y a un programme.

B – Les plans d'action

Il s'agit des documents qui décrivent chronologiquement les étapes à franchir, les tâches à accomplir et les ressources disponibles pour l'atteinte d'un objectif. Un plan d'action doit être fait pour chaque objectif d'un poste, car c'est un outil de planification indispensable. Il fournit toutes les données essentielles pour gérer le temps et, ainsi, améliorer la qualité de vie au travail.

Un bon plan d'action indique :

— l'objectif et l'échéance,
— les activités et le temps consacré à chacune,
— les ressources nécessaires,
— des points de contrôle,
— le responsable de l'activité (tableau 16.3).

16.4.3 La détermination des ressources nécessaires

Le gestionnaire doit prévoir et identifier les ressources humaines, matérielles, financières, technologiques, en informations, en temps, qui sont nécessaires aux activités à mener pour atteindre les objectifs. Les ressources étant limitées, c'est la raison d'être même du gestionnaire de savoir reconnaître celles qui sont disponibles et de pouvoir les utiliser le plus efficacement possible.

16.5 L'ORGANISATION

Organiser, c'est se munir des ressources et les ordonner par unité administrative, préciser les relations d'autorité entre les individus et déterminer le travail, les tâches et les responsabilités de chacun, afin d'atteindre les objectifs. L'organisation a pour but de faciliter le travail de chacun en s'assurant que les diverses ressources sont disponibles en quantité suffisante au bon endroit et au bon moment.

16.5.1 Les principes

Certains principes d'organisation traditionnellement reconnus pour être efficaces doivent être respectés et appliqués.

— *L'unité d'objectif.* Les objectifs de l'organisation et de chacune de ses parties doivent être

TABLEAU 16.3: Formule type d'un plan d'action

OBJECTIF:

CODE N°	ACTIVITÉS	ÉCHÉANCES		RESSOURCES HUMAINES	RESSOURCES PHYSIQUES	COÛTS		RESPONSABLE
		prévues	réelles			prévus	réels	

Signature du responsable   Signature du supérieur immédiat   Date

cohérents afin que les efforts convergent vers un même but. On cherche donc l'unité d'action.

– *La départementalisation.* On doit scinder la structure de l'organisation en un certain nombre de secteurs d'activités de sorte que chaque membre soit chargé d'une fonction unique et clairement délimitée.

– *La spécialisation.* Ce principe repose sur l'approche scientifique qui veut qu'un individu devienne plus efficace lorsqu'il se spécialise.

– *La délégation d'autorité.* Responsabilité et autorité vont de pair. Pour donner une responsabilité à quelqu'un, il faut lui accorder l'autorité correspondante; tout déséquilibre en ce sens risque de causer des difficultés.

– *Les niveaux d'autorité utiles.* Chaque fois qu'il y a délégation d'autorité, il y a création d'un niveau hiérarchique. Il faut éviter la surmultiplication des niveaux hiérarchiques si on veut conserver une communication verticale efficace.

– *La responsabilité absolue du gestionnaire.* Même si un gestionnaire délègue son autorité, il ne délègue pas sa responsabilité absolue; il demeure responsable des actes de ses subalternes.

– *L'unité de commandement.* Chaque membre d'une organisation ne doit dépendre que d'un seul supérieur hiérarchique.

– *La réorganisation.* L'environnement est en perpétuel mouvement. La structure de l'organisation doit être adaptée aux changements pour ne pas disparaître.

La figure 16.5 nous montre deux types d'organisation: *hiérarchique* et *par planification*.

16.5.2 Les étapes

Elles sont au nombre de six.

– L'identification de la mission et l'évaluation des objectifs et des plans: pour assurer la cohérence entre la planification et l'organisation;

– La départementalisation par fonctions et la définition des principales tâches;

– La division des principales tâches et la définition des responsabilités de chaque membre de l'organisation;

– L'établissement des liens d'autorité;

– L'acquisition et la répartition des ressources;

– La mise en place d'un système de rétroaction permettant d'évaluer l'efficacité de l'organisation.

FIGURE 16.5 : Deux modèles d'organisation et leurs principes

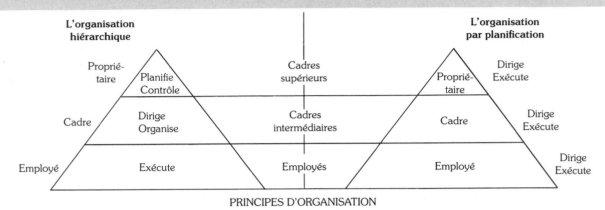

PRINCIPES D'ORGANISATION

Le patron

1. Le patron collabore avec les cadres.

2. Il possède toutes les informations et est responsable de tout ce qui arrive.

3. Il dirige le travail, commande les tâches à accomplir et la façon de les réaliser.

4. Il contrôle tout.

L'employé

1. L'employé connaît sa tâche, les limites de son autorité et ses responsabilités.

2. Il sait où il va, c'est-à-dire qu'il connaît les résultats qu'il doit produire et pour quel type d'utilisateur.

3. Il possède des informations pertinentes pour établir ses priorités.

4. Il est relativement libre quant à la façon d'accomplir les tâches, sauf lorsqu'il doit suivre des règles et procédés très précis.

5. Il reçoit de l'information et en donne; la rétroaction n'est pas seulement négative mais aussi positive.

6. Il est responsable devant un seul supérieur.

16.5.3 Les liens d'autorité et de responsabilité

Dans l'entreprise, être *responsable* consiste à s'engager à accomplir une tâche le mieux possible selon ses connaissances et ses capacités et à respecter cet engagement. On définit quatre sortes de responsabilité.

— *Hiérarchique*. C'est être responsable de tout ce qui se passe dans son unité administrative et en rendre compte à son supérieur immédiat.

— *Juridique*. C'est la responsabilité de ses actes devant la loi.
— *De conseil*. On doit répondre de la qualité des informations fournies.
— *Fonctionnelle*. Il s'agit de la responsabilité attachée à une fonction, à ce que quelqu'un a à produire lui-même.

L'autorité, c'est le pouvoir de commander des personnes et d'obtenir leur accord. Si l'autorité vient du haut, elle doit être acceptée par le bas. On retrouve quatre sortes d'autorité, qui correspondent aux quatre types de responsabilité.

– *Hiérarchique.* Un supérieur a le pouvoir de donner des ordres à ses subalternes selon la chaîne de commandement de l'organisation.
– *Juridique.* C'est le pouvoir de faire appliquer la loi.
– *De conseil.* On a le pouvoir d'appuyer, de conseiller et d'aider celui qui détient une autorité hiérarchique.
– *Fonctionnelle.* Une personne doit pouvoir faire appliquer des directives dans un champ d'activités spécialisées relevant de sa fonction.

Pour éviter tout conflit, il faut que chacun ait clairement à l'esprit les limites de sa responsabilité et de son autorité.

16.6 LA DIRECTION

Diriger, c'est faire en sorte que les membres de l'organisation s'efforcent volontairement d'atteindre les objectifs poursuivis. Les principales activités de direction consistent à:

– communiquer avec les membres,
– les encourager et les stimuler,
– les former,
– exercer une autorité significative.

16.6.1 La communication

Le gestionnaire doit choisir et utiliser divers moyens qui assureront des communications verticales et horizontales efficaces. Ainsi, il doit indiquer clairement à ses employés ce qu'il attend d'eux, ce dont ils disposent comme ressources, comment leur travail est apprécié, etc. Dans l'autre sens, il doit être ouvert aux suggestions de ses subalternes, de façon à recevoir une rétroaction sur leur travail, leurs ambitions, leurs besoins, etc.

En fait, le rôle de communicateur du gestionnaire est essentiel dans tous les aspects de la direction pour assurer la circulation des informations sur le fonctionnement global de l'entreprise, pour coor-

donner les efforts de chacun et pour créer un climat de collaboration entre les diverses unités administratives.

16.6.2 La motivation

Le gestionnaire doit instaurer des conditions favorables à la motivation, c'est-à-dire susciter un effort volontaire de chacun pour atteindre les objectifs. Pour ce faire, il doit savoir ce qu'est la motivation sur les plans théorique et pratique.

La motivation, comme nous l'avons vu au chapitre sur les ressources humaines (chapitre 10), c'est la volonté de l'individu qui le pousse à agir dans un but déterminé. Par ses actions, l'être humain tente de maîtriser son environnement pour satisfaire ses besoins. La motivation, c'est la stimulation qui provoque l'action (figure 16.6).

Pour l'obtenir, le gestionnaire doit considérer les besoins de ses employés en plus des siens et des objectifs de l'organisation. Aussi, il lui faut percevoir

FIGURE 16.6: Processus motivationnel

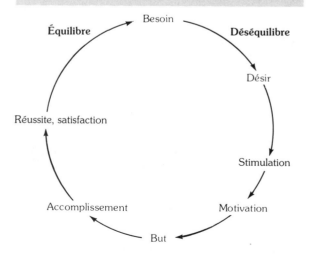

chaque individu comme étant un être unique et tenir compte d'aspects psychologiques, physiques, sociaux, voire spirituels, afin de créer un environnement de travail qui favorise la stimulation. Cela suppose une connaissance des théories de base du comportement, que le gestionnaire des ressources humaines doit faire partager aux autres gestionnaires de l'entreprise.

16.6.3 Le leadership

Même s'il n'y a pas d'accord unanime sur la signification et sur l'emploi du terme leadership, il est important d'en connaître le sens général et de différencier le leader du gestionnaire.

Le leadership, c'est le degré d'influence qu'une personne exerce à l'intérieur d'un groupe. Un individu peut donc être leader sans être gestionnaire; de même, un gestionnaire a une responsabilité de gestion, avec l'autorité et les pouvoirs correspondants, mais il peut très bien ne pas être leader.

A – La grille de Blake et Mouton

Blake et Mouton ont mis au point une grille d'analyse (tableau 16.4) d'après deux catégories d'objectifs et de besoins que le gestionnaire vise à satisfaire:

— ceux de l'*organisation*: la production de biens ou de services,
— ceux des *employés*: leur satisfaction au travail.

Identifions, d'après cette grille, les principaux styles de leadership, soit les styles extrêmes et dans la moyenne.

— *Le style 9.1: autocrate.* Le gestionnaire est centré sur la production. L'employé est un instrument de travail; les seules relations entretenues consistent à s'assurer que les directives sont comprises et suivies.

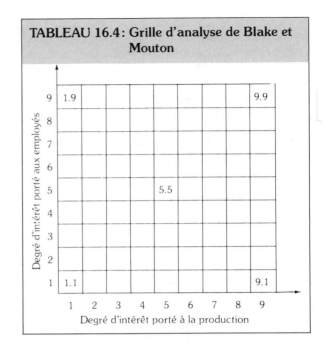

TABLEAU 16.4: Grille d'analyse de Blake et Mouton

Axe vertical: Degré d'intérêt porté aux employés (1 à 9)
Axe horizontal: Degré d'intérêt porté à la production (1 à 9)

Points: 1.9, 9.9, 5.5, 1.1, 9.1

— *Le style 1.9: social.* Le gestionnaire se préoccupe beaucoup de relations humaines. Il se dit que la productivité vient lorsque les travailleurs sont en sécurité, motivés, et qu'ils sentent qu'ils font partie d'une unité.
— *Le style 1.1: laisser-faire.* Le gestionnaire veut conserver son poste; il n'a aucun intérêt pour la production ni pour les employés.
— *Le style 5.5: compromis.* Le gestionnaire cherche les plus hauts niveaux de productivité, mais se voit limité dans ses efforts par des contraintes extérieures, le syndicat par exemple. Il fait des compromis en recourant aux moyens traditionnels: les pauses, l'amélioration de conditions de travail, etc.
— *Le style 9.9: intégrateur.* Le gestionnaire tente de concilier les objectifs de la production et ceux des employés: il intègre les employés à la prise de décisions et obtient d'eux un engagement véritable.

Il est évidemment impossible de trouver un exemple pur de ces styles dans la pratique, mais la grille permet d'évaluer l'orientation et l'évolution des styles de leadership.

B – Le continuum de Schmidt et Tannenbaum

Comme le montre la figure 16.7, le gestionnaire peut adopter différents styles selon qu'il est centré sur lui-même ou sur ses subordonnés. En fait, son attitude dépend de trois variables.

- *Le gestionnaire lui-même*: ses qualités, ses habitudes, ses valeurs, son expérience, etc.
- *Les subordonnés*: leurs capacités à décider, leur degré d'autonomie, leur compétence, etc.
- *La situation*: l'urgence de la décision, l'importance de celle-ci pour l'entreprise, etc.

C – La structure de participation

L'application de ce principe consiste à adopter une façon de prendre les décisions qui soit efficace dans un milieu donné et dans laquelle on recourt à la participation des employés. Nous l'avons vu, la participation d'un employé aux décisions qui le concernent, sur le plan des objectifs, de la planification, etc., représente une source de motivation importante.

Le gestionnaire doit établir clairement le degré de participation des employés à la prise de décisions. On distingue quatre types de participation.

- *L'information*. La participation de l'employé est bien réelle, mais se limite à l'apport d'informations. L'influence de l'employé varie donc selon l'importance des informations.
- *La consultation*. L'employé est responsable de la qualité de ses informations et des suggestions qu'on lui demande.
- *La décision prise en collaboration*. La responsabilité est partagée également entre les différents participants à la décision.
- *La décision*. C'est le degré de participation le plus élevé puisque l'employé prend la décision

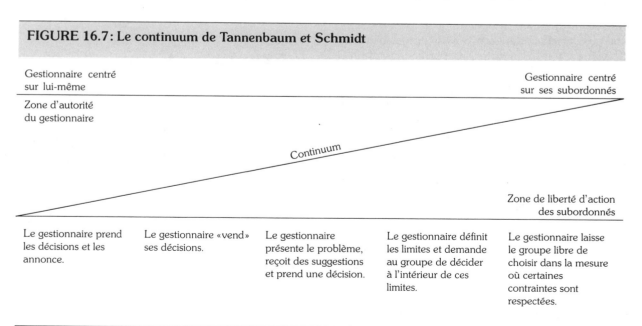

FIGURE 16.7: Le continuum de Tannenbaum et Schmidt

Gestionnaire centré sur lui-même

Gestionnaire centré sur ses subordonnés

Zone d'autorité du gestionnaire

Continuum

Zone de liberté d'action des subordonnés

| Le gestionnaire prend les décisions et les annonce. | Le gestionnaire «vend» ses décisions. | Le gestionnaire présente le problème, reçoit des suggestions et prend une décision. | Le gestionnaire définit les limites et demande au groupe de décider à l'intérieur de ces limites. | Le gestionnaire laisse le groupe libre de choisir dans la mesure où certaines contraintes sont respectées. |

et influence non seulement le poste, mais l'unité administrative et l'organisation dans son ensemble.

Habituellement, à l'échelle de l'organisation, le degré de participation de l'employé aux décisions varie en fonction de son poste et de l'importance de la décision. Au niveau de l'unité administrative et du service, la décision prise en collaboration est prédominante pour fixer les objectifs; pour la détermination des stratégies, des plans et des ressources, cela peut varier selon le type de gestion. S'il s'agit de postes, on fixe aussi les objectifs par décisions prises en collaboration; pour les plans d'action et l'utilisation des ressources, la décision de l'employé est nécessaire parce que le détenteur d'un poste est responsable des résultats qu'il obtient (tableau 16.5).

16.7 LE CONTRÔLE

16.7.1 Définition

Contrôler, c'est vérifier avant, durant et après une période d'opérations si les résultats obtenus correspondent aux objectifs préalablement établis, en vue d'apporter les corrections appropriées. Le gestionnaire qui fait porter le contrôle uniquement sur les résultats risque de constater des échecs alors qu'un suivi des opérations lui aurait permis de faire des ajustements à temps.

Dans la vie quotidienne, le contrôle est souvent perçu de façon menaçante et négative; il signifie souvent la surveillance des faits et gestes des individus dans la perspective d'une sanction: l'employé ne voit son patron qu'au moment où ça va mal.

Afin de développer une réaction positive au contrôle, il faut clairement indiquer aux employés les normes et les indicateurs de performance qu'ils doivent respecter. Les employés doivent être responsables de contrôler leur performance, de colliger les informations quotidiennes, hebdomadaires

et mensuelles, qui servent à établir les résultats. Il faut leur expliquer:

– *Pourquoi contrôler*. C'est pour vérifier si les objectifs fixés sont atteints, pour apporter les corrections appropriées et pour améliorer les performances; parce que c'est un outil nécessaire à la planification (rien ne sert de planifier si on ne peut pas contrôler).
– *Sur quoi porte le contrôle*. Il vise les résultats et le respect des standards de performance. On ne contrôle pas les activités et les individus pour eux-mêmes.
– *Les étapes du contrôle*:
    1) établir les normes d'après les objectifs,
    2) recueillir les informations obtenues,
    3) comparer les résultats obtenus aux normes et aux objectifs fixés,
    4) rechercher les causes des écarts (ressources, activités, objectifs),
    5) appliquer les corrections nécessaires.
– *Qui est responsable du contrôle*. Ce qui est important, c'est le contrôle, pas le contrôleur. Il s'agit tout simplement de déterminer clairement qui contrôle quoi (figure 16.8).

16.7.2 Le tableau de bord

Chaque organisation, peu importe son importance, devrait avoir un tableau de bord (tableau 16.6) qui facilite le contrôle et donne une vue d'ensemble des résultats de l'entreprise. On y détermine les normes de performance pour chacune des fonctions de l'entreprise, ce qui permet aux gestionnaires de s'occuper davantage des résultats que des activités. C'est un outil indispensable pour mesurer et pour planifier le rendement de l'organisation.

16.7.3 Remarques sur le contrôle

Lorsque les responsabilités et les résultats ne sont pas clarifiés, les cadres sont tentés de contrôler les activités et les subordonnés. Lorsque chaque

TABLEAU 16.5: La structure de participation

Niveau de l'organisation	Objet de la décision	Degré de participation	Information	Consultation	Décision prise en collaboration	Décision
O R G A N I S A T I O N	Mission et objectifs		cadres subalternes	cadres intermédiaires	cadres supérieurs	
	Stratégies		cadres subalternes	cadres intermédiaires	cadres supérieurs	
	Budget		cadres subalternes	cadres intermédiaires	cadres supérieurs	
U N I T É **A D M I N I S T R A T I V E**	Objectifs		employés	cadres subalternes	cadre intermédiaire et son supérieur hiérarchique	
	Stratégies et plans		employés	cadres subalternes		cadre intermédiaire
	Allocation des ressources		employés	cadres subalternes		cadre intermédiaire
S E R V I C E	Objectifs			employés du service	responsable du service et son supérieur hiérarchique	
	Tactiques et plans			employés du service		responsable du service
	Utilisation des ressources				responsable du service et les employés	
P O S T E	Objectifs				détenteur du poste et son supérieur hiérarchique	
	Plans d'action					détenteur du poste
	Utilisation des ressources					détenteur du poste

FIGURE 16.8: Le processus du contrôle

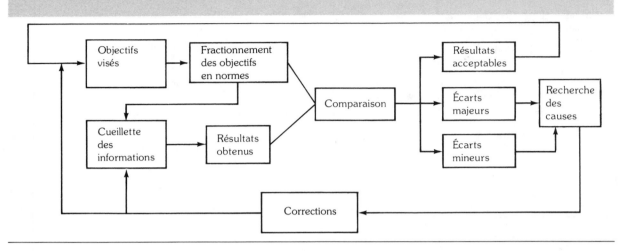

TABLEAU 16.6: Tableau de bord partiel

Fonction personnel	Motivation	– nombre de mesures disciplinaires – taux d'absentéisme – taux de roulement
	Relations patronales – syndicales	– nombre de griefs – nombre de jours d'arrêt de travail par année
Fonction marketing	Chiffre d'affaires	– part du marché – volume des ventes – nombre de commandes
	Satisfaction de la clientèle	– retour de marchandises – nombre de plaintes
Fonction finances	Ratio de liquidités	– fonds de roulement – disponibilité des fonds
	Ratio d'activités	– rotation des stocks – période moyenne de recouvrement des créances
Fonction production	Productivité	– unité et valeur de la production: de l'individu à l'heure, de la machine à l'heure
	Qualité	– taux de rejet

tâche est bien définie et que les résultats de l'unité sont clairement identifiés, le cadre peut laisser ses collaborateurs libres de s'autocontrôler. De cette façon, plutôt que de surveiller ses subordonnés, le cadre les soutient, les encourage et assure à son service la cohérence nécessaire pour l'organisation.

Le cadre, pour rendre compte du fonctionnement de son service à ses supérieurs, a besoin de certaines informations concernant ses subalternes:

- sur leur performance,
- sur le service à la clientèle,
- concernant les travaux en cours.

Et les subalternes ont besoin:

- de rétroaction sur le travail accompli,
- d'information sur l'orientation à donner à leur travail,
- de conseils sur les moyens à utiliser et sur les façons d'accomplir certaines tâches.

RÉSUMÉ

Le gestionnaire d'aujourd'hui joue divers rôles déterminés par les variables internes et externes de son organisation. Il doit connaître l'administration, avoir un bon esprit d'analyse et de décision et savoir s'adapter.

La gestion est un processus cyclique et séquentiel; c'est un système qui se compose des activités clés suivantes: la planification, l'organisation, la direction, le contrôle et la prise de décisions (ce dernier point est étudié au chapitre suivant).

La planification est l'étape intellectuelle où l'on détermine les résultats recherchés ou objectifs, les activités ou plans et les ressources humaines, matérielles, financières, etc., à utiliser.

L'organisation, c'est l'acquisition et le regroupement des ressources de façon efficace et économique; c'est aussi la détermination des responsabilités et des tâches et l'établissement des relations d'autorité pour atteindre les objectifs de l'entreprise.

La direction fait en sorte que les membres de l'organisation s'efforcent volontairement d'atteindre les objectifs.

Par le contrôle, on fait le suivi des opérations et on fournit au gestionnaire les informations nécessaires à la prise de décisions.

Chapitre 17

La prise de décisions
et le processus de résolution
de problèmes

OBJECTIFS

1. Initier l'étudiant au processus de résolution de problèmes comme un instrument de gestion de l'environnement.
2. Faire le lien entre la prise de décisions et le processus de résolution de problèmes.
3. Comprendre la base du processus de résolution de problèmes.
4. Être en mesure d'appliquer logiquement le processus en fonction d'une prise de décisions.

PLAN

INTRODUCTION

Dans son travail journalier, le gestionnaire est appelé régulièrement à prendre des décisions, à faire des choix. Ces décisions peuvent parfois porter sur quelque chose qui fonctionne, mais qu'on voudrait améliorer. Toutes les activités de l'entreprise dépendent de décisions. En fait, toute action concernant l'entreprise suppose une prise de décision, aussi futile soit-elle.

Souvent, les décisions relèvent de la routine et sont alors prises très rapidement. En d'autres occasions, par contre, si l'on ne possède pas toute l'information voulue et que la situation est difficile, les décisions nécessitent un travail de recherche et de réflexion.

Ce travail de recherche en étapes est appelé le *processus de résolution de problèmes*. Ce n'est pas une recette miracle, mais un *cheminement logique* pour arriver à prendre les bonnes décisions.

Le processus dépend du contexte dans lequel il est appliqué. Ainsi, son utilisation dans une entreprise où l'on ne croit pas à la délégation d'autorité, au travail de groupe ou à l'imagination et à la créativité des individus, sera probablement inefficace.

Certes, il existe d'autres méthodes que le processus pour prendre des décisions. Deux de ces méthodes peuvent s'avérer intéressantes, surtout dans des situations extrêmement compliquées : celle de *Checkland* par laquelle on analyse le débit de quatre sortes de ressources (humaines, financières, matérielles et en informations) et celle de *Lemoygne*, qui procède à l'analyse de sept degrés d'implication de gestion.

Cependant, les décideurs semblent, de prime abord, préférer le processus de résolution de problèmes pour sa simplicité, sa rapidité et la facilité à le comprendre et à l'employer.

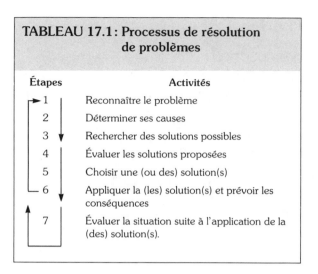

TABLEAU 17.1 : Processus de résolution de problèmes

Étapes	Activités
1	Reconnaître le problème
2	Déterminer ses causes
3	Rechercher des solutions possibles
4	Évaluer les solutions proposées
5	Choisir une (ou des) solution(s)
6	Appliquer la (les) solution(s) et prévoir les conséquences
7	Évaluer la situation suite à l'application de la (des) solution(s).

17.1 LA RÉSOLUTION DE PROBLÈMES : UN PROCESSUS EN SEPT ÉTAPES

Le tableau 17.1 donne les sept étapes du processus de résolution de problèmes. On imaginera des variantes selon la situation. Les flèches symbolisent le fait que le processus a un cheminement continu : il ne s'arrête pas, il est en perpétuel recommencement. Tout problème résolu est suivi d'un autre problème ou de plusieurs. Voilà qui témoigne du caractère pratique de cette méthode face à un grand nombre de situations.

Le tableau 17.2 donne la description des sept étapes du processus. Notons que ces étapes doivent être suivies rigoureusement. Cependant, le gestionnaire peut dans une certaine mesure sauter une étape s'il lui manque des informations, mais il devra ensuite revenir en arrière pour terminer sa démarche de résolution.

Dans un tel processus, on ne doit rien oublier, sinon on risque de prendre de mauvaises décisions

---

TABLEAU 17.2: Description du processus de résolution de problèmes

1. Identifier le problème

- Définir le plus complètement possible la situation problématique en recueillant des faits;
- Définir le plus précisément possible la situation recherchée, soit l'objectif poursuivi.

L'écart ou les différences entre les deux situations constitue le problème d'ordre économique, technique ou humain.

2. Trouver les causes du problème

Rechercher les causes de cet écart.

3. Formuler des solutions

Faire l'inventaire des solutions possibles pour éliminer les causes du problème et atteindre les objectifs visés.

4. Évaluer les solutions proposées

Évaluer les solutions d'après les critères suivants:

- Associer les solutions et les causes: est-ce que *telle solution est susceptible d'éliminer telle cause*?
- Associer les ressources existantes et les solutions: sur quelles ressources ou moyens peut-on compter pour appliquer telle ou telle solution?
- Dégager les contraintes et les limites: desquelles faudra-t-il tenir compte dans l'application de chaque solution?
- Prévoir les réactions à l'application des solutions. Par exemple, telle solution pourrait être la meilleure ou la plus efficace, mais pourrait aussi déclencher des réactions comme la méfiance, l'insécurité, etc.
- Tenir compte de la résistance des personnes concernées par chaque solution possible.

5. Choisir la meilleure solution

La meilleure solution n'est pas la seule bonne, car *il existe rarement une seule bonne façon d'agir*. Rien n'est jamais complètement noir ou blanc. En conséquence, il faut choisir ce que l'on croit être la meilleure façon d'agir en considérant tous les facteurs pertinents ainsi que les conséquences ou résultats possibles. À ce stade, on doit tenir compte des modalités d'application de la solution.

6. Appliquer la solution

Préparer le programme et les tactiques de réalisation: qui fait quoi? comment? où? pourquoi? (échéance, moyens, outils, mesures de contrôle).

7. Faire une évaluation suite à l'application de la solution

- Évaluer les résultats en fonction de la situation recherchée;
- Apporter des corrections, s'il y a lieu.

---

qui, dans le contexte de l'entreprise contemporaine, ne pardonnent pas et nuisent au décideur. Il n'existe pas de mauvaises décisions; seulement de mauvais administrateurs.

17.2 UN EXEMPLE D'APPLICATION DU PROCESSUS

Afin de mieux nous servir du processus, illustrons son utilisation par un exemple. Nous parlerons de l'entreprise *Au bout de l'Île enr.*

TABLEAU 17.3 : Identification du problème

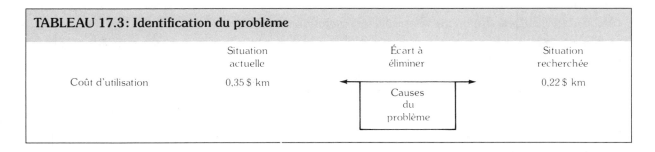

	Situation actuelle	Écart à éliminer	Situation recherchée
Coût d'utilisation	0,35 $ km	Causes du problème	0,22 $ km

On y a acheté, au mois de juin 199X, une camionnette d'occasion de 4000 dollars. L'entreprise a emprunté cette somme d'un établissement de crédit moyennant des paiements échelonnés sur 36 mois.

Parce que c'est le premier véhicule de l'entreprise, le propriétaire a préféré s'assurer contre les dommages personnels et causés à autrui à cause de la camionnette. La prime a coûté 310 dollars.

L'entreprise assume l'entretien de la camionnette, et on fait laver le véhicule chaque semaine et en toutes saisons, pour un coût de 16 dollars.

Le propriétaire de l'entreprise utilise sa voiture pour aller travailler ; la distance entre son domicile et son lieu de travail est de un kilomètre. L'hiver, il doit laisser tourner le moteur afin de le réchauffer ; il n'a pas de chauffe-moteur.

17.2.1 Description du problème

Le propriétaire estime qu'il parcourt en moyenne 15 000 kilomètres par année. Il calcule les coûts de la voiture par kilomètre : celle-ci lui revient à 0,35 dollar par kilomètre. Il consulte alors le *Guide de l'automobile* et se rend compte que, pour une auto de mêmes caractéristiques, le coût moyen d'utilisation est de 0,22 dollar par kilomètre. Il décide donc de faire en sorte que, six mois plus tard, le coût d'utilisation de son automobile soit identique à celui mentionné dans le guide.

17.2.2 Étape 1 : Identifier le problème

Le problème est l'écart entre la situation actuelle et la situation recherchée. Il peut s'articuler ainsi : faire passer le coût d'utilisation de l'automobile de 0,35 dollar par kilomètre à 0,22 dollar par kilomètre (tableau 17.3).

17.2.3 Étape 2 : Trouver les causes

Trouver pourquoi le coût est de 0,35 dollar par kilomètre ou pourquoi le coût n'est pas de 0,22

FIGURE 17.1 : Identification des causes du problème

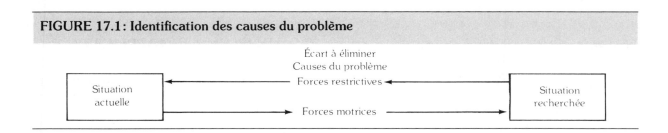

dollar par kilomètre permet de découvrir les causes du problème (figure 17.1).

Cette étape consiste à identifier les *forces restrictives*, qui forment la situation actuelle, et les *forces motrices*, qui peuvent former la situation recherchée. Pour éliminer l'écart entre les deux situations, il faut éliminer les forces restrictives et renforcer les forces motrices.

Dans notre entreprise, les causes du problème peuvent être les réponses à la question: «Pourquoi le coût est-il de 0,35 dollar par kilomètre?» Ce sont les suivantes:

- le paiement de la voiture est réparti sur 36 mois,
- le coût de l'assurance est élevé,
- l'auto manque d'entretien,
- on procède à des lavages coûteux et fréquents,
- on doit laisser fonctionner le moteur quand la voiture est immobile, car on ne dispose pas d'un chauffe-moteur.

17.2.4 Étape 3: Formuler des solutions

À cette étape, on doit trouver des moyens pour éliminer ou pour au moins atténuer les causes du problème. Pour chacune de celles-ci, il faudra élaborer plusieurs solutions. Plus on aura de réponses possibles, plus le choix final de la ou des solutions à appliquer sera aisé. Aussi, il est essentiel d'accepter toutes les idées de solutions qui nous viennent à l'esprit sans juger de leur valeur, jugement qui sera fait à l'étape 4. Formulons donc des solutions pour notre problème.

a) Première cause: le paiement de la camionnette est réparti sur 36 mois.
   Solutions:
   - répartir ce paiement sur 24 mois,
   - payer le tout comptant,
   - répartir le paiement sur 48 mois.

b) Deuxième cause: le coût de l'assurance est élevé.
   Solutions:

- s'assurer pour un montant plus faible,
- s'assurer seulement contre les dommages à autrui,
- s'assurer seulement contre les dommages à la camionnette.

c) Troisième cause: la camionnette manque d'entretien.
   Solutions:
   - faire faire un entretien à tous les 4000 kilomètres.
   - faire l'entretien.

d) Quatrième cause: on procède à des lavages coûteux et fréquents.
   Solutions:
   - faire laver moins souvent la camionnette,
   - ne pas la faire laver dans un lave-auto,
   - demander à des copains de la laver.

e) Cinquième cause: on doit laisser fonctionner le moteur quand la camionnette est immobile, car on ne dispose pas de chauffe-moteur.
   Solutions:
   - ne pas utiliser la camionnette l'hiver,
   - acheter un chauffe-moteur,
   - laisser tourner moins longtemps le moteur,
   - ne pas faire réchauffer la camionnette.

17.2.5 Étape 4: Évaluer les solutions proposées

C'est une étape primordiale pour faire un choix. Chaque solution possible doit être évaluée d'après des critères bien adaptés. Comme il existe une multitude de critères, on doit définir précisément ceux qui seront retenus.

Voici la définition des critères retenus dans notre cas.

- Une solution *réaliste* tient compte de la réalité de la situation.
- Une solution *souhaitable* est adéquate et élimine ou atténue le problème.

TABLEAU 17.4 : Grille d'évaluation des solutions

Causes	Possibilités de solutions	Critères d'évaluation			
		Réaliste	Souhaitable	Réalisable	Économique
Le paiement se fait sur 36 mois.	Ramener les mensualités à 24.	oui	oui	oui	oui
	Payer le tout comptant.	non	non	non	oui
	Augmenter les mensualités à 48.	non	non	non	non
Le coût de l'assurance est trop élevé.	S'assurer pour un montant plus faible.	oui	oui	oui	oui
	S'assurer pour autrui seulement.	oui	oui	oui	oui
	S'assurer pour la camionnette seulement.	non	non	non	oui
L'auto manque d'entretien.	Faire faire un entretien à tous les 4000 kilomètres.	oui	oui	oui	oui
	Faire l'entretien.	non	oui	non	oui
On procède à des lavages coûteux et fréquents.	Faire laver moins souvent la camionnette.	non	oui	non	oui
	Ne pas la faire laver dans un lave-auto	oui	oui	oui	oui
	Demander à des copains de laver la camionnette.	non	oui	non	oui
On laisse tourner le moteur quand la camionnette est immobile, car on ne dispose pas de chauffe-moteur.	Ne pas utiliser l'auto l'hiver.	non	oui	non	oui
	Acheter un chauffe-moteur.	oui	oui	oui	oui
	Laisser tourner moins longtemps le moteur.	oui	oui	oui	oui
	Ne pas faire réchauffer l'auto.	oui	non	oui	oui

— Une solution *réalisable* est réaliste et peut être appliquée à court, à moyen ou à long terme.
— Une solution *économique* permet de réduire les coûts.

Le tableau 17.4 montre une grille d'évaluation qui permet d'évaluer les solutions possibles selon ces critères. À la rigueur, on peut chiffrer ces critères afin de raisonner mathématiquement.

17.2.6 Étape 5 : Choisir la meilleure solution

Selon la qualité des critères d'évaluation, la solution ou l'ensemble des solutions permettant d'atteindre la situation recherchée seront facilement identifiables. Il est bon de retenir qu'il n'y a pas de solution miracle.

Dans notre cas, le propriétaire retiendra les solutions suivantes :

— Les mensualités du paiement seront ramenées de 36 à 24.
— Le coût de l'assurance étant trop élevé, le propriétaire s'assurera pour un montant plus faible ou pour autrui seulement.
— On fera faire l'entretien à tous les 4000 kilomètres.
— Le propriétaire lavera lui-même sa camionnette.

TABLEAU 17.5: Application de la solution

Activités à réaliser	Ressources (financières, techniques, humaines)	Échéance
Faire faire des modifications au contrat d'assurance: ramener les mensualités de 36 à 24 et s'assurer pour un montant plus faible.	Établissement d'un prêt, temps, ancien et nouveau contrats, courtier.	199X-12-15
Faire faire l'entretien de la camionnette à tous les 4000 kilomètres.	Mécanicien compétent, temps, argent, programme d'entretien.	– 199X-12-15 – À tous les 4000 km
Laver la voiture.	Temps, savon, eau, brosse, argent, etc.	Une fois par semaine
Acheter un chauffe-moteur.	Magasin, argent, temps	199X-12-15
Installer le chauffe-moteur et l'utiliser.	Mécanicien, fil, temps, argent	199X-12-15

— Il procédera à l'achat d'un chauffe-moteur et laissera tourner moins longtemps le moteur.

17.2.7 Étape 6: Appliquer la solution

Maintenant, il faut concevoir un plan d'action pour les solutions retenues. Pour ce faire, il est essentiel de définir les activités à réaliser selon un ordre chronologique, de déterminer les différentes ressources nécessaires à ces activités et de fixer une date d'échéance.

Le tableau 17.5 présente un plan d'action pour l'entreprise de notre exemple; seuls les éléments essentiels sont présentés. Dans un cas réel d'application de solutions, une telle figure devrait être beaucoup plus complète.

Le processus de résolution de problèmes permet donc une réflexion approfondie d'un problème et de ses solutions. Le gestionnaire a donc intérêt à développer cette habileté intellectuelle en pratiquant le processus; il évitera par la suite de tomber dans le piège de tourner en rond face à une situation problématique ou de privilégier des solutions peu efficaces.

RÉSUMÉ

Le processus de résolution de problèmes est une méthode en sept étapes qui facilite la prise de décisions. Cette méthode n'est cependant pas magique: elle exige un bon contexte de gestion et une bonne volonté à son application. Le gestionnaire doit suivre rigoureusement les étapes afin d'en arriver à de bonnes décisions.

Cette méthode permet d'affronter les problèmes de tout genre et de toute provenance. Le gestionnaire doit développer l'habileté d'exécuter le processus en le pratiquant afin d'être plus efficace pour mieux gérer son environnement.

Chapitre 18

La communication
dans l'entreprise

OBJECTIFS

1. Connaître les principaux outils de communication utiles en entreprise.
2. Être capable de communiquer une idée ou une information clairement.
3. Connaître les règles de base de rédaction des différentes formes de communication écrite.
4. Savoir utiliser les principaux modes de communication verbale.

PLAN

INTRODUCTION

S'il est un domaine où il y a eu une évolution rapide au cours des 30 dernières années, c'est bien celui des communications. Les médias électroniques nous fournissent de plus en plus de moyens de communiquer rapidement et efficacement: qu'on pense seulement au télécopieur, à l'appel conférence, aux réseaux informatisés, etc.

Dans ce contexte, il devient de plus en plus important de connaître les différents moyens de communication mis à notre disposition et de bien savoir les utiliser. Cependant, les moyens de communication traditionnels demeurent fort utiles, même à l'ère de l'électronique; ils sont encore tout aussi importants pour le gestionnaire des années 90 qu'ils ne l'étaient pour celui des années 50.

Soulignons enfin que toute communication donne, en plus du message, une image de celui ou celle qui l'émet et, très souvent, de l'entreprise tout entière. Il est donc primordial qu'on accorde une grande attention aux communications.

On distingue trois grandes catégories de communication:

— *écrite*,
— *verbale*,
— *électronique*.

Examinons-les brièvement.

18.1 LES COMMUNICATIONS ÉCRITES

Qu'elles soient manuscrites, dactylographiées ou imprimées, les communications écrites n'en demeurent pas moins les plus «compromettantes». Un proverbe ne dit-il pas que «les paroles s'envolent, les écrits restent»?

On peut subdiviser les communications écrites en deux sous-catégories:

— les communications internes,
— les communications externes.

18.1.1 Les communications internes

En général, ces communications ne sont pas celles qui attirent le plus l'attention, mais elles sont d'une importance capitale pour l'efficacité de l'entreprise.

A – Le message téléphonique

Aussi simple qu'il puisse paraître, un message téléphonique doit être bien formulé. Un message mal noté peut entraîner de lourdes conséquences. Combien de fois avons-nous entendu parler d'un client perdu faute d'un rappel en temps opportun? Combien de temps perdu à chercher le bon numéro de téléphone?

Il existe plusieurs sortes de formulaires conçus pour la prise de message téléphonique. Quelle que soit sa forme, le formulaire doit permettre de noter les renseignements essentiels (tableau 18.1):

— la date et l'heure de l'appel,
— les noms de l'appelant et de l'appelé(e),
— le numéro de téléphone de l'appelant,
— le motif de l'appel: pour rappeler, pour prendre rendez-vous, etc.,
— un court message,
— le nom de la personne qui a pris le message.

Soulignons que, dans certaines organisations, on considère ces messages téléphoniques tellement importants qu'on prévoit des formulaires doubles: une copie pour le destinataire et une autre pour les dossiers.

B – Le mémorandum

La note ou mémorandum (en abrégé *mémo*) sert aux communications interservices ou

TABLEAU 18.1 : **Formulaire standardisé de message téléphonique**

MESSAGE

Date _____ Heure _____

Pour _____

De _____

_____

TÉLÉPHONE _____

S.V.P. rappeler   ☐   Aucun message   ☐

Rappellera   ☐   En réponse à votre appel   ☐

Veut vous voir   ☐   A appelé pour vous voir   ☐

Message _____

_____

_____

_____

Reçu par _____

à l'intérieur d'un même service. On pourrait définir le mémorandum comme une lettre réduite au minimum, sans les conventions ni le soin stylistique qu'exige la lettre puisqu'en général l'auteur et le destinataire se connaissent. Le mémo est très bref, car il ne contient habituellement qu'un message : une question, une réponse, une information, etc. Ces formulaires comportent généralement trois copies : deux s'en vont au destinataire, qui peut ainsi se servir d'une des copies pour faire parvenir sa réponse, et une copie est conservée au dossier de l'expéditeur, pour qu'il puisse faire le suivi de la communication.

Ces formulaires sont conçus de manière à ce qu'on puisse indiquer :

– le nom de l'expéditeur,
– le nom du destinataire,
– son service,
– la date,
– le sujet de la communication,
– la communication,
– s'il y a lieu, la réponse à celle-ci,
– la date de la réponse.

Aussi, pour gagner du temps et par souci de clarté et d'efficacité, on recourt à des formulaires standardisés comme celui du tableau 18.2.

C – La note de service

Certaines informations, notamment les directives, doivent être transmises de façon plus officielle que par mémorandum, même à l'intérieur de l'entreprise. On utilise alors la note de service.

Ce document dactylographié comprend toujours les informations suivantes (tableau 18.3) :

– la date,
– le nom du ou des destinataires,
– l'objet de la note,
– le message,
– le nom de l'expéditeur et sa signature.

En matière de note, les entreprises se distinguent par une présentation particulière. Ainsi, dans certaines entreprises, on préfère parfois aligner toutes les informations sur la marge de gauche, alors qu'ailleurs on utilise deux ou trois alignements différents. La présentation des notes dépend du personnel responsable et de la politique de l'entreprise.

D – Le rapport

Il s'agit d'un document beaucoup plus considérable que les précédents. Le rapport est un exposé ou un examen détaillé d'un sujet donné. Il en existe plusieurs sortes.

– Le rapport d'*étape* : il est périodique, tel un rapport trimestriel sur l'évolution d'une situation financière.

TABLEAU 18.2: Formulaire standardisé de mémorandum

ENVOYER A	DE		SERVICE
			DATE
			SUJET

PARTIE DU BAS POUR RÉPONSE   RÉPONSE DE   DATE

— Le rapport *d'étude*: c'est un rapport d'analyse, par exemple sur la rentabilité d'un projet d'investissement.
— Le rapport *d'évaluation*: par exemple sur l'évaluation technique et commerciale d'un nouveau produit.
— Le rapport de *recommandation*: par exemple sur le fait d'investir ou non dans un projet.

Quelle que soit la nature du rapport, il doit fournir clairement toute l'information désirée tout en demeurant d'une ampleur suffisamment limitée pour être lu.

Tout rapport doit être constitué:

— *D'une page titre* où l'on identifie clairement le sujet du rapport, le destinataire, la personne ou le groupe responsable et la date.
— *D'une table des matières* où l'on retrouve le titre des principales sections et sous-sections du rapport.
— *Du rapport proprement dit*. Il doit comprendre, selon son but et son sujet:
  1) la description de la question traitée,
  2) l'analyse des causes et des conséquences,
  3) la formulation des objectifs,
  4) la préparation et l'évaluation des solutions,
  5) le choix de la ou des solutions recommandées,
  6) la planification de l'implantation de la ou des solutions choisies.
— *D'une liste des tableaux, figures et diagrammes* (figure 18.1).

E – Le procès-verbal

Une bonne partie du temps du gestionnaire est passé en réunions de toutes sortes: réunions de planification, réunions pour une prise de décisions, réunions sur un projet précis. De plus, la loi exige que l'on tienne un certain nombre de réunions, par exemple les réunions annuelles des actionnaires dans les sociétés à actions.

— Le rapport *intérimaire*: il donne les premières constatations sur un sujet.

TABLEAU 18.3: Schéma de note de service

COLLÈGE D'ENSEIGNEMENT GÉNÉRAL ET PROFESSIONNEL DE ROSEMONT

Le vendredi, 15 décembre 1989

Monsieur
Professeur des techniques
administratives

OBJET: _____

Monsieur   ,

    Suite à la réunion

    Veuillez agréer, Monsieur   , nos salutations distinguées.

Le directeur

RB/lp

c.c. Directrice des services pédagogiques
    Adjoint à la d.s.p., à l'enseignement régulier, formation professionnelle
    Syndicat du personnel enseignant
    Dossier de l'employé

6400. 16e AVENUE ROSEMONT. MONTRÉAL H1X 2S9. QUÉ./TEL.: 376-1620

FIGURE 18.1: Les parties du rapport

Il faut, bien sûr, informer les différents participants éventuels du moment de la tenue de la réunion ainsi que des thèmes principaux qui y seront traités. On se sert alors:

– *D'un avis de convocation.* Il s'agit d'une note de service qui convoque les destinataires à une réunion et qui indique la date, l'heure et le lieu précis de la rencontre.
– *D'un ordre du jour.* C'est une liste des sujets abordés et de l'organisation générale du temps de la réunion.

Autant les échanges qui ont lieu durant une réunion sont importants, autant il est important de faire un compte-rendu précis de ce qui s'y est dit, fait et décidé. On appelle ce compte-rendu un *procès-verbal.*

Un procès-verbal comprend normalement les parties suivantes.

– *L'ouverture de la réunion.* On inscrit la date et l'heure de la réunion ainsi que le nom des personnes présentes et absentes, du président et du secrétaire de la réunion.

– *La lecture et l'adoption de l'ordre du jour.* Il s'agit d'informer tous les participants du déroulement de la réunion et de faire des modifications si le besoin s'en fait sentir.
– *L'adoption du procès-verbal de la réunion précédente.* Ainsi, les membres présents considèrent ce procès-verbal comme un reflet réaliste de leurs discussions.
– *L'examen des points traités durant la réunion actuelle.* On donne un résumé des principales conclusions et décisions sur chacun des points traités.
– *La détermination des coordonnées de la prochaine réunion*: la date, l'heure et le lieu de rencontre.
– *La clôture de la réunion.*

On doit noter que ce genre de réunions structurées et formelles sont beaucoup plus nombreuses dans les organismes gouvernementaux et paragouvernementaux que dans les entreprises privées. Les gestionnaires d'entreprises privées n'en tiennent que lors de situations particulièrement importantes, par exemple pour les assemblées des actionnaires.

18.1.2 Les communications externes

On peut facilement penser à plusieurs dizaines de formes que peuvent prendre ces communications: chaque service de l'entreprise utilise ses propres formulaires selon ses besoins particuliers.

Dans un service de l'approvisionnement, on se sert de bons de commandes, d'appels d'offres, de formulaires de normes, etc. Au service du marketing, on travaillera à des communications publicitaires: catalogues, fascicules, etc., alors qu'au service du personnel, on utilisera l'offre d'emploi, le formulaire de demande d'emploi, la convention collective, etc.

A – Les critères de qualité

Tous ces documents font l'objet d'études particulières dans les services qui les utilisent. Un seul document est réellement commun à tous les services et à tous les gestionnaires: la *lettre d'affaires*. Par contre, tous les documents externes doivent présenter la même image de l'entreprise et témoigner de professionnalisme.

Qu'elle accompagne ou non un autre document, qu'elle soit officielle ou officieuse, longue ou courte, la lettre d'affaires doit être écrite selon certains critères de base.

— *Il faut bien identifier le destinataire et le signataire.* Rien n'est plus gênant qu'une lettre mal adressée ou dont on identifie mal la provenance.
— *Attention à la clarté.* Le lecteur doit pouvoir comprendre aisément le but de la lettre qu'il reçoit. On doit éviter toute formulation qui pourrait créer de la confusion. L'objectif de la communication est de transmettre des informations ou de convaincre, pas de confondre.
— *Attention à la courtoisie.* Même dans le cas de lettres de rappel, de demandes de paiements, la courtoisie demeure de bon ton. On peut être ferme sans être grossier.

B – La présentation des documents

Comme dans le cas de la note de service, la lettre d'affaires peut prendre plusieurs formes. À ce sujet, on consultera les tableaux 18.4 à 18.7 où sont reproduites les présentations suggérées par M. André Clas dans le *Guide de la correspondance administrative et commerciale*. On remarquera que les thèmes et les parties changent en fonction du type et de l'objet de la lettre.

18.2 LES COMMUNICATIONS VERBALES

Dans la vie moderne, tout doit se faire de plus en plus vite. On n'a souvent plus le temps d'envoyer un mémo ou une lettre d'affaires: on doit utiliser le téléphone ou rencontrer les personnes directement. Dans le cas de communications à un groupe d'employés, de clients, ou même de citoyens, on préférera parfois une présentation orale ou une mini-conférence au communiqué écrit.

La communication verbale présente de grands avantages:

— La *rapidité*: quelques secondes suffisent à faire un appel téléphonique;
— La *flexibilité*: on peut expliquer son point de vue lorsqu'on pense avoir été mal compris;
— La *rétroaction*: on bénéficie de la réaction de notre interlocuteur immédiatement.

Mais on doit respecter certaines règles si on veut retirer tous les avantages possibles de la communication verbale.

18.2.1 Au téléphone

Même les jeunes enfants peuvent se servir d'un téléphone. Malheureusement, peu de gens savent vraiment utiliser cet appareil correctement. L'appel téléphonique peut être aussi bien d'un apport inestimable qu'une source de frustration.

Les experts de Téléforce, une division Telecom Canada, organisme voué à la progression tant quantitative que qualitative de l'utilisation du téléphone à des fins d'affaires, fournissent des conseils dans leur document sur la réponse aux appels, en formation au télémarketing. On trouvera l'essentiel de ces conseils dans le tableau 18.8.

18.2.2 Par entretien particulier

Que le but soit de convaincre une personne, de prendre une décision importante ou plus simplement de discuter d'un point, l'entretien particulier demeure la forme de communication que plusieurs gestionnaires privilégient.

C'est la forme de communication la plus complète. On peut tenir compte d'indices non ver-

TABLEAU 18.4: Disposition avec adresse à gauche, sans retraits aux alinéas

En-tête	**DURBEC** 9405, Maynard, Montréal (Québec) H3R 3B1	**En-tête:** raison sociale ou dénomination commerciale, adresse complète.
	Montréal, le 3 mai 1980	**Date:** lieu de départ et date (jour, mois, année); la dactylographie de la date commence au milieu à la ligne 15 ou trois lignes plus bas que l'en-tête. Choisir la disposition la plus basse.
Introduction	RECOMMANDÉ	**Mention d'acheminement:** indication du type d'expédition particulier choisi, s'il y a lieu.
	Madame S. Langlois 1351, boul. Édouard-Montpetit MONTRÉAL H3C 3J9	**Adresse:** indication du nom de la fonction et de l'adresse complète du destinataire.
	Chère Madame,	**Appellation:** formule de salutation d'introduction qui varie selon la personne à laquelle la lettre est adressée.
Corps	Nous avons bien reçu votre demande d'emploi pour un poste de représentante et nous vous en remercions. Malheureusement, nous n'avons à l'heure actuelle aucun poste vacant à Montréal, mais nous avons un emploi vacant à Sept-Îles et nous cherchons un représentant pour cette ville et les localités de la Côte-Nord. Si ce poste vous intéresse, je vous saurai gré de remplir les formulaires ci-joints et de vous les expédier par retour du courrier.	**Message:** texte de la communication; les paragraphes sont dactylographiés à interlignes simples et sans retraits.
Conclusion	Je vous prie d'agréer, chère Madame, l'expression de mes sentiments les meilleurs.	**Salutation:** formule de politesse qui termine la lettre. Commence à la marge gauche. Si elle est très courte, elle commence au milieu.
	Le directeur du personnel	**Titre du signataire:** indication des fonctions du signataire.
		Nom du signataire: nom dactylographié du signataire.
	Paul Pierre	**Initiales d'identification:** les initiales de l'auteur de la lettre et de la dactylo.
	PP/mr p.j.	**Pièces jointes:** indication des pièces annexées.
	c.c. — Monsieur J. Morin	**Copie conforme:** indication de l'adressage d'un double.

Source: CLAS, A. **Guide de la correspondance administrative et commerciale**, Montréal, McGraw-Hill, 1980, p. 147.

baux: gestes, silences, etc., on peut utiliser certains documents écrits et la rétroaction est immédiate. Si l'on désire retirer tous les avantages possibles de l'entretien particulier, il faut y être préparé et en utiliser les techniques adéquates.

Dale Carnegie[1], auteur bien connu de livres et de conférences portant sur la communication tant en entretien qu'en public, a fourni nombre de conseils sur les attitudes et comportements à adopter pour réussir un entretien. Nous nous permettons d'en reprendre quelques-uns des plus importants:

- Intéressez-vous réellement à ce que votre interlocuteur a à dire;
- Souriez;
- Ayez le nom de votre interlocuteur en mémoire et utilisez-le;

---

1. CARNEGIE, D. **How to Win Friends and Influence People**, New York, Simon and Schuster, 1936, 246 p.

TABLEAU 18.5 : Disposition avec adresse à gauche et signature à gauche		
En-tête	**COMPAGNIE GÉNÉRALE** **D'ÉLECTRONIQUE INDUSTRIELLE** 245, rue Notre-Dame est, Montréal (Québec) H2Z 1K3 Montréal, le 23 avril 1980 CONFIDENTIEL	
Introduction	Monsieur Philippe Cinq-Mars Vice-président Compagnie générale d'électronique industrielle 21, avenue Georges V 75016 PARIS FRANCE Objet : Demande de retraite anticipée Monsieur le Vice-président,	**Mention de** **caractère :** indique que la lettre ne doit être lue que par le destinataire. **Adresse à** **l'étranger :** le nom du pays de destination se dactylographie en majuscules sous le nom de la localité.
Corps	J'ai soumis votre demande de retraite anticipée aux membres du Conseil d'administration lors de la réunion de vendredi dernier. Votre demande a été examinée avec bienveillance et le Conseil a décidé d'y donner suite. Cependant, les membres du Conseil vous prient de reconsidérer la date de votre départ. L'extrait du procès-verbal se lit comme suit :	**Objet :** résumé du sujet de la lettre.
Conclusion	Les membres du Conseil d'administration acceptent la demande de retraite anticipée de M. Philippe Cinq-Mars. Ils prient M. Philippe Cinq-Mars de retarder son départ jusqu'à ce qu'un remplaçant pour ce poste soit en mesure de prendre la relève. Je vous saurai donc gré de me faire savoir si vous pouvez recommander, dès à présent, un successeur et, dans l'affirmative, dans combien de temps cette personne sera en mesure de prendre la relève. Je vous prie d'agréer, Monsieur le Vice-président, l'expression de mes sentiments distingués. Le président Pierre Martinet PM/mr c.c. — Monsieur René de Lobelle, Directeur du Service du personnel	**Citation :** se place en retrait pour une mise en relief et à cinq frappes des marges de gauche et de droite.

Source : CLAS, A. *Guide de la correspondance administrative et commerciale*, Montréal, McGraw-Hill, 1980, p. 148.

— Écoutez attentivement et encouragez l'autre personne à parler ;
— Gardez les intérêts de votre interlocuteur en mémoire ;
— Faites sentir l'autre personne importante ;
— Respectez votre interlocuteur ainsi que ses opinions.

Trop souvent, l'entretien ne produit pas les résultats escomptés et ce, parce qu'un des interlocuteurs a oublié de respecter ces principes de base et que la conversation a dégénéré en discussion stérile ou a tout simplement manqué son but.

TABLEAU 18.6 : Disposition avec adresse à gauche et retraits aux alinéas

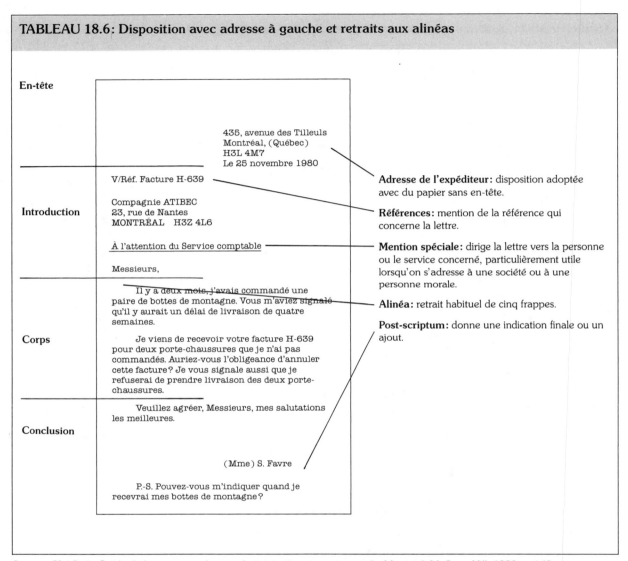

En-tête

435, avenue des Tilleuls
Montréal, (Québec)
H3L 4M7
Le 25 novembre 1980

Introduction

V/Réf. Facture H-639

Compagnie ATIBEC
23, rue de Nantes
MONTRÉAL H3Z 4L6

À l'attention du Service comptable

Messieurs,

Corps

Il y a deux mois, j'avais commandé une paire de bottes de montagne. Vous m'aviez signalé qu'il y aurait un délai de livraison de quatre semaines.

Je viens de recevoir votre facture H-639 pour deux porte-chaussures que je n'ai pas commandés. Auriez-vous l'obligeance d'annuler cette facture? Je vous signale aussi que je refuserai de prendre livraison des deux porte-chaussures.

Conclusion

Veuillez agréer, Messieurs, mes salutations les meilleures.

(Mme) S. Favre

P.-S. Pouvez-vous m'indiquer quand je recevrai mes bottes de montagne?

Adresse de l'expéditeur : disposition adoptée avec du papier sans en-tête.

Références : mention de la référence qui concerne la lettre.

Mention spéciale : dirige la lettre vers la personne ou le service concerné, particulièrement utile lorsqu'on s'adresse à une société ou à une personne morale.

Alinéa : retrait habituel de cinq frappes.

Post-scriptum : donne une indication finale ou un ajout.

Source : CLAS, A. ***Guide de la correspondance administrative et commerciale***, Montréal, McGraw-Hill, 1980, p. 149.

18.2.3 Devant un groupe

Charles Osgood, conférencier bien connu et auteur d'un livre à succès sur l'art de parler en public, *Osgood on Speaking*, nous fournit les conseils suivants en matière de communication orale devant un groupe[2].

2. OSGOOD, C. ***Osgood on Speaking: How to Think on Your Feet without Falling on Your Face***, New York, William Morroro, 1988, 132 p.

TABLEAU 18.7: Disposition simplifiée

En-tête	**LES CONSEILLERS EN FORMATION** 29, avenue du Parc Montréal (Québec) H3F 4X3 (514) 349-6222

MONTRÉAL,
le 14 janvier 1980

Introduction

Madame Rita Faribault
3333, rue Bayard
MONTRÉAL
H3R 2C9

LA DISPOSITION SIMPLIFIÉE

Corps

Vous serez sans doute intéressée, chère Madame, de savoir que notre société a créé une lettre d'un style tout à fait nouveau et qui est connue sous l'appellation de Disposition simplifiée. Cette lettre-ci en est une illustration.

1. La lettre se dispose sans retraits aux alinéas.

2. L'appel et la formule de salutation sont supprimés.

Conclusion

3. L'objet s'inscrit entièrement en lettres majuscules. Deux interlignes précèdent et suivent cette ligne. La mention objet est supprimée.

4. Le nom et le titre du signataire sont dactylographiés entièrement en majuscules. Cette ligne est prédédée par quatre interlignes.

5. La lettre se veut directe, mais aimable.

Peut-être voudriez-vous, chère Madame, dans un souci d'efficacité, essayer cette nouvelle disposition.

MICHÈLE BLANCHARD – DIRECTEUR, ÉCOLE DE SECRÉTARIAT

ac

Objet: la mention du sujet de la lettre remplace l'appellation, s'inscrit tout en majuscules à trois interlignes sous l'adresse du destinataire.

Formule de politesse: supprimée.

Identification du signataire: dactylographiée en majuscules sur une seule ligne.

Source: CLAS, A. ***Guide de la correspondance administrative et commerciale***, Montréal, McGraw-Hill, 1980, p. 150.

- Tenez-vous en à l'essentiel;
- Faites-vous un plan de présentation;
- Soyez bref;
- Soyez vous-même;
- Imposez-vous;
- Parlez sans texte;
- Détendez-vous.

Ce sont tous des conseils très simples mais fort pertinents. Beaucoup de présentations manquent d'intérêt, de saveur, de contenu. On en ressort en se demandant ce qu'était le sujet présenté. Il s'agit de présentations ratées parce que la communication ne s'est pas établie entre l'orateur et ses auditeurs.

TABLEAU 18.8 : Comment répondre au téléphone	
VOLUME	Pour parler avec le plus de clarté possible, tenez le micro du combiné à environ deux pouces de la bouche. **Parler trop fort :** — force la personne qui appelle à tenir le récepteur éloigné ; — ajoute à la distance qui vous sépare. **Parler trop doucement** oblige la personne qui appelle à se forcer pour entendre. **Le volume idéal** est celui que vous prendriez pour parler à quelqu'un qui serait assis à table, en face de vous.
VITESSE D'EXPRESSION	La vitesse d'expression idéale se situe aux environs de 140 à 160 mots à la minute. **Une vitesse d'expression trop rapide :** — est difficile à suivre ; — mène à des malentendus. **Une vitesse d'expression trop lente :** — exaspère la personne qui appelle ; — laisse une mauvaise impression.
TON	— Les gens sont extrêmement sensibles au ton sur lequel on leur parle. — Lorsque vous répondez au téléphone, faites-le avec amabilité. Si vous avez quelque ennui, ne vous en prenez pas à la personne qui appelle. — C'est la première impression que vous donnez de votre compagnie... faites qu'elle soit bonne.
	Rappelez-vous que votre vrai «patron», c'est le *client*. La seule différence entre votre entreprise et ses concurrentes, c'est le service que *vous* offrez.
SAVOIR ÉCOUTER	— 45 % du temps que nous passons à communiquer avec les autres consiste à écouter. — Les personnes inexpérimentées ne retiennent environ que le quart de tout ce qu'elles entendent. — *Écouter* n'est pas seulement *entendre*. — Écouter signifie *extraire* des informations de ce que l'on entend. — Pour écouter efficacement, il faut être prêt à écouter et le vouloir.

Source : Telecom Canada. **Les appels d'arrivée – Cahier d'exercices.**

Pour les gestionnaires, il est important de rendre les présentations intéressantes et profitables. On doit toujours garder en mémoire que ces présentations coûtent cher à l'entreprise, car plusieurs personnes y passent un temps précieux qu'elles pourraient aisément utiliser à autre chose.

18.3 LES COMMUNICATIONS ÉLECTRONIQUES

Ce domaine n'existait absolument pas il y a 30 ans à peine ; en fait, même au début des années 80, on connaissait peu de choses en ce qui concerne les communications électroniques.

À la fin des années 70, les entreprises françaises de téléphone ont mis au point le *Minitel*, sorte de micro-ordinateur relié au système téléphonique, accessible à chaque foyer, et par lequel le consommateur a accès à toute une série de services et d'informations fournis par les entreprises. Un système semblable, *Alex*, a été conçu chez nous par Bell Canada. Pour le gestionnaire, la première conséquence de ces systèmes est qu'il faut maintenant concevoir une partie de l'information, autrefois exclusivement interne à l'entreprise, sous une forme accessible à un grand nombre de non-initiés.

Les réseaux informatiques sont de plus en plus populaires. On n'envoie souvent plus de mémo par la poste ou par courrier interne; on transmet un message par le réseau. Même les particuliers transmettent de plus en plus d'informations d'ordinateur à ordinateur par le biais de Modem.

Le télécopieur, le «fax», représente très certainement l'un des plus beaux succès commerciaux des années 80. On n'expédie plus un document comme un bon de commande par la poste; on le télécopie.

De même, peu importe si on a oublié de rappeler quelqu'un: on le fera avec le téléphone cellulaire de la voiture.

Tous ces progrès présentent donc des avantages marqués pour le gestionnaire, mais ils entraînent aussi toutes sortes de questions ou de changements. On doit changer la présentation de l'information, traduire celle-ci en un langage accessible à tous, se poser des questions sur la valeur légale de certains documents et des systèmes de transmission de documents, etc.

RÉSUMÉ

Il existe plusieurs moyens de communiquer: par écrit, verbalement ou par machine électronique.

Même pour les communications internes les plus simples comme la prise de message, le mémo ou la note de service, on doit respecter certaines règles si on veut qu'elles jouent leur rôle.

Les lettres d'affaires forment la base de la communication écrite externe et doivent refléter l'image de l'entreprise.

La communication verbale, si encouragée au cours de la dernière décennie, doit elle aussi être faite selon certaines règles de base et ce, qu'il s'agisse d'un appel téléphonique, d'un entretien particulier personnel ou d'une présentation de groupe.

L'arrivée de la communication électronique a fourni de multiples possibilités au gestionnaire moderne, mais elle a aussi créé de nouvelles contraintes et obligations.

Chapitre 19
L'écologie de l'entreprise

OBJECTIFS

1. Comprendre le concept de la responsabilité sociale de l'entreprise.
2. Différencier les groupes d'influence et leurs réactions par rapport au rôle social de l'entreprise.
3. Se sensibiliser aux changements que l'évolution de la société amène à l'entreprise.
4. Connaître les activités que l'entrepreneur peut accomplir pour exercer le rôle social de l'entreprise.
5. Associer le concept de l'écologie d'entreprise à une méthode de résolution de problèmes qui dépasse les cadres traditionnels d'exploitation de l'entreprise.

PLAN

INTRODUCTION

19.1 HISTORIQUE

    19.1.1 L'entreprise dans la société traditionnelle

    19.1.2 L'entreprise dans la société contemporaine

        A – Les propriétaires

        B – Les gestionnaires

        C – Les travailleurs et les relations de travail

        D – Les consommateurs

        E – Les fournisseurs

        F – Les gouvernements

        G – Les groupes de pression

19.2 LE RÔLE SOCIAL DE L'ENTREPRISE

    19.2.1 L'entreprise et son système social

    19.2.2 La responsabilité envers l'individu

    19.2.3 Le rôle écologique de l'entreprise

    19.2.4 Comment remplir ce rôle social

        A – D'après la Chambre de commerce des États-Unis

        B – Deux actions à accomplir

    19.2.5 Comment évaluer ce rôle social

19.3 L'ÉCOLOGIE DE L'ENTREPRISE

    19.3.1 Une relation environnementale et une responsabilité sociale

    19.3.2 Les composantes de l'écologie de l'entreprise

        A – La culture d'entreprise

        B – Les ressources humaines

        C – Le milieu environnant

        D – Le milieu ambiant

        E – La technologie

        F – Les lois

    19.3.3 Un exemple : une action écologique d'Alcan

    19.3.4 Les facteurs néfastes à l'écologie

    19.3.5 La stratégie écologique de l'entreprise

19.4 LE RÔLE SOCIAL DE L'ENTREPRISE DE DEMAIN

RÉSUMÉ

INTRODUCTION

Malgré son statut juridique, l'entreprise n'est pas sans âme. Elle fonctionne dans un environnement, avec un personnel, des fournisseurs et des créanciers.

De nos jours, les consommateurs sont plus attentifs à l'environnement dans lequel ils vivent; aussi l'entrepreneur, pour le succès de son entreprise, est-il de plus en plus soucieux de l'environnement. Mais cela doit aller beaucoup plus loin que la conciliation des besoins financiers de l'entreprise aux besoins environnementaux. C'est ce que nous allons étudier dans ce chapitre.

19.1 HISTORIQUE

19.1.1 L'entreprise dans la société traditionnelle

Il y a 50 ans, l'entreprise évoluait dans une société relativement simple. Les dirigeants ne traitaient qu'avec trois groupes de personnes:

- les *investisseurs*, qui fournissaient les capitaux à l'entreprise;
- les *clients*, qui achetaient les produits de l'entreprise;
- les *employés*, qui échangeaient leur force de travail contre un salaire.

Les entreprises étaient alors de taille modeste. Le propriétaire était souvent l'unique administrateur ou le président-directeur général de l'entreprise; il communiquait assidûment avec ses employés et connaissait bien ses clients.

19.1.2 L'entreprise dans la société contemporaine

La société contemporaine est influencée d'une part par un environnement externe, c'est-à-dire économique, politique, social, idéologique et technologique, et, d'autre part, par des groupes intéressés comme les propriétaires, les associations commerciales, les gouvernements, les fournisseurs, les consommateurs, les groupes scientifiques et professionnels, les syndicats et les gestionnaires. Décrivons brièvement les principaux groupes.

A – Les propriétaires

Le rôle des propriétaires a changé depuis les cinq dernières décennies. Auparavant, une personne seule pouvait fournir les capitaux pour financer une entreprise. Aujourd'hui, on ne pourrait pas croire qu'une, deux ou trois personnes peuvent financer des compagnies comme Air Canada, Bell Canada ou Northern Telecom. Au contraire, la propriété de ces compagnies est partagée entre des milliers d'actionnaires. Certaines autres formes d'organisations tirent leurs capitaux de fonds appartenant à des particuliers, par exemple les fonds mutuels et les assurances; les institutions financières investissent, au nom de milliers d'investisseurs, des sommes d'argent dans ce type d'entreprises.

B – Les gestionnaires

Le rôle des gestionnaires a aussi changé. Aujourd'hui, possession et gestion d'une entreprise ne sont pas synonymes comme il y a 50 ans.

Ce sont les milliers d'actionnaires d'une entreprise qui élisent les membres d'un conseil d'administration. Formé d'une douzaine de personnes, ce conseil a pour rôle de protéger l'intérêt des actionnaires. Les dirigeants, comme le président-directeur général et les vice-présidents, sont choisis par les membres du conseil d'administration pour leur compétence dans un domaine particulier: la commercialisation, les finances, la production ou le personnel. Dans plusieurs grandes entreprises, les dirigeants possèdent moins de 5 % des capitaux et même souvent moins de 1 %.

C – Les travailleurs et les relations de travail

Les relations entre les travailleurs et les dirigeants d'entreprise ne sont plus les mêmes non plus. Si, auparavant, les travailleurs communiquaient directement avec les dirigeants d'entreprise, ils sont aujourd'hui représentés par un syndicat. Aussi, le directeur du personnel doit accomplir une tâche supplémentaire: s'occuper des relations de travail. Les employés dirigés par des patrons doivent se conformer aux règles de travail contenues dans les conventions collectives. Cependant, chaque individu peut compter sur l'appui d'un groupe.

Depuis les dernières décennies, on a constaté une augmentation remarquable du nombre de travailleurs syndiqués qui accomplissent des tâches de bureau ou qui appartiennent à des groupes scientifiques et professionnels. Autrefois, les syndicats représentaient principalement les ouvriers d'une usine, les «cols bleus», mais aujourd'hui une grande partie des cols blancs est syndiquée. Les fonctionnaires du gouvernement fédéral, comme les ingénieurs, les comptables, les avocats, les médecins, les travailleurs sociaux et les chercheurs, sont de plus en plus syndiqués. Il en est de même pour les professeurs d'universités, de collèges, d'écoles secondaires et primaires.

Les employés ne sont pas les seuls à s'être groupés; des associations en tout genre sont nées dans le but d'aider leurs membres. Si, par exemple, un auteur veut porter plainte, par exemple pour plagiat, il le fera par le biais de la Société canadienne-française de protection du droit d'auteur. Il existe des dizaines de regroupements: l'Association des collèges du Québec, l'Association des restaurateurs du Québec, l'Association des employeurs maritimes, etc.

D – Les consommateurs

Le rôle des consommateurs dans la société canadienne a aussi évolué depuis les 30 dernières années. Le consommateur est devenu plus vigilant et plus subtil, car les produits actuels sont plus complexes et parfois trompeurs. Afin de déposer leurs plaintes contre les grandes entreprises, les consommateurs ont dû se regrouper eux aussi. Il y a quelques années, les propriétaires de voitures de marque Ford se sont aperçus que celles-ci rouillaient prématurément; ils se sont donc rassemblés pour porter plainte contre les dirigeants de l'entreprise. Ils ont même ridiculisé cette dernière en collant à l'arrière de leur véhicule une étiquette sur laquelle était écrit: «Voici une Ford rouillée.» On constate donc que par l'intermédiaire des groupes de pression, les consommateurs d'aujourd'hui peuvent influencer fortement les entrepreneurs.

E – Les fournisseurs

Les fournisseurs de matières premières ou de marchandises ont également évolué. La technologie a permis la création de produits plus complexes. On ne doit plus seulement se contenter de vendre un produit, mais il faut aussi garantir qu'il fonctionne bien.

F – Les gouvernements

Les gouvernements fédéral, provinciaux et municipaux sont aujourd'hui plus actifs dans la société, et ils soutiennent activement les groupes d'individus aux prises avec des problèmes causés par les entreprises.

G – Les groupes de pression

Plusieurs autres groupes exercent des pressions de toutes sortes, notamment les groupes minoritaires, les groupes religieux, les journalistes, les organisations à but non lucratif et les éducateurs.

19.2 LE RÔLE SOCIAL DE L'ENTREPRISE

Le rôle social ou la responsabilité sociale de l'entreprise existe lorsque les administrateurs visent à atteindre des objectifs à la fois financiers et sociaux. L'entreprise doit donc être un instrument au service de la société, pas seulement un moyen de produire et de faire du profit. La cause de l'entreprise deviendra bientôt indéfendable si ceux qui dirigent ses destinées ne reconnaissent pas le principe de son rôle dans la société par laquelle elle fonctionne. Il ne faut pas oublier que l'entreprise, selon sa taille et sa renommée, peut influencer les gouvernements. L'entreprise est intimement liée à son milieu; qu'on le veuille ou non, on doit tenir compte des différents éléments de ce milieu.

Mais jusqu'où s'étend ce rôle social? Les spécialistes en marketing doivent prendre conscience de l'influence des politiques et des méthodes qu'ils emploient sur le personnel, les finances, la production, etc. Par ailleurs, l'entrepreneur doit agir dans d'autres domaines: la pollution, la conservation de l'environnement et des différentes sources énergétiques, les changements technologiques, la sécurité et la santé, la publicité, l'éducation et l'information.

Quand on parle de l'étendue du rôle social de l'entreprise aujourd'hui, cela implique tout ce qui touche la qualité de la vie, l'environnement social, économique, politique et culturel. De plus, l'intérêt de l'entreprise ne doit pas porter sur l'individu seulement en tant que travailleur, mais aussi en tant qu'être humain. Une entreprise qui s'implante dans un milieu bénéficie de ses ressources et lui apporte beaucoup. Cet échange suppose non seulement que l'entreprise mette au point des systèmes pour améliorer la qualité de vie de ses employés, mais aussi qu'elle soit en mesure de respecter l'environnement et les personnes qui le composent.

19.2.1 L'entreprise et son système social

L'entreprise fait partie d'un système social. Par système, on entend une entité qui est un lieu d'interactions d'une multitude d'activités, tout comme le corps humain où toutes les parties sont essentielles et interdépendantes.

Lorsque nous parlons d'un système social, nous nous rapportons à l'aspect humain de la société. Par exemple, une école, un hôpital, une institution religieuse et même les organismes comme les clubs Richelieu ou Kiwanis visent des objectifs humains. À cause de sa responsabilité sociale, l'entreprise, à titre d'agent transformateur, utilise les ressources d'une manière conforme aux attentes et aux besoins des consommateurs, des groupes de pression, des gouvernements, des syndicats, des employés et de la société en général.

L'entrepreneur a donc le loisir d'utiliser les ressources de l'environnement, mais il doit s'assurer que ses interventions auront des effets favorables sur l'ensemble de la société.

Pour que le système social fonctionne bien, toutes ses composantes doivent travailler en harmonie. Ce n'est pas là chose facile, pour la bonne raison que certains objectifs visés par un groupe entrent en conflit avec les objectifs d'autres groupes ou avec ceux de l'ensemble de la société. Aujourd'hui, un des plus grands défis qu'ont à relever les dirigeants d'entreprise est de rendre leurs objectifs compatibles avec le plus grand bien de toute la communauté. Ils ont à tenir compte de cinq questions importantes: l'inflation, la gestion des aspects humains de la société, la protection de l'environnement, la protection du consommateur et la crise de l'énergie.

19.2.2 La responsabilité envers l'individu

L'insensibilité aux besoins de la personne humaine est un grave problème dans la plupart des organisations (David L. Kurtz). Or, une approche plus humaine de la gestion se révèle toujours rentable, quel que soit le secteur d'activité. Il est important de mettre en valeur les ressources humaines, de donner aux employés un sentiment d'appartenance à l'organisation. Le respect des engagements sociaux de l'employeur est primordial. Parmi ces engagements sociaux, on retrouve:

— le maintien du salaire des employés à un niveau compétitif par rapport aux normes nationales;
— le maintien de la stabilité des emplois créés;
— l'élaboration d'une politique d'avantages sociaux axée sur la protection des revenus;
— l'adhésion à une association ou à un club à but non lucratif qui a des objectifs d'aide aux nécessiteux;
— la participation aux réunions ou aux manifestations à incidences sociales, comme l'inauguration d'un lieu consacré à la culture;
— la prévision d'un poste du budget destiné à des dons à différents clubs ou associations du milieu.

Un autre point important retient l'attention des employeurs. Il s'agit de la sécurité au travail. L'entreprise doit se soumettre à la réglementation touchant la santé et la sécurité au travail. Elle doit aussi tenir compte de la pratique du travail et des techniques concernant l'inspection des bâtiments et des chantiers, les travaux dangereux et l'autonomie de la femme enceinte face à un travail non conforme.

L'entrepreneur doit toujours consulter la charte des droits de la personne afin d'adopter des attitudes qui visent l'égalité des sexes et des groupes ethniques.

19.2.3 Le rôle écologique de l'entreprise

Qu'est-ce que l'environnement? L'environnement est l'ensemble des éléments constitutifs du milieu d'un être vivant. Qu'est-ce que l'écologie? C'est la science qui étudie les conditions d'existence d'un être vivant et les rapports qui s'établissent entre cet être et son environnement.

L'entreprise, en tant qu'élément du milieu, fait donc partie de l'environnement de chaque individu. Il devient donc primordial pour chaque entrepreneur de s'assurer de maintenir un milieu écologiquement sain. On doit chercher à savoir si l'entreprise pollue l'environnement par ses déchets ou par des émanations toxiques. En fait, les gouvernements ont demandé aux entrepreneurs d'établir des moyens pour enrayer la pollution que causent leurs entreprises. Mais avant de recourir à des installations coûteuses, il faut savoir si les avantages reliés à la réduction de la pollution valent bien les coûts engagés.

19.2.4 Comment remplir ce rôle social

Autrefois, les entreprises semblaient répondre aux besoins de la société; le degré de sensibilisation des individus aux problèmes était faible et les conflits plus rares. L'entreprise avait une mission économique qui semblait satisfaire les besoins les plus importants de la société.

Vers la fin de la grande dépression, différents groupes à caractère social commencèrent à exercer des pressions auprès des entreprises, réclamant une gamme de services qui n'étaient pas d'ordre économique, mais plutôt d'ordre social. Les entreprises n'ont pas changé volontairement leur approche; au contraire, ce sont les groupes de pression qui les ont obligées à modifier leurs priorités dans leur conception de la relation entre les facteurs économiques et les facteurs sociaux.

Aussi, l'entrepreneur d'aujourd'hui doit se préoccuper des éléments généraux et immédiats de l'environnement de son entreprise avant de prendre des décisions importantes. La société est un système beaucoup plus complexe qu'autrefois. De plus, les pressions incessantes exercées auprès des entreprises par différents organismes rendent difficile la satisfaction de tous les besoins. Les gouvernements, les groupes de pression, les consommateurs et les associations qui représentent diverses minorités réclament des produits plus sécuritaires, l'élimination de la pollution, des informations pertinentes sur les besoins exprimés, des fonds, l'embauche de personnes défavorisées, l'amélioration de la vie au travail, l'octroi de certains bénéfices, la sécurité et des temps libres.

A – D'après la Chambre de commerce des États-Unis

Selon la Chambre de commerce des États-Unis, les entrepreneurs doivent assumer leur responsabilité sociale de quatre façons:

a) Ils doivent soumettre leur entreprise aux exigences de la loi, particulièrement dans le cas de difficultés financières;
b) Ils doivent satisfaire aux exigences de la société; en cela, les obligations des entreprises dépassent les prescriptions de la loi;
c) Ils doivent prévoir les besoins de la population et planifier leurs activités en conséquence;
d) Ils doivent s'engager à fond comme leaders dans le domaine de la responsabilité sociale, se permettant de suggérer des normes au gouvernement.

Au cours des dernières années, nombreuses ont été les discussions et les politiques sur ce sujet. Cependant, sur le plan pratique, elles ont eu des effets sur l'entreprise. Deux actions peuvent être accomplies pour répondre aux pressions sociales.

B – Deux actions à accomplir

La première action, temporaire, consiste à réunir des cadres supérieurs afin qu'ils se préoccupent de problèmes exceptionnels. Ainsi, une manifestation ou une accusation de pollution oblige l'entreprise à adopter des mesures pour résoudre son problème immédiatement. Après une délégation de pouvoir aux cadres intermédiaires, il y aura dissolution de ce groupe, la situation devenant de moins en moins critique.

La deuxième action, plus permanente, pourra être la création d'un service d'affaires sociales pour toute l'entreprise. Ce service aidera les autres dans des projets qui visent à établir la responsabilité sociale de l'entreprise sur le plan de la prévention. Dans ce service, on s'intéressera aux divers problèmes de l'entreprise ou de ses personnes en tant que travailleurs et aussi en tant qu'êtres humains. On s'attaquera ainsi à des problèmes tels que l'alcoolisme, l'absentéisme, la mortalité, la retraite, le divorce, etc.

19.2.5 Comment évaluer ce rôle social

Pour savoir si une entreprise assume ses responsabilités sociales, la majorité des groupes de l'environnement externe examinent les conséquences des activités de cette entreprise sur la société. La comptabilité sociale se définit donc comme l'évaluation systématique des décisions ou des engagements pris par une organisation concernant l'emploi des ressources susceptibles d'assurer l'accomplissement des devoirs qu'exige sa responsabilité sociale.

Quels types d'informations les entrepreneurs doivent-ils rechercher? Quelles normes peuvent-ils considérer pour mesurer l'efficacité des programmes sociaux de leurs entreprises?

a) L'entrepreneur peut considérer l'aspect qualitatif des activités d'ordre social de l'entreprise;
b) Il peut analyser l'aspect quantitatif, monétaire, des activités sociales de l'entreprise;
c) Il peut évaluer les avantages sociaux ou les inconvénients de ses politiques de gestion.

Une des principales raisons pour lesquelles on vérifie la prise de responsabilité sociale de l'entreprise réside dans l'importance d'assurer une juste répartition des obligations sociales entre le secteur public et le secteur privé. En fait, si le secteur privé ne coopère pas activement à la résolution des problèmes sociaux, ce sont les gouvernements qui doivent en prendre la responsabilité et, en fin de compte, c'est au secteur public, avec l'argent des contribuables, que reviendra la tâche de résoudre ces problèmes.

Plusieurs entrepreneurs évaluent l'engagement social de leur entreprise en vérifiant les rapports sociaux : ils vérifient les activités d'ordre social qui touchent plus particulièrement à l'embauche, à la protection de l'environnement et à la participation sous forme de dons à différents organismes humanitaires. Cette vérification permet d'informer les dirigeants des activités sociales qui existent au sein de l'organisation. Elle permet de revoir les programmes existants et d'en créer de nouveaux si cela est nécessaire.

Depuis quelques années, dans certaines entreprises, on publie des rapports annuels pour informer les gens sur les réalisations accomplies quant à l'embauche des groupes minoritaires, à la qualité de vie au travail et à la réduction de la pollution produite par l'entreprise.

Voici quelques types d'informations qui peuvent être incluses dans un rapport social.

a) *Sur les relations avec le personnel :*
   – création de stages d'apprentissage pour les personnes handicapées ;
   – fondation d'une garderie pour les enfants des employés.

b) *Sur l'environnement :*
   – installation d'équipement antipollution ;
   – réduction des rebuts provenant du processus de production.

c) *Sur la communauté :*
   – amélioration de l'environnement physique ;
   – installation d'usines dans des secteurs peu industrialisés.

d) *Sur les programmes d'aide aux organisations :*
   – financement d'œuvres de charité, de bourses d'études en art, en éducation, etc. ;

   – dons aux employés pour l'achat d'équipement nécessaire à la santé ou au développement culturel et artistique de la communauté.

e) *Sur les produits et ressources :*
   – utilisation plus efficace des ressources (par exemple la forêt) ;
   – recherche et fabrication de produits recyclables et non polluants.

19.3 L'ÉCOLOGIE DE L'ENTREPRISE

19.3.1 Une relation environnementale et une responsabilité sociale

Si l'écologie fait immédiatement penser à l'environnement, on peut appliquer de façon remarquable le concept d'écologie à l'entreprise. L'écologie de l'entreprise concerne non seulement la responsabilité sociale, mais aussi la relation de l'entreprise avec son environnement.

L'écologie de l'entreprise suppose une harmonisation des relations fondamentales entre les différentes composantes (tableau 19.1) vers un équilibre qui concerne la gestion, l'épanouissement pour la croissance économique, les relations

---

TABLEAU 19.1 : Les composantes de l'écologie d'entreprise

a) La culture d'entreprise

b) Les ressources humaines

c) Le milieu environnant

d) Le milieu ambiant

e) La technologie

f) Les lois

humaines positives, la protection de l'environnement physique, etc.

Examinons de plus près ces composantes.

19.3.2 Les composantes de l'écologie de l'entreprise

A – La culture d'entreprise

On peut comparer une bonne entreprise à un jardin dans lequel des ingrédients biologiques permettent la plantation réussie d'arbustes ou de fleurs qui, avec les soins du jardinier, réussissent en peu de temps à montrer leurs plus belles couleurs tout en continuant à grandir.

La morale est que si la terre du jardin n'est pas propice à la culture et si le jardinier n'est pas vigilant les arbustes deviendront chétifs et dépériront. De même, dans l'entreprise, si les employés ne sont pas accueillis dans un milieu propice à leur croissance personnelle, si les gestionnaires sont insouciants d'eux, ceux-ci seront démotivés, peu productifs et sans initiative. D'où l'importance de la culture de l'entreprise.

Les ingrédients de la culture d'entreprise se composent:

— de son *histoire*: son expertise, ses succès et ses échecs, ses traditions;
— du *climat* existant: l'atmosphère au travail, le désir de réalisation, etc.;
— de la *conception de la gestion* des dirigeants: le fait de préconiser une attitude autoritaire ou le laisser-aller, etc.

L'écologie de l'entreprise dépend donc de la nature et de la qualité de ses ingrédients.

B – Les ressources humaines

Ce sont tous les individus qui, peu importe leur statut dans l'entreprise (cadre, employé, à plein temps, à mi-temps, etc.), font en sorte que, par leurs décisions, leur travail, leurs conseils, bref, par leur effort personnel, l'entreprise fonctionne dans une situation de concurrence et de défi technologique.

C – Le milieu environnant

Il se compose des facteurs sociaux, géographiques et économiques qui conditionnent le potentiel social de l'entreprise. Par exemple, un quartier résidentiel à proximité d'une usine empêche les dirigeants de cette dernière de pouvoir l'agrandir. Un autre exemple: celui de la société Asbestos, qui a dû acheter des rues entières pour continuer l'exploitation minière.

D – Le milieu ambiant

Il se compose des éléments qui forment l'atmosphère de travail dans l'organisation. Cet ensemble d'éléments est d'ordres matériel et immatériel comme l'architecture de l'entreprise, la propreté, la ventilation, la température, les relations humaines, etc.

Par exemple, une usine peut refléter une mauvaise ambiance parce qu'on n'a pas prévu suffisamment d'éclairage et de ventilation pour éliminer la fumée dégagée par les soudeuses.

E – La technologie

La technologie représente une volonté de modernisme et de productivité accrue. Mais on doit prévoir ses effets possibles sur le climat de travail, sur la formation du personnel, etc.

F – Les lois

L'influence des lois sur le respect de l'écologie de l'entreprise concerne les relations de travail, le respect des employés et de la hiérarchie dans l'entreprise et la protection de l'environnement.

19.3.3 Un exemple : une action écologique d'Alcan

L'article suivant (tableau 19.2) traite d'un exemple d'action écologique prise par une entreprise. Il s'agit de la compagnie Alcan, qui a démontré son intérêt d'investir dans son milieu en aménageant de façon écologique une zone verte attenante à une usine.

Cet article montre que la responsabilité sociale se marie avec l'écologie de l'entreprise ; ces deux concepts sont interreliés dans un tout, un peu comme la réaction de défense et d'attaque provoquée par les cellules anti-corps de l'organisme humain.

19.3.4 Les facteurs néfastes à l'écologie

Tout facteur qui a un effet négatif sur l'entreprise, que ce soit à court, à moyen ou à long terme, devient un élément perturbateur pour l'écologie, car il affecte l'harmonisation des rapports autant à l'intérieur qu'à l'extérieur de l'entreprise. Le tableau 19.3 présente quelques-uns de ces facteurs néfastes.

19.3.5 La stratégie écologique de l'entreprise

Pour constituer l'écologie de son entreprise, l'entrepreneur demande l'aide de diverses personnes – qui, dans bien des cas, proviennent de l'extérieur de l'entreprise – afin de corriger les problèmes par un diagnostic d'intervention approprié à l'organisation. Ainsi, l'entrepreneur fera affaire avec un établissement d'enseignement pour permettre la formation de certains employés.

De plus, l'entrepreneur se dotera d'instruments, de procédés et de démarches afin d'appliquer une action écologique face à une mauvaise situation. Il pourra penser, entre autres :

- à rendre l'employé responsable,
- à susciter le partenariat,
- à inciter l'actionnariat,
- à faire prendre conscience de la mission de l'entreprise,
- à favoriser la culture d'entreprise,
- à développer la croissance personnelle des employés.

Mentionnons comme exemple la compagnie Molson, qui a dû mettre sur pied un programme de prévention et d'intervention avec la police de Montréal contre les ravages du trafic et de la consommation de drogues dans la compagnie. Voilà qui prouve qu'une intervention écologique dépasse, dans bien des cas, le champ traditionnel des opérations de l'entreprise.

Aussi, une action écologique doit être bien pensée et planifiée avant d'être appliquée, car elle engage plusieurs personnes et ses conséquences sont nombreuses. Ainsi, une action peut exiger le concours d'un corps policier, d'un syndicat, du personnel cadre, du personnel ouvrier et d'autres personnes, des conseillers, et elle aura des effets sur les échanges d'information (les dénonciations, les rumeurs, etc.), sur la main-d'œuvre en matière de démissions, de congédiements, etc., et sur les finances (les dépenses non prévues, la création d'un budget spécial, etc.).

Il est logique de penser que l'objection la plus sérieuse viendra du service financier, car une intervention écologique exige des dépenses imprévues. De plus, celles-ci ne sont pas normalement liées au rendement.

Mais il faut changer ce raisonnement, surtout si une telle dépense ne représente qu'un pourcentage discutable des profits après impôts ou ne met pas l'entreprise en situation périlleuse. D'ailleurs, l'entrepreneur n'a pas à intervenir en une fois pour

TABLEAU 19.2: Une action écologique prise par Alcan

Investissement de 5 millions $

Un parc écologique ceinturera l'usine Laterrière d'Alcan

JONQUIERE (YB)- La compagnie Alcan investira 5 millions $ dans un projet d'aménagement et de mise en valeur d'un immense «parc» qui ceinturera en quelque sorte les bâtiments de l'aluminerie de Laterrière.

C'est ce qu'affirme le vice-président régional de Secal, Robert Sallette. Amorcé l'an dernier, l'échéancier de réalisation de ce projet qui couvre un territoire totalisant environ 2,000 acres, devrait être complété pour l'année 1994.

La première étape de restauration de ces lieux a nécessité jusqu'à maintenant le transport par camions de centaines de tonnes de matériel granulaire, - jusqu'à deux mètres de hauteur, - car certaines gravières exploitées par le passé avaient mis à jour la nappe phréatique.

Essentiellement, indique M.Salette, il s'agit de redonner à un relief accidenté, un aspect esthétique intéressant.

La réalisation de ce projet permet en somme de faire d'une pierre deux coups, avance le vice-président, puisque la communauté de Laterrière se montre intéressée de son côté à aménager des écrans visuels (arbres), et à restaurer d'autres gravières qui sont situées du côté ouest du boulevard Talbot.

«Une fois l'aménagement d'ensemble terminé, les automobilistes qui feront leur entrée dans la région par le boulevard Talbot verront autre chose qu'un paysage lunaire qui écorche l'oeil.»

Même des canards

Sur le territoire qui entoure l'usine, mentionne la conseillère principale aux affaires publiques et environnementales, Mano Capano, seront entre autres aménagés des voies pédestres et cyclables, des sentiers d'observation pour les ornithologues amateurs, des boisés et des bosquets, des aires de repos, des étangs naturels, et de petites surfaces de culture (luzerne et graminées).

Ces travaux d'embellissement, estime-t-on chez Alcan, devraient inciter une partie de la faune ailée à fréquenter les lieux et même à y vivre puisqu'on y trouvera des aires de nidification pour la sauvagine (canard).

D'autre part, les zones sylvicoles ne manqueront pas, puisqu'en plus de la consolidation de boisés, des milliers d'arbres (résineux et feuillus) y seront plantés. L'an dernier, l'on a d'ailleurs amorcé les premiers travaux de plantation en bordure du boulevard Talbot.

Les porte-parole d'Alcan soulignent que ce projet de mise en valeur et de consolidation de ressources naturelles, sera en somme un modèle unique d'intégration d'une usine moderne dans son environnement.

TABLEAU 19.3: Quelques facteurs néfastes à l'écologie de l'entreprise	
Facteurs	**Éléments écologiques**
1. Les luttes de pouvoir entre les décideurs	La culture d'entreprise
2. La toxicomanie et les démissions	Les ressources humaines
3. Le transport en commun inadéquat aux heures de travail	Le milieu environnant
4. L'accumulation de la paperasse	Le milieu ambiant
5. L'instauration rapide de la robotisation	La technologie
6. La discrimination et les déchets toxiques	Les lois

régler tous les problèmes; il peut concevoir une stratégie écologique à long terme, échelonnée sur plusieurs années.

Dans une situation d'intervention écologique, on ne dispose que de bribes d'informations, de repères, de faits; tout est à définir et à mettre sur pied. Cependant, il existe un *modèle primaire* d'un processus d'intervention écologique par lequel on doit accomplir les démarches suivantes.

a) Identifier la provenance du problème selon les facteurs écologiques;
b) Cerner les symptômes qui s'y rattachent;
c) Définir les modalités d'intervention selon un échéancier, un budget et une allocation de ressources;
d) Prévoir des résultats;
e) Répartir les responsabilités;
f) Définir l'action ou les actions à entreprendre;
g) Mener l'intervention et l'accélérer au fur et à mesure que les obstacles tombent; il faut partir du principe qu'un problème ne doit pas s'éterniser.

19.4 LE RÔLE SOCIAL DE L'ENTREPRISE DE DEMAIN

Les prochaines années seront mouvementées; des changements, maintenant bien connus, sont en train de se produire et d'autres surgiront sans cesse. Tous ces changements affectent des valeurs acquises pendant des années. Face à cette situation, nous devenons impatients et désireux d'avoir des réponses. De telles réactions sont humaines, naturelles et même saines, car l'indifférence est souvent plus inquiétante que la résistance.

Comment réagir? On peut le faire de trois manières.

La première, qui semble la plus facile et qui, à long terme, est probablement la plus néfaste, serait de renoncer à tout changement de façon à ne déranger personne.

La deuxième, qui est aussi très facile tant que tout fonctionne, serait de faire tous les changements sans trop se préoccuper des réactions des gens.

La troisième approche, beaucoup plus difficile, consiste à essayer de concilier les besoins des gens, à faire des plans, à exposer ces plans, à les corriger selon les rétroactions valables, etc. En somme, il faut essayer d'atteindre des objectifs avec la coopération et la collaboration de tous. Un tel contexte de travail n'est pas facile à bâtir; il exige beaucoup de tolérance, de compréhension et de confiance mutuelle. Cependant, même si une telle conciliation semble être un rêve, il n'en tient qu'à nous d'en faire un objectif et d'accomplir les efforts nécessaires pour relever un tel défi.

RÉSUMÉ

L'entrepreneur, avec l'évolution de la société, a dû s'adapter dans la détermination du rôle social de l'entreprise.

Divers groupes d'influence, comme les associations de consommateurs, se font maintenant entendre au sujet de la qualité des produits, surtout, évidemment, de ceux qui ne sont pas satisfaisants.

L'entrepreneur dispose de modèles de création et d'évaluation de son rôle social, et il peut les appliquer selon les exigences du milieu et de la situation tout en respectant ses obligations matérielles et financières.

Non seulement l'entrepreneur est-il de plus en plus sensible à la protection de l'environnement, mais en plus il retire de ce fait des leçons quant à la gestion de l'écologie de son entreprise.

Annexe

RÈGLEMENTS GÉNÉRAUX DE LA COMPAGNIE [1]

RÈGLEMENTS GÉNÉRAUX
(FORMULE COURTE)

RÈGLEMENT N° 1

(Étant les règlements généraux)

. . . .
(dénomination sociale de la compagnie)

1. **Siège social**. Le siège social de la compagnie est situé dans la municipalité (*ou : dans le district judiciaire*) de . . . . à l'adresse que les administrateurs de la compagnie peuvent déterminer de temps à autre.

2. **Sceau**. Le sceau de la compagnie est celui dont l'empreinte apparaît en marge.

3. **Année financière**. L'année financière de la compagnie se termine le . . . . . de chaque année, ou à toute autre date que les administrateurs de la compagnie peuvent déterminer de temps à autre par résolution.

ADMINISTRATEURS

4. **Nombre**. Les affaires de la compagnie sont administrées par un conseil d'administration composé de . . . . (. . . . . .) (*le cas échéant :*) (à . . . . (. . . . . .)) administrateurs.

5. **Qualification**. Tout administrateur doit, pour être élu à cette fonction et pour continuer à l'exercer, être âgé de dix-huit (18) ans ou plus, et n'être ni interdit, ni faible d'esprit déclaré incapable par un tribunal d'une autre province ou d'un autre pays, ni failli non libéré. Sauf disposition contraire des statuts, il n'est pas nécessaire qu'un administrateur détienne d'action dans le capital-actions de la compagnie.

6. **Élection et durée du mandat**. Les administrateurs sont élus chaque année à l'assemblée annuelle des actionnaires et demeurent en fonction jusqu'à l'assemblée annuelle subséquente ou jusqu'à ce que leurs remplaçants aient été nommés.

7. **Scrutin**. L'élection des administrateurs est faite par simple proposition verbale, à moins que le scrutin ne soit demandé.

8. **Démission et destitution**. Un administrateur peut démissionner en tout temps en remettant sa démission par écrit au président ou au secrétaire ou lors d'une assemblée du conseil d'administration ou des actionnaires. Tout administrateur peut être relevé de ses fonctions par le vote des détenteurs de la majorité des actions

---

[1] MARTEL, M. et MARTEL, P. *Formulaire des compagnies et des sociétés commerciales*, Québec, Société des Éditions P.S. ltée, 1978, 448 p.

en cours et comportant le droit de vote lors d'une assemblée convoquée à cette fin. L'administrateur qui fait l'objet d'une destitution doit être convoqué à l'assemblée des actionnaires tenue à cette fin, et il a le droit d'y assister et d'y prendre la parole ou, dans une déclaration écrite que doit lire à haute voix le président de l'assemblée, exposer les motifs de son opposition à la résolution proposant sa destitution.

9. ***Vacance***.   Devient automatiquement vacante la charge d'un administrateur qui a fait cession de ses biens ou devient insolvable, est interdit pour folie ou autre cause, décède, donne sa démission par écrit ou cesse d'être qualifié.

10. ***Remplacement***.   Un administrateur dont la charge est devenue vacante peut être remplacé par voie d'une résolution du conseil d'administration et le remplaçant demeure en fonction pour la durée non expirée du mandat de son prédécesseur. Les administrateurs en fonction peuvent toutefois continuer à agir malgré la ou les vacances, à condition qu'un quorum subsiste. Toutefois, une vacance créée par suite de la destitution d'un administrateur peut être comblée par les actionnaires lors de l'assemblée où la destitution a eu lieu, sujet aux formalités prévues à l'article 123.78 de la Loi ; si elle n'est pas ainsi comblée par les actionnaires, les dispositions du présent article recevront leur application.

11. ***Rémunération et indemnisation***.   La rémunération des administrateurs est établie par le conseil d'administration, par résolution (*ou : par règlement, qui n'entre en vigueur qu'une fois approuvé par les actionnaires, aux . . . . . des voix*). Ils ont droit d'être remboursés des frais encourus dans l'exercice de leurs fonctions conformément aux dispositions des articles 123.87 et suivants de la Loi. La rémunération à un administrateur qui est aussi un officier ou un employé de la compagnie ou qui la sert autrement en qualité de professionnel, lui sera payable en sus de son salaire comme officier ou employé ou de ses honoraires professionnels.

12. ***Administrateur intéressé***.   Aucun administrateur intéressé, soit personnellement, soit comme membre d'une société ou corporation, dans un contrat avec la compagnie, n'est tenu de démissionner. Il doit cependant divulguer son intérêt au conseil d'administration (*et s'abstenir de voter sur toute résolution portant sur ce contrat*).

ASSEMBLÉES DU CONSEIL D'ADMINISTRATION

13. ***Convocation***.   Les assemblées du conseil d'administration ont lieu aussi souvent que le président ou deux autres administrateurs conjointement le jugent nécessaire. Elles sont convoquées par la poste ou par télégramme au moyen d'un avis adressé à la dernière adresse connue des administrateurs ou encore par un avis verbal. Le délai de convocation est de deux (2) jours francs. Tout administrateur peut renoncer par écrit à l'avis de convocation ; sa seule présence à l'assemblée équivaut à une renonciation, sauf s'il y assiste spécialement pour s'opposer à sa tenue en invoquant l'irrégularité de sa convocation. Une assemblée peut être tenue sans avis préalable si tous les administrateurs sont présents ou ont renoncé à l'avis de convocation ou si les absents ont donné leur assentiment à la tenue de telle assemblée sans avis. L'assemblée du conseil d'administration qui suit immédiatement l'assemblée annuelle des actionnaires peut avoir lieu sans avis de convocation.

14. ***Lieu***.   Les assemblées du conseil d'administration se tiennent au siège social de la compagnie ou à tout autre endroit que fixe le président ou le conseil d'administration.

15. ***Quorum***.   Le quorum est de . . . . (. . . .) administrateurs pour la tenue des assemblées du conseil d'administration. Un quorum doit être présent pour toute la durée des assemblées.

(*ou :*)

15. ***Quorum***.   Le quorum est établi à la majorité simple des administrateurs en fonction, pour la tenue des assemblées du conseil d'administration. Un quorum doit être présent pour toute la durée des assemblées.

16. ***Président et secrétaire de l'assemblée***.   Les assemblées du conseil d'administration sont présidées par le président de la compagnie ou, à son défaut, par le vice-président. Le secrétaire de la compagnie agit comme secrétaire des assemblées. À leur défaut, les administrateurs choisissent parmi eux un président et/ou un secrétaire d'assemblée.

17. ***Procédure***.   Le président de l'assemblée veille au bon déroulement de l'assemblée et soumet au conseil les propositions sur lesquelles un vote doit être pris et en général conduit les procédures sous tous rapports. À défaut par le président de l'assemblée de soumettre une proposition, tout administrateur peut la soumettre lui-même avant que l'assemblée ne soit ajournée ou close et, si cette proposition relève de la compétence du conseil d'administration, le conseil d'administration en est saisi sans qu'il soit nécessaire qu'elle soit appuyée. À cette fin, l'ordre du jour de toute assemblée du conseil d'administration est présumé prévoir une période pendant laquelle les administrateurs peuvent soumettre leurs propositions.

18. ***Vote***.   Chaque administrateur a droit à un vote et toutes les questions doivent être décidées à la majorité. Le vote est pris à main levée, à moins que le président de l'assemblée ou un administrateur ne demande le scrutin, auquel cas le vote est pris par scrutin. Si le vote est pris par scrutin, le secrétaire de l'assemblée agit comme scrutateur et dépouille le scrutin. Le vote par procuration n'est pas permis et le président de l'assemblée n'a aucune voix prépondérante au cas de partage des voix.

19. ***Résolution signée***.   Une résolution écrite, signée par tous les administrateurs, est valide et a le même effet que si elle avait été adoptée à une assemblée du conseil d'administration dûment convoquée et tenue. Une telle résolution écrite doit être insérée dans le registre des procès-verbaux de la compagnie, suivant sa date, au même titre qu'un procès-verbal régulier.

19A. ***Participation par téléphone***.   Les administrateurs peuvent, si tous sont d'accord, participer à une assemblée du conseil d'administration à l'aide de moyens permettant à tous les participants de communiquer oralement entre eux, notamment par téléphone. Ils sont alors réputés avoir assisté à l'assemblée.

20. ***Ajournement***.   Qu'un quorum soit ou non présent à l'assemblée, une assemblée du conseil d'administration peut être ajournée en tout temps par un vote majoritaire des administrateurs présents, et cette assemblée peut être tenue telle qu'ajournée sans qu'il soit nécessaire de la convoquer à nouveau.

OFFICIERS

21. ***Généralités***.   Les officiers de la compagnie sont le président, un ou plusieurs vice-présidents, le secrétaire et le trésorier, et tous autres officiers que le conseil d'administration nommera et dont il déterminera les fonctions par résolution.

22. ***Qualifications***.   Le président doit être un administrateur. Cette qualification n'est pas requise des autres officiers, qui de plus n'ont pas besoin d'être actionnaires de la compagnie. La même personne peut détenir plus d'une charge à la fois.

23. ***Élection***.   Les officiers sont élus par le conseil d'administration à leur première assemblée suivant l'assemblée annuelle des actionnaires, ou à toute autre assemblée pour combler une vacance.

24. ***Durée du mandat***.   Sauf si le conseil d'administration le stipule autrement lors de son élection, chaque officier sera en fonction à compter de son élection jusqu'à la première assemblée du conseil d'administration suivant la prochaine élection des administrateurs ou jusqu'à ce que son successeur soit élu et qualifié.

25. ***Démission et destitution***.   Tout officier peut démissionner en tout temps en remettant sa démission par écrit au président ou au secrétaire ou lors d'une assemblée du conseil d'administration. Les officiers sont sujets à destitution pour ou sans cause par la majorité du conseil d'administration sauf convention contraire par écrit.

26. **Vacances**. Toute vacance dans un poste d'officier peut être remplie en tout temps par le conseil d'administration.

27. **Rémunération**. La rémunération des officiers est fixée par le conseil d'administration, par résolution (*ou : par règlement, qui n'entre en vigueur qu'une fois approuvé par les actionnaires, aux .... des voix*). Ils auront droit à une telle rémunération nonobstant le fait qu'ils soient administrateurs ou actionnaires de la compagnie, ou qu'ils perçoivent d'elle des honoraires professionnels pour d'autres services.

28. **Pouvoirs et devoirs des officiers**. Les officiers ont tous les pouvoirs et les devoirs ordinairement inhérents à leur charge, sous réserve des dispositions de la loi ou des règlements, et ils ont en plus les pouvoirs et devoirs que le conseil d'administration leur délègue ou impose. Les pouvoirs des officiers peuvent être exercés par toute autre personne spécialement nommée par le conseil d'administration à cette fin, en cas d'incapacité d'agir de ces officiers.

29. **Président**. Le président préside de droit toutes les assemblées du conseil d'administration et des actionnaires. Il signe les certificats d'actions ou tous les autres documents qui requièrent sa signature. Il a le contrôle général et la surveillance des affaires de la compagnie, à moins qu'un directeur général ne soit nommé.

30. **Vice-président**. Au cas d'absence du président ou si celui-ci est empêché d'agir, le vice-président a les pouvoirs et assume les obligations du président.

31. **Secrétaire**. Le secrétaire a la garde des documents et registres de la compagnie. Il agit comme secrétaire aux assemblées du conseil d'administration et des actionnaires. Il contresigne les procès-verbaux et les certificats d'actions, il envoie les avis de convocation ainsi que tous autres avis aux administrateurs et aux actionnaires. Il exécute les mandats qui lui sont confiés par le président ou le conseil d'administration.

32. **Trésorier**. Le trésorier a la garde des valeurs de la compagnie et dépose les deniers à l'institution financière choisie par le conseil d'administration. Il doit laisser examiner les livres et comptes de la compagnie par les administrateurs. Il fournit un cautionnement pour l'exécution fidèle de sa charge si la chose est requise par le conseil d'administration qui fixera en outre le montant du cautionnement et la manière dont il sera donné. Il signe ou contresigne les documents qui requièrent sa signature.

33. **Directeur général ou directeur**. Le conseil d'administration peut nommer un directeur général ou directeur qui ne doit pas nécessairement être un administrateur de la compagnie. Le directeur a l'autorité nécessaire pour diriger les affaires de la compagnie et pour employer et renvoyer les agents et employés de la compagnie mais le conseil d'administration peut lui déléguer des pouvoirs moindres. Il se conforme à toutes les instructions reçues du conseil d'administration et il donne au conseil d'administration ou aux administrateurs les renseignements que ceux-ci peuvent exiger concernant les affaires de la compagnie.

ASSEMBLÉES DES ACTIONNAIRES

34. **Assemblée annuelle**. L'assemblée annuelle des actionnaires est tenue dans les quatre (4) mois qui suivent la fin de l'année financière de la compagnie, à la date et à l'endroit (dans la province de Québec), que le conseil d'administration peut déterminer de temps à autre.

35. **Assemblées spéciales**. Le secrétaire de la compagnie, sur instruction du président, du vice-président, du conseil d'administration ou d'au moins deux administrateurs, ou sur réquisition écrite d'un ou de plusieurs actionnaires détenant ensemble au moins 10 % des actions souscrites de la compagnie, doit convoquer sans délai une assemblée spéciale des actionnaires ; les assemblées spéciales sont tenues au siège social de la compagnie ou à tout autre endroit déterminé par le président ou le conseil d'administration.

36. ***Avis de convocation***.   Les assemblées des actionnaires sont convoquées par lettre adressée, au moins deux jours francs avant l'assemblée, à la dernière adresse des actionnaires connue de la compagnie. Cependant, une assemblée peut être tenue sans avis préalable si tous les actionnaires sont présents en personne ou par procureur, ou s'ils ont renoncé à l'avis de convocation, ou si les absents ont donné leur assentiment à la tenue de cette assemblée sans avis. L'avis de toute assemblée spéciale doit indiquer l'affaire qui doit y être prise en considération.

37. ***Défaut d'avis***.   L'omission accidentelle de faire parvenir l'avis de convocation à un ou à quelques actionnaires n'a pas pour effet de rendre nulles les résolutions prises à cette assemblée.

38. ***Avis incomplet***.   L'omission accidentelle dans l'avis de convocation de la mention d'une des affaires qui doivent être prises en considération à l'assemblée n'empêche pas l'assemblée de prendre cette affaire en considération, à moins que les intérêts d'un actionnaire ne soient lésés ou ne risquent de l'être.

39. ***Quorum***.   Sujet aux dispositions de la loi, deux personnes détenant ou représentant non moins que la majorité des votes auxquels donnent droit les actions émises forment quorum. Un quorum doit être présent pour toute la durée des assemblées. (*Le cas échéant :*) S'il n'y a qu'un seul actionnaire, celui-ci ou son représentant forme quorum.

40. ***Ajournement***.   Même s'il n'y a pas quorum, mais si au moins deux actionnaires sont présents en personne, une assemblée des actionnaires peut être ajournée en tout temps sur un vote majoritaire à cet effet et cette assemblée peut être tenue telle qu'ajournée sans qu'il soit nécessaire de la convoquer à nouveau. Lors de l'assemblée ajournée, si un quorum est présent, toute affaire qui aurait pu être transigée lors de l'assemblée au cours de laquelle l'ajournement fut voté peut être validement transigée.

41. ***Président et secrétaire d'assemblée***.   Les assemblées des actionnaires sont présidées par le président de la compagnie, ou, à son défaut, par le vice-président. C'est le secrétaire de la compagnie qui agit comme secrétaire des assemblées. À leur défaut, les actionnaires choisissent parmi eux un président et/ou un secrétaire d'assemblée.

42. ***Procédure***.   Le président de l'assemblée veille au bon déroulement de l'assemblée et soumet aux actionnaires les propositions sur lesquelles un vote doit être pris et en général conduit les procédures sous tous rapports. À défaut par le président de l'assemblée de soumettre une proposition, tout actionnaire peut la soumettre lui-même avant que l'assemblée ne soit ajournée ou close et, si cette proposition relève de la compétence des actionnaires et, dans le cas d'une assemblée spéciale, si elle porte sur une matière mentionnée dans l'avis de convocation, l'assemblée en est saisie sans qu'il soit nécessaire qu'elle soit appuyée. À cette fin, l'ordre du jour de toute assemblée des actionnaires est présumé prévoir une période pendant laquelle les actionnaires peuvent soumettre leurs propositions. Toutes les propositions doivent être entendues, et le président de l'assemblée décide dans quel ordre elles le seront.

43. ***Droit de vote***.   Sujet aux dispositions des lettres patentes (*ou : des statuts*) et des règlements, chaque actionnaire a droit à autant de voix qu'il possède d'actions votante de la compagnie. L'actionnaire qui doit des arrérages sur un appel de versement sur l'une ou plusieurs de ses actions (*ou qui est endetté envers la compagnie et est en défaut dans son remboursement de cette dette*) n'a aucun droit de vote à l'assemblée. Le nom des actionnaires ayant le droit de voter et le nombre d'actions votantes qu'ils détiennent sera déterminé lors de chaque assemblée, d'après le registre des actionnaires de la compagnie. Si plusieurs personnes détiennent conjointement une ou plusieurs actions, une seule de ces personnes, choisie comme procureur, peut assister aux assemblées et voter.

44. ***Procurations***.   Le vote peut se donner personnellement ou par procureur détenant une procuration écrite. Il n'est pas nécessaire pour le procureur d'être lui-même actionnaire de la compagnie. Un procureur n'a pas le droit de voter en levant la main.

45. ***Décisions à la majorité***.   Sauf disposition contraire dans la loi, toutes les questions soumises à l'assemblée des actionnaires seront tranchées par une majorité simple (50 % + 1) des voix validement données.

46. **Voix prépondérante.**   Sujet aux dispositions de la loi, en cas de partage des voix, le président de l'assemblée aura voix prépondérante.

(*ou* :)

46. **Voix prépondante.**   En cas de partage des voix, le président de l'assemblée n'aura pas voix prépondérante.

47. **Vote à main levée.**   À moins qu'un vote à voix ouverte ou par scrutin secret ne soit demandé, le vote est pris à main levée. Dans ce cas, les actionnaires votent en levant la main et le nombre de voix se calcule d'après le nombre de mains levées. La déclaration par le président de l'assemblée qu'une résolution a été adoptée et une entrée faite à cet effet dans le procès-verbal de l'assemblée constitue, à première vue, la preuve de ce fait, sans qu'il soit nécessaire de prouver la quantité ou la proportion des voix enregistrées en faveur de cette résolution ou contre elle.

48. **Vote à voix ouverte.**   Si le président de l'assemblée ou une personne détenant ou représentant par procuration au moins 10 % des voix rattachées aux actions votantes en circulation le demande, et si le vote par scrutin secret n'est pas demandé, le vote est pris à voix ouverte. Dans ce cas, chaque actionnaire ou procureur déclare verbalement son nom, celui de l'actionnaire ou des actionnaires dont il détient une procuration, le nombre de voix dont il dispose, et le sens dans lequel il exerce des voix. C'est le nombre de voix exprimées qui décide si une résolution est adoptée ou non.

49. **Vote par scrutin secret.**   Si le président de l'assemblée ou une personne détenant ou représentant par procuration au moins 10 % des actions votantes émises le demande, le vote est pris par scrutin secret. Chaque actionnaire ou procureur remet au scrutateur un bulletin de vote sur lequel il inscrit son nom, celui de l'actionnaire ou des actionnaires dont il détient une procuration, le nombre de voix dont il dispose, et le sens dans lequel il exerce ces voix. Le secrétaire de l'assemblée ou toute autre personne nommée par l'assemblée agit comme scrutateur et dépouille le scrutin.

49A. **Résolution signée.**   Une résolution écrite, signée par tous les actionnaires fondés à voter, est valide et a le même effet que si elle avait été adoptée à une assemblée des actionnaires dûment convoquée et tenue. Une telle résolution doit être insérée dans le registre des procès-verbaux de la compagnie, suivant sa date, au même titre qu'un procès-verbal régulier.

49B. **Participation par téléphone.**   Les actionnaires peuvent (,si tous sont d'accord,) participer à une assemblée d'actionnaires à l'aide de moyens permettant à tous les participants de communiquer entre eux, notamment par téléphone. Ils sont alors réputés avoir assisté à l'assemblée. Toutefois, un actionnaire participant ainsi à une assemblée n'aura pas le droit de vote advenant un vote par scrutin secret (*ou : Nonobstant l'article 49 ci-devant, aucun vote par scrutin secret ne pourra être demandé ou pris lors d'une telle assemblée*) (*ou : Nonobstant l'article 49 ci-devant, aucun vote par scrutin secret ne pourra être pris lors d'une telle assemblée, qui devra être aussitôt ajournée si un tel vote est demandé*).

ACTIONS ET DIVIDENDES

50. **Répartition.**   Le conseil d'administration répartit par résolution les actions aux personnes et aux conditions qu'il juge opportunes.

51. **Certificats.**   La formule de certificats d'actions est adoptée par le conseil d'administration. Les certificats portent (le sceau de la compagnie et) les signatures du président et du secrétaire.

52. **Appels de versements.**   Le conseil d'administration peut par résolution décréter des appels de versements lorsqu'il le juge à propos et en fixer les modalités. Il peut par résolution confisquer sommairement les actions sur lesquelles des arrérages sont dûs six (6) jours après qu'un appel de versements a été décrété, de même que

toute somme d'argent déjà payée sur ces actions ; les actions confisquées appartiennent à la compagnie, et il peut en être disposé selon que le conseil d'administration en décide par résolution.

53. ***Transferts***.   Aucun transfert d'actions n'est accordé sans la production d'un certificat. Aucun transfert d'actions sur lesquelles des arrérages sont dus à la suite d'un appel de versement ne peut être fait. Aucun transfert d'actions non entièrement payées ne peut être fait sans le consentement du conseil d'administration. Le conseil d'administration peut refuser d'enregistrer tout transfert d'actions appartenant à un actionnaire endetté envers la compagnie.

54. ***Dividendes***.   Le conseil d'administration peut, à sa seule discrétion, par résolution, déclarer des dividendes et les payer aux actionnaires aussi souvent que la situation financière de la compagnie le permet. En aucun cas ne peut-il être déclaré de dividendes qui rendent la compagnie incapable d'acquitter son passif à échéance, ou qui entament le capital de la compagnie. Le conseil d'administration peut déduire des dividendes payables à un actionnaire toutes sommes d'argent qu'il doit à la compagnie par suite d'appels de versements ou autrement.

55. ***Vérificateur***.   Il y a un ou plusieurs vérificateurs des comptes de la compagnie. Le vérificateur est nommé chaque année par les actionnaires, lors de leur assemblée annuelle. Sa rémunération est fixée par les actionnaires ou par le conseil d'administration, si ce pouvoir lui est délégué par les actionnaires.

Aucun administrateur ou officier de la compagnie ou toute personne qui est son associé ne peut être nommé vérificateur.

Si le vérificateur décède, démissionne, cesse d'être qualifié ou devient incapable de remplir ses fonctions avant l'expiration de son terme, le conseil d'administration peut remplir la vacance et lui nommer un remplaçant qualifié, qui sera en fonction jusqu'à l'expiration du terme.

Toutefois, en autant que la compagnie n'ait pas réalisé de distribution publique de ses valeurs mobilières, les actionnaires peuvent décider, par résolution adoptée à l'unanimité d'entre eux, incluant ceux qui ne sont par ailleurs pas habiles à voter, de ne pas nommer de vérificateur. Cette résolution n'est valable que jusqu'à l'assemblée annuelle suivante.

DIVERS

56. ***Frais judiciaires***.   Les administrateurs et officiers sont indemnisés et remboursés par la compagnie des frais et dépenses qu'ils peuvent être appelés à faire au cours ou à l'occasion d'une poursuite judiciaire intentée contre eux à raison d'actes posés dans l'exercice de leurs fonctions, excepté ceux qui révèlent une négligence ou une faute de leur part.

57. ***Employés***.   Le conseil d'administration peut nommer les agents et les employés qu'il juge nécessaires, déterminer leurs fonctions et fixer leurs rémunérations. Ces personnes sont sous le contrôle du conseil d'administration, mais ce contrôle peut être délégué à un administrateur, à un officier ou au gérant.

58. ***Effets de commerce***.   Tous les chèques, traites, billets et autres effets négociables peuvent être signés, tirés, acceptés ou endossés par la ou les personnes que le conseil d'administration désigne et de la manière que celui-ci détermine.

59. ***Contrats***.   Les contrats et autres documents requérant la signature de la compagnie sont signés par le président ou le vice-président et par le secrétaire ou le trésorier pour lier la compagnie. Toutefois, le conseil d'administration peut, sur résolution, autoriser telle ou telles personnes à signer les documents en général ou un contrat en particulier pour et au nom de la compagnie.

60. ***Saisies-arrêts***.   L'un quelconque des officiers suivants de la compagnie : le président, un vice-président, le secrétaire ou le trésorier est autorisé à répondre pour la compagnie à tous les brefs de saisie avant ou après jugement

et aux ordonnances sur faits et articles qui peuvent être signifiés à la compagnie, à signer l'affidavit nécessaire aux procédures judiciaires, à produire une défense aux procédures faites contre la compagnie, à poursuivre ou à faire une requête en pétition de faillite contre tout débiteur de la compagnie, à assister et à voter aux assemblées de créanciers et à accorder des procurations y relatives.

61. ***Conflit avec les statuts***. En cas de conflit entre les dispositions du présent règlement et celles des statuts, ces dernières l'emporteront.

Adopté ce .... ième jour d .... 19.....

....
           président   secrétaire

BIBLIOGRAPHIE

ALLUSON, R. *Les Organigrammes*, Paris, Entreprise moderne d'édition, 1969, 151 p.

ARCHAMBAULT, J.-P. et ROY, M.-A. *Le Droit des affaires*, Montréal, HRW, 1986, 548 p.

ARSENAULT, G. *Votre Corporation sans but lucratif*, Québec, Direction générale des publications gouvernementales, 1982, 109 p.

Banque canadienne nationale. «Petite ou grande entreprise», *Bulletin mensuel*, Montréal, 44(4), avr. 1969.

Banque fédérale de développement. *Comment lancer une petite entreprise*, Service de gestion-conseil, Montréal, déc. 1978, 342 p.

Banque fédérale de développement. *Le Marketing – Principes généraux*, Montréal, 1978, 165 p.

BARBEAU, M. «Le facteur humain et la prévention», *Prévention*, sept. 1979.

BARCELO, Y. Cahier «Spécial Technologies», le journal *Les Affaires*, 6 avr. 1985.

BAUDOIN, J.-L. et RENAUD, Y. *Droits des compagnies*, Montréal, Guérin, 1977, 321 p.

BECKMAN, M.D., BOONE, L.E. et KURTZ, D.L. *Le Marketing*, Montréal, HRW, 1984, 550 p.

BECKMAN, M.D., BOONE, L.E. et KURTZ, D.L. *Le Marketing, réalité contemporaine*, Montréal, HRW, 1980, 564 p.

BÉDARD, J.-R. *Comment développer les petites et moyennes entreprises*, Montréal, Publications Les Affaires inc., 1977, 148 p.

BEER, S. *Science de la gestion*, Paris, Larousse, 1970, 192 p. (Coll. Techniques d'aujourd'hui)

BÉLANGER, F. *L'Administration*, Montréal, McGraw-Hill, 1970, 419 p.

BÉLANGER, L., PETIT, A. et BERGERON, J.-L. *Gestion des ressources humaines*, Chicoutimi, Gaëtan Morin, 1983, 432 p.

BENEDETTI, C. *Introduction à la gestion des opérations*, Chomedey, Laval, Mondia, 1980, 357 p.

BENOIT, L. *Le Compagnonnage et les métiers*, Paris, PUF, 1966, 126 p. (Coll. Que sais-je? n° 1023)

BERGERON, P.-G. *La Gestion moderne: théorie et cas*, Chicoutimi, Gaëtan Morin, 1983, 385 p.

BLAKE, R.R. et MOUTON, J.S. *Les Deux Dimensions du management*, Paris, Les Éditions d'Organisation, 1969.

BLOUIN, N. *Communication et relations publiques*, Montréal, Commerce et Leméac, 1971.

BOISVERT, J. *Administration de la publicité*, Chicoutimi, Gaëtan Morin, 1972, 282 p.

BOIVIN, J. et GUILBAULT, J. *Les Relations patronales-syndicales au Québec*, Chicoutimi, Gaëtan Morin, 1982, 309 p.

BOONE, L.E. et DAVID, L.K. *L'Entreprise d'aujourd'hui*, Montréal, HRW, 1983, 456 p.

BOURQUE, S. *Compagnies: fonctionnement interne, obligations et financement*, Montréal, Y. Blais, 1980, 312 p.

Bureau international du travail. *Les Entreprises multinationales et la politique sociale*, Genève, Études et documents, nouvelle série n° 79, 1973, 192 p.

BUSKIRK, R.H., GREEN, J.J. et RODGERS, N.C. *L'Entreprise et son milieu*, Montréal, HRW, 1974, 369 p.

Centre des dirigeants d'entreprise. *La Participation dans l'entreprise*, Paris, Seuil, 1969, 153 p.

Centre d'innovation industrielle de Montréal. «Douze questions avant d'atteindre le sommet», *Le Monde actuel*, n° 1, oct.-nov. 1985.

CHALVET, M. *L'Automatisation*, Paris, A. Colin, 1966, 229 p.

CHANDLER, A.D. *Stratégies et structures de l'entreprise*, Les Éditions d'Organisation, Paris, 1972, 543 p.

Collaboration Mutuelle. *Administrez-vous!* Québec, Éditions du Nouveau Monde, 1982-1983.

COX, G. et WILLIAM, G. «Product Life Cycles as Marketing Models», *Journal of Business*, oct. 1967, p. 375 à 384.

CRENER, M. et MONTEIL, B. *Principes de management*, Montréal, Presses de l'Université du Québec, 1971, 511 p.

CROZIER, M. *La Société bloquée*, Paris, Seuil, 1970, 250 p.

DARMON, R.Y., LAROCHE, M. et PETROF, J.V. *Le Marketing, fondements et applications*, Montréal, McGraw-Hill, 1978, 442 p.

DAUDÉ, B. *L'Entreprise et la recherche*, Paris, Dunod, 1969, 114 p.

DAVIS, K., FREDERICK, W.C. et BLOMSTROM, R.L. *Business and Society*, New York, McGraw-Hill, 1980. (Trad. de P.-G. Bergeron)

DELVILLE, A. *L'Information dans l'entreprise*, Paris, Dunod, 1969, 125 p.

DESPRÉS, R. «L'administrateur de l'an 2000», *Commerce*, n° 74, nov. 1976, p. 36 à 42.

DEVERIEZ, J. *Politique et technique de direction du personnel*, Paris, Entreprise moderne d'édition, 1962, 291 p.

DION, G. *Dictionnaire canadien des relations du travail*, Québec, Les Presses de l'Université Laval, 1976, 662 p.

DROUIN, C. *Économique – initiation à la vie économique*, Montréal, Guérin, 1977. (Coll. SARP)

DRUCKER, P. *La Pratique de la direction des entreprises*, Paris, Les Éditions d'Organisation, 1957.

DUGUÉ, M. *La Conduite du personnel*, Paris, Dunod, 1970, 383 p.

DUNNETTE, M. *Recrutement et affectation du personnel*, Paris, Hommes et techniques, 1969, 220 p.

Éditeur officiel du Québec. *CSST*, sept. 1987, vol. 6, n° 7.

FAUCHER, A. «Le caractère de l'industrialisation au Québec», *Recherches sociographiques*, VI(3), 1965.

FAYOL, H. *General and Industrial Management*, New York, Pitman Publishing Corp., 1949.

FOURASTIER, J. *La Civilisation de 1975*, Paris, PUF, 1970, 126 p.

FOURASTIER, J. *Des loisirs! Pour quoi faire?* Paris, Casterman, 1970, 143 p. (Coll. Idées)

FOURASTIER, J. *Le Grand Espoir du XXᵉ siècle*, Paris, Gallimard, 1967, 372 p. (Coll. Idées)

FOURASTIER, J. *Les 40 000 heures: inventaire de l'avenir*, Paris, Laffont, 1966, 246 p.

FOURASTIER, J. *Automatisation et chômage*, Paris, S.I., 1958.

FRÉCHETTE et coll. *L'Économie du Québec*, Montréal, HRW, 1975, 435 p.

FRIEDMAN, G. *Le Travail en miettes*, Paris, Gallimard, 1964. (Coll. Idées)

GAGNON, J.-M. et KHOURY, N. *Traité de gestion financière*, Chicoutimi, Gaëtan Morin, 1981, 312 p.

GAGNON, P.-D., SAVARD, G., GOSSELIN, H. et OUIMET, D. *Structure et dynamique de l'entreprise*, 2ᵉ éd., Chicoutimi, Gaëtan Morin, 1982, 354 p.

GAGNON, P.-D. *Introduction à la vie administrative*, Jonquière, Cégep de Jonquière, 1973.

GAITHER, N. et CARRIER, S. *L'Entreprise et la gestion des opérations*, Montréal, HRW, 1983, 474 p.

GALBRAITH, J.K. *Le Nouvel État industriel: essai sur le système économique américain*, Paris, Gallimard, 1968.

GÉLINIER, O. *Fonctions et tâches de direction générale*, Paris, Hommes et techniques, 1969.

Le Groupe québécois de prospective. *Le Futur du Québec au conditionnel*, Chicoutimi, Gaëtan Morin, 1982.

Gouvernement fédéral. *Accidents du travail 1983-1985*, Statistique Canada, 1986.

GUYON, Y. *Droit des affaires*, Paris, Economica, 1980, 868 p.

HERZBERG, F., MAUSNER, B. et SNYDERMAN, B. *The Motivation to Work*, New York, John Wiley, 1959.

HURTUBISE, R. *L'Administrateur québécois et les systèmes: la pratique de l'analyse*, Montréal, Agence d'Arc, 1980, 140 p.

IBIPRESS. « Vous avez dit biomatique », le journal *Les Affaires*, 5 oct. 1985, p. 15.

Industrie et Commerce. *Guide du commerçant*, Québec, Direction générale des publications gouvernementales, 1984, 78 p.

Inspecteur général des institutions financières. *Rapport annuel sur les assurances 1987*, Bibliothèque Nationale du Québec, 1987.

JANODY, R. « L'innovation, ça s'organise », le journal *Les Affaires*, 11 déc. 1982, p. 19.

JENKINS, T.N. « The Accident-Prone Personnality: A Preliminary Study », *Personnel*, 1956, p. 29 à 32.

JOHNSON, R.A. *Théorie, conception et gestion des systèmes*, Paris, Dunod, 1970, 536 p.

JOHNSON, R.A. *The Theory and Management of Systems*, New York, McGraw-Hill, 1967, 513 p.

KHOURY, N. *L'Administration*, Montréal, McGraw-Hill, 1975, 550 p.

KOONTZ, H. et O'DONNELL, C. *Management: principes et méthodes de gestion*, Montréal, McGraw-Hill, 1980, 618 p. (Coll. Administration)

KOONTZ, H. et O'DONNELL, C. *Principles of Management*, 3ᵉ éd., New York, McGraw-Hill, 1964.

KOTLER, P., McDOUGALL, G.H.G. et PICARD, J.-L. *Principes de marketing*, Saint-Jean-sur-Richelieu, Préfontaine inc., 1983, 687 p. (Trad. de J.-L. Picard)

LAFLAMME, M. *Le Management: approche systémique*, Chicoutimi, Gaëtan Morin, 1981, 397 p.

LAFLAMME, M. et coll. *La Gestion moderne des coopératives*, Chicoutimi, Gaëtan Morin, 1981, 272 p.

LAURIN, P. *Le Management, textes et cas*, Toronto, McGraw-Hill, 1973, 763 p.

LEENER, G. *Principes généraux de l'organisation*, Montréal, Beauchemin, 1966, 279 p.

LEENER, J.J. et BEKER, H.A. *Structures et organisation de l'entreprise*, Montréal, McGraw-Hill, 1978, 260 p. (Série Schaum)

LE MAITOUR, L.-M. *La Psychologie et les sciences humaines dans l'entreprise*, Paris, Les Éditions d'Organisation, 1967.

LE MOINE, J.-L. *La Théorie du système général – théorie de la modélisation*, Paris, PUF, 1977.

Loi sur les compagnies du Québec, LRQ, C.c. 38, Toronto, Richard DeBoo, 1981, 119 p.

MAILLOT, R. *La Gestion industrielle*, Paris, Entreprise moderne d'édition, 1971, 207 p.

MALLETTE, N. *La Gestion des relations de travail au Québec*, Montréal, McGraw-Hill, 1980, 642 p.

MANTOUX, P. *La Révolution industrielle au XVIIIᵉ siècle*, Paris, Genin, 1959, 377 p.

MARSAC, M. *L'Autorité*, Paris, PUF, 1966, 124 p. (Coll. Que sais-je?)

MARTEL, M. et MARTEL, P. *La Compagnie au Québec, les aspects juridiques*, Montréal, Publications Les Affaires inc., 1979.

MARTEL, M. et MARTEL, P. *Formulaire des compagnies et des sociétés commerciales*, Québec, Société des Éditions P.S. ltée, 1978, 448 p.

MASLOW, A.H. *Motivation and Personality*, New York, Harper & Row, 1954.

MAURY, G. et MULL, C. *Économie de l'entreprise*, tome II, Paris, Faucher, 1971, 262 p.

MÉNARD, A. «Le CRIQ a beaucoup élargi sa brochette de services», le journal *Les Affaires*, 2 nov. 1985, p. 6.

MILLER, D.C. et FORM, W.H. *Industrial Sociology: the Sociology of Work Organisations*, New York, Harper & Row, 1964.

Ministère de l'Expansion industrielle régionale. «L'innovation», supplément à *Commerce Canada*, sept.-oct. 1985.

MORIN, F. *Rapports collectifs du travail*, Montréal, Thémis, 1982, 619 p.

MYERS, M.S. *Gestion participative et enrichissement des tâches à la Texas Instruments*, Paris, Dalloz, 1978, 160 p.

NEWMAN, W.H. *Administrative Action*, Englewood Cliffs, Prentice-Hall, 1964, 486 p.

NEWMAN, W.H., SUMMER, E. et WARREN, E.K. *The Process of Management*, 3ᵉ éd., Englewood Cliffs, Prentice-Hall, 1967.

ODIORNE, G.S. *Management by Objectives – A System of Managerial Leadership*, New York, Pitman, 1965.

Office de la langue française. *Les Organigrammes*, Québec, Éd. officiel du Québec, n° 24, 1974, 233 p.

PARIAS, L.H. *Histoire générale du travail*, Vol. 1: *Préhistoire et antiquité*, Vol. 2: *L'Âge de l'artisanat*, Vol. 3: *L'Ère des révolutions*, Vol. 4: *La Révolution industrielle*, Paris, Nouvelle librairie de France, 1959.

PERRIEN, J. *Le Consommateurisme: vers un nouveau consommateur*, Chicoutimi, Gaëtan Morin, 1979, 180 p.

ROBERGE, F. «Les 250 plus grandes entreprises à contrôle québécois», *Finance*, 7 (2), 14 oct. 1985, p. 31 à 42.

ROY, M.-A. et ARCHAMBAULT, J.-P. *Le Droit des affaires*, Montréal, HRW, 1981, 434 p.

ROY, N. et BÉGIN, C. *Principes d'informatique*, Montréal, McGraw-Hill, 1969, 290 p.

SCHEIN, E.H. *Psychologie et organisation*, Paris, Hommes et techniques, 1971, 113 p.

SCHUMACKER, E.F. *Good Work*, Paris, Seuil, 1978-1979, 208 p.

SEKIOU, L. *Gestion du personnel*, Montréal, 4L inc., 1984.

SERVAN-SCHREIBER, J.-J. *Le Défi américain*, Paris, Dunod, 1970, 383 p.

SIMON, P. *Le Ressourcement humain*, Montréal, Agence d'Arc, 1970, 421 p.

SORMANY, P. «Le pouvoir industriel des microbes», le magazine *Les Affaires*, juin 1982, p. 26.

SUET, P. *La Communication dans l'entreprise*, Paris, France empire, 1969, 271 p.

TANNENBAUM, R. et SCHMIDT, W.H. «How to Choose a Leadership Pattern», *Harvard Business Review*, mars-avr. 1958.

TAWFIK, L. et BÉLAIR, G. *L'Entreprise et ses fonctions*, Montréal, HRW, 1979, 497 p.

TAWFIK, L. et CHAUVEL, A.M. *Gestion de la production des opérations*, Montréal, HRW, 1980, 404 p.

TAYLOR, F.W. *Direction scientifique des entreprises*, Marabout-service n° 66, 1967. (Trad. éd. Verviers, Belgique)

THÉRIAULT, R. *Gestion de la rémunération*, Chicoutimi, Gaëtan Morin, 1983, 585 p.

TOFFLER, A. *La Troisième Vague*, Paris, Laffont, 1980.

TOULOUSE, J.-M. *L'Entrepreneurship au Québec*, Montréal, HEC-Fides, 1979, 139 p.

TREMBLAY, R. *L'Économique – analyse macro-économique*, 3ᵉ éd., Montréal, HRW, 1975.

VIRANYI, M. «Franchises: une industrie en pleine mutation», *Finance*, 30 sept. 1985, VI (49), p. 26.

WERBER, W.B., DAVIS, K. et LEE-GOSSELIN, H. *La Gestion des ressources humaines*, Montréal, McGraw-Hill, 1985, 716 p.

WITTIG, F.A. *Introduction à la psychologie, théories et problèmes*, Montréal, McGraw-Hill, 1980, 342 p. (Série Schaum)

«Les 500 plus importantes entreprises au Québec», le journal *Les Affaires*, LVII (24), 15 juin 1985.

Index